Em defesa dos animais
direitos da vida

Todos os direitos reservados. Nenhuma parte deste livro pode ser reproduzida ou transmitida em qualquer forma ou por qualquer meio eletrônico ou mecânico incluindo fotocópia, gravação ou dispositivos de armazenamento ou memória removível sem a permissão escrita do editor.

Matthieu Ricard

Em defesa dos animais
direitos da vida

Tradução
Tamara Barile

Palas Athena

Título original: *Plaidoyer pour les animaux – Vers une bienveillance pour tous*
Copyright © Allary Éditions, 2014
Copyright © 2017 Palas Athena Editora
Publicado por acordo especial com a Allary Editions e seus representantes
2 Seas Literary Agency e Villas-Boas & Moss Agência e Consultoria Literária

Grafia segundo o Acordo Ortográfico da Língua Portuguesa de 1990,
que entrou em vigor no Brasil em 2009.

Coordenação editorial: Lia Diskin
Capa e projeto gráfico: Vera Rosenthal
Produção e diagramação: Tony Rodrigues
Revisão: Rejane Moura e Gabriel Vanzella

Dados Internacionais de Catalogação na Publicação (CIP)
(Câmara Brasileira do Livro, SP, Brasil)

Ricard, Matthieu
  Em defesa dos animais : direitos da vida / Matthieu Ricard ; tradução Tamara Barile. –
São Paulo : Palas Athena Editora, 2017.

  Título original: *Plaidoyer pour les animaux: vers une bienveillance pour tous.*
  ISBN: 978-85-60804-33-7

  1. Animais - Direitos 2. Compaixão (Ética) 3. Direitos dos animais 4. Ecologia
5. Qualidade de vida I. Título..

17-07747   CDD-179.3

Índices para catálogo sistemático:
1. Direitos dos animais : Ética 179.3

1ª edição, setembro de 2017

Todos os direitos reservados e protegidos pela Lei 9.610 de 19 de fevereiro de 1998.
É proibida a reprodução total ou parcial, por quaisquer meios,
sem a autorização prévia, por escrito, da Editora.

Direitos de edição para o Brasil: Palas Athena Editora
Alameda Lorena, 355 • 01424-001 • São Paulo, SP • Brasil
Fone (11) 3050-6188
www.palasathena.org.br
editora@palasathena.org.br

Para Pema Wangyal Rinpoche e Jigme Khyentse Rinpoche, defensores incansáveis da causa animal que já salvaram milhões de animais fadados ao abate para consumo humano.

Para Jane Goodall e para todas as pessoas que, de modo individual ou em grupo, dedicam-se com coragem a falar em nome dos animais e a protegê-los.

"Os animais são meus amigos…
e eu não mato meus amigos para comer."

George Bernard Shaw

"Não temos dois corações,
um para os animais e outro para os seres humanos.
Ou temos um coração, ou não o temos."

Alphonse de Lamartine

SUMÁRIO

Introdução 15

1. Uma breve história da relação entre os seres humanos e os animais 19
    A transformação de nossas atitudes frente aos animais 21
    As justificativas para a exploração dos animais: as religiões do Livro e
    a filosofia ocidental 23
    Vozes dissidentes 28
    O ponto de vista das tradições orientais 35
    Como definir o que é um "ser sensível"? 39
    Budismo e vegetarianismo 39
    A admiração pela Índia e pelo vegetarianismo na Europa 41
    O movimento de libertação animal 42
    A revolução darwiniana e suas consequências 44
    A ascensão das organizações não governamentais de proteção ambiental e animal .. 45

2. O que os olhos não veem o coração não sente 47
    Sem imagens, sem palavras, ou como evitar a questão 48
    Publicidade enganosa 50
    Dissonância cognitiva e racionalização 51
    A banalização da linguagem 53
    A verdade vem da boca das crianças 55

**3. Todos perdem: Os efeitos da pecuária industrial e da alimentação
carnívora sobre a pobreza, o meio ambiente e a saúde** 57
    A entrada no Antropoceno 57
    A carne dos países ricos tem um alto custo para os países pobres 58
    O impacto sobre as reservas de água potável 60
    Pecuária e mudanças climáticas 61
    Os excrementos de animais 63
    Os efeitos da pesca intensiva 63
    Consumo de carne e saúde humana 64
    O desenvolvimento rápido do vegetarianismo 66
    As boas notícias 67

4. A verdadeira face da criação industrial de animais 69
   A amplitude do sofrimento que infligimos aos animais 71
   O lucro acima de tudo 72
   A hipocrisia dos "cuidados" 73
   Entrada proibida 74
   Um empreendimento global 75
   Todos os dias, o ano inteiro... 77
   Um trilhão de animais marinhos 81
   Criação tradicional, criação orgânica... um mal menor? 82
   Matar humanamente? 84

5. Desculpas ruins 87
   "Temos o direito de usar os animais da maneira que for mais conveniente, porque somos muito mais inteligentes do que eles" 87
   "De toda forma, temos de escolher entre eles e nós" 89
   "Há problemas muito mais graves que afetam a humanidade" 90
   "Os animais não sofrem ou, pelo menos, não como nós" 93
   "A predação e a luta pela vida fazem parte das leis da natureza" 97
   "É preciso viver de alguma coisa" 99
   "As pessoas precisam comer carne para serem saudáveis" 99
   "Levamos em consideração as tradições ancestrais" 102

6. O *continuum* do vivo 105
   A variedade das faculdades mentais 107
   Especismo, racismo e sexismo 111
   O antiespecismo esconde uma contradição interna? 115
   O respeito à vida e às competências próprias de cada espécie 116
   Antropomorfismo ou antropocentrismo? 117
   Culturas diferentes 121
   A exceção humana? 125

7. A matança generalizada dos animais: genocídio *versus* zoocídio 129
   Aproximar sem ofender 129
   Genocídio e zoocídio 132
   As diferenças 133
   As semelhanças 135

8. Pequena digressão na esfera dos juízos morais 139
   As três formas de ética 139
   A ética à luz da neurociência 140

9. O dilema dos experimentos em animais 145
O ponto de vista deontológico 147
Os utilitaristas antropocêntricos 148
Semelhantes ou diferentes? 149
Qual a validade científica da transferência para o ser humano dos conhecimentos adquiridos com experimentos em animais? 150
Os abusos: o uso de experimentos em animais por motivos fúteis e injustificáveis .. 151
O retorno ao especismo 155
Alguns lampejos de esperança 156
Métodos substitutivos 158

10. O tráfico de animais silvestres 161
Sangria ecológica e martírio de animais 161
O crepúsculo do tigre 163
O fascínio por presas de elefante, chifres de rinoceronte e barbatanas de tubarão... 164
As ligações com a corrupção, o crime organizado e os grupos terroristas 165
Os "pontos quentes" 166
Grandes perdas durante a captura e o transporte 167
Uma repercussão negativa 167
Leis insuficientes ou pouco aplicadas 168

11. Os animais como objeto de diversão 169
Uma relação de poder 169
A tourada: uma festa da morte 171
Será que a tourada permitiria cultivar virtudes nobres? 172
A "arte" de matar 173
O touro bravo existiria apenas para ser morto 173
Os dados estão viciados 174
Por que o touro? 175
Fugir ou atacar 176
Aficionados afirmam que não desejam fazer mal a quem quer que seja 177
A alegação de que o touro não sofreria 179
Muitos pensadores e artistas importantes compreenderam e amaram as touradas .. 180
Proibir as tradições apenas onde elas não existem 182
A liberdade de matar 183
Será que as crianças deveriam ser ensinadas a apreciar o ritual de matança? 184
Será melhor viver bem como um touro de luta e morrer na arena do que viver confinado na pecuária industrial e morrer no abatedouro? 184
Os animais de circo: a dor debaixo das lantejoulas 185

Os zoológicos são prisões convertidas em espetáculos ou arcas de Noé? 187
Criar verdadeiras reservas, fazer os animais reaprenderem a viver na natureza 190
E quando não precisamos mais deles... 191
De parques de atrações a massacres de golfinhos 192
A caça e a pesca recreativas ou esportivas: matar por esporte ou por diversão 194
Os caçadores seriam protetores do meio ambiente? 195
A caça de perseguição: um elitismo sangrento 197
A "regra de ouro" deve ser aplicada a todos os seres. 199

12. Direitos animais, deveres humanos 201

Igualdade de consideração ou igualdade de direitos? 202
Agentes morais e pacientes morais 204
A moralidade: uma capacidade que resultou da evolução 205
É indispensável ter consciência dos próprios direitos para tê-los? 207
Deveres para com os animais segundo a filosofia "humanista" 208
O exercício de um direito exige reciprocidade? 210
Os deveres para com os animais não seriam apenas "deveres indiretos"
para com os seres humanos? 211
Uma visão integrada dos direitos dos animais 213
O direito dos animais e a lei 216
O hiato entre as leis e as práticas 218

Conclusão. Um apelo à razão e à bondade humanas 221

Notas 231
Bibliografia 263
Agradecimentos 275
Karuna-Shechen: Compaixão em ação 277

Introdução

Algumas pessoas já nascem com tendência natural à compaixão. Desde a mais tenra idade, já são espontaneamente benevolentes com todos a seu redor, incluindo os animais. Não foi assim comigo e, sendo minha família da região da Bretanha, já aos 14 anos comecei a pescar. Também me lembro, ainda pequeno, junto com os colegas da escola primária, de usar uma lente de aumento para concentrar os raios de sol sobre formigas e fritá-las. Relembrar esse fato me deixa envergonhado e, mais ainda, constrangido por tal comportamento ter parecido normal a mim. Quando eu tinha cinco anos, no México, meu pai me levou a uma tourada. O ambiente era festivo, a música soava entusiasmante... e todos pareciam achar que estava tudo bem. Por que eu não fui embora, em prantos? Foi por falta de compaixão, de educação ou de reflexão? Eu nem pensava em tentar me colocar no lugar do peixe, da formiga ou do touro. Será que, simplesmente, eu tinha um coração de pedra? Ou foi apenas por não ter refletido a respeito, não ter aberto os olhos?

Foram necessários alguns anos até que se operasse em mim uma tomada de consciência. Vivi muitos anos com uma das minhas avós, que tinha todas as qualidades esperadas de uma boa avó. Como muitas outras pessoas da região – todas, aliás, pessoas respeitáveis e amorosas com suas famílias –, ela era apaixonada pela pesca de vara. Em nossas férias na França, muitas vezes ela passava as tardes a pescar à beira do lago ou à beira-mar em Croisic, junto com velhas bretãs que ainda usavam a tradicional coifa de renda branca da região de Bigouden. Como essas pessoas de tanto valor poderiam querer fazer o mal a quem quer que fosse? Na ponta do anzol, cintilavam os pequenos peixes tirados da água, retorcendo-se de maneira frenética. Havia, é claro, um momento doloroso – quando os peixes paravam de respirar, sufocados no cesto de vime, e seus olhos tornavam-se vítreos. Mas eu rapidamente desviava o olhar.

Alguns anos mais tarde, quando eu já tinha 14 anos, um amigo me disse em tom categórico: "O quê? Você pesca?!". Seu tom de voz e o olhar espantado e reprovador foram bastante eloquentes.

"Você pesca?!" De repente, tudo adquiriu um outro enfoque para mim: o peixe arrancado de seu elemento vital por um gancho de ferro que lhe trespassa a boca, sufocando no ar assim como nos afogamos na água. Além disso, para atrair o peixe para o anzol, eu não tinha usado uma minhoca como isca viva, sacrificando assim mais uma vida para destruir com facilidade outra? Como fui capaz de ignorar essa realidade, esses sofrimentos durante tanto tempo? Com o coração aflito, desisti imediatamente de pescar.

É bem verdade que, em comparação com as tragédias que afligem a vida de tantas pessoas no mundo, minha preocupação com os peixinhos pode parecer irrisória. Mas esse foi o ponto de partida para mim.

Aos 20 anos, tive a grande oportunidade de encontrar mestres espirituais tibetanos que, a partir daquele momento, passaram a inspirar cada instante da minha existência. Os ensinamentos desses mestres tinham como foco a nobre trilha do amor e da compaixão universais.

Durante muito tempo, eu não soube me colocar no lugar do meu semelhante, mas pouco a pouco aprendi, na escola desses mestres, a praticar o amor altruísta. Busquei assim abrir, o melhor que pude, minha mente e coração ao sofrimento dos outros. Passei a me desenvolver no exercício da compaixão e a refletir sobre a condição humana e a condição dos animais. Sei que tenho ainda um longo caminho a percorrer e continuo me esforçando para evoluir no entendimento das lições que recebi.

Longe de mim, como esclareci, a intenção de recriminar pessoas que, de uma forma ou de outra, causam sofrimento aos animais, muitas vezes sem pensar, como eu mesmo o fazia. Na verdade, é bem difícil associar os objetos e os produtos mais comuns de consumo, inclusive alimentos e medicamentos que até salvam nossas vidas, com o sofrimento frequentemente causado aos animais para produzir tais objetos e produtos. As tradições culturais também exercem um papel preponderante na percepção que temos dos animais, que são nossos companheiros neste planeta. Algumas sociedades criaram sistemas de pensamento coletivo que induzem a ideia de que todos os animais existiriam para servir aos humanos. Outras tradições consideram, já há muito tempo, que todo ser merece respeito, seja ele humano ou não.

Este livro é uma continuação lógica e necessária do livro *A revolução do altruísmo*.[1] Seu objetivo é evidenciar as razões e o imperativo moral que justificam a ampliação do altruísmo para todos os seres sensíveis, sem limitação de ordem quantitativa ou qualitativa. Não há dúvida alguma de que no mundo há tantas pessoas sofredoras que poderíamos passar uma vida inteira e, ainda assim, só conseguir aliviar uma parte ínfima desse sofrimento. Todavia, preocupar-se com cerca de 1,6 milhão de outras espécies que povoam o planeta não é irrealista nem fora de propósito porque, na maior parte das vezes, não é necessário fazer uma escolha entre o bem-estar dos humanos e o bem-estar dos animais. Vivemos num mundo essencialmente interdependente onde o destino de cada ser vivo, seja ele qual for, está intimamente ligado ao destino dos demais. Portanto, a questão não é pensar *apenas* nos animais, mas pensar *também* nos animais.

Não se trata, tampouco, de humanizar os animais ou animalizar os humanos, mas, sim, de estender aos dois a nossa benevolência. Isto envolve uma postura responsável frente ao que nos rodeia, mais do que a mera destinação dos recursos limitados de que dispomos para atuar no mundo.

Este livro também é um convite a uma tomada de consciência: achamos o mundo animal maravilhoso, mas perpetramos um massacre de animais em escala jamais vista na história da humanidade. Um total aproximado de 60 bilhões de animais terrestres e um trilhão de animais marinhos são mortos a cada ano para nosso consumo.

Além do mais, esses massacres e seu corolário – o consumo excessivo de carne nos países ricos – constituem ainda, conforme demonstraremos, uma loucura em escala mundial: fazem persistir a fome no mundo e aumentam os desequilíbrios ecológicos, e o consumo excessivo de carne é prejudicial à saúde humana.

A produção industrial de carne e a superexploração dos recursos pesqueiros nos oceanos são, sem dúvida, o maior problema. Mas o desrespeito geral aos animais também acarreta a morte e o sofrimento de tantos que são explorados para experiências e testes, tráfico de animais silvestres, caça e pesca esportivas, touradas, circos e outras formas de instrumentalização. Além disso, nosso estilo de vida causa um impacto considerável sobre a biosfera: se mantido o ritmo atual, 30% de *todas* as espécies animais terão desaparecido do planeta até o ano 2050.[2]

Vivemos sem tomar conhecimento do que estamos infligindo aos animais – pouquíssimos de nós já viram uma fazenda com sistema intensivo de criação de animais ou um matadouro. Paralelamente, assumimos uma forma de esquizofrenia moral, ao tratar com tanto cuidado os animais domésticos enquanto cravamos nossos garfos em porcos abatidos aos milhões, muito embora eles sejam tão conscientes, sensíveis à dor e inteligentes como nossos cães e gatos de estimação.

Esta defesa é uma exortação para que mudemos a maneira como tratamos os animais. Uma exortação que não é mera admoestação moral, mas que se fundamenta nos trabalhos de evolucionistas, etólogos e filósofos mundialmente respeitados. Os estudos citados neste livro destacam a riqueza das capacidades intelectuais e emocionais, muitíssimas vezes ignoradas, de uma grande parte das espécies animais. Eles também demonstram a linha contínua que une o conjunto das espécies animais, permitindo retraçar a história evolutiva das espécies que hoje povoam o planeta. A partir da era em que tínhamos ancestrais comuns com outras espécies animais, chegamos ao *Homo sapiens* por uma longa série de etapas e de variações mínimas. Nessa lenta evolução, inexiste "momento mágico" que permitiria conferir-nos uma natureza fundamentalmente diferente da natureza das várias espécies de hominídeos que nos precederam. Nada existiu que pudesse justificar um direito de total supremacia sobre os animais.

O ponto comum mais marcante entre o homem e o animal é a capacidade de sentir dor. Por que ainda continuamos a fechar os olhos, neste início do século XXI, à dor incomensurável que causamos aos animais, sabendo que grande parte do sofrimento que infligimos a eles não é necessário nem inevitável? Além disso, não há nenhuma justificativa moral para o fato de impor sem necessidade o sofrimento e a morte a quem quer que seja.

1. Uma breve história da relação entre os seres humanos e os animais

A evolução dos seres vivos é acompanhada pela busca de um equilíbrio, continuamente reavaliado, entre a cooperação, a competição e a indiferença. A biosfera é regida, na sua integridade, pelo princípio da interdependência, visto que as espécies vegetais e animais evoluíram em conjunto e dependem de maneira estreita umas das outras para sobreviver. Essa interdependência pode significar, conforme o caso, a cooperação ou a competição entre os membros de uma mesma espécie ou de espécies diferentes. A predação possibilita a sobrevivência à custa de outras espécies. Entretanto, muitas espécies apenas se ignoram ou se evitam, por não existir vantagem na cooperação e por não estarem em luta direta pela sobrevivência.

O surgimento de comportamentos cada vez mais complexos refletiu-se em particular na territorialidade; na sincronização dos ritmos de atividade; no comensalismo, uma associação entre indivíduos de espécies diferentes que beneficia um deles, sem perigo para o outro; no parasitismo; na vida gregária; na vida em colônias, em que as fêmeas ficam reunidas num local de criação com cada uma tratando da própria prole; na vida em comunidades, em que os adultos cooperam nos cuidados com os jovens e, por fim, na eussociabilidade, a organização social mais elaborada de todas. As características principais da eussociabilidade são as estruturas hierárquicas; a colaboração e o compartilhamento de informações; a divisão e a especialização de funções entre os membros (rainha, operários, soldados); a existência de uma casta reprodutiva e outros indivíduos estéreis, além da coabitação de diferentes gerações em um "ninho" onde os adultos cuidam de forma coletiva dos mais jovens. As espécies eussociais incluem a abelha, a formiga, o cupim, o rato-toupeira-pelado e algumas espécies de camarão.

As culturas surgidas com a complexidade crescente das sociedades animais atingiram um alto nível de sofisticação na espécie humana, graças à transmissão cumulativa de conhecimentos e costumes de uma geração a outra. Com o desenvolvimento gradual da inteligência, sobretudo na espécie humana, a capacidade de pensar sobre a situação e os estados mentais do outro fez gerar a empatia emocional (que permite entrar em ressonância com os sentimentos do outro) e a empatia cognitiva (que permite imaginar os estados mentais do outro). Os indivíduos tornaram-se também capazes de estabelecer relações duradouras, fundamentadas na apreciação do valor do outro e na reciprocidade.

No decorrer de 99% de sua história no planeta, os seres humanos viveram da coleta e da caça, em constantes deslocamentos, evoluindo com a posse de pouquíssimos bens num sistema social muito pouco hierárquico baseado na cooperação. As primeiras sociedades humanas viviam em grupos pequenos e esparsos, afastados entre si, e não tinham nenhum motivo para guerrear. Durante essa fase de caçadores-coletores, a inexistência de provas arqueológicas sugere que as guerras foram raras ou inexistentes durante a maior parte da pré-história.[1] Ao contrário da imagem por vezes transmitida pelos livros de história e meios de comunicação que enfatizam mais os dramas e os conflitos do que a realidade da vida cotidiana, a natureza não é apenas "vermelha do sangue nos dentes e nas garras", como escreveu o poeta inglês Alfred Tennyson.[2] A maioria das espécies vive de maneira um tanto pacífica, ainda que as manifestações esporádicas de violência possam ser marcantes. Mesmo entre os animais selvagens, a caça ocupa apenas uma fração reduzida do tempo. A primatóloga Shirley Strum afirma que "A agressão não foi uma influência tão onipresente e importante na evolução como se havia pensado".[3]

Durante a última era glacial, uma grande parte do hemisfério norte estava coberta de gelo com muitos quilômetros de espessura, impedindo a formação significativa de sociedades humanas e a prática da agricultura. Ainda assim, a temperatura média era apenas 4 a 5°C mais baixa do que a de hoje, o que demonstra que diferenças mínimas de temperatura podem gerar condições de vida radicalmente diferentes.

Há cerca de 12 mil anos, no início do Holoceno, um período caracterizado por uma estabilidade climática notável, o homem conseguiu cultivar a terra e começou a acumular bens e provisões, bem como a domesticar animais. Nessa mesma época, tornaram-se também próximos aos homens o lobo doméstico e depois o cão, seguidos pelas ovelhas e cabras. Há 9 mil anos, em algumas regiões da Ásia, foi a vez de os bovinos e os porcos serem domesticados. Vieram mais tarde os cavalos, os camelos e as aves domésticas e, por fim, há 3 ou 4 mil anos, os gatos no Egito. No Novo Mundo, os animais domesticados pelo homem incluíram as lhamas, as alpacas, os perus e os porquinhos-da-índia. As plantas também foram domesticadas, e muitas variedades descendentes de plantas selvagens foram introduzidas: trigo e cevada na Europa; arroz na Ásia; milho, batata e feijão no Novo Mundo.[4]

As sociedades adquiriram hierarquias, apareceram os líderes, e no planeta inteiro difundiram-se a agricultura, o abate de animais, o escambo e depois o comércio. Conforme surgiam diferentes civilizações, os homens foram aprendendo a viver em sociedades compostas por pessoas que não se conheciam todas entre si. Foi então necessário estabelecer normas e contratos sociais, como defesa contra os abusos e como forma de facilitar as interações entre os membros das sociedades. As divergências e vinganças pessoais evoluíram para guerras entre grupos de pessoas sem relações pessoais diretas, e foram estabelecidos acordos para restaurar e manter a paz.[5]

Há apenas 10 mil anos, pouco antes da transição para o sedentarismo dos caçadores-coletores e do surgimento da agricultura, a população do planeta era de 1 a 10 milhões de humanos.[6] Com a explosão demográfica e a expansão dos meios tecnológicos, o que a princípio constituía apenas a busca de meios para prosperar e viver melhor acarretou uma exploração desmesurada das terras com as monoculturas, um desmatamento sem precedentes[7] e, afinal, a transformação da pecuária em produção industrial, que tira a vida de centenas de bilhões de animais a cada ano. A partir de 1950, fomos surpreendidos pela "grande aceleração" que marcou nossa entrada no Antropoceno, a "era dos humanos", em que as atividades humanas têm grande impacto sobre o planeta todo. Com efeito, desde 1950, não somente aumentaram a população mundial (que passou de 2,5 bilhões em 1950 para 7 bilhões hoje), as emissões de CO_2 e de metano, o desmatamento, o uso de pesticidas e fertilizantes químicos e o consumo de água doce, para citar apenas algumas variáveis, como houve também uma aceleração considerável nas respectivas taxas de crescimento. Ultrapassar os limites de resiliência do planeta fez a biosfera ingressar numa zona perigosa.[8] A perda da biodiversidade é particularmente grave. Nesse ritmo, até 30% de todos os mamíferos, pássaros e anfíbios estão ameaçados de extinção antes do final do século XXI.[9] As atividades humanas aceleraram a taxa de extinção das espécies cem a mil vezes no século XX, em comparação com a taxa média existente sem a ocorrência de grandes catástrofes (como a que acarretou o desaparecimento dos dinossauros, por exemplo). No século XXI, calcula-se que esse nível seja ainda multiplicado por dez. O desaparecimento de espécies é irreversível.

Em *The Politics of Species* [A Política das Espécies], Raymond Corbey, Annette Lanjouw e outros autores citam a "coexistência respeitosa", referindo-se à possibilidade de dividir os recursos e o espaço com todas as demais espécies da Terra, com respeito mútuo pelas necessidades de todos. Essa expressão implica o reconhecimento da relevância moral e social dos animais, com conotações de atenção solícita e de consideração pelas necessidades, pelo cuidado e pelo respeito do outro.[10]

A transformação de nossas atitudes frente aos animais

Ao passar para a vida sedentária, os seres humanos puderam domesticar os animais de maneira sistemática e começaram também a abater alguns, dentre os que criavam e conheciam. Isso implicava uma relação com o animal bastante diferente da que tinha o caçador, para quem o animal era apenas uma presa desconhecida, ainda que conhecesse bem seus comportamentos. James Serpell, professor de Ética Animal na Universidade da Pensilvânia, cita que somente as culturas que domesticaram animais defendem a tese de sua inferioridade em relação ao homem. Isso reflete um mal-estar subjacente ao ato de matar um animal, ao mesmo tempo que envolve uma justificativa arbitrária para permitir a realização de tal ato. Os povos caçadores-coletores não consideram os animais como seres inferiores, mas como iguais, ou até mesmo superiores; consideram os animais diferentes de nós, mas capazes de pensamentos e sentimentos análogos aos nossos.[11] Os chewong da Malásia, conforme relata o etólogo Dominique Lestel, não dividem o mundo em humanos e não humanos. Para eles, os representantes de cada espécie têm uma visão própria do mundo. Assim, a percepção de mundo para eles é organizada segundo um "caminho do tigre", um "caminho do urso" e um "caminho do homem". A percepção de cada espécie é, em si, tão verdadeira quanto a percepção dos seres humanos. Graças à imaginação e à empatia, o homem pode representar mentalmente a realidade vivida pelo animal.[12]

Há muitos casos em que o parentesco percebido com os animais é formalizado num sistema de crenças em que a família, o clã ou a tribo ligam sua origem a um animal mítico, visto como um antepassado. Essa percepção antropomórfica dos animais oferece aos povos caçadores um quadro conceitual para a compreensão de sua presa, para se identificarem com ela e prever seu comportamento. Em contrapartida, ela gera um conflito moral, porque se o animal é considerado um semelhante, matá-lo constitui um assassinato.

Os caçadores da Sibéria, por exemplo, reconhecem nas renas a faculdade de raciocínio e lhes atribuem até mesmo a faculdade da fala. Isso ocorre em numerosas tribos de caçadores, notadamente em regiões com duras condições de vida e escassez de recursos.[13] Por vezes, atribuem a um Grande Espírito a faculdade de controlar os produtos da caça. Conforme destacado pelo antropólogo britânico Tim Ingold, embora as renas sejam vistas como vítimas voluntárias, matá-las é objeto de uma preparação elaborada, de forma a evitar ofensas ao espírito da rena ou prejuízos ao abastecimento futuro. O caçador recebe a substância física do animal – carne, pele e ossos – mas o espírito é considerado imortal, num ciclo eterno de morte e renascimento.[14] Para esses povos, são frequentes o sentimento de culpa e a necessidade de expiar o abate dos animais. Em algumas tribos africanas, os caçadores precisam praticar ritos para purificar o assassinato que mancha a sua consciência, enquanto em outras o caçador suplica ao animal que lhe conceda perdão e não guarde nenhum rancor contra ele.[15]

O problema ético é mais grave para o criador tradicional do que para o caçador, porque a relação com o animal é diferente. O caçador conhece muito bem os costumes e o comportamento de suas presas, mas nunca interage socialmente com elas. Assim, é pouco provável que chegue a sentir apego em relação a indivíduos específicos. Por outro lado, nas sociedades tradicionais, o criador vive em contato com seus animais e estabelece vínculos com eles. O abate ou o fato de causar sofrimento ao animal trazem sentimentos inevitáveis de culpa e de remorso, por constituírem uma grave traição da confiança antes estabelecida.

Uma vez domesticados, os animais tornam-se servidores e escravos, à mercê do homem. Segundo o historiador Keith Thomas, degradar os animais domésticos que exploramos oferece uma justificativa, a nossos olhos, para o tratamento que lhes infligimos.[16] Essa opinião era partilhada por Darwin quando escreveu: "Não gostamos que os animais, que transformamos em nossos escravos, sejam considerados nossos iguais".[17] O homem demonstra assim sua capacidade de ligar e desligar as normas morais que mais convenham a seus próprios interesses, conforme o momento. Um cão não precisa de justificativas quando mata um coelho, e um gato não demonstra nenhum remorso quando brinca com um rato semimorto. Esses comportamentos e o sofrimento que acarretam são inerentes à relação entre um predador e sua presa. Já para o homem, essas questões não são tão simples.[18] Apesar das exceções, em geral não é fácil para os homens matar um animal ou machucá-lo com total indiferença. De modo paradoxal, essa inibição parece decorrer de nossa dificuldade em fazer uma distinção clara entre os animais e nós mesmos. Muitos estudos de fato demonstram que a maioria das pessoas tendem a perceber e tratar seus animais domésticos e animais de estimação como filhos. Os animais são cuidados, alimentados, protegidos do perigo e das condições meteorológicas, limpados, mimados e tratados quando doentes.[19]

Na produção industrial de animais, dezenas de milhares de aves ou milhares de porcos são confinados em galpões imensos. Dessa forma, a repulsa ao ato de matar um animal é diluída na perda da individualidade e na rapidez anônima da matança. A repulsa, todavia, é substituída pelo horror da quantidade. Um responsável pelo abate (sangrador) de porcos confidenciou à zootecnista e socióloga Jocelyne Porcher: "É tudo rápido, muito rápido, com o porco: vai para o caminhão, é transportado, vai para o abate, é comido, é isso. É isso, enfim".[20] Ele calculou que, em 24 anos de trabalho, sozinho teria sangrado entre 6 e 9 milhões de porcos. Nas próprias palavras de um empregado de uma grande cadeia de produção de frangos nos Estados Unidos: "Você assassina as aves indefesas aos milhares – 75 mil a 90 mil por noite. Você é um assassino".[21]

Tudo isso, é evidente, não ocorre sem consequências para os valores morais. Na opinião da pesquisadora estadunidense Elizabeth Fisher: "Ao manter e alimentar os animais, os humanos primeiro estabeleciam laços de amizade com eles, e então os matavam. Para chegar a esse ponto, os humanos precisaram matar em si mesmos uma parte de sua sensibilidade. [...] A maneira de subjugar os animais parece ter sido o modelo para a escravidão dos seres humanos, sobretudo para a exploração em grande escala das mulheres cativas para a procriação e o trabalho".[22] O filósofo estadunidense Charles Patterson cita ainda o exemplo dos sumérios (século IV a.C.) que castravam os escravos do sexo masculino e os punham para trabalhar como animais domésticos.[23]

As justificativas para a exploração dos animais: as religiões do Livro e a filosofia ocidental

Em geral, é desagradável viver com um persistente sentimento de consciência pesada. Tendo começado a utilizar outras espécies vivas em seu próprio benefício, o homem teve de encontrar justificativas morais para tal exploração. Algumas religiões fundamentam seu antropocentrismo na vontade divina. Segundo a visão dominante das religiões do Livro, os animais não teriam "alma" e estariam no planeta apenas para serem usados pelo homem. Deus criou o homem à sua imagem e escolheu que ele "domine sobre os peixes do mar, e sobre as aves dos céus, e sobre o gado, e sobre toda a terra, e sobre todo réptil que se move sobre a terra".[24] Como observou o escritor Milan Kundera: "É claro, o Gênesis foi escrito por um homem, e não por um cavalo".²⁵ As religiões do Livro, no geral, não são nem um pouco gentis com os animais. Apesar do modo bárbaro do abate ritual, a tradição judaica se diz preocupada com o sofrimento dos animais. De acordo com a Torá: "É proibido causar dor a qualquer criatura viva. Ao contrário, é nosso dever aliviar a dor de toda criatura".²⁶ Lemos também no Talmude: "É atribuída grande importância ao tratamento humano dos animais".²⁷ Segundo alguns estudiosos da Torá, Deus teria dado permissão aos homens para comerem carne após o Dilúvio por estarem fracos, mas o ideal seria que fossem vegetarianos.²⁸

Aristóteles afirmava que os animais existiam para servir aos seres humanos e também defendia a escravatura. Segundo ele, "as plantas existem em benefício dos animais, e os animais selvagens em benefício do homem. [...] Como a natureza não faz nada inútil nem em vão, é verdade inegável que ela criou todos os animais em benefício do homem".²⁹

No mundo romano, reinava o antropocentrismo. Para Cícero, "os animais foram claramente criados para as necessidades do homem, uns para uso e outros para alimentação".³⁰ É interessante observar como esses espíritos elevados enunciavam com tanta facilidade pontos de vista tão categóricos ("claramente..."), sem se preocupar em oferecer a mínima prova para suas afirmações.

Para retomar um argumento já apresentado no século III pelo filósofo neoplatônico Porfírio, autor de muitos tratados que faziam apologia do vegetarianismo, os crocodilos devoram os humanos e não são de nenhuma utilidade para eles: os humanos teriam então sido criados em benefício dos crocodilos?³¹ E se, por acaso, extraterrestres mais inteligentes e poderosos do que nós aqui aterrissassem e nos anunciassem que o Deus deles havia criado os humanos para serem por eles usados, o que teríamos a responder? E se, ainda por cima, eles achassem a carne humana muito deliciosa e impossível de não ser comida? É o que imagina Milan Kundera em *L'insoutenable légèreté de l'être* [*A insustentável leveza do ser*]*:

> Esse direito nos parece evidente porque somos nós que estamos no alto da hierarquia. Mas bastaria que terceiros se intrometessem no jogo, como por exemplo, um visitante de outro planeta a quem Deus tivesse dito: "Reinarás sobre as criaturas de todas as outras estrelas", para que qualquer evidência do Gênesis se tornasse subitamente questionável. O homem atrelado à carroça de um marciano, ou até grelhado no espeto por um habitante da Via Láctea, poderá talvez se lembrar da costela de vitela que costumava cortar no prato e então apresentar (tarde demais) suas desculpas à vaca.³²

Com sua vida e seus ensinamentos, Cristo mostra que a caridade consiste em amar todos os seres humanos, inclusive seus inimigos. Ele assim disse: "Amarás o próximo como a ti mesmo".³³ Todavia, como cita Renan Larue em seu erudito estudo

---

*. Todas as citações mencionadas nesta obra foram elaboradas pela tradutora, em tradução livre. [N. da T.]

histórico *Le végétarisme et ses ennemis* [O vegetarianismo e seus inimigos],[34] é difícil para o pensamento cristão preconizar a benevolência com os animais, pois nos Evangelhos Cristo parece ter dado pouca importância ao destino dos animais.

Os essênios sem dúvida preconizavam o vegetarianismo e, em seu evangelho apócrifo, mencionam estas palavras, atribuídas a Jesus: "Pois em verdade vos digo que aquele que mata, mata a si mesmo, e aquele que come a carne de animais mortos come do corpo da morte".[35] Não obstante, esses propósitos parecem pouco compatíveis com a maneira como Jesus trata os animais nos evangelhos canônicos. Quando, por exemplo, um homem se aproxima de Cristo e suplica que ele o livre dos demônios que o atormentam,[36] Jesus ordena aos demônios que saiam do corpo do infeliz. Os demônios pedem a Jesus que, em troca, os deixe entrar nos porcos que pastavam na encosta da montanha. Concedida a permissão, os espíritos malignos saem do corpo do homem e entram nos dois mil porcos da vara, que despencam do despenhadeiro para o mar e se afogam. Embora os Evangelhos reflitam uma verdade histórica, o exorcismo de um homem possuído parece assim mais importante aos olhos de Jesus do que a vida de milhares de porcos. Da mesma forma, após a Ressurreição, Jesus aparece para os discípulos que estavam tentando pescar e os chama da margem, para lhes dizer onde deviam jogar as redes. Jesus então assou os peixes pescados pelos discípulos e os distribuiu com pão.[37]

Face aos seguidores do maniqueísmo, que também evitavam causar dor aos animais ou matá-los, Santo Agostinho declarou que os fundamentos morais do vegetarianismo eram absurdos e condenáveis, na medida em que "Cristo mostrou que isso é pura superstição". Ele ressaltou que o Filho de Deus nunca matou sequer um ser humano, mesmo que este fosse culpado, mas matou animais que eram totalmente inocentes. "Se ele julgasse que formamos uma mesma sociedade com os animais",[38] Cristo não os teria matado. Portanto, o homem não tem nenhuma obrigação frente aos animais, e deve até mesmo desconfiar de qualquer sensibilidade indevida. Ele conclui: "É por justíssima disposição do Criador que a vida e a morte deles fiquem subordinadas ao nosso uso".[39]

Como confirmaria mais tarde São Tomás de Aquino, o "amor ao próximo" não inclui os animais. Após a perseguição dos cátaros, que não consumiam carne nem outros produtos de origem animal, São Tomás passou a questionar: "As criaturas irracionais devem ser amadas por caridade?".[40] "Não", ele responde, "os animais não podem ser incluídos como nossos próximos, pois não partilham a capacidade de raciocínio que temos e são desprovidos de uma alma espiritual". Segundo ele, a única objeção possível à crueldade contra os animais residiria no fato de que talvez pudesse incentivar a crueldade contra os humanos, mas sem que houvesse algo errado, em si, no sofrimento causado aos animais.

Essa foi a posição oficial adotada pela Igreja Católica Romana. O papa Pio XII, por exemplo, não autorizou que fosse constituída uma sociedade para a prevenção da crueldade contra os animais porque autorizá-la implicaria aceitar que os seres humanos têm deveres frente a criaturas inferiores.[41] Durante muito tempo, foi proibido tratar os animais, já que a Medicina era reservada ao homem e, sendo assim, seria vergonhoso aplicá-la a seres inferiores.[42] A primeira escola de Veterinária do mundo ocidental foi fundada em Lyon, na França, no reinado de Luís XV. Seu objetivo não era proteger os animais em geral, mas apenas evitar, entre outros fatores, a peste bovina que então grassava nas aldeias e arruinava os camponeses. A primeira função dos veterinários foi, assim, a de melhorar a economia rural tratando da saúde dos animais.[43]

Para os seguidores da Igreja Ortodoxa, há inúmeros e longos períodos durante os quais é estritamente proibido alimentar-se de produtos do reino animal (vegetarianismo), ou mesmo vestir ou utilizar qualquer material de origem animal (veganismo). Mas enquanto os Pais do Deserto e algumas ordens monásticas do cristianismo ortodoxo incentivam o vegetarianismo, isso ocorre apenas nas visões ascéticas, sendo o vegetarianismo moral condenado pelos Pais da Igreja. Santo Agostinho e São Bernardo de Claraval, entre muitos outros, faziam ainda uma distinção rigorosa entre os "bons" vegetarianos (que se mortificam) e os "maus" vegetarianos (que pregam a compaixão pelos animais e os poupam).[44]

Entre os filósofos, o estatuto dos animais conheceu um de seus períodos mais negros com a teoria dos "animais-máquinas" de Descartes. Não só os animais existiriam apenas em benefício do homem, como também, em acréscimo, não sentiriam nada.

> Os animais são simples máquinas, meros autômatos. Eles não sentem prazer nem dor, nem outra coisa qualquer. Embora possam gritar quando cortados com uma faca, ou contorcer-se ao tentar evitar o contato com um ferro quente, isso não significa que sintam dor nessas condições. Eles são regidos pelos mesmos princípios que regem um relógio, e se suas ações são mais complexas do que as de um relógio é porque um relógio é uma máquina construída por seres humanos, ao passo que os animais são máquinas infinitamente mais complexas, feitas por Deus.[45]

Essa visão mecanicista permitiu aos sábios da época ignorar a dor dos animais que utilizavam em seus experimentos. Dessa forma, no mosteiro de Port-Royal, grande centro do jansenismo na França:

> Eles batiam nos cães com total indiferença e riam-se dos que tinham pena dos animais e pensavam que estes sentissem dor. [...] Eles pregavam as quatro patas dos pobres animais em pranchas para a vivisecção e para observar a circulação do sangue, um tema de grandes debates na época.[46]

Voltaire se insurgiu contra essas práticas:

> Os bárbaros agarram o cão, que é tão superior ao homem no que diz respeito à amizade, prendem o animal com pregos numa mesa e o dissecam, vivo ainda, para expor as veias mesentéricas. Descobres no animal *todos os mesmos órgãos de sentimento que existem também em ti.* Responde agora, maquinista: teria a natureza colocado

todos os recursos do sentimento nesse animal *para que ele não sentisse nada*? Terá ele nervos para ficar impassível? Nem suponhas a existência de tal contradição impertinente na natureza.[47]

Kant, em Lições de Ética, alinha-se ao pensamento de São Tomás de Aquino ao afirmar que:

> Os animais não têm consciência de si e são, portanto, apenas meio para um fim. Esse fim é o homem. Assim, o homem não tem nenhum dever imediato em relação a eles. [...] Os nossos deveres em relação aos animais são apenas deveres indiretos em relação à humanidade.[48]

Reencontramos essa visão até entre os existencialistas contemporâneos, em especial Jean-Paul Sartre, ao escrever:

> A liberdade do animal não é preocupante, porque o cão só é livre para me adorar. O resto é só apetite, bom ou mau humor, sistema fisiológico. Quando se afasta de mim, quando rosna, ele recai no determinismo ou na opacidade obscura do instinto.[49]

A visão se repete nas palavras do filósofo Jean-Marie Meyer, quando declara: "Somente o homem constitui um 'fim' em si. Portanto, só o homem tem direito a 'respeito'".[50]

Como veremos no capítulo 6, intitulado "O *continuum* do vivo", a ciência agora demonstrou que muitos animais têm consciência de si mesmos. Além de tudo, a menos que se adote a via criacionista, não há nenhuma razão para pensar que a finalidade dos animais seja o homem.

Spinoza também apoiava uma visão instrumentalista dos animais. Em seu livro *Ética* ele escreveu:

> A lei que proíbe matar animais baseia-se mais em vã superstição e em piedade feminina do que em raciocínio são. [...] Inexiste razão para não buscarmos o que nos seja útil e, portanto, inexiste razão para não utilizarmos os animais da forma que convenha aos nossos interesses.[51]

Essencialmente, como escreveu James Serpell: "Há mais de 2.000 anos, a religião e a filosofia da Europa foram dominadas pela crença de que um ser sobrenatural e onipotente teria colocado a humanidade num pedestal moral muito acima do restante da criação. De acordo com essa visão, temos exercido um controle absoluto sobre os demais seres vivos, acreditando mesmo que sua única razão de existir seria a de servir a nossos próprios interesses egoístas. [...] O ponto de vista dos primeiros cristãos, de que os animais teriam sido criados em benefício exclusivo da humanidade, e a ideia cartesiana, de que eles seriam incapazes de sentir dor, são apenas variações mutuamente compatíveis do mesmo tema. Ambas as visões deram aos seres humanos uma licença para matar; uma licença para usar e abusar das outras formas de vida com total impunidade".[52]

Vozes dissidentes

Desde a Antiguidade e ao longo dos séculos, surgiram algumas vozes no Ocidente que denunciavam a natureza arrogante e cruel de nossa relação com os animais, manifestando ainda uma profunda repulsa pelo modo como os utilizamos para nossos próprios fins. Pitágoras não apenas era vegetariano, como também se recusava a usar couro ou lã para vestir-se. Segundo Apolônio de Tiana, ele "jamais quis usar tecidos derivados de animais, não comia carne e evitava todo sacrifício que custasse a vida de um ser animado".[53] Como explica Renan Larue[54], rejeitar os sacrifícios de animais por razões morais desafiava a ordem religiosa, bem como a ordem política que estava intimamente associada a ela. Em vez de oferendas de sangue que, a seus olhos, não agradariam divindades em princípio plenas de benevolência, Pitágoras sugeria oferecer mel, incenso, cantos e outras oferendas pacíficas. A posição dos vegetarianos, seguidores de Pitágoras ou adeptos do orfismo, atraiu reprovação e sarcasmo. A noção de ampliar o conceito de assassinato à morte de todos os seres animados foi recebida com zombarias por Eurípides, por Aristófanes e até mesmo por Platão, que considerava a doutrina "infantil".[55] No alvorecer da era cristã, a abstinência de carne foi declarada supersticiosa e proibida em Roma pelo imperador Tibério. Apesar de tudo, o prestígio de Pitágoras conferiu a essa abstinência um crédito intelectual antes inexistente.

Na mesma linha de pensamento, Ovídio considerava a carne como o alimento da decadência. Em sua obra *Metamorfoses*, ele escreveu:

> Há o trigo, há os frutos que vergam com seu peso
> Os ramos flexíveis; há as uvas que amadurecem
> Nas verdes videiras, e as ervas comestíveis e os legumes
> Que o cozer deixa de suave gosto e tenros; tendes o leite
> E o doce mel de trevo. A Terra é pródiga
> Em provisões e seus alimentos
> São gentis; ela oferece em vossas mesas
> Tudo o que não exige sangue nem morte.
> Ai de mim! Quanta desgraça e maldade em fazer nossa própria carne engolir carne,
> Em cevar nossos corpos ávidos com o lançar em nossas entranhas de outros corpos,
> Em nutrir uma criatura viva com a morte de outra.[56]

Algumas décadas mais tarde, em sua obra intitulada *De esu carnium* [Sobre o consumo de carne], Plutarco torna-se um ardente defensor dos animais e deplora a perda de sensibilidade subjacente à alimentação com carne animal:

> Perguntais por qual motivo Pitágoras se abstinha de comer a carne dos animais. Da minha parte, eu vos pergunto com espanto qual motivo, ou ainda, que coragem, teve aquele que primeiro aproximou da boca a carne de uma criatura morta, que primeiro tocou com os lábios os membros sangrentos de um animal a morrer, que fez servir em sua mesa os corpos abatidos, os cadáveres, e que devorou os membros de animais que, há pouco, mugiam, baliam, corriam e enxergavam? Como seus olhos puderam suportar o aspecto de um cadáver? Como pode degolar, esfolar e esquartejar um pobre animal?[57] [...] Somos insensíveis à beleza das cores de alguns desses animais, à harmonia de seus cantos, à simplicidade e à frugalidade de suas vidas, à sua engenhosidade e à sua inteligência. Por uma sensualidade cruel, degolamos esses animais infelizes, os privamos da luz do céu, deles tiramos essa frágil parcela de vida que a natureza lhes havia destinado. E então podemos ainda crer que os gritos que lançam no ar sejam apenas sons inarticulados, e não preces e súplicas justas?[58]

Plutarco ridicularizava aqueles que advogavam a ideia de que o homem fosse, antes de tudo, um ser carnívoro:

> [O corpo humano] não se assemelha de nenhum modo ao formato dos animais que a natureza criou para se alimentarem de carne: não tem bico curvo, nem garras afiadas, nem dentes pontudos, nem estômago tão forte ou fluidos vitais quentes o suficiente para digerir e assimilar a pesada massa da carne crua. [...] Se declarais de maneira obstinada que a natureza criou o homem de forma a comer tal carne, então, antes de tudo, matai o que ireis comer, eu digo, vós mesmos, apenas com vossos próprios meios, sem cutelos, facas nem facões de nenhum tipo, mas apenas como fazem os lobos, ursos e leões, que matam o outro animal conforme comem. Então, matai um boi mordendo-o com vossos belos dentes, pegai um javali com a boca, rasgai um cordeiro ou uma lebre com vossas belas garras, e comei os animais ainda vivos, como fazem as outras feras. [...] A carne, [...] ninguém teria coragem de comê-la como tal. Os homens a fervem, assam, transformam com o fogo e diversos condimentos, alterando, disfarçando e apagando o horror do assassinato, para que o sentido do paladar enganado e escondido por tais disfarces não o deixe recusar o que lhe é estranho.[59]

Entre os pensadores católicos, alguns foram exceção. São Francisco de Assis, conhecido por sua compaixão pelos animais, pedia "a todos os irmãos do mundo que respeitem, venerem e reverenciem tudo o que vive; ou, ainda mais, tudo o que existe". Ele pregava aos pássaros e devolveu à água um peixe vivo que lhe haviam dado. Uma história famosa diz que ele convenceu um temido lobo da cidade de Gubbio a não mais matar homens nem animais. Todavia, nenhuma de suas biografias menciona que São Francisco era vegetariano. O padre e filósofo Jean Meslier também combateu a crueldade contra os animais:

> É crueldade e barbárie matar, golpear e degolar, como é feito, animais que não fazem nenhum mal, porque eles são tão sensíveis ao sofrimento e à dor como nós, apesar das afirmações vãs, falsas e ridículas dos nossos novos cartesianos, que os tratam como meras máquinas sem alma e sem nenhum sentimento [...]. Opinião ridícula, afirmação perniciosa e doutrina detestável, uma vez que tende, de modo manifesto, a sufocar nos corações humanos qualquer sentimento de bondade, de gentileza e de humanidade que possam ter para esses pobres animais. [...] Abençoadas sejam as nações que tratam os animais de forma benigna e favorável e que se apiedam do sofrimento e das dores dos animais, mas amaldiçoadas sejam as nações que os tratam com crueldade, que os tiranizam, que apreciam derramar seu sangue e alimentar-se com avidez de suas carnes.[60]

Todavia, Meslier não é nem um pouco representativo do cristianismo pois, embora ordenado cura, tornou-se depois, em contradição, um ateu. Ele chega a considerar a indiferença ou mesmo a crueldade dos cristãos com os animais como uma das provas da inexistência ou da hostilidade de Deus.[61]

Na Inglaterra, o primeiro sermão conhecido a favor da proteção animal foi proferido em 1773 pelo pastor anglicano James Granger e provocou uma controvérsia no país todo. O pastor chegou a dizer que muitos dos membros da sua congregação julgavam que ele tinha enlouquecido.[62] O pastor Humphrey Primatt, por sua vez, estabeleceu o elo entre a desvalorização de alguns seres humanos e a desvalorização dos animais:

> O homem branco [...] não tem nenhum direito, em virtude de sua cor, de escravizar e tiranizar o homem negro. [...] Pela mesma razão, um homem não pode ter o direito natural de maltratar ou atormentar um animal.[63] [...] Quer andemos com duas pernas ou quatro patas; quer nossa cabeça se volte para baixo ou fique ereta; quer nossos corpos sejam lisos ou recobertos de pelos; com ou sem cauda; com ou sem chifres; com orelhas redondas ou longas; zurrando como um burro ou falando como um homem; cantando como um pássaro ou mudo como um peixe, a natureza jamais pretendeu que essas distinções fossem fundamentos para o direito de tirania e de opressão.[64]

Nos dias atuais, o teólogo e pastor anglicano Andrew Linzey, titular da cadeira principal de Ética, Teologia e Bem-Estar Animal da Universidade de Oxford, publicou várias obras em que, na contracorrente da posição tradicional da Igreja, propõe que sejam concedidos direitos verdadeiros aos animais. Em sua obra intitulada *Animal Rights* [Os direitos dos animais], ele não hesita em questionar a interpretação habitual do Gênesis:

> Os homens cederam a uma espécie de idolatria, imaginando que Deus poderia se interessar de modo primordial pela espécie humana. Isso seria um absurdo total.

> Por que Deus criou a vespa? Decerto, não para nosso uso. E os dinossauros? Como poderíamos utilizá-los? Da minha parte, tenho certeza de que Deus deva ter outras coisas com que se preocupar.[65]

Em outra obra intitulada *Animal Gospel* [Evangelho animal], Linzey se insurge contra o chauvinismo humanista:

> A partir do momento em que começamos a questionar o tratamento despótico dispensado aos animais – seja na matança por esporte, na brutalidade do comércio exportador ou (para usarmos o exemplo mais recente) no massacre absolutamente obsceno de milhares de focas com a finalidade de obter seus pênis para venda como afrodisíaco na Europa e na Ásia –, somos ainda confrontados com esse dogma humanista: se é vantajoso para a humanidade, então não deve haver problema.[66]

Para Linzey, isso significa que "os animais não devem ser considerados como mercadorias, recursos ou instrumentos, como objetos utilitários à disposição dos seres humanos. Se os seres humanos querem reivindicar o domínio da criação, então isso somente pode ser um domínio que consista em servir. Não pode existir um domínio sem serviço. Segundo a doutrina teológica dos direitos dos animais, os seres humanos devem, portanto, ser a espécie servidora – a espécie à qual foram conferidos o poder, a possibilidade e o privilégio de se doar, ou até mesmo de se sacrificar pelas criaturas sofredoras e mais frágeis".[67]

Ele tornou-se apóstolo da "compaixão ativa pelos fracos, contra o princípio da lei do mais forte", e põe-se ao lado do arcebispo Robert Runcie, para quem o conceito de Deus "proíbe a ideia de uma criação com escala de valores que inclua o menosprezo". Se "o universo inteiro é uma obra de amor" e se "nada que é feito com amor pode ser de pouca valia", uma concepção apenas humanista e utilitária dos animais é, segundo Linzey e Runcie, proibida aos cristãos.[68]

Vê-se, da mesma forma, uma evolução nas mais altas instâncias da Igreja. Ao contrário de seus antecessores, João Paulo II convidou os cristãos a respeitar os animais e incentivou a existência das associações protetoras. Ele também se preocupava com questões ambientais.[69] Quanto ao Papa Francisco, ele explica em sua encíclica *Laudato si'*:

> Além disso, quando o coração está verdadeiramente aberto a uma comunhão universal, nada e ninguém fica excluído desta fraternidade. [...] O coração é um só, e a própria miséria que leva a maltratar um animal não tarda a manifestar-se na relação com as outras pessoas. Todo o encarniçamento contra qualquer criatura é contrário à dignidade humana. [...] O Catecismo [...] recorda, com firmeza, que o poder humano tem limites e que é contrário à dignidade humana fazer sofrer inutilmente os animais e dispor de suas vidas de modo indiscriminado.[70]

Entre os israelitas, alguns já têm plena consciência da redução dos animais ao estado de "coisas" ou de "máquinas de produção" na pecuária industrial, e consideram o vegetarianismo, ou até mesmo o veganismo, como um ditame moral a ser seguido de maneira obrigatória. No início do século XX, Isaac Kook, o primeiro grão-rabino da Palestina, afirmava considerar que Deus ama todas as criaturas, que o homem foi originalmente destinado a comer vegetais, que o abate é um ato vergonhoso e que é imoral arrancar a lã das ovelhas ou pegar o leite destinado aos bezerros. Para ele, o vegetarianismo seria um dever.[71] Jonathan Sacks, grão-rabino das congregações israelitas da Commonwealth britânica, adotou o regime vegetariano, bem como David Rosen, antigo grão-rabino da Irlanda e presidente de honra da Comunidade Israelita Vegetariana Internacional e da Sociedade de Ecologia, um ardente crítico dos sistemas de pecuária industrial. David Rosen afirma que o tratamento imposto aos animais pelos métodos comerciais modernos de produção é tão cruel que a carne produzida sob tais condições não pode ser considerada *kosher*. "Além disso," ele ressalta, "o desperdício de recursos naturais e os danos ambientais causados pela produção de carne constituem um argumento moral convincente, do ponto de vista do judaísmo, para a adoção da dieta vegetariana".[72] O erudito Samuel H. Dresner, autor de um livro famoso entre a comunidade israelita dos Estados Unidos intitulado *Jewish Dietary Laws* [As leis da alimentação judaica], reconhece: "Alimentar-se de carne *kosher* é um tipo de acordo a título de concessão especial... Em termos ideais, o ser humano não deveria comer carne, pois a obtenção da carne exige o abate do animal".[73] Temos de concordar, de forma compulsória, com esse parecer, quando nos tornamos mais conscientes de que o modo de abate *kosher* é extremamente cruel para os animais, como se pode ver no documentário *Earthlings* [Terráqueos].[74]

O islamismo

No mundo muçulmano, o vegetarianismo é quase uma exceção, ainda que alguns adeptos avaliem que seja, no final das contas, a melhor maneira de seguir os preceitos do Islã, já que não é *halal* criar um animal como máquina e que os animais – eles também criaturas de Deus – merecem nossa compaixão. No livro *Les animaux en Islam* [Os animais no Islã], o erudito Al-Hafiz Basheer Ahmad Masri ressalta os ensinamentos do Islã que incentivam a compaixão pelos animais.[75] Ele cita especificamente o profeta Mohammed: "Aquele que tem piedade [até] para com um pardal e poupa sua vida, Alá ser-lhe-á misericordioso no dia do juízo final".[76] Sobre a caça e os esportes de lazer: "Conta-se que o Profeta disse: Não usem criaturas vivas como alvo" e "O mensageiro de Deus proibiu incitar animais a lutarem entre si".[77] O grão-mufti de Marselha, Soheib Bencheikh, considera que o sacrifício de um carneiro na Festa do Sacrifício (Eid al-Adha) "não é um pilar do Islã, nem uma obrigação principal comparável à prece ou ao jejum no Ramadã". Ele define também que o direito muçulmano permite substituir o sacrifício por "doação feita em país onde as pessoas não tenham o suficiente para comer, o que é mais coerente com o espírito de partilha inerente a tal prática".

Além disso, existe uma tradição de vegetarianismo entre determinados sufis. Os sufis preconizavam o vegetarianismo, sobretudo em períodos de retiro, como purificação do corpo e da alma, e como forma de dominar o "eu interior" (*nafs*). Todavia, o exemplo mais completo de vegetarianismo nos é dado por uma mulher, Rabia al--Adawiyya, nascida no ano 717 em Basra, uma grande mística sufi que passou a maior parte de sua vida em contemplação nos desertos do Iraque. Seus biógrafos relatam que ela vivia cercada de gazelas e antílopes, que dela se aproximavam sem nenhum medo. Uma história muito conhecida conta que um dia um grande mestre sufi, Hasan de Basra, veio vê-la em seu eremitério. Mal havia ele chegado, todos os animais fugiram. Surpreso, Hasan lhe perguntou o motivo, e ela retrucou: "O que você comeu no almoço?". Quando Hasan respondeu: "Cebolas fritas com *bacon*", ela explicou: "Então, você comeu a carne deles! E ainda fica espantado que eles queiram se afastar de você?".

Um fato pouquíssimo conhecido da história do Islamismo: no século X, um grupo de filósofos muçulmanos, anônimos por opção, adotaram para si a denominação "Irmandade da Pureza" (*Ikhwan al-Safa*) e redigiram a obra denominada "O caso dos animais contra o homem perante o Rei dos Jinn". Esse tratado coloca em cena os representantes dos animais lamentando o triste destino que o homem lhes reservou desde a criação. Numa acusação pungente contra os maus-tratos e o abate, os animais se queixam aos homens:

> Em paz e segurança em nossas próprias terras, levávamos nossa vida juntos, a alimentar nossos filhos com os bons alimentos e a água que Deus nos concedeu. [...] Depois, Adão tornou-se vice-regente [de Alá] na terra ... e seus descendentes se multiplicaram... Então, em nossa comunidade, eles [os homens] capturaram ovelhas, vacas, cavalos, burros e mulas. Eles nos escravizaram, nos forçaram com grande crueldade a lavrar o solo, a tirar água [dos poços], a fazer girar a roda dos moinhos, a transportar [as mercadorias]... Cada um de nós que caía em suas mãos era morto, tinha o ventre aberto, a carne retalhada, os ossos esmagados, os olhos arrancados do crânio. Em seguida, eles nos deixavam a assar no espeto, sujeitando-nos a torturas inimagináveis... Apesar dessas crueldades, os filhos de Adão proclamaram que era seu direito inviolável assim agir, que eles são nossos mestres e nós os seus escravos... sem nenhuma prova nem outra explicação além da força bruta.[78]

O filósofo árabe do século XI, Abū al-ʿAlāʾ al-Maʿarrī, vegetariano convicto, declarou: "Ficarei satisfeito se, ao comparecer perante Deus, eu não for acusado de nada mais do que minha abstinência de carne".[79]

No século XVI, o imperador muçulmano Akbar (que significa "o grande") da dinastia Mogol na Índia ficou tão impressionado com o jainismo e com a doutrina da não violência que publicou numerosos decretos imperiais proibindo o abate dos animais e a pesca, incentivando seus súditos a não comer carne durante um período mínimo de seis meses por ano.

Nos dias de hoje, urge que as autoridades religiosas muçulmanas e israelitas modifiquem os sistemas de abate *halal* e *kosher*, que causam os sofrimentos mais terríveis dentre todos os que ocorrem nos matadouros. Essa reforma se justifica inclusive pela simples razão financeira de que seria menos oneroso ter uma única cadeia de abate em lugar de duas, uma normal (se é que possamos considerar "normal" o que ocorre nos locais de abate) e outra sujeita a regras religiosas.

Segundo um relatório enviado em 2011 ao então Ministro da Agricultura na França, "embora a demanda de carne *halal* ou *kosher* devesse ser próxima a 10% do abate total, as estimativas indicam que o volume de abate ritual atingiu 40% do total dos abates de bovinos e quase 60% para os ovinos. O que deveria ser apenas uma alternativa tornou-se prática generalizada".[80] Ressalte-se que nem todos os judeus na França comem apenas alimentos *kosher*, e nem todos os muçulmanos ingerem somente alimentos *halal*. É, pois, assombroso constatar a porcentagem muito elevada de animais degolados quando ainda totalmente conscientes.

Nos matadouros com equipamentos eficientes e pessoal treinado, eles podem abater 65 bovinos a cada hora, respeitando as normas de proteção animal. Os bovinos são levados para dentro das instalações, abatidos com um golpe de pistola ou atordoados de outra forma, retirados, pendurados e sangrados. Em contrapartida, se a morte deve ocorrer sem atordoamento prévio, o bovino é colocado em contenção e então degolado, com um ou mais cortes, enquanto ainda vivo e consciente. A perda de consciência, segundo a Comissão Europeia, leva um pouco mais de dois minutos, e em seguida o bovino precisa ser retirado e pendurado. É possível conseguir tudo isso em 3 minutos, o que significa um ritmo de mais ou menos 20 animais por hora, se os regulamentos forem respeitados. A maioria dos dirigentes de matadouros, porém, apenas consideram financeiramente viável operar com um ritmo de 30 a 40 animais por hora. Isso significa acelerar a cadência, sem esperar pela morte do animal para pendurá-lo e retalhá-lo. As regras de proteção animal são assim infringidas de modo sistemático. Para a OABA [Œuvre d'Assistance aux Bêtes d'Abattoirs, a organização francesa de assistência aos animais nos abatedouros], as coisas são feitas de maneira correta em 5% dos abatedouros; mais ou menos a metade incorre em infrações de pouca monta, e em mais de um terço dos abatedouros as regras são seriamente violadas. Foi o que constataram sobretudo Jean-Luc Daub, que atuou como inspetor por conta da OABA durante 15 anos, e Frédéric Freund, diretor da organização desde 2006.

Tudo poderia ser melhorado se houvesse um treinamento adequado. As regras de treinamento foram codificadas com a entrada em vigor, em janeiro de 2013, dos regulamentos europeus. Desde então, os operadores em todos os abatedouros da Europa têm a mesma formação teórica e prática. Na opinião de Frédéric Freund, é possível prever uma redução gradual da maior parte dos problemas encontrados nos abatedouros, e que a porcentagem de abate segundo as normas regulamentares passe de 5 para 20%. Apesar de tudo, isso ainda significaria ter a maior parte dos abatedores com práticas irregulares, sobretudo por má vontade em mudar as coisas. Com efeito, quando os abatedouros recebem financiamento para melhorar seus negócios, eles preferem dedicar esses recursos à melhoria da higiene para o consumidor, em vez de destiná-los à melhoria da condição dos animais (reforma nos pontos de abate ou de contenção, renovação dos equipamentos de insensibilização para substituir os que não funcionem mais em todos os golpes etc.).

Sem observações sistemáticas, é difícil saber a porcentagem exata de animais ainda conscientes no retalhamento, mas, nos casos de animais não atordoados, é claro que sentem dores atrozes quando suas jugulares são cortadas e seus corpos retalhados.

Jean-Luc Daub e Frédéric Freund confirmam que os inspetores do governo nunca estão presentes nas primeiras horas da manhã.[81] Acontece que é justamente entre 4h30 e 8 horas da manhã que os abatedouros dão início aos trabalhos, com os supostos abates rituais. Quando os veterinários assumem seus postos após as 8 horas da manhã, o abate passa para o modo clássico, que apresenta muito menos problemas.

O ponto de vista das tradições orientais

Muito se tem escrito sobre as relações entre homem e animal nas culturas ocidentais, mas, em comparação, poucas obras tratam das culturas orientais, as quais sustentam pontos de vista radicalmente diferentes, como o hinduísmo, o jainismo e o budismo em particular.

O hinduísmo

A Índia é hoje o país do mundo onde o vegetarianismo é mais seguido. Deve-se observar que o vegetarianismo indiano exclui o consumo de ovos, mas permite o consumo de laticínios. As estimativas indicam que os vegetarianos representam cerca de 35% da população, o que significaria hoje 450 milhões de indianos. A Índia recém instituiu um sistema de etiqueta visível nos produtos fabricados com ingredientes estritamente vegetarianos.

O hinduísmo inclui múltiplos movimentos religiosos, com pontos de vista diferentes sobre o vegetarianismo. No alvorecer da civilização indiana, o período védico (cerca de 2500-1500 a.C.) não era vegetariano. Os cultos védicos exigiam sacrifícios sangrentos com animais. Ao que parece, a noção de *ahimsa* (não violência), com seu corolário, o vegetarianismo, surgiu inicialmente no período dos séculos VII a V a.C., com o impulso conjunto das ideias do budismo, do jainismo e dos Upanixades hindus. Eles questionaram sobretudo a concepção de sacrifícios animais até então vigentes. Encontramos em vários textos hindus dessa época os seguintes versículos:

> O sangue dos animais mortos por ti
> Forma uma poça a teus pés.
> Se assim se chega aos destinos superiores
> O que então conduz aos infernos?

Na mesma linha, o épico *Mahabharata*, escrito entre 300 a.C. e 300 d.C., proclama:

> A carne dos animais é como a carne de nossos próprios filhos. [...] Será preciso dizer que essas criaturas inocentes e saudáveis são dotadas de amor pela vida? Mas aqui são buscadas para serem abatidas por miseráveis pecadores dos matadouros? Por essa razão, ó monarca, ó Yudhishthira, sabei que a rejeição de carne é o mais alto refúgio da religião, do céu e da felicidade. *Ahimsa* (a abstenção de ferir) é o mais importante dos princípios e também a maior das penitências. *Ahimsa* é também a verdade mais sublime dentre todas as provas de benevolência.[82]

Por volta do século I da nossa era, as célebres Leis de Manu (*Manavadharma--Shastra*) adotaram uma postura ambivalente e complexa sobre o consumo de carne. As regras estabelecidas pelo legislador parecem oscilar constantemente entre a permissão para consumir carne e o vegetarianismo incondicional. A carne, inclusive de vacas, poderia ser consumida pelas duas castas superiores puras se tivesse passado por um sacrifício ritual, dedicado a uma divindade. Fora do sacrifício, o consumo de carne é reprovado, com promessa de retribuição de sofrimento na vida seguinte, na mesma escala do sofrimento infligido ao animal nesta vida: "Aquele de cuja carne eu me alimento neste mundo comerá a minha carne no outro mundo".[83] Ele também condena, além disso, a alimentação carnívora em termos que incluem um apelo à compaixão, face aos sofrimentos suportados pelo animal: "Não conseguireis jamais obter carne sem causar violência às criaturas dotadas do sopro de vida. Matar essas criaturas dotadas do sopro de vida vos levará aos infernos. Deveis, portanto, abster-vos de comer carne. Todo aquele que observar de maneira atenta a proveniência da carne, a forma como são presas e mortas as criaturas encarnadas, deverá abster-se de comer *qualquer* carne".[84] Ao longo dos séculos, essas leis fizeram escola, principalmente nas castas superiores: na atualidade, os brâmanes, e sobretudo os que oficiam nos templos, adotam um rigoroso vegetarianismo.

Por volta do século II, os *Yoga Shastras*, conjunto de regras espirituais e morais, vieram fortalecer a noção de respeito a todas as formas de vida, definindo o vegetarianismo como norma básica, em especial nas castas puras. Além disso, Thiruvalluvar, um sábio filósofo e tecelão do século I ou II d.C., pertencente à corrente principal do shivaísmo no sul da Índia, escreveu na obra *Tirukkural*: "Quem come a carne de um animal para engordar a própria carne, como pode praticar a verdadeira compaixão?".[85]

Os cultos vixnuítas e, em particular, a corrente devocional *bhakti*, esta centrada na personalidade de Krishna, também insistem na observância de um rígido vegetarianismo. No shivaísmo, por sua vez, as múltiplas seitas têm visões divergentes sobre o vegetarianismo e definem os limites de suas próprias normas alimentares, carnívoras ou não.

No seio do hinduísmo, a comunidade dos bishnois, que vivem nas regiões desérticas do Rajastão, é a que mais impulsionou a benevolência com os animais e o respeito a toda forma de vida, animal ou vegetal. Essa comunidade, integrada por 600 mil a 800 mil membros, foi fundada no século XV pelo sábio hindu Jambeshwar Bhagavan, o qual ensinou 29 princípios (*bishnoi* significa "vinte e nove" em hindi), inclusive a meditação, praticada de manhã e à tarde, o perdão e a compaixão. Os bishnois zelam muitíssimo pelos animais e até constroem abrigos para os animais velhos e doentes. Nas festas comunais, eles não acendem nenhum fogo à noite para evitar que os insetos, atraídos pela luz das chamas, possam se queimar. Eles também proíbem o corte de árvores. No século XVI, centenas de bishnois tentaram impedir que o poderoso marajá de Jodhpur derrubasse árvores, mas pagaram com a própria vida essa revolta ecológica precoce. As gazelas e os antílopes são protegidos pelos habitantes dos vilarejos contra os ataques de caçadores aborígenes. Eles alimentam e dão abrigo a esses animais, que circulam sem medo pelos vilarejos. Um décimo das colheitas de cereais fica reservado à alimentação dos animais, que não são explorados de nenhuma forma.[86]

Na primeira metade do século XX, Mahatma Gandhi, que lutou pela independência da Índia ao mesmo tempo em que seguia os princípios fundamentais da não violência, deu um novo impulso ao vegetarianismo. Ele insistiu em muitas instâncias sobre o elo existente entre o vegetarianismo e a não violência, duas posturas que trazem necessariamente o bem do outro. "Eu jamais consentiria em sacrificar a vida de um cordeiro em nome do corpo humano" dizia ele, acrescentando: "Eu afirmo que quanto mais indefesa for uma criatura, mais direitos ela tem de ser protegida pelo homem, contra a crueldade do homem".[87]

O jainismo
De todas as grandes religiões, somente a tradição jaina sempre pregou o vegetarianismo estrito e a não violência absoluta com os animais. Essa religião, que teve início nos séculos VI e V a.C., era muito praticada na Índia antiga. Na atualidade, conta com cerca de cinco milhões de adeptos, com uma grande influência sobre a sociedade indiana.

Consoante o ideal de não violência – ou *ahimsa* –, os seguidores do jainismo rejeitam os sacrifícios e as lutas com animais, e também a caça e a pesca, assim como o consumo de carne em geral. Eles construíram numerosos refúgios para os animais e abriram um hospital de caridade para os pássaros em Delhi, o Bird's Charitable Hospital[88] com capacidade para acolher até seis mil aves. Lá pode ser visto um veterinário de vestimenta branca impecável, voluntário como todos os demais, tratando um velho galo com pneumonia, enquanto outro abnegado extrai um tumor canceroso ou cuida da fratura de um falcão ou de uma pomba. Os pássaros que não podem ser curados ou soltos recebem atenção enquanto vivos.

Os seguidores do jainismo levam esse comportamento a graus extremos e consideram seu dever tomar cuidado quando andam para não esmagar nenhum inseto ou pequeno animal rastejante. Os monges cobrem a boca com um pano amarrado para não engolirem, ao respirar, algum inseto que esteja no ar. Pela mesma razão, sempre filtram a água que bebem. Eles nem mesmo consomem legumes com rizomas que se alongam sob a superfície (batatas e cenouras, por exemplo), por medo de ferir os animais subterrâneos (como minhocas ou insetos).

Nas casas jainistas conservadoras, o fogo somente é aceso na cozinha 45 minutos após o nascer do sol, para evitar que, no escuro, algum inseto venha se queimar na chama. Pelo mesmo motivo, 45 minutos antes que o sol se ponha já não cozinham mais nada.

O budismo

Para o budismo, a "natureza do Buda" está presente em cada ser, ainda que de forma apenas latente nos seres sem as faculdades intelectuais para manifestá-la, como no caso dos animais. A qualidade específica dos seres humanos refere-se à capacidade de utilizar de maneira plena essa natureza. A compreensão dessa grande vantagem que temos, sem dúvida confere um valor inestimável à condição humana. Todavia, longe de gerar desprezo pelas outras formas de vida, ela incentiva o budista a vivenciar uma compaixão ainda maior pelos seres imersos na ignorância de modo mais profundo do que ele, e o budista se esforça em sanar o sofrimento desses seres. Do ponto de vista do budismo, *é inadmissível utilizar a inteligência humana para explorar outros seres.*

No *Sutra da Descida a Lanka*, um dos sermões do Buda Sakyamuni pronunciados há 2.500 anos, lemos:

> Mas que tipo de virtude praticam esses seres? Enchem o ventre de carne animal, espalhando o medo entre os animais que vivem nos ares, nas águas e sobre a terra! [...] Os praticantes do Caminho devem se abster de carne, pois comê-la é fonte de terror para os seres.[89]

Quando o budista escolhe seguir o Caminho, pronuncia a seguinte frase: "Tomo refúgio no Dharma e prometo não prejudicar mais nenhum ser". É evidente que essa promessa também se aplica aos animais. Sabe-se que o budismo rejeita a ideia sustentada pelas religiões monoteístas de que os seres humanos foram concebidos para ocupar o ponto mais alto da criação, com as demais criaturas concebidas para satisfazer as exigências dos seres humanos e servir-lhes de alimento e diversão. Todos os seres são considerados com o direito fundamental de existir e de não sofrer.[90]

Shantideva, o mestre budista indiano que viveu nos séculos VII-VIII, resumiu essa ideia num célebre verso: "Se temos todos um igual desejo de sermos felizes, por qual privilégio seria eu o único objeto dos meus esforços para alcançar a felicidade? E se nós todos tememos o sofrimento, por qual privilégio teria eu direito a ser protegido, eu apenas e não os outros?".[91] Sobre isso o Dalai Lama comenta:

Devemos proteger os outros do sofrimento da mesma forma como faríamos com nós mesmos, e devemos nos preocupar com o bem-estar dos outros tanto quanto com o nosso. Quando protegemos nosso corpo, nós o consideramos como uma entidade única e protegemos também todas as suas partes. Mas os seres formam um conjunto, pois partilham a dor e a alegria, e todas as partes desse conjunto devem ser tratadas da mesma maneira.[92]

Como definir o que é um "ser sensível"?

Um ser considerado "sensível"* é um organismo vivo, capaz de diferenciar bem-estar de dor e de fazer a distinção entre as diversas formas de ser tratado, ou seja, entre as diferentes condições propícias ou nefastas à sua sobrevivência. Um ser sensível também é capaz de reação consequente, de modo a evitar ou se afastar do que poderia interromper sua existência, buscando o que lhe for favorável. No budismo tibetano, por exemplo, os seres são designados pela palavra 'gro ba que significa a ação de "ir", no sentido de ir "na direção" do que lhe for favorável e de "se afastar" do que lhe for nocivo.

Subjetiva ou não, a tendência natural até mesmo de uma minhoca é a de continuar viva. Para tanto, não é preciso que ela disponha das capacidades intelectuais necessárias para a formação de conceitos de "dor", "existência" ou "finitude". O budismo faz assim uma diferença entre a reação instintiva de um animal minúsculo, que se afasta de um estímulo nocivo em potencial, e a reação, puramente mecânica, da flor que se inclina na direção do sol por fototropismo.[93] Os movimentos das plantas são inteiramente comandados por fatores externos. A planta não tem escolha e, num dado momento, apenas uma direção de movimento é possível. Enquanto o metabolismo vegetal é imediato, o animal pode postergar sua ação.

Nos organismos mais rudimentares, essas reações não espelham, é claro, uma ação refletida ou uma experiência subjetiva de "bem-estar" ou de "sofrimento". Essas reações fazem parte, no entanto, de uma continuidade, cuja complexidade gradual leva ao aparecimento de um sistema nervoso, o qual passa então a permitir a percepção das sensações de dor e, em seguida, a consciência subjetiva da dor. Ter em conta essa continuidade deve, portanto, nos levar a valorizar e respeitar toda forma de vida.

Budismo e vegetarianismo

Nem todos os budistas são vegetarianos, e os textos não são unânimes em condenar o consumo de carne. Determinados sutras do Grande Veículo, o *Mahayana*, são, porém, inequívocos, como o *Sutra da Descida a Lanka* que declara:

---

*. Ou senciente. [N. da R.]

> Para não se tornar fonte de terror, as pessoas na condição de vida de bodisatva, que manifestam uma vida plena de benevolência, não devem se alimentar de carne. [...] A carne é um alimento para os animais ferozes, é impróprio dela comer.[94] [...] Matar animais por lucro, trocar mercadorias por carne, ambas são más ações: um mata, o outro compra, os dois cometem erro.

Da mesma forma, no *Sutra do Grande Parinirvana*, o Buda diz: "Comer carne destrói a grande compaixão", e aconselha seus discípulos a se afastarem do consumo da carne "da mesma forma como rejeitariam a carne de seus próprios filhos". Muitos mestres tibetanos também condenaram o consumo da carne animal.[95]

O imperador Ashoka, que se tornou adepto do budismo e do vegetarianismo no mesmo momento, promulgou vários decretos, 150 anos após a morte de Buda, para que os animais fossem tratados com benevolência. Em especial, ele ordenou a inscrição de preceitos em grandes pilares exigindo que seus súditos tratassem os animais com bondade e proibiu os sacrifícios animais em seu território.

Os budistas chineses e vietnamitas são estritamente vegetarianos. Os tibetanos vivem num elevado planalto recoberto de imensas pradarias que apenas permitem a criação de rebanhos de iaques, cabras e carneiros. Renunciar ao consumo de carne sob tais condições implicava, até pouco tempo, limitar a alimentação a manteiga, iogurte (no verão) e *tsampa*, a tradicional farinha de cevada tostada.[96] Essas condições levaram as populações, em grande parte nômades, a viver de seus rebanhos, e os tibetanos, em sua maioria, gostam muito de carne.

No entanto, eles têm consciência do aspecto imoral do seu comportamento e procuram saná-lo, abatendo apenas a quantidade de animais estritamente necessária para que sobrevivam. No exílio, na Índia ou no Nepal, é crescente o número de mosteiros tibetanos que não permitem a carne nas refeições preparadas em suas cozinhas.

Para o budista, em geral, ser vegetariano ou vegano (sobretudo nos países industrializados) é um modo de manifestar sua compaixão pelos animais. Ao contrário dos hindus vegetarianos, para o budista a carne não é "impura" em si mesma. Para ele, não haveria nada de errado, em princípio, em comer um animal morto de forma natural.

Além disso, muitos praticantes budistas compram com regularidade os animais destinados ao abate, para soltá-los na natureza ou em locais de refúgio, onde serão bem tratados. Por exemplo, lemos na autobiografia do eremita tibetano Shabkar, que viveu nos séculos XVIII-XIX, que durante sua vida ele salvou centenas de milhares de animais da morte. No Tibete, os animais cuja vida é assim "comprada" terminam seus dias em tranquilidade com o restante do rebanho. Essas práticas são ainda correntes entre os fiéis budistas. No Butão, onde predomina o budismo, a caça e a pesca são proibidas no país todo.

A admiração pela Índia e pelo vegetarianismo na Europa

O sofista Filóstrato de Atenas relata em sua biografia de Apolônio de Tiana como esse filósofo neopitagórico do século I d.C. visitou os brâmanes de Taxila e tornou-se, a partir daí, defensor do vegetarianismo. Ele proclamava que "a Terra fornece tudo o que é necessário para a humanidade; os que são felizes por viver em paz com a criação como ela é não exigem nada a mais", enquanto os homens carnívoros, ele prosseguia, "surdos aos apelos da Mãe Terra, afiam as facas contra seus próprios filhos". É isso, afirmava Apolônio, "que os brâmanes da Índia ensinaram".[97] Da mesma forma, o eremita São Jerônimo, que viveu nos séculos IV-V, declarou que o exemplo dos brâmanes era digno de ser seguido pelos cristãos. Na mesma época, o bispo de Helenópolis, Paládio, imaginou o líder brâmane Dandamis recusando com desdém os presentes ofertados por Alexandre o Grande, quando este tentava conquistar a Índia: "A Terra me fornece tudo, como a mãe que dá leite a seu filho", acrescentando ainda com ironia que "é preferível ser jogado às feras como alimento do que fazer de si mesmo a sepultura de outras criaturas".[98]

Em seu livro *The Bloodless Revolution* [A Revolução sem sangue], o historiador inglês Tristram Stuart descreve como muitos viajantes europeus redescobriram a civilização da Índia a partir do século XVII e ficaram fascinados com a doutrina da não violência, *ahimsa*. Esses viajantes ficaram muito surpreendidos ao constatar a existência de hospitais para animais e refúgios para animais idosos, algo impensável na Europa daquela época. Eles foram testemunhas da predominância do vegetarianismo na sociedade indiana e da benevolência com todos os animais, mesmo os mais humildes. Como explicou Gérard Busquet em *Vaches sacrées et chiens maudits* [Vacas sagradas e cães amaldiçoados], esses viajantes europeus ficaram estupefatos ao ver animais selvagens, como veados, antílopes, grous ou marabus, passeando calmamente nas aldeias. Esses ocidentais, vindos de sociedades que perseguiam e eliminavam de maneira implacável toda forma de vida animal, exceto os animais domesticados, não conseguiam entender essa atitude ditada por fatores religiosos e culturais específicos do Sul da Ásia.[99]

Alguns desses viajantes ridicularizaram esses costumes, mas outros ficaram impressionados com um sistema moral totalmente desconhecido no Ocidente. A existência de uma civilização tão avançada e com tanto respeito pelos animais representou um desafio radical para as ideias cristãs sobre o domínio do homem. Esse inesperado desvendar de olhos desencadeou uma crise na consciência europeia. Muitos intelectuais sentiram-se seduzidos pelo código moral proposto pelo Oriente, e várias obras ajudaram a popularizar essas opiniões junto ao grande público, suscitando as discussões precursoras dos debates contemporâneos sobre o vegetarianismo e o modo como tratamos os animais.

O movimento de libertação animal

Surgiram dois movimentos. O primeiro decretava um vegetarianismo "científico", argumentando ser ele melhor para a saúde do que a dieta carnívora. Três dos grandes filósofos do século XVII, Descartes (que, como vimos, legitimava o abate dos animais, dos quais tinha uma concepção desumana ao extremo), Pierre Gassendi e Francis Bacon, acabaram concordando que o vegetarianismo era o sistema mais adequado para os seres humanos. Francis Bacon catalogou os numerosos vegetarianos conhecidos na história e que eram famosos por sua longevidade notável: os essênios, os espartanos, os hindus e muitos ascetas cristãos.

O segundo movimento assumiu o papel de defensor da compaixão pelos animais, considerados como seres sensíveis, tanto quanto os seres humanos. O comerciante e escritor inglês Thomas Tryon, que viu com horror seus compatriotas cristãos chicoteando escravos o dia todo nas plantações de Barbados, também se tornou um ardente defensor dos direitos dos animais, tendo publicado com muito sucesso em 1683 um diálogo imaginário entre um brâmane e um francês.[100] Nessa obra, ele elogiava a grandeza moral dos brâmanes, sua temperança virtuosa e seu respeito pela vida animal, concluindo que se inexiste compaixão pelos animais, ela também passa a inexistir para com os humanos.

Thomas Tryon fez oposição a Hobbes, o qual argumentava que os seres humanos têm direitos sobre os animais simplesmente porque têm o poder de exercê-lo, afirmando que: "A força faz o direito". Tryon propôs que fosse assegurado aos animais o direito de viver independentemente dos interesses humanos e pressionou o Parlamento inglês a reconhecer os "direitos do homem e das criaturas inocentes e indefesas, que não têm protetor neste mundo".[101] Ele falava do conjunto dos seres vivos como "concidadãos do mundo".

L'espion turc [O espião turco], um romance epistolar em sete volumes (o primeiro, publicado em francês em 1686, atribuído a Giovanni Paolo Marana), narra as observações de um oriental, o espião Mahmut, que revela a história e os costumes da Europa.[102] Esse romance, de enorme sucesso, é uma denúncia tão implacável quanto irônica das religiões estabelecidas, junto com a condenação da forma como os cristãos usaram a Bíblia para justificar sua "gula, crueldade e arrogância" em relação aos animais. A obra também contribuiu para promover o vegetarianismo na Europa.

Bernardin de Saint-Pierre, um escritor e amigo de Rousseau, era um vegetariano convicto, bem como o grande naturalista sueco Carl Lineu que contestava o colega Georges-Louis de Buffon, para quem o ato de matar animais seria prática "lícita e inocente".[103]

O grande cientista Isaac Newton, por sua vez, queria que o mandamento "Ama teu próximo como a ti mesmo" fosse estendido também aos animais. Ele foi elogiado de maneira enfática por Voltaire, por ter demonstrado a clara contradição entre reconhecer os sentimentos dos animais e, ao mesmo tempo, fazê-los sofrer.[104] Como vimos, Voltaire não mediu palavras para contestar os que julgavam que os animais tinham sido colocados à sua inteira disposição pelo Senhor:

> Por fim, o fato é que esse massacre nojento e contínuo nos abatedouros e nas cozinhas não nos parece um mal. Muito pelo contrário, encaramos esse horror, muitas vezes de odor fétido, como uma bênção do Senhor, e até lhe damos graças por essas mortes. Mas o que pode ser mais abominável do que alimentar-se continuamente de cadáveres?[105]

Schopenhauer, inspirado pela Índia e pelo budismo, entre outros temas, também era sensível à questão dos animais e se insurgia contra as posições de Kant, de Descartes e do antropocentrismo judaico-cristão em geral:

> Alegam que os animais não têm direitos, persuadidos de que nosso comportamento frente a eles não tem nada a ver com moral ou, para usar a mesma linguagem dessa moral, que não temos nenhum dever para com os animais: uma doutrina revoltante, uma doutrina rude e bárbara, peculiar ao Ocidente, com suas raízes no judaísmo. Na filosofia, porém, ela é deixada repousar sobre a hipótese de uma diferença absoluta entre homem e animais, admitida apesar das provas.[106]

Num ensaio não publicado, On the Vegetable System of Diet [Sobre a dieta vegetariana], o grande poeta inglês Shelley declarou que causar sofrimento aos animais para consumir sua carne era "prejudicial à paz da sociedade humana".[107] Em seu poema intitulado *Queen Mab* [A Rainha Mab], Shelley imagina que um dia o homem "cessará de matar o cordeiro que o fita nos olhos e de devorar de modo horrível as partes mutiladas de seu corpo".[108] Ambientalista precoce, ele acrescentava que "a carne de que se empanturram os ricos representa literalmente os grãos roubados da boca dos pobres", porque a quantidade de matéria vegetal nutritiva necessária para engordar um boi representaria meios de subsistência dez vezes maiores se fosse usada para cultivar plantas comestíveis. Ele argumentava que, conforme a população humana fosse aumentando, seria necessário adotar uma dieta vegetariana, por ser a única com possibilidade de suprir as necessidades crescentes dos seres humanos. Malthus considerava que o abandono da carne se tornaria uma decisão desejável e apoiou esse ponto de vista. Em 1881, o dramaturgo George Bernard Shaw, inspirado na leitura das obras de Shelley, tornou-se vegetariano, sendo logo seguido por Leon Tolstói. Todos os que assim se expressaram em favor dos direitos dos animais – Voltaire, Shaftesbury, Bentham, Mill e Shaw – também foram os mais ardentes defensores dos direitos humanos.

Essas ideias foram retomadas com mais rigor em 2003 por Colin Tudge, um pesquisador da London School of Economics, o qual demonstrou que o mundo ficaria sem espaço agrícola suficiente se os níveis crescentes de produção da carne não diminuíssem.[109]

A revolução darwiniana e suas consequências

Darwin transformaria de maneira profunda a visão das relações entre as diferentes formas de vida ao demonstrar, de forma magistral, que a evolução das espécies, ao longo dos milhões de anos, mostra transições apenas graduais entre elas. Essa foi uma reviravolta significativa, pois Darwin colocou em evidência que as diferenças entre os seres humanos e os animais estavam muito longe de serem tão fundamentais como se supunha:

> Vimos que sentimentos, intuições, emoções e faculdades diversas, tais como, entre outras, amor, memória, atenção, curiosidade, imitação e razão, de que tanto se orgulha o homem, podem ser observadas em estado nascente, ou mesmo, por vezes, até em estado desenvolvido de modo pleno, também entre animais inferiores.[110]

Ele também escreveu em seu diário: "O homem, em sua arrogância, acredita ser uma grande obra, digna da intermediação de uma divindade. Seria mais humilde e, penso eu, mais verdadeiro considerá-lo criado a partir dos animais".[111] Foi a primeira vez em que se impôs a noção de ser apenas de grau e diversidade, e não de natureza, a diferença entre o homem e o animal. Darwin mostrou-se também preocupado com o bem-estar dos animais e com o respeito a eles. Ele afirmou, em especial:

> O senso de humanidade com os animais inferiores é uma das virtudes mais nobres de que o homem é dotado, constituindo o estágio máximo no desenvolvimento dos sentimentos morais. É somente quando nos preocupamos com todos os seres sensíveis que nossa moralidade atinge seu nível mais elevado.[112]

A partir do século XIX, Schopenhauer fazia eco ao movimento nascente em favor dos animais: "Também na Europa, cada vez mais, desperta o sentimento dos direitos dos animais".[113] Ele concluía afirmando: "A compaixão pelos animais está tão intimamente ligada à bondade que podemos sem dúvida afirmar que a pessoa cruel com os animais não pode ser uma pessoa boa".

No século XX, de modo mais exato no final dos anos 1960 e na década de 1970, surgiu um movimento que cresce sem cessar e que desencadeou uma mudança significativa de comportamento em relação aos animais, nas sociedades de cultura ocidental. De início, houve a publicação do livro *Animal Machines: The New Factory Farming Industry* [Máquinas de Animais], no qual Ruth Harrison, meio século após o livro *The Jungle* [A Selva] de Upton Sinclair, volta a descrever as condições abomináveis que prevalecem na pecuária industrial. Logo a seguir, foi formado o "Grupo de Oxford", que reunia uma dezena de intelectuais e personalidades ao redor do psicólogo Richard Ryder. Este publicou alguns artigos e panfletos contra os abusos de que são vítimas os animais, inclusive um, em 1970, que tratava do "especismo", um novo termo por ele proposto para ressaltar o fato de que a nossa atitude para com os animais reflete a mesma mentalidade como "racismo" ou "sexismo". Ele descreveu assim o seu grande momento de descoberta ou "eureca":

> As revoluções da década de 1960 contra o racismo, o sexismo e a discriminação de classe quase chegaram a tratar dos animais, mas não o fizeram. Isso me preocupou. A ética e a política da época esqueceram os seres não humanos. Todo mundo parecia unicamente preocupado em limitar o preconceito contra seres humanos. Mas eles não tinham ouvido falar de Darwin? Eu também odiava o racismo, o sexismo e a discriminação de classes, mas por que parar por aí? Como cientista atuando em ambiente hospitalar, eu tinha certeza que as outras espécies de animais sentiam tanto medo, tanta dor e tanta angústia como eu. Era preciso pensar a respeito. Era preciso estabelecer um paralelo entre a nossa condição e a condição das outras espécies. Um dia, em 1970, imerso numa banheira num antigo solar em Sunningwell, perto de Oxford, uma palavra de repente me veio à mente: "especismo!". De imediato, escrevi um panfleto e providenciei sua distribuição em Oxford.[114]

No início ninguém deu muita atenção ao panfleto, até que Peter Singer, estudante em Oxford, entrou em contato com Richard Ryder e lançou o conceito de "libertação animal". Em 1975, ele dedicou a esse tema um livro que teve impacto mundial e cujo título – *Animal liberation* [*Libertação animal*] – acabou batizando esse novo movimento.[115] Outras vozes vieram enriquecer o debate, sobretudo a do principal teórico dos direitos dos animais, Tom Regan, os primatólogos Jane Goodall e Frans de Waal – que acrescentaram novos matizes ao debate quando demonstraram que os animais são capazes de sentir emoções muito variadas e complexas, inclusive a empatia –, e o escritor Jonathan Safran Foer.

A ascensão das organizações não governamentais de proteção ambiental e animail

A emergência das ONGs como agentes da vida social e política nas áreas de meio ambiente, desenvolvimento, ações humanitárias, direitos humanos e direitos dos animais ficará sem dúvida marcada como um dos fenômenos-chave no final do século XX. Nas palavras de Rémi Parmentier,[116] um dos fundadores do Greenpeace Internacional: "Entre as ONGs que trabalham com a proteção dos animais, é preciso distinguir duas escolas que estão de acordo na maior parte do tempo mas por vezes entram em confronto: as ONGs cuja missão é proteger a biodiversidade num contexto ambiental (Greenpeace, WWF, EIA[117] ou Oxfam, entre outras) e aquelas que visam à proteção da vida animal como tal (IFAW – Fundo Internacional para o Bem-Estar Animal – ou Sea Shepherd são dois exemplos representativos). Em última análise, na luta pela proteção tanto dos animais com quem partilhamos nossas vidas como dos ecossistemas que mantêm toda a vida no planeta, ambas as escolas reivindicam, cada uma à sua maneira, que passemos a questionar a crença de que a humanidade estaria no centro do mundo".

Na França, a SPA – Société Protectrice des Animaux [Sociedade protetora dos animais] foi fundada em 1845, seguida pela LPO – Ligue pour la Protection des Oiseaux [Liga de proteção dos pássaros] e pela ASPAS – Association pour la Protection des Animaux Sauvages [Associação de proteção dos animais selvagens]. Entre as ONGs com vocação ativista que combatem os maus-tratos de animais, em especial nos sistemas de pecuária intensiva, e que combatem a caça e a utilização de animais como objetos de experiência ou de entretenimento, encontramos a PETA – People for the Ethical Treatment of Animals [Pessoas para o tratamento ético dos Animais], a Fundação Brigitte Bardot, a Fondation 30 millions d'Amis [Fundação 30 milhões de amigos] e a One Voice, a L214 Éthique & Animaux [Ética e animais], a Alliance anti-corrida [Aliança contra touradas] e muitas outras.

A bondade, o amor altruísta e a compaixão são qualidades que não combinam com preferências injustas. Restringir o âmbito do nosso altruísmo acarreta uma diminuição não apenas quantitativa como também qualitativa. Aplicá-lo somente a alguns seres, no caso os seres humanos, resulta num empobrecimento do altruísmo.

Decerto ainda há muito a ser feito, mas é indiscutível que o mundo ocidental se torna cada vez mais consciente de que é impossível obedecer a valores morais saudáveis e coerentes enquanto excluímos do campo ético a maioria dos seres sensíveis que povoam nosso planeta.

2. O QUE OS OLHOS NÃO VEEM O CORAÇÃO NÃO SENTE

Muito tempo, energia e recursos serão necessários, sem dúvida, para pôr fim às diferentes formas de violência, abuso e discriminação que ainda afligem nossos semelhantes. Nos dias de hoje, entretanto, tais práticas são cada vez mais repudiadas e consideradas inaceitáveis.

Por outro lado, os maus-tratos contra os animais continuam sendo, na maior parte das vezes, ignorados, tolerados ou até mesmo aprovados. Por que ignorados? Porque a esmagadora maioria desses maus-tratos é infligida aos animais bem longe dos nossos olhos, nas unidades de produção industrial e nos matadouros. Além disso, o setor agroalimentício pratica uma censura tácita, mas rigorosa, de forma a assegurar que nenhuma imagem chocante das torturas seja divulgada. Atualmente, nos países ricos, os animais que vemos não são os animais que comemos. Um estudo realizado nos Estados Unidos revelou que, nas áreas urbanas, a maioria das crianças de cinco anos não sabe de onde veio a carne que come. Para a pergunta "Você come animais?", a resposta da maioria delas foi um sonoro "Não!", expresso de modo tão enfático, como se a ideia em si fosse chocante.[1] Na verdade, as crianças quase sempre têm uma simpatia natural pelos animais e os tratam de maneira muito carinhosa.

Conforme ressalta a filósofa Florence Burgat, é importante dimensionar "a diversidade de casos em que a consciência clara de que foi preciso matar, interromper uma vida individualizada e desejosa de se manter, não pode ou não quer formar-se na mente daqueles que, no final da cadeia, se beneficiam dos 'produtos acabados'".[2]

Tolstói e sua família seguiam uma dieta vegetariana rigorosa. Sua filha contava que, certo dia, uma tia tinha sido convidada para jantar e, carnívora que era, avisou que não ficaria sem carne. Chegando à mesa, a tia encontrou uma galinha viva amarrada à cadeira e uma faca afiada ao lado do prato![3] Já foi demonstrado que a maioria dos seres humanos rejeita com repugnância a ideia de matar qualquer de seus semelhantes.[4] Mas matar um animal também é um ato perturbador. Para evitar a aversão que poderia ser sentida pelo consumidor se pensasse no animal vivo, e ainda em todo o sofrimento até chegar à mesa, a carne dos animais é apresentada como um produto fabricado inócuo, até com nomes diferentes conforme a parte do corpo. Dessa forma, o consumidor não faz mais a ligação entre a comida que está no prato e o ser que perdeu a vida para fornecê-la. Isto é o que dizia Paul Claudel, já em 1947:

> Na minha juventude, as ruas eram sempre repletas de cavalos e aves. Eles não existem mais. Os habitantes das grandes cidades agora só enxergam os animais na forma da carne morta que é vendida no açougue. [...] Nos dias de hoje, uma vaca é

um laboratório vivo [...] A galinha aventureira que ciscava está presa numa gaiola e recebe alimentação forçada. Seus ovos foram transformados em matemática. [...] Só restaram máquinas utilitárias, lojas vivas para vender matéria-prima...[5]

Muitas crianças só se acostumam a comer carne após a insistência dos pais. Além disso, vemos os esforços deliberados dos produtores industriais em enganar o público sobre a natureza das fazendas modernas, colocando uma tela opaca entre eles e a realidade. Nos livros ilustrados e desenhos animados com animais de fazenda, podemos vê-los alegres, brincando e vivendo com suas crias em locais espaçosos, onde a vida parece fluir com doçura.

Sem imagens, sem palavras, ou como evitar a questão

Com raras exceções, como o documentário *L'adieu au steak* [Adeus ao bife], por exemplo, transmitido pelo canal Arte,[6] a televisão *nunca* mostra o que ocorre todos os dias nesses locais. Alguns documentários notáveis, como *Earthlings, Food Inc.* e *LoveMEATender*,[7] produzidos com grande dificuldade, nunca são transmitidos pelos canais públicos. Todas as vezes em que Shaun Monson, diretor do documentário *Earthlings*, entrou em contato com canais de televisão para conseguir a transmissão de seu filme, lhe respondiam que suas imagens poderiam chocar crianças e espectadores sensíveis. Em 2009, a PETA – organização mundial mais importante na luta contra maus-tratos de animais – estava disposta a pagar dois milhões de dólares (preço de um minuto de publicidade no dia de Ação de Graças, na final do campeonato de futebol americano) à rede de televisão NBC dos Estados Unidos, para transmitir um comercial relativamente inofensivo, mostrando uma família prestes a comer o peru tradicional da festa. No comercial, um dos progenitores pedia à menina que fizesse a oração de bênção da refeição, e ela então relatava o destino cruel que tinha sofrido o peru até ser morto. As únicas imagens mostravam a família à mesa. O canal recusou-se a transmitir o comercial.[8]

Não é que os meios de comunicação em geral e a televisão não queiram mostrar imagens que possam ofender almas sensíveis. Eles exibem, de maneira contínua, imagens de guerra, atentados e desastres naturais, com o objetivo de informar e, em alguns casos, despertar nossa compaixão e inspirar-nos a ajudar as vítimas. Os filmes de terror, por sua vez, são claramente desaconselhados para crianças, mas ainda assim são transmitidos o ano todo na televisão, sem que isso pareça afetar a consciência dos programadores.

Nos países ricos, com exceção das regiões rurais, dos pequenos criadores e dos caçadores e pescadores que estão em contato com a natureza, o destino dos animais que comemos é dissimulado, com muitíssimas precauções. Tudo é feito de modo a manter o consumidor na ignorância. O setor agroalimentício aposta no fato de que gostamos de comer carne, sempre mais e aos menores preços. O jogo da oferta e procura garantem grandes lucros para todo o setor.

Os empresários afirmam não ter nenhuma razão para se envergonhar de suas atividades. Mas se não têm nada a esconder, por que tanto esforço para dissimular o que ocorre? Eles estão bem cientes de que a demanda dos consumidores iria diminuir de forma drástica se vissem o que ocorre nos locais de criação em massa e nos matadouros.

Não é surpresa, portanto, que os responsáveis por essas empresas neguem de maneira sistemática o acesso de jornalistas e outros interessados às suas instalações e tomem todas as precauções para proteger as fábricas como campos militares, com sistemas avançados de segurança.

Para ilustrar reportagens de denúncia, a única escolha é utilizar câmeras escondidas, o que muitas vezes acarreta processos judiciais pela divulgação de imagens não autorizadas. Temos como exemplo as numerosas ações judiciais contra a associação L214. É assim impossível, na França, mostrar imagens de animais trancados em baias ou gaiolas, ou sendo abatidos. Se os abatedouros quisessem esconder do público suas violações ao disposto nos regulamentos de proteção dos animais, fariam o mesmo.

Como observou Aymeric Caron: "Alguém já viu alguma escola organizar excursão a um matadouro? Nunca. Por quê? De onde vem esse pudor que nos obriga a esconder das crianças o modo como tratamos os animais? A degola, o choque elétrico, a evisceração – seriam essas imagens obscenas para os olhos inocentes? A resposta é sim".[9] A indústria da carne até que organizou um dia de "portas abertas", durante o qual seis ou sete matadouros autorizaram visitas num sábado à tarde, depois, é claro, de uma limpeza completa nas instalações. Mas tratou-se apenas de uma visita às instalações *fora do horário de trabalho*, para mostrar os locais e as linhas de abate sem a presença dos principais interessados, os animais.

Em resumo, refletimos pouco sobre esses problemas por falta de oportunidade para tomar consciência de sua gravidade. De acordo com a filósofa Élisabeth de Fontenay:

> A amnésia da realidade de nossas práticas comuns e da crueldade cotidiana em questão tem um nome muito simples: a indiferença. Nós não somos sanguinários e sádicos, somos indiferentes; passivos; desligados; ausentes; descuidados; blindados; um pouco cúmplices; cheios de boa consciência humanista, e assim nos tornamos devido ao conluio implacável da cultura monoteísta, da tecnociência e das exigências econômicas. Mais uma vez, o fato de não sabermos o que os outros fazem por nós, o fato de não sermos informados, longe de ser uma desculpa representa uma circunstância agravante para seres dotados de consciência, memória, imaginação e responsabilidade, como nós a justo título julgamos ser.[10]

No caso das experiências com animais, as instalações estão dispostas de modo que o público não veja a entrada dos animais vivos, nem a saída dos animais mortos. Peter Singer relatou que, nos Estados Unidos, um guia sobre o uso de animais em laboratórios de pesquisas aconselha a instalação de um incinerador, já que a visão de dezenas de cadáveres de animais descartados como lixo comum "por certo não aumentaria a estima pública pelo centro de pesquisa".[11]

Publicidade enganosa

Para as grandes empresas ligadas à produção animal, as quais, como afirmou Jocelyne Porcher, não podem nem mesmo ser chamadas de empresas de "criação de animais"[12], não é suficiente dissimular suas atividades. Elas divulgam campanhas de desinformação, além de tudo. Em seus anúncios de publicidade, a KFC (Kentucky Fried Chicken) afirma estar "preocupada com o bem-estar e o tratamento humano dos frangos" e "negociar apenas com fornecedores que prometam respeitar as normas exigentes que definimos e que estejam de acordo com nosso compromisso em favor do bem-estar animal". Essas belas palavras são, lamentavelmente, enganosas. Nas investigações relatadas por Jonathan Foer, ficou constatado que nas instalações dos dois principais fornecedores da KFC, Tyson Foods e Pilgrim's Pride, que são também as duas maiores empresas de processamento de aves no mundo (responsáveis pelo abate de cerca de 5 bilhões de frangos por ano), os funcionários arrancavam a cabeça de frangos vivos, cuspiam o tabaco que mascavam nos olhos dos frangos, coloriam suas cabeças com spray e os pisoteavam, lançavam os frangos contra a parede e arrancavam seus bicos.[13] Esses comportamentos, irregulares por completo, infelizmente são mais comuns do que se imagina.

Os anúncios idílicos da Frank Perdue, outra grande empresa norte-americana de abate de frangos, declaravam que as aves de suas "fazendas" eram bem tratadas e "levavam uma vida muito tranquila".[14] Um célebre defensor dos animais, Henry Spira, revelou em página inteira do jornal *New York Times* que a Frank Perdue criava seus frangos em construções de 140 metros de comprimento, abrigando um total de 27 mil aves. Seu sistema de produção em massa é, sozinho, responsável pelo abate de 6,8 milhões de frangos por semana.[15]

O filósofo Jean-François Nordmann cita o caso da marca Noblet de embutidos, que mostra a figura de um porco enorme chorando e uma menina que vem consolá-lo: "Não chore, animalzinho, você vai para a casa Noblet!".[16] A ativista e desenhista Sue Coe conta que o muro externo da Farmer John, a maior empresa de abate e de processamento de carne e peles em Los Angeles, é todo pintado com cenas idílicas de campos onde passeiam porcos e bois visivelmente felizes. Em um cenário colorido, sob um céu azul enfeitado de suaves nuvens brancas, figuram crianças brincando, cães afáveis, uma fazenda com belos celeiros vermelhos, árvores floridas recobertas de pássaros e animais que brincam em verdes pastagens. Esse tipo de cenário recobre até as janelas de vidro dos edifícios, tornando impossível enxergar dentro do matadouro. Na verdade, o que pode ser tão engraçado para "a vaca que ri"? A morte iminente do bezerro, dela arrancado antes que pudesse dar-lhe uma gota de leite? O fato de que ficará presa por anos em uma caixa antes de ser "reformada" e enviada também ela para a morte?

Na verdade, escreve Sue Coe, nesses grandes galpões de criação de animais:

> O céu pode ser azul, mas quem pode vê-lo? Não há uma folha sequer de grama. O calor sufocante deixa o ar empesteado com o cheiro da carne. [...] Os porcos certamente não irradiam felicidade, como sugerido pelas pinturas nos murais. É pena que o "fazendeiro" John* não tenha também previsto efeitos sonoros calmantes para abafar os gritos. [...]
> [...] Os porcos aglomerados são arrastados numa corrida indescritível, deixando para trás os que não podem andar ou os que morrem. Gotas de sangue escorrem de suas bocas e narizes, e outros estão com as costas fraturadas. Às vezes, eles são deixados no calor por dias, sem água, até que morram ou sejam arrastados para o matadouro. [...] Todo o processo é escondido. A carne animal é agora um bem de consumo, como os refrigerantes, detergentes, desinfetantes de banheiro ou pão de forma.

Florence Burgat também relata o caso de uma marca que "promove um queijo com uma foto de uma cabra e seu filhote, com comentários sobre a ternura entre eles". Na verdade, esse queijo é fabricado com leite de cabras criadas em cativeiro, em instalações de pecuária industrial. Inseminadas artificialmente, as cabras são levadas a parir o máximo de vezes possível para fornecer tanto leite quanto puderem e, ao final (e é aí que a perversidade e a desonestidade atingem seu auge), os cabritos são levados embora, por vezes logo após o nascimento, para serem vendidos para abate ao preço vil de apenas um euro, ou logo nas primeiras semanas, tão pequenos que são transportados em gaiolas de aves.[17]

As paredes dos matadouros não são de vidro. Mas também, quem iria querer olhar? Há mais de um século, o escritor Ralph Waldo Emerson observou: "Você acaba de jantar. O matadouro pode muito bem ter sido escondido a uma distância confortável de vários quilômetros, mas ainda assim você é cúmplice".

Dissonância cognitiva e racionalização

Às vezes, cuidamos de animais domésticos como se fossem nossos próprios filhos. Em outras vezes, nós os caçamos e matamos por prazer e, ainda, para usar suas peles em roupas. Alternamos de uma atitude a outra como se nada houvesse, como se a escolha fosse algo inócuo, enquanto que para os próprios animais isso é uma questão de vida ou morte. Em seu livro *Why We Love Dogs, Eat Porks and Dress Cows* [*Por que amamos cachorros, comemos porcos e vestimos vacas*], Melanie Joy convida-nos a refletir um pouco:[18]

> Imagine por um momento o seguinte cenário: você foi chamado para um jantar elegante. Senta-se com os convidados em torno de uma mesa lindamente posta. A temperatura está agradável, as chamas dos candelabros fazem brilhar os copos de cristal, a conversa é aprazível. Aromas de pratos deliciosos emanam da cozinha. Você não comeu o dia todo e seu estômago ronca de fome.

---

*. Do nome da empresa, Farmer John. [N. da T.]

Por fim, depois do que pareceram longas horas, a anfitriã sai da cozinha com uma panela fumegante cheirando um delicioso guisado. Os aromas de carne, condimentos e legumes invadem a sala. Você se serve de uma generosa porção e, depois de várias garfadas da carne tão macia, pede a receita à amiga anfitriã.

"É claro que dou a receita", ela responde. "Você pega 2,5 kg de carne de labrador e deixa no tempero por algumas horas, então ..." Labrador? Em choque, você para imediatamente de mastigar ao perceber o significado das palavras que acabou de ouvir: a carne na sua boca *é de cachorro*.

E agora? Você continua a comer? Fica revoltado ao saber que há pedaços de cão labrador no prato e que você acabou de engolir um pouco? Vai deixar de lado a carne vermelha e comer apenas os vegetais do acompanhamento? Se você é como a maioria das pessoas, ao ouvir que acabou de comer carne de cachorro, seus sentimentos irão, de imediato, passar da satisfação à repulsa.

Mas enquanto a maioria dos ocidentais gosta de seu cão quase como um membro da família, isso nem sempre é verdade em algumas culturas asiáticas, onde os cães são comidos e também submetidos às piores crueldades. China, Vietnã e Camboja, em particular, são países em que milhões de cães e gatos são mortos a cada ano para alimentação humana. De acordo com uma crença popular chinesa, se um cão for torturado antes de ser morto, a sua carne será, por suposição, mais saborosa. Assim, não é incomum que os cães sejam pendurados pelas patas traseiras e espancados, antes de serem esquartejados ou imersos ainda vivos em água fervente. Eles podem também ser esfolados vivos: a pele é removida de cima para baixo, como se fosse peça de roupa. Os investigadores da associação One Voice relataram ter visto uma pessoa num restaurante bater com um bastão num cão que gemia encolhido até que o animal perdesse a consciência. Ele foi então sangrado na calçada para morrer. Seu sangue se espalhou sob as gaiolas repletas de cães aterrorizados que aguardavam o mesmo destino.[19] Um número crescente de chineses condena essas práticas chocantes, mas elas continuam onipresentes.

De acordo com o psicólogo Albert Bandura, nossa capacidade de ativar e desligar de forma seletiva nossos padrões morais permite explicar como as pessoas podem ser cruéis num momento e compassivas no instante seguinte.[20] Esse ligar e desligar é feito de muitas maneiras, com efeitos cumulativos. A pessoa passa a associar objetivos supostamente louváveis a atos repreensíveis, e fecha os olhos para o sofrimento causado por esses atos. Essa dissonância cognitiva vem acompanhada de uma dessensibilização gradual ao sofrimento que ela causa.

O filósofo Martin Gibert conclui dizendo: "É surpreendente e um tanto desolador que estejamos todos de acordo, no final das contas, sobre as questões de ética animal. Ninguém contesta o horror dos locais de criação e dos abatedouros. Ninguém acredita seriamente que seja aceitável, do ponto de vista moral, machucar e matar um ser sensível, inteligente e social como um porco porque toucinho é bom. Se acrescentarmos ainda as considerações ambientais, todos deveriam, se não forem veganos, ao menos promover o veganismo. E daí a pergunta: por que isso não ocorre?".[21]

A banalização da linguagem

Nos sistemas de produção industrial, quando se fala de "cuidado com os leitões", trata-se na verdade de cortar os rabos logo após o nascimento, sem anestesia. Saiba que o leitão não sente "dor", mas apenas uma "nocicepção". Imagine que façam um corte em seu dedo, avisando: "Não se preocupe, é apenas uma questão de nocicepção". O termo nocicepção, cunhado por Sherrington em 1906, designa os reflexos para evitar algo, desencadeados por estímulos nocivos (mecânicos, químicos ou térmicos) que ameacem a integridade do organismo. O termo também designa as reações puramente fisiológicas, acionadas por esses estímulos. Por outro lado, fala-se de "dor" quando a nocicepção é acompanhada por um sentimento modulado por fatores cognitivos e emocionais. No entanto, como foi ressaltado por Élisabeth de Fontenay:

> Infelizmente, é o INRA – Institut National de la Recherche Agronomique – que realiza na França uma grande parte dos trabalhos sobre essa questão, com o objetivo de reduzir a dor em técnicas de criação e abate. Ainda há pouco, porém, os pesquisadores desse centro de pesquisa se recusavam a reconhecer que os animais sentem dor e somente falavam sobre eles em termos de nocicepção. Acima de tudo, não devemos deixar essas questões apenas nas mãos dos zootecnistas. Os indivíduos de muitas espécies têm não apenas ambientes, mas também mundos próprios, correlatos de suas subjetividades, e que interferem com os nossos.[22]

Quando numa "pecuária racional" são eliminados, por vezes com grande brutalidade, os animais improdutivos – porcos que não ganham peso com rapidez suficiente –, trata-se de "abate técnico".[23] Chamar as coisas pelo seu nome poderia ofender a sensibilidade dos consumidores e prejudicar a boa reputação da empresa. Quanto às galinhas que, após botarem 300 ovos num único ano, começam a pôr mais lentamente, estas são "reformadas" – e isso ocorre de maneira não tão boa como no serviço militar, pois são transformadas em cubo de caldo de galinha, recheio de ravióli ou purê para cães e gatos. Em geral, não estão mais em estado bom o suficiente para se tornarem uma "galinha assada" apresentável.

As emoções e reações de animais são sempre descritas usando uma terminologia asséptica. De acordo com Peter Singer, esses termos permitem que estudantes de ciências, que não são sádicos, continuem realizando seus experimentos sem sentir empatia pelos animais que utilizam. Falam de técnicas de "extinção" quando se trata de choques elétricos ou de privação prolongada de alimentos ou bebidas, e falam de "estímulo negativo" quando o animal é submetido a uma situação dolorosa que ele procura evitar a qualquer custo.[24] Da mesma forma, os animais utilizados em pesquisas são muitas vezes designados como "ferramentas biológicas padrão para a pesquisa", para citar um veterinário. Tal vocabulário não impede um animal de ser o que é, ou seja, um ser sensível. Como observado por Mary Midgley: "Uma ave está longe de ser apenas uma máquina; não é uma máquina, de modo algum. Ninguém a fabricou".[25]

A escritora Joan Dunayer explica que, em inglês, a forma gramatical correta para falar de um animal (exceto animais de estimação) não é "ele" ou "ela", mas o pronome neutro *"it"*, que é usado também para se referir às coisas. Em português, a pergunta que normalmente fazemos a um pescador ou caçador é: *"Pegou alguma coisa?"*. Jamais diríamos: "Pegou alguém?". A banalidade dessas expressões mostra até que ponto continua estreita a nossa visão dos seres sensíveis não humanos. Se um garçom num restaurante lhe perguntasse "Como estava a carne dessa pessoa?", isso provavelmente tiraria seu apetite.[26]

Esse disfarce da realidade, na opinião do neurocientista e filósofo Georges Chapouthier, acarreta o uso de toda uma série de termos neutros para dissimular que, no final das contas, e por mais desagradável que seja a ideia, o homem consome cadáveres. O fato de que as peças servidas sejam, de modo sutil, denominadas "filé mignon", "paleta" ou "picanha", entre outros nomes, coloca o comprador e o consumidor em uma situação adequada para esquecer que o "prato principal" que consome é um pedaço da carne de um animal abatido. "O disfarce às vezes pode ser simbólico", escreve Chapouthier, "e isso ocorre em determinados jogos selvagens como a perseguição com matilhas de cães de caça ou a tourada. Na tourada, há uma festa colorida e sonora para que a tortura do animal pelo homem desapareça sob a aparência de um combate simbólico entre um ser superior dotado de luz e beleza (o homem) e um ser inferior, vil e maldoso (o animal). A iluminação simbólica busca, mais uma vez, fazer esquecer a realidade dos fatos e dissimular a realidade".[27]

Não comemos o cadáver, mas apenas a "carne do açougue", não "matamos" os animais usados em pesquisa científica, mas "sacrificamos material de laboratório". Os animais têm a escolha de serem chamados de "animais", "domésticos" ou "selvagens". Quando um homem se comporta de modo brutal, torna-se um "animal" e, quando é benevolente, ele demonstra "humanidade". "Ao assim fazer", Chapouthier conclui, "a atrocidade é mergulhada numa linguagem com água de rosas".

Conforme enfatizado por Brian Luke: "Uma imensa quantidade de energia social é gasta para impedir, minar ou superar nossos sentimentos pelos animais, para que a vivissecção, a pecuária e a caça possam prosseguir".[28] Os dirigentes do setor da carne e os consumidores utilizam essa mesma energia para dissimular a triste realidade do processo que transforma seres vivos em produtos de consumo.

É aceitável simplesmente desviar o olhar? Ao abordar o tema dos animais e a forma como os tratamos, Jean-Christophe Bailly ressalta em *Le versant animal* [A versão do animal] que nossas declarações "além de não encontrarem nenhum eco, causam uma espécie de constrangimento, um pouco como se tivéssemos, de maneira inadvertida, ultrapassado um limiar e tocado em algo inadequado ou até obsceno".[29] Não seria melhor ter a honestidade e a coragem de enfrentar esse constrangimento e apelar para o potencial de humanidade que está dentro de cada um de nós?

A verdade vem da boca das crianças

Luiz Antônio é uma criança brasileira de três anos. Quando sua mãe colocou um prato de nhoque com polvo em seu prato, ele olhou com atenção e iniciou um diálogo quase socrático com ela. Fazendo uma pausa após cada frase, ele refletia, depois passava para a próxima fase do raciocínio, que se impõe com uma clareza que desarma:

Luiz: Esse polvo não é de verdade, né?
Mãe: Não.
Luiz: Então, tá. Ele nem fala, nem cabeça tem, né?
Mãe: Não tem cabeça. Isso aí é só as perninhas do polvo picadas.
Luiz: [olhar de espanto] E a cabeça dele – tá no mar?
Mãe: Tá lá na peixaria.
Luiz: [olhar perplexo]: O moço cortou assim? [Faz gestos com a mãozinha de quem corta algo.]
Mãe: Cortou.
Luiz: Por quê?
Mãe: Pra gente poder comer. Senão a gente ia ter de engolir ele inteiro.
Luiz: Mas por quê?
Mãe: Pra comer, amor. Igual corta o boi, corta a galinha...
Luiz: Hã? A galinha? Ninguém come também!
Mãe: Ninguém come a galinha?
Luiz: É. "É" os animais!
Mãe: É?
Luiz: É!
Mãe: Vai, vamos comer o nhoque... come a batata, então.
Luiz: Só batata e só arroz.
Mãe: Tá...
Luiz: Nem o polvo... "É" os animais...
Mãe: Tá bom.
Luiz: Todos esses são os animais. O peixe "é" os animais... O polvo "é" os animais... A galinha "é" os animais... A vaca "é" os animais... O porco "é" os animais...
Mãe: É?
Luiz: Então! Quando a gente come os animais, eles morrem!
Mãe: Ah... é...
Luiz: Por quê?
Mãe: Pra gente poder comer, meu amor.
Luiz: Mas por que eles morrem? Eu não gosto que eles morrem... Eu gosto que eles "ficam" em pé, feliz...
Mãe: Então, tá bom. Então a gente não vai comer mais, não... tá bom?
Luiz: Tá! Esses animais... tem que cuidar deles ... não comer!

Mãe: [pausa, e então ri suavemente] Tá certo, meu filho. Então come a parte da batata e do arroz.
Luiz: Tá bom... Por que você tá chorando?
Mãe: Não tô chorando, não... eu tô emocionada com você.
Luiz: Eu tô vendo uma água saindo... [dos olhos da mãe]
Mãe: [ri chorando] Então, come. Não precisa comer o polvo, não. Tá?
Luiz: Tá bom.

Em 2 minutos e 40 segundos, num vídeo visto por milhões de pessoas,[30] vemos Luiz manter, impávido, um raciocínio impecável: não se pode amar os animais e ao mesmo tempo aceitar que eles morram para serem servidos em nossas mesas. A força de suas palavras está no fato de que ninguém no mundo ousaria acusar uma criança de três anos de ser um extremista manipulado por uma liga de defesa dos direitos dos animais.

Mas é preciso que seja uma criança a vir assim nos trazer a verdade nua e crua? A maioria dos adultos são incapazes de raciocínio ou relegaram aos porões do esquecimento a sua própria má consciência? Ou será que sofrem de retração no campo visual da compaixão?

"Digerir agonias me causa repugnância", escreveu Marguerite Yourcenar em seu livro *L'Œuvre au noir* [*A obra em negro*]. Muitas crianças não querem comer carne e ficam chocadas quando, de repente, fazem a ligação entre a carne que têm no prato e os animais ao redor, de quem elas gostam na vida cotidiana. Mas os pais insistem, dizendo que é bom para a saúde. Foi só ao final da discussão que a mãe do pequeno Luiz caiu em lágrimas, emocionada com a exatidão do raciocínio da criança, que vê as coisas como na realidade são.

Um amigo me contou que, certa vez, uma menina estava vendo a matança de um porco querido pela família, e ao ver que ele estava sangrando após a primeira facada dada pelo pai exclamou: "Papai, papai, chama a mamãe para ela trazer um curativo!".

Jane Goodall, primatóloga e grande especialista em chimpanzés, disse-me que quando seu sobrinho, por volta dos cinco anos, ficou sabendo de onde vinha a carne de frango, decidiu, sem hesitar, que não iria mais comer. Foi o último frango que comeu. Então um dia, quando visitava um aquário, ele disse: "Eu não vou comer esses peixes bonitos". Continuando a sua visita a uma parte do aquário onde havia peixes com menor riqueza de cores, ele os ficou observando por algum tempo para depois concluir: "Sabe de uma coisa... na verdade, eu não vou mais comer peixe *nenhum*".

Mas, muitas vezes, os pais se saem bem e as crianças se acostumam. A pessoa se acostuma com tudo. A banalização da crueldade, a dessensibilização ao sofrimento dos outros, o distanciamento que subtrai do indivíduo o sofrimento do qual ele próprio é a causa direta ou indireta, bem como a dissociação moral entre determinadas atividades nocivas e o restante de nossa existência, tudo isso permite aos homens perpetrar o que a sua própria consciência condena sem que passem a odiar a si mesmos.

3. Todos perdem: Os efeitos da pecuária industrial e da alimentação carnívora sobre a pobreza, o meio ambiente e a saúde

Aqueles que gostam de comer carne e que estejam dispostos a aceitar o abate de bilhões de animais por ano para sua alimentação, antes mesmo de analisar as questões morais, deveriam se preocupar, por si mesmos e por seus filhos, com as consequências do consumo excessivo de carne e com seu corolário: a pecuária e a pesca industriais.[1] Os animais são as primeiras vítimas e deveriam ser protegidos: se mais de 60 bilhões de animais terrestres e um trilhão de animais marinhos são mortos a cada ano para o nosso consumo, os seres humanos e o meio ambiente também padecem com essa situação. A quantia de 775 milhões de toneladas de milho e trigo, além de 200 milhões de toneladas de soja (90% da produção mundial), poderiam alimentar seres humanos nos países originais de cultivo, mas são aplicados anualmente à alimentação do gado destinado à produção de carne nos países desenvolvidos, o que só agrava a situação precária das populações mais pobres.[2] Além disso, os resultados de estudos científicos apresentados em vários relatórios de síntese da ONU (IPCC e FAO)[3], do Worldwatch Institute e de outros órgãos mostram que a importância desmedida que se confere à produção animal industrial traz impactos negativos imensos para o meio ambiente, ou seja, para o destino das gerações futuras e, desde já, para a saúde humana. Analisemos essa questão à luz dos dados a seguir:

– a pecuária é responsável por 14,5% das emissões de gases de efeito estufa ligadas às atividades humanas, ocupando a segunda posição logo após edificações[4] e antes de transportes;
– para produzir 1 quilo de carne são necessários 10 quilos de alimentos que poderiam nutrir as populações dos países pobres que os produzem.[5]
– 60% das terras disponíveis no mundo são dedicadas à pecuária;
– a pecuária consome, sozinha, 45% de toda a água destinada à produção de alimentos;
– a redução no consumo de carne poderia evitar 14% dos óbitos humanos no mundo.

A entrada no Antropoceno

Antes da Revolução Industrial, a influência do homem sobre o meio ambiente era limitada e absorvida com facilidade pela própria natureza, ao reciclar de forma direta os subprodutos das atividades humanas. O desenvolvimento da agricultura e da pecuária transformava o planeta lentamente, mas era ainda inconcebível que o homem pudesse criar turbulências em escala planetária.

Nos dias de hoje, o ritmo das mudanças continua a se acelerar, devido aos distúrbios ecológicos provocados pelas atividades humanas. Em termos específicos, a "grande aceleração" que ocorreu desde 1950 define uma nova era para o nosso planeta: o Antropoceno (conforme a origem grega, literalmente "a era dos humanos"). Pela primeira vez em nossa história, as atividades humanas passaram a alterar de maneira profunda (a ponto, até agora, de degradar) todo o sistema que sustenta a vida na Terra. Nós não "decidimos" superexplorar o nosso planeta. As mudanças ocorreram de modo muito gradual, quase sem que as percebêssemos, à medida que a humanidade se desenvolvia. Como demonstrado por Jared Diamond em sua obra *Effondrement* [*Colapso*], muitas sociedades prósperas sofreram declínio e depois desapareceram, devido à exploração excessiva do meio ambiente.[6] Quais serão as consequências dessa superexploração de todo o planeta? Já sabemos que algumas serão muito dolorosas.

De acordo com o sueco Johan Rockström e 27 outros cientistas de renome internacional incluindo o prêmio Nobel Paul Crutzen, autores de um artigo publicado em 2009 na revista *Nature*,[7] transgredir os limites planetários poderá ser devastador para a humanidade. No entanto, se permanecermos abaixo de certos limites, ainda será possível preservar um espaço seguro para que a humanidade continue se desenvolvendo.

Mas o tempo que nos resta é curto, e o estudo da resiliência do sistema terrestre e de suas dinâmicas complexas permitiu evidenciar a existência de "limiares" que, se ultrapassados, trariam o risco de mudanças traumáticas, potencialmente irreversíveis. Hoje, dois terços dos ecossistemas mais importantes do mundo estão superexplorados[8] e, segundo a fórmula de Pavan Sukhdev, diretor do grupo de pesquisas sobre a economia dos ecossistemas e da biodiversidade (The Economics of Ecosystems and Biodiversity – TEEB): "Estamos consumindo o passado, o presente e o futuro do nosso planeta".[9] A biosfera entra numa zona perigosa, e o setor agroalimentício e a pecuária industrial destinada à produção de carne e de laticínios estão entre os principais fatores de risco.

Quase dois terços de todas as terras disponíveis *para o cultivo* são utilizados para a pecuária (30% para pastagens e 30% para produzir alimentos para os animais).[10] De acordo com a FAO, a pecuária é responsável por 70% do desmatamento atual. Um relatório do Greenpeace avalia que 80% do desmatamento na região amazônica seja causado pelo aumento na quantidade de bovinos.[11] Por outro lado, sabemos que as florestas tropicais úmidas abrigam cerca de 50% da biodiversidade do planeta.

A carne dos países ricos tem um alto custo para os países pobres

A equação é simples: 1 hectare de terra pode alimentar 50 vegetarianos ou 2 carnívoros. Produzir 1 kg de carne requer a mesma área de terra que o cultivo de 200 kg de tomates ou 160 kg de batatas ou 80 kg de maçãs.[12] De acordo com outra estimativa, feita por Bruno Parmentier, economista e ex-diretor da Escola Superior de Agricultura em Angers, na França, 1 hectare de terra boa pode alimentar até 30 pessoas com legumes, frutas e cereais, mas se a mesma área for dedicada à produção de ovos, leite ou carne será capaz de alimentar não mais do que 10 pessoas.[13]

Para se conseguir 1 caloria de carne bovina na pecuária intensiva são necessárias 8 a 26 calorias de alimentos de origem vegetal, que poderiam ter sido consumidos de forma direta por seres humanos.[14] Com o plantio de aveia é possível obter 6 vezes mais calorias por hectare do que se a mesma área for destinada à produção de carne de porco, e 25 vezes mais do que o total de calorias obtido com a produção de carne bovina. *O rendimento, como se vê, é deplorável.* Não é de admirar que Frances Moore Lappé tenha qualificado esse tipo de agricultura como "fábrica de proteínas às avessas".[15]

A pecuária, como vimos, consome anualmente 775 milhões de toneladas de trigo e milho, o que seria suficiente para alimentar de modo adequado a faixa do 1,4 bilhão de seres humanos mais pobres.[16] Em 1985, durante a crise de alimentos na Etiópia, enquanto a população morria de fome o país manteve a exportação de cereais destinados ao gado inglês.[17] Nos Estados Unidos, 70% dos cereais são destinados à pecuária, enquanto na Índia essa porcentagem é de apenas 2%.[18]

Comer carne é, portanto, um privilégio de país rico, exercido em detrimento dos países pobres. Nos últimos trinta anos, enquanto explodia o consumo de carne, dobrava o número de pessoas subnutridas. De acordo com a FAO e a ONG internacional Action Contre la Faim [Ação contra a fome], hoje em dia mais de 900 milhões de pessoas sofrem de desnutrição, e uma criança morre de fome a cada seis segundos, embora sejamos capazes de produzir, em escala mundial, as calorias suficientes para alimentar o mundo inteiro.[19] Como explicou Jocelyne Porcher, diretora de pesquisas do INRA e uma das principais especialistas no assunto: "Os sistemas industriais de produção animal têm como único objetivo gerar lucro. Eles não têm outra meta. Eles não têm como objetivo principal 'alimentar o mundo', ao contrário do que muitos pecuaristas querem nos fazer crer. Todos nós sabemos muito bem que os setores industriais incentivam nossos filhos, através da publicidade, a engolir salsichas no lanchinho da tarde [...], mas não se interessam pelas 900 milhões de pessoas subnutridas no mundo. O que interessa aos setores industriais é, obviamente, o mundo 'que pode pagar'".[20]

Quanto mais as populações enriquecem, mais aumenta o consumo de carne.[21] Um francês ingere 85 kg de carne por ano e um americano 120 kg, contra apenas 2,5 kg de um indiano. Em média, os países ricos consomem 10 vezes *mais* carne do que os países pobres.[22] O consumo mundial de carne quintuplicou entre 1950 e 2006, uma taxa de crescimento duas vezes superior ao da população e, mantidas as tendências atuais, esse consumo ainda irá dobrar até 2050.[23] Não obstante, já há algumas décadas, nos países ricos diminui lentamente o consumo de carne vermelha, que adquire má reputação por seus efeitos nocivos para a saúde, enquanto está em forte alta o consumo de carne de aves. Nos Estados Unidos, a quantidade anual de bovinos abatidos em matadouros diminuiu 20% entre 1975 e 2009, enquanto o total de frangos abatidos aumentou 200%.[24] A mesma tendência é observada na França. Em contraste, o consumo de carne triplicou em 40 anos nos países em vias de desenvolvimento, e tem agora um crescimento espetacular na China, em especial na classe média. Existem hoje nas grandes cidades chinesas restaurantes que servem apenas carne, e crianças que comem carne em cada refeição. Na China, ao longo dos últimos 20 anos, o consumo de frango aumentou 500% e o de carne bovina, 600%.[25]

A cada ano, um pouco mais de 1/3 da produção mundial de cereais vai para a pecuária, e 1/4 da produção mundial de peixes, transformados em "farinha de peixe", é reservado para a alimentação de bovinos, suínos e aves.[26] Como observado por Eric Lambin, professor nas universidades de Lovaina, na Bélgica, e Stanford, nos Estados Unidos: "Essa concorrência entre o homem e os animais no consumo de cereais acarreta um aumento de preço do produto, o que traz consequências trágicas para as populações mais pobres".[27]

É preciso levar em conta que 1/4 das 2,8 bilhões de pessoas que vivem com menos de 2 dólares por dia dependem da pecuária para a sua subsistência, e que a pecuária contribui de forma significativa para o desenvolvimento econômico, mas isso não invalida o ponto de vista que acabamos de expressar. Não são esses pequenos operadores que contribuem para a produção em massa de carne e, portanto, para os desvios na produção de carne: isso é feito pelas grandes instalações quase industriais destinadas à pecuária intensiva, bem como pelas monoculturas que alimentam essas grandes empresas.[28] No entanto, as pequenas propriedades das populações pobres também estão envolvidas, embora de maneira mais limitada, com a degradação das terras em que vivem. Em longo prazo, sua subsistência seria mais bem assegurada pelo desenvolvimento de métodos agroecológicos que garantissem a qualidade do solo e da vegetação.[29]

O impacto sobre as reservas de água potável

A água doce é um recurso escasso e valioso. Apenas 2,5% da água na Terra é doce, dos quais cerca de 3/4 estão contidos em geleiras e neves eternas.[30] Em muitos países pobres, o acesso à água é muito limitado. As pessoas, na maioria mulheres e crianças, com frequência precisam percorrer muitos quilômetros até chegar a uma fonte de água.

Estima-se que metade do consumo de água potável do mundo seja destinada à produção de carne e laticínios. Na Europa, mais de 50% das águas poluídas é resultado da criação intensiva de animais, incluindo a criação de peixes. Nos Estados Unidos, 80% da água potável é usada na criação de animais. A produção de 1 kg de carne requer, dependendo do caso, 5 a 50 vezes mais água do que a produção de 1 kg de trigo.[31] A revista *Newsweek* descreveu o volume de água com uma imagem nítida: "A água utilizada na produção de um boi de 500 kg seria suficiente para fazer flutuar um destróier".[32] Em seu livro intitulado *No steak* [Sem bife], o jornalista

Aymeric Caron ilustra esse impacto calculando que para obter 1 kg de carne bovina utilizamos, em média, quase tanta água como um ser humano que toma um banho por dia durante um ano, ou seja, 15 mil litros.[33]

As exigências da produção animal estão esgotando extensos lençóis freáticos de que dependem inúmeras regiões secas do mundo. Mantidas as taxas atuais, a quantidade de água doce utilizada pela pecuária industrial deve aumentar 50% até 2050.[34] A escassez de água potável se transformou numa ameaça para todo o planeta. A escassez de água é sofrida por 40% da população mundial, em 24 países, tanto do ponto de vista da quantidade como da qualidade.[35] Mais de 3 milhões de crianças com menos de 5 anos de idade morrem anualmente de diarreia, causada sobretudo por água contaminada e agentes patogênicos transmitidos pelos alimentos. Já no momento atual, 70% dos recursos de água doce estão degradados ou poluídos.[36]

Pecuária e mudanças climáticas

Os impactos ambientais decorrentes da produção de carne são particularmente graves no caso da pecuária intensiva. A produção de 1 kg de carne bovina gera quase 50 vezes mais emissões de gases de efeito estufa do que a produção de 1 kg de trigo.[37] Relembramos que a pecuária intensiva e a produção de carne e de outros produtos derivados de animais (lã, ovos e laticínios) são, do ponto de vista quantitativo, a segunda causa de emissões de gases de efeito estufa e representam 14,5% das causas relacionadas às atividades humanas.[38] Essa porcentagem inclui os gases emitidos nas várias fases do ciclo de produção de carne: o desmatamento para criar pastagens; a produção e o transporte de fertilizantes; o combustível para as máquinas agrícolas; a produção de hormônios de crescimento e aditivos alimentares; as liberações gasosas do sistema digestivo do gado; o transporte de gado para os matadouros; o abate mecanizado, e o processamento e a embalagem da carne e seu transporte para os pontos de venda. No total, a criação destinada à produção de carne contribui mais para o aquecimento global do que o setor inteiro de transportes (que representa 13% das emissões de gases de efeito estufa), sendo superado apenas pelo setor de construção e utilização de edifícios e pelo gasto energético total do habitat humano.

O efeito estufa é devido, sobretudo, a três gases: metano, dióxido de carbono e óxido nitroso. O metano é particularmente ativo, pois uma molécula desse gás contribui 20 vezes mais para o efeito estufa do que uma molécula de dióxido de carbono. Vemos que 15 a 20% das emissões globais de metano estão relacionadas com a criação de animais. Durante dois séculos, as concentrações de metano na atmosfera mais que dobraram. Embora o ritmo de seu crescimento tenha amainado nos últimos anos, poderá em breve voltar a se acelerar, e dobrar até 2070.

Os ruminantes – bois, vacas, búfalos, carneiros, cabras e camelos – são uma das maiores fontes de produção de metano (37% das emissões relacionadas a seres humanos). O metano resultante da fermentação microbiana no sistema digestivo dos ruminantes é exalado durante a respiração com arrotos ou sob a forma de flatulência.

Ele também é exalado pelos resíduos sólidos produzidos por esses animais, pela decomposição de estrume e pela fermentação dos excrementos de animais em fossas e esterqueiras.[39] Uma vaca leiteira produz 500 litros de metano por dia![40]

Quanto ao dióxido de carbono, a expansão da indústria da carne contribuiu de modo significativo para o aumento de sua concentração na atmosfera. A produção de carne industrial depende, na verdade, da mecanização da agricultura – para produzir a enorme quantidade de alimentos de que os animais necessitam; da produção e da utilização de fertilizantes químicos derivados de petróleo; do desmatamento, e de outros elementos que são também fontes de emissão de CO_2.

O óxido nitroso é o gás de efeito estufa mais agressivo: 320 vezes mais ativo do que o dióxido de carbono. Também é um composto estável com vida útil, na atmosfera, de 120 anos. As principais fontes de emissão desse gás incluem a aplicação de fertilizantes nitrogenados, a degradação desses fertilizantes no solo e os resíduos da pecuária. A pecuária produz 65% das emissões de óxido nitroso causadas por seres humanos. A contribuição do óxido nitroso representa cerca de 6% do total de emissões de gases geradores de efeito estufa.[41]

A produção de carne de boi e de cordeiro é responsável pelas maiores emissões agrícolas em relação à energia que fornecem. Estima-se que em 2050 o boi e o cordeiro contribuirão com a metade de todas as emissões agrícolas de gases de efeito estufa, colaborando com apenas 3% do aporte calórico para as populações humanas.

Em acréscimo, pesquisadores da Universidade de Oxford calcularam a pegada de carbono de 65 mil britânicos, incluindo 2 mil veganos e 15 mil vegetarianos. Para uma pessoa que, como a maioria dos britânicos, consuma mais de 100 g de carne por dia, a pegada de carbono diária é de 7,19 kg de CO_2. A pegada é de 5,63 kg mesmo para um consumidor moderado (50 a 100 g), ao passo que é de apenas 3,18 kg para um vegetariano e de 2,89 kg para um vegano. Assim, um vegano contribui 2,5 vezes menos para o aquecimento global do que um carnívoro padrão.[42] Sob esse ponto de vista, a chamada carne "orgânica" é tão prejudicial para o meio ambiente quanto a carne industrial, ou até mesmo mais lesiva, em termos de pegada de carbono e de uso da terra.

Na estimativa de um relatório da ONU datado de 2010, o entusiasmo dos países desenvolvidos com o consumo de carne não poderá manter-se sustentável quando a população humana estiver se aproximando dos 9 bilhões, por volta de 2050. De acordo com o último relatório do Painel Intergovernamental sobre Mudanças Climáticas das Nações Unidas (IPCC, na sigla em inglês) no segundo trimestre de 2014, se o problema das emissões agrícolas não for sanado, as emissões de gases de efeito estufa relacionadas à pecuária poderiam dobrar até 2070. Esse fator por si só tornaria praticamente inatingível a manutenção das metas climáticas. De acordo com Fredrik Hedenus, é provável que os efeitos desse aumento excederão a quantidade total de gases de efeito estufa que seria compatível com a limitação do aumento da temperatura a 2°C.[43] Hedenus concluiu que uma alteração na dieta – menos carne e menos produtos lácteos – teria importância crucial para a possibilidade de mantermos o aquecimento global abaixo de 2°C.

Os excrementos de animais

Um bovino produz em média 23 toneladas de excrementos por ano.[44] Nos Estados Unidos, os animais da pecuária industrial produzem 130 vezes mais excrementos do que os humanos, ou seja, um total de 40 toneladas por segundo. Os resíduos animais poluem a água mais do que todas as demais fontes de resíduos industriais combinadas.[45] A companhia Smithfield Foods, por exemplo, que abate 31 milhões de porcos por ano, tornou completamente poluídos os rios do estado da Carolina do Norte, nos Estados Unidos.

Os excrementos de animais também geram enormes quantidades de amônia, e essa amônia polui rios e mares, causando uma invasão de algas (em especial, as algas verdes) que asfixiam a vida aquática. Grandes áreas da Europa Ocidental, o nordeste dos Estados Unidos e as regiões costeiras do sudeste asiático, bem como vastas planícies da China, agora recebem quantidades consideráveis de nitrogênio.[46] Esses excedentes, além do fósforo, também se infiltram na terra por lixiviação ou escoamento, poluindo os lençóis freáticos, os ecossistemas aquáticos e as zonas úmidas.[47]

Os efeitos da pesca intensiva

A pesca intensiva conta hoje com instrumentos cada vez mais sofisticados (sonares, redes resistentes com vários quilômetros de comprimento, navios-fábrica) e conduz à extinção gradual de numerosas espécies de peixes, causando um impacto enorme sobre a biodiversidade. Os pescadores de todos os países agora procuram peixes em todos os oceanos do mundo. Após esgotarem as espécies que vivem perto da superfície, os navios-fábrica continuam a submergir suas redes, sem cessar, a camadas mais profundas dos mares. Eles agora raspam o fundo dos oceanos, e a pesca de arrasto no fundo dos mares causa a destruição de uma biodiversidade frágil, formada ao longo de dezenas de milhares de anos.[48] E tudo isso para produzir peixe barato para grandes redes de varejo nos países ricos, sem contribuir de nenhuma forma para alimentar os que passam fome no mundo, nem se preocupar com os danos irreversíveis acarretados por suas atividades. Muitas redes perdidas por navios ficam à deriva nos oceanos, como armas mortíferas para peixes e mamíferos marinhos presos nessas armadilhas. Calcula-se que serão necessárias muitas centenas de anos até que essas redes se decomponham na água.

Além disso, a quantidade de peixes capturados em todo o mundo ultrapassa muito os totais declarados. Para darmos apenas um exemplo, de acordo com as estimativas do biólogo marinho Daniel Pauly e de seus colegas da Universidade da Colúmbia Britânica em Vancouver, Canadá, um navio chinês seria responsável pela captura anual de 4,5 milhões de toneladas de peixe, grande parte ao longo da costa africana, embora declare apenas 368 mil toneladas para a FAO.[49] Incontáveis barcos piratas ignoram as cotas fixadas para os pescadores autorizados, acelerando assim, ainda mais, o desaparecimento das populações marinhas.

Em razão de considerações de ordem puramente comercial e de regulamentos inadequados, a pesca industrial também significa um enorme desperdício. A cada ano, 7 milhões de toneladas de peixes são capturados em vão, e fica presa na rede uma quantidade elevada de mamíferos marinhos, tartarugas e aves.[50] Uma operação de pesca de camarão por arrasto rejeita entre 80 e 90% dos outros animais marinhos, que são jogados do convés, mortos ou agonizantes, a cada vez que a rede é recolhida do fundo. Além disso, uma grande parte das capturas incidentais da fauna acompanhante consiste em espécies ameaçadas. Os camarões correspondem em peso a apenas 2% da quantidade de alimentos marinhos consumidos no mundo, mas respondem por 33% da captura secundária global. Como assinalou Jonathan Safran Foer em seu livro *Comer animais*, na edição francesa *Faut-il manger les animaux?*:

> Nunca pensamos a respeito, porque não sabemos de nada. E se a etiqueta de cada produto informasse quantos animais foram mortos até que chegasse ao nosso prato o alimento que vamos comer? No que se refere ao camarão da Indonésia, por exemplo, o que leríamos na embalagem seria: "Para cada 500 gramas de camarão, 13 quilos de outros animais marinhos foram mortos e atirados ao mar". No caso da pesca do atum, 145 outras espécies que não são objeto principal da pesca são mortas de modo regular.[51]

Uma amiga – uma das pioneiras do Greenpeace e participante de muitas campanhas do Rainbow Warrior – contou-me como, ao largo das costas da Califórnia e do México, os grandes navios de pesca de atum usam helicópteros para detectar os grupos de golfinhos. Ao saltarem para fora da água, os golfinhos indicam a existência dos cardumes de atum de que se alimentam. A seguir, com os pescadores em vários barcos infláveis de apoio, enormes redes de pesca são dispostas e então fechadas como bolsas, capturando um número incontável de golfinhos com o atum. Quando finalmente essas redes são içadas a bordo por guindastes potentes, os golfinhos, que em geral estão acima dos atuns, com frequência são destroçados pelos guindastes.

Parece urgente interromper esse "ecocídio" dos oceanos, um dos ecossistemas mais preciosos e úteis para o equilíbrio do planeta, que é, no entanto, rebaixado ao nível de mero "recurso econômico" ou lixo.

Consumo de carne e saúde humana

Muitos estudos epidemiológicos já demonstraram que o consumo da carne, especialmente a carne vermelha e embutidos, aumenta o risco de câncer de cólon e de estômago, bem como de doenças cardiovasculares.

Um estudo realizado pela rede europeia EPIC com 521 mil pessoas mostrou que os participantes que consumiam as quantidades mais elevadas de carne vermelha tinham 35% a mais de riscos complementares de desenvolver câncer de cólon do que aqueles que consumiam quantidades menores.[52]

De acordo com o relatório da ONU sobre o desenvolvimento humano (2007-2008), o risco de câncer colorretal diminui cerca de 30% a cada vez que ocorre a redução de 100 gramas no consumo diário de carne vermelha. Países que são grandes consumidores de carne vermelha, como Argentina e Uruguai, são também aqueles em que as taxas de câncer de cólon atingem os mais altos índices do mundo.[53] Por sua vez, o consumo de carne processada (embutidos) foi associado a um risco aumentado de câncer de estômago.

Conforme outro estudo publicado na Universidade de Harvard em 2012 por An Pan, Frank Hu e seus colegas, que analisaram mais de 100 mil pessoas ao longo de muitos anos, o consumo diário de carne está associado a um risco aumentado de mortalidade cardiovascular de 18% em homens e 21% em mulheres, enquanto a mortalidade por câncer representa, respectivamente, 10% e 16%.[54] Entre os grandes consumidores de carne vermelha, o simples fato de substituir a carne por cereais integrais ou por outras fontes de proteína vegetal diminui em 14% o risco de mortalidade precoce.

Devido ao fenômeno de bioconcentração, a carne contém cerca de 14 vezes mais resíduos de pesticidas do que os vegetais, e os produtos lácteos 5 vezes mais.[55] Ocorre um acúmulo efetivo dos poluentes orgânicos persistentes nos tecidos gordurosos dos animais, que assim passam a fazer parte da alimentação humana. Esses poluentes orgânicos são também encontrados na carne dos peixes de criadouro, alimentados com rações concentradas cuja produção inclui também proteínas de origem animal. Além de cancerígenas, essas moléculas são também tóxicas para o desenvolvimento do sistema nervoso em fetos e crianças pequenas.[56]

Nos Estados Unidos, 80% dos antibióticos são usados com a única finalidade de manter vivos os animais em sistemas de produção industrial, até serem abatidos. Nas grandes empresas de produção animal intensiva, como é inviável tratar os animais doentes de maneira individual, são acrescentadas doses maciças de antibióticos na alimentação de todos. Entre 25% a 75% dessas substâncias são encontradas em rios, no solo e na água potável, favorecendo nos humanos uma crescente resistência aos antibióticos e provocando outros efeitos colaterais.

Os autores de um estudo inglês que analisou 65 mil pessoas, incluindo 17 mil vegetarianos ou veganos, assim concluem: "Os governos que quiserem atualizar sua definição de 'dieta saudável e sustentável' devem recomendar a redução do consumo de produtos animais".[57]

As seguradoras não estão enganadas: nos Estados Unidos, a empresa Kaiser Permanente, uma importante operadora de seguros de saúde com mais de 9 milhões de segurados, encoraja os médicos a "recomendar a todos os pacientes uma dieta baseada em vegetais".[58] No Reino Unido, um seguro de vida chega mesmo a oferecer um desconto de 25% para vegetarianos e veganos.

O desenvolvimento rápido do vegetarianismo

Há 7 milhões de anos, nossos antepassados *Australopithecus* eram sobretudo vegetarianos. Eles se alimentavam de nozes, tubérculos, raízes, frutas e alguns insetos. Vez ou outra, comiam pequenos mamíferos. Há cerca de 2,5 milhões de anos, o *Homo habilis* começou a aumentar o consumo de carne, em particular pela recuperação de presas mortas por outros animais. A caça tornou-se mais importante com o *Homo erectus*, que também foi o descobridor do fogo há 450 mil ou 800 mil anos, segundo as estimativas, e depois com o homem de Neandertal, que era essencialmente carnívoro e consumia mais carne que o *Homo sapiens* (surgido há 200 mil anos). Quando há cerca de 12 mil anos os caçadores-coletores começaram a se tornar sedentários e a praticar a agricultura e a pecuária, o consumo de cereais cultivados e produtos lácteos trouxe uma queda no consumo de carne. O consumo de carne aumentou de forma significativa apenas a partir do século XX.[59]

No entanto, apesar desse aumento global, observa-se em paralelo uma atração crescente pelo vegetarianismo, sobretudo entre os jovens. Na França, estima-se um total entre 1 e 2 milhões de vegetarianos, representando 1,5 a 3% da população[60] (tanto ou mais do que o número de caçadores), o que representa uma das taxas mais baixas da Europa, onde a porcentagem média de vegetarianos é estimada em 5%. Os percentuais mais altos de vegetarianos são encontrados na Grã-Bretanha (13 a 14%), seguida pela Alemanha e pela Suíça (10%). Esses números devem aumentar, pois já são, de maneira significativa, mais elevados entre os estudantes (20% nos EUA contra apenas 4% para o conjunto da população).[61] Com cerca de 450 milhões de pessoas, ou 35% da população, como já vimos, a Índia é de longe o país com o maior número de vegetarianos.[62]

Em 2009, na Bélgica, Gante foi a primeira cidade do mundo a se tornar vegetariana ao menos uma vez por semana. As autoridades locais decidiram estabelecer um "dia semanal sem carne", durante o qual, para levar em conta o relatório da ONU, os funcionários públicos deveriam seguir uma dieta vegetariana. Vários cartazes encorajavam a população a participar dessas jornadas, e foram distribuídos mapas da cidade com indicação de restaurantes vegetarianos, uma iniciativa mais tarde ampliada para as escolas da cidade.[63]

> Chegará um dia em que a ideia de que os homens do passado criavam e massacravam seres vivos para se alimentar, e expunham satisfeitos as carnes em pedaços nas vitrines, inspirará por certo a mesma repulsa que causavam, para os viajantes dos séculos XVII ou XVIII, as refeições canibais dos selvagens da América, da Oceania ou da África.[64]

Quem pode dizer que esta previsão de Claude Lévi-Strauss não irá um dia se tornar realidade...

As boas notícias

Como dissemos, o metano é 20 vezes mais ativo que o CO_2 na produção de gases de efeito estufa. No entanto, há uma boa notícia: seu tempo de vida na atmosfera é de apenas 10 anos, contra um século no caso de CO_2. Bastaria, portanto, reduzir a produção de carne e de laticínios para diminuir com rapidez um importante fator de aquecimento global. Um estudo sueco, a título de exemplo, demonstrou que, pelo mesmo valor energético do ponto de vista nutricional, a produção de feijão emite 99% menos gases de efeito estufa do que o gado.[65]

Outra boa notícia é: o mundo poderia alimentar 1,5 bilhão de pessoas da população carente se lhes fosse destinado o 1 bilhão de toneladas de cereais que alimenta anualmente o gado destinado ao abate. Se todos os habitantes da América do Norte se abstivessem de comer carne um dia por semana, de modo indireto isso permitiria alimentar 25 milhões de pessoas sem recursos, todos os dias, durante um ano inteiro! Isso também representaria uma contribuição eficaz para a luta contra as mudanças climáticas. É por esse motivo que Rajendra Kumar Pachauri, prêmio Nobel da Paz e diretor do Painel Intergovernamental sobre Mudanças Climáticas das Nações Unidas, considera que uma tendência mundial no sentido de uma dieta vegetariana seja essencial para o combate à fome no mundo, bem como contra a escassez de energia e os piores impactos das mudanças climáticas: "Em termos de ações imediatas e de viabilidade para obter as reduções num curto prazo, essa é claramente a opção mais atraente".[66]

Essas afirmações são confirmadas pelo relatório do IPCC de março de 2014: "Demonstramos que a redução no consumo de carne e laticínios é um ponto-chave para permitir a redução da poluição climática agrícola a níveis seguros", explica Fredrik Hedenus. "Como grandes mudanças no regime alimentar levam tempo, deveríamos então pensar, desde já, sobre como poderíamos tornar a nossa alimentação menos adversa para o clima."[67]

Segundo outro coautor do relatório, Stefan Wirsenius, as emissões de gases de efeito estufa "podem, sem dúvida, ser reduzidas com o aumento da eficiência na produção de carne e laticínios e o uso de novas tecnologias. Mas se o consumo continuar crescendo, é provável que as diminuições decorrentes de tais medidas serão insuficientes para conter as mudanças climáticas abaixo dos limites toleráveis".

Dessa vez, a boa notícia é que todos nós podemos participar de forma eficaz, fácil, rápida e econômica para a diminuição no ritmo do aquecimento global e para a erradicação da pobreza. Não é necessário parar de fazer tantas viagens nem diminuir o uso de aquecedores (embora certamente devêssemos fazer restrições também nessas áreas), mas apenas uma coisa: decidir, aqui e agora, reduzir o consumo de carne ou, se possível, parar completamente.

4. A verdadeira face da criação industrial de animais

O QUE EXISTE DE TÃO VERGONHOSO QUE SEJA PRECISO ESCONDER POR TRÁS DAS paredes dos abatedouros e sob o teto das grandes instalações de criação industrial de animais? O que este capítulo expõe é chocante – deveria ele ser precedido da advertência "Não recomendado a almas sensíveis"? O leitor talvez preferisse virar depressa as páginas e passar adiante. Todavia, para que possamos nos preocupar com o que ocorre aos outros e, sempre que possível, atuar no sentido de interromper o sofrimento, é preciso analisar a situação. A história nos mostra que desviar o olhar sempre permitiu o livre curso das piores atrocidades e atrasou as intervenções necessárias para evitá-las. De que serve adoçar a realidade? Não é preferível enfrentá-la e dela extrair a coragem da compaixão?[1]

Vejamos o que nos diz a etóloga Jane Goodall, renomada especialista em primatas: "O que me deixa mais chocada é ver como as pessoas parecem quase esquizofrênicas quando são mencionadas as terríveis condições nas instalações de criação intensiva, com seres sensíveis espremidos e prensados uns contra os outros de forma extremamente cruel, em espaços minúsculos – condições tão horríveis que é necessário administrar doses contínuas de antibióticos para mantê-los vivos, pois sem isso morreriam. Costumo descrever o pesadelo do transporte – se os animais caem durante o transporte, são içados por uma das patas, que então se quebra – e o horror dos abatedouros, onde muitos animais nem sequer são atordoados antes de serem esfolados vivos ou imersos em água fervente. Isso tudo causa nos animais dores atrozes, é óbvio. Quando eu conto isso às pessoas, muitas vezes elas respondem: 'Oh, por favor, pare de me contar isso, eu sou muito sensível e adoro os animais'. E eu fico então pensando: 'mas o que parou de funcionar nesse cérebro?!'".[2]

Alguns alegarão que, sim, isso é horrível, mas que os abatedouros já foram muito humanizados. "Humanizados"? Quando os seres humanos tratam seus semelhantes dessa forma, não se trata de humanização, mas de desumanização e de barbárie. Algumas das descrições que se seguem, sobretudo as de Upton Sinclair, que descreveu pela primeira vez o destino dos animais nos matadouros de Chicago, em sua obra *The Jungle* [A Selva],[3] remontam a um século. Outras são contemporâneas e mostram que, fora alguns ligeiros ajustes, os massacres em massa continuam e até mesmo aumentam a cada dia, todo ano, quer desviemos ou não o olhar do problema. Assim, ao menos uma vez, vamos ver o que ocorre:

> De um lado, um corredor estreito para o qual o gado era direcionado, tangido por homens armados com aguilhões elétricos. Após entrar, os bovinos eram aprisionados

em baias separadas, sem nenhum espaço para se virar. Eles mugiam e se debatiam contra as paredes, enquanto os funcionários encarregados do "atordoamento", curvados para dentro dos compartimentos, esperavam o momento propício para atordoar o animal com um golpe de martelo especial. Os sons abafados dos martelos batendo nos crânios ecoavam repetidas vezes, misturando-se ao barulho dos golpes dos cascos dos animais, ressoando no espaço todo. Quando o animal tombava ao chão, o "atordoador" passava para o próximo animal, enquanto outro funcionário operava uma alavanca para abrir um lado do compartimento e fazer deslizar o bovino, ainda se debatendo, para a linha de abate. Lá, eles prendiam uma das patas com um anel de aço e acionavam outra alavanca, para suspender de modo brutal o animal do chão [...] A forma como os funcionários operavam era algo impressionante e inesquecível! [...] O primeiro a atuar era o "açougueiro", responsável pelo sangramento. Isso era feito com um único golpe de facão, tão rápido que só se via o reluzir da lâmina. Num piscar de olhos, o homem passava com rapidez para a próxima linha, enquanto um jato vermelho e brilhante escorria no chão. Os homens ficavam patinando num verdadeiro mar de sangue, apesar dos esforços do pessoal de limpeza, empurrando sem cessar o sangue para os ralos de escoamento.

Desde 1906, quando o lançamento desse livro provocou um verdadeiro furor, a única coisa que realmente mudou é que agora é possível matar uma quantidade muito maior de animais: 60 bilhões de animais terrestres ao ano, conforme as estatísticas da FAO, mais de 100 bilhões de acordo com outras estimativas.[4] Melanie Joy calculou que se 10 milhões de pessoas, o que corresponde à quantidade de animais terrestres mortos a cada ano nos Estados Unidos, fossem alinhadas em fila única, a linha daria 80 vezes a volta ao redor da Terra.[5]

Quando a sociedade aceita com tranquilidade a utilização pura e simples de outros seres sensíveis para servir a seus próprios fins, dando pouca consideração ao destino daqueles que explora, seus princípios morais são postos à prova de forma contundente.

A desvalorização dos seres humanos muitas vezes chega a fazer com que eles sejam equiparados aos animais e tratados com a brutalidade que, de modo habitual, é reservada a estes. A exploração dos animais é acompanhada por um grau adicional de desvalorização: eles são reduzidos à condição de produtos de consumo reprodutíveis infinitamente, de máquinas de fazer carne, de brinquedos vivos cujo sofrimento diverte ou fascina as multidões. De maneira consciente ignoramos a sua característica de seres sensíveis para rebaixá-los à categoria de meros objetos.

Essa opinião foi expressa sem rodeios no século XIX por Émile Baudement, titular da primeira cátedra de Zootecnia criada no Instituto Agronômico de Versalhes:

> Os animais são máquinas vivas, não no sentido figurado da palavra, mas em seu sentido mais estrito, como admitido pela mecânica e pela indústria. [...] Eles nos dão leite, carne, força: são máquinas que produzem um rendimento mediante um determinado gasto.[6]

Com maior cinismo ainda, um executivo da empresa Wall's Meat dos Estados Unidos recém declarou:

> A porca reprodutora deveria ser vista como uma valiosa peça de equipamento mecânico, cuja função é fazer jorrar leitões como uma máquina de salsichas, e deveria ser tratada como tal.[7]

A visão do sistema é resumida por Fred C. Haley, diretor de uma avícola com 225 mil galinhas poedeiras nos Estados Unidos: "O propósito da produção de ovos é ganhar dinheiro. Quando perdemos isso de vista, perdemos o nosso objetivo".[8]

Em sistemas de produção industrial, o tempo de vida dos animais de criação é reduzido a 1/4 do que seria em condições naturais para os bovinos, e a 1/60 para as aves. No caso das aves, é como se a expectativa de vida de um cidadão francês fosse de apenas um ano e quatro meses.[9] Confinamos os animais em baias ou gaiolas estreitas onde não podem sequer virar de lado, os castramos, separamos as mães de seus filhotes logo ao nascer, começamos a esquartejar os animais ainda conscientes que tenham sobrevivido aos sistemas originalmente previstos para matá-los ou os trituramos vivos numa cortadeira (destino de centenas de milhões de pintos machos a cada ano). Em outras circunstâncias, fazemos sofrer os animais para nos divertir (touradas, brigas de cães e de galos), os prendemos em armadilhas que esmagam suas patas com mandíbulas de aço ou os esfolamos vivos.

Em suma, nós é que decidimos quando, onde e como eles devem morrer, sem preocupação alguma com o que eles possam sentir.

A amplitude do sofrimento que infligimos aos animais

Os homens sempre exploraram os animais, a princípio caçando-os e depois domesticando-os, mas foi apenas no início do século XX que essa exploração adquiriu dimensões colossais. Paralelamente, ela deixou de ser presença visível em nossas vidas, pois passou a ser perpetrada, de modo deliberado, longe de nossos olhos. Nos países ricos, dependendo da espécie, 80 a 95% dos animais que comemos são "produzidos" em instalações industriais de criação onde a curta vida dos animais é apenas uma sucessão ininterrupta de sofrimentos. Tudo isso se torna possível a partir do momento em que passamos a considerar os outros seres vivos como objetos de consumo ou como reservas de carne que podemos tratar da forma que bem quisermos. Upton Sinclair prossegue em seu relato:

> No início os porcos eram direcionados a passarelas da largura de uma rua, acima do solo, pelas quais escoava um fluxo contínuo de animais. Vendo como os animais avançavam sem suspeitar do destino que os aguardava, uma sensação de mal-estar nos invadia: parecia um rio levando à morte. Mas os nossos amigos não eram

poetas... Eles só enxergavam uma organização de eficiência prodigiosa. [...] "Nada se perde aqui", o guia explicou, "aproveitamos tudo do porco, menos o grito".

Na entrada, havia uma roda de ferro enorme, com cerca de seis metros de circunferência, com anéis fixados nas bordas. [...] Os homens prenderam uma ponta da corrente na pata no porco mais próximo e a outra ponta a um dos anéis da roda. Com a roda girando, o animal foi brutalmente içado. [...] O porco tinha começado uma viagem sem volta. Após atingir o topo da roda, ele foi desviado para um trilho transportador aéreo e atravessou a área, pendurado no vazio. Enquanto isso, outro animal era içado, depois um segundo e um terceiro e assim por diante, até formarem duas fileiras. Os animais assim suspensos por uma das patas debatiam-se de maneira frenética, gritando desesperados. O barulho era assustador, de romper os tímpanos de quem ouvia. [...] Depois de alguns momentos de calmaria, o tumulto eclodiu de novo e aumentou até atingir um paroxismo ensurdecedor. [...]

Conforme avançava a operação, os gritos começavam a diminuir, ao mesmo tempo em que o sangue e a vida escapavam de seus corpos. Ao final, após um último espasmo, eles desapareceram em meio ao jorro borbulhante que subia de um enorme tanque de água fervente. [...] Essa máquina de matar prosseguia imperturbável seu trabalho, com ou sem espectadores. Era como se fosse um crime atroz perpetrado no segredo de uma masmorra, sem o conhecimento de ninguém e no esquecimento geral.[10]

O lucro acima de tudo

Na atualidade, apenas nos Estados Unidos, são abatidos mais animais *num único dia* do que num ano inteiro em todos os matadouros da época de Upton Sinclair. Segundo David Cantor, fundador de um grupo de estudos para uma política responsável concernente aos animais, trata-se de "um sistema de tortura cruel, rápido, administrado com rigor, orientado pelo lucro, o qual mal considera os animais como seres vivos, cujos sofrimentos e mortes não contam".[11]

Os abatedouros são agora menos numerosos, mas muito maiores, e cada um deles tem capacidade de matar vários milhões de animais por ano. Nos países da União Europeia, alguns novos regulamentos visam a reduzir um pouco os sofrimentos nas instalações industriais de criação. Nos Estados Unidos, alguns testemunhos recentes como o do escritor Jonathan Safran Foer[12] mostram que a diferença é que agora ocorre o abate de mais animais, com mais rapidez, de forma mais eficaz e mais barata.

Como seria mais oneroso fazer a eutanásia ou o tratamento no caso de animais enfraquecidos ou doentes que se arrastam incapazes de se levantar para seguir os demais, na maioria dos Estados Unidos a lei permite deixá-los agonizar de fome e de sede por vários dias, ou mesmo jogá-los vivos nas caçambas de lixo. Isso acontece todos os dias.

Os trabalhadores são mantidos sob pressão contínua para que a linha de abate continue avançando a pleno vapor: "Eles não diminuem o ritmo da linha de produção por nada, nem por ninguém", confidenciou um funcionário à pesquisadora Gail Eisnitz, da The Humane Farming Association:[13]

> Contanto que a linha de produção avance, eles não se importam nem um pouco com o que for preciso fazer para que o porco seja incluído na operação. É preciso pendurar um animal em cada gancho, se o funcionário não quiser levar uma enorme bronca do chefe da seção. [...] Todos os funcionários que atuam no transporte usam porretes para matar os porcos que se recusam a ir para as rampas. Se um porco se recusa a passar e interrompe a produção, o funcionário o golpeia até a morte. Em seguida, o animal é colocado de lado, para ser suspenso no gancho mais tarde.[14]

A competição econômica faz com que cada abatedouro se esforce em matar mais animais por hora do que os concorrentes. A velocidade das linhas de transporte nos abatedouros permite "processar" 1.100 animais por hora, o que significa que o funcionário deve matar um animal a cada três segundos. As falhas são comuns.[15]

Na Inglaterra, o Dr. Alan Long qualificou o que se passa nos matadouros, que ele visita regularmente como pesquisador, como algo "implacável, impiedoso e sem remorsos".[16] Alguns funcionários lhe relataram que a parte mais difícil do trabalho era matar cordeiros e bezerros, porque "eles são apenas bebês". "É um momento muito triste", disse o Dr. Long, "quando um bezerro em pânico, que acaba de ser arrancado da mãe, começa a sugar os dedos do açougueiro na esperança de obter leite e recebe em troca apenas a maldade humana".

A hipocrisia dos "cuidados"

Em 2008, uma resolução do Conselho Europeu de Investigação (CEI) recomendou "levar em conta o bem-estar dos animais" e ressaltou a necessidade de "poupar ao máximo os animais destinados ao abate de sensações de dor, angústia ou sofrimento". Todavia, a despeito de ligeiros avanços, estamos ainda muito longe de tal meta. Se os profissionais às vezes recomendam aos criadores evitar tal e tal prática cruel, isso é em razão das repercussões negativas sobre o ganho de peso dos animais. Se os criadores são encorajados a tratar de forma menos rude os animais conduzidos ao abate, isso é porque as contusões fazem depreciar o valor da carcaça. O fato é que deveríamos evitar que os animais fossem maltratados por isso ser, em si mesmo, imoral.[17] A única precaução tomada é impedir que os animais morram antes que tenham gerado um lucro significativo. Depois de serem usados, são destruídos como objetos incômodos e eliminados como lixo.

Quanto aos veterinários contratados pelo setor, seu papel principal é contribuir para a maximização do lucro. Os medicamentos não são usados para curar doenças, mas para substituir os sistemas imunológicos destruídos. Os criadores não procuram produzir animais saudáveis, buscam apenas impedir que morram cedo demais: os animais precisam continuar vivos a qualquer custo, até o momento do abate.[18]

Como já mencionado, os animais são entupidos de antibióticos e de hormônios de crescimento: 80% dos antibióticos utilizados nos Estados Unidos destinam-se à pecuária e à avicultura. Como observa Élisabeth de Fontenay:

> O pior fica dissimulado na imensa hipocrisia que consiste em preconizar e adotar uma pretensa ética do bem-estar, como se fosse uma restrição imposta por respeito ao animal diante dos abusos na criação industrial, quando na verdade ela só beneficia o bom funcionamento e a rentabilidade da empresa.[19]

Entrada proibida

Na década de 1990, a artista e pintora Sue Coe utilizou, durante seis anos, formas muito criativas para conseguir entrar em abatedouros de diferentes países, sobretudo nos Estados Unidos. Ela enfrentou muitas vezes uma forte hostilidade, variando de reclamações como "Você não tem nada que entrar aqui!" até a ameaças de morte se publicasse o nome do abatedouro visitado. Sue relata que nunca recebeu autorização para usar sua câmara fotográfica, apenas seus esboços de desenhos eram tolerados, e que "os abatedouros, principalmente os maiores, são vigiados como prédios militares. Eu conseguia entrar, em geral, se conhecesse alguém que tinha negócios com a fábrica ou o abatedouro". Durante seus 15 anos de investigações nos abatedouros, na qualidade de representante de associações de proteção dos animais, Jean-Luc Daub sofreu vários ataques e até violência física. Ele conta que "as tentativas de intimidação foram numerosas, assim como as ameaças de morte. Lembro que certa vez, num leilão de gado, ameaçaram me pendurar no telhado de madeira se eu não saísse do local".[20]

Em seu livro *Dead Meat* [Carne morta], Sue Coe descreve uma visita a um abatedouro na Pensilvânia:[21]

> O chão estava muito escorregadio, as paredes e todo o resto estavam cobertos de sangue. O sangue seco tinha formado uma crosta nas correntes. Eu não queria de nenhuma forma cair sobre todo aquele sangue e intestinos. Os trabalhadores usavam botas antiderrapantes, aventais amarelos e capacetes. É um espetáculo de caos controlado, mecanizado.

Como a maioria dos abatedouros, "este lugar é sujo – imundo, mesmo – com moscas voando por toda parte". De acordo com outro depoimento, as câmaras de refrigeração ficam cheias de ratos e, à noite, eles correm pela área mordiscando a carne.[22]

Na hora do almoço, os trabalhadores se dispersaram. Sue ficou sozinha com seis cadáveres decapitados jorrando sangue. O sangue salpicara inteiramente as paredes e havia gotas de sangue até em seu caderno de anotações. Ela percebeu algo se movendo à direita e aproximou-se da baia de abate para enxergar melhor. Lá dentro, uma vaca que não morrera com a pancada na cabeça tinha apenas escorregado no sangue e caído. Os homens foram para o almoço e a deixaram lá. Os minutos vão passando e de vez em quando o animal se debatia, arranhando as paredes da baia com seus cascos. Por um momento, a vaca conseguiu levantar a cabeça o suficiente para olhar para fora e depois caiu de novo. Ouve-se o sangue gotejando, enquanto ressoa a música de um alto-falante.

Sue começou a desenhar...

Danny, um dos funcionários, voltou do almoço. Ele deu três ou quatro pontapés violentos na vaca ferida para fazê-la levantar, mas ela não consegue. Ele se inclinou para dentro da baia metálica e tentou derrubá-la com um tiro de sua pistola pneumática, para em seguida disparar um projétil de 12 centímetros na cabeça do animal.

Danny prendeu uma corrente a uma das patas traseiras da vaca e tentou suspendê-la. Mas a vaca não estava morta. Ela se esforçava em lutar, suas pernas se agitavam enquanto continuava pendurada de cabeça para baixo. Sue observou que algumas vacas desfalecem com o atordoamento, mas não todas. "Elas continuavam se debatendo em desespero enquanto Danny as espetava no pescoço. Danny falava com as que ainda estão conscientes: 'Vamos lá, menina, colabora!'." Sue olhava o sangue esguichar "como se todos os seres vivos fossem meros recipientes inertes, esperando apenas ser furados".

Danny se aproximou da porta e fez avançar as vacas seguintes com choques de bastão elétrico. As vacas, aterrorizadas, resistiam e davam coices. Enquanto as forçava a entrar na área onde são atordoadas, Danny repetia, quase cantarolando: 'Vamos, meninas, vamos...!'"

Sue visitou em seguida um matadouro de cavalos no Texas. Os cavalos aguardavam o abate num estado terrível, e um deles estava com a mandíbula fraturada. Eles eram continuamente chicoteados, e o estalido de cada golpe trazia um cheiro de queimado. Os cavalos tentavam fugir da área de abate, mas os homens os golpeavam na cabeça até que fizessem meia volta e retornassem. O companheiro de Sue viu uma égua branca parindo um potro na frente do cercado. Dois funcionários a chicotearam para se mover mais rapidamente para a área de abate e jogaram o potrinho numa bacia destinada às vísceras. Numa rampa acima deles, o chefe observava a cena com indiferença, com um chapéu de cowboy.

Ao sair de outra instalação industrial que a fez lembrar do Inferno de Dante, Sue Coe viu uma vaca com a pata quebrada, estendida no chão sob um sol intenso. Ela se aproximou da vaca, mas o pessoal de segurança a deteve e obrigou-a a sair do local: "O Holocausto não para de vir à minha mente, e isso me transtorna demais",[23] escreveu Sue.

Um empreendimento global

O destino de outros animais em instalações industriais de criação não é muito melhor. Nos Estados Unidos, são abatidos anualmente 150 vezes mais frangos do que há 80 anos, com o sistema de confinamento em gaiolas de criação intensiva. Tyson

Foods, a maior avícola do mundo, é responsável pelo abate de mais de 10 milhões de aves *por semana*. A cada ano 50 bilhões de aves são mortas no mundo.

Cada frango ocupa, durante sua curta vida, um espaço do tamanho de uma folha de papel de carta. O ar que respira é carregado de amônia, poeira e bactérias.[24] A superlotação é a causa de muitos comportamentos anormais – o arrancamento de penas, bicadas agressivas e canibalismo. "As gaiolas de confinamento tornam-se um hospício para as aves", observa o naturalista texano Roy Bedichek.[25] O crescimento artificial acelerado dos frangos poderia ser comparado com o de uma criança que atingisse o peso de 150 quilos aos 10 anos de idade.

Para reduzir esses comportamentos que dão muita despesa, os avicultores agora deixam as aves numa quase escuridão e, para impedir que as aves se machuquem ou se matem, cortam seus bicos. Na década de 1940, os bicos eram queimados com maçarico. Na atualidade, os avicultores usam uma guilhotina com lâminas aquecidas. Os cotos estropiados que resultam dessa amputação apressada formam muitas vezes neuromas, causando intensa dor.[26]

Numa fazenda dos Estados Unidos onde se amontoavam 2 milhões de galinhas poedeiras distribuídas em galpões com 90 mil aves cada, um funcionário responsável explicou aos repórteres da *National Geographic* que: "Quando a produção [de ovos] cai abaixo do limiar de rentabilidade, as 90 mil galinhas são vendidas de uma vez para uma indústria que as transformará em patê ou em sopa de galinha".[27] Depois, tudo recomeça a partir do zero.

Os transportes também são uma fonte de longos sofrimentos. Nos Estados Unidos, estima-se que 10 a 15% dos frangos morrem durante a viagem. Entre os que chegam nos abatedouros, 1/3 tem fraturas recentes pela forma como foram manuseados e transportados.

Os abatedouros deveriam atordoar os frangos num banho eletrificado. Mas por economia em geral usam uma tensão muito baixa (1/10 da dose necessária para atordoar). Como resultado, muitos frangos chegam ainda conscientes ao tanque de escaldamento.[28]

Os pintos machos das galinhas poedeiras são eliminados – por ano, 50 milhões na França e 250 milhões nos Estados Unidos. "*Eliminados?* Eis uma palavra sobre a qual seria interessante saber mais", questiona Jonathan Safran Foer:

> A maioria dos pintos machos são mortos após terem sido aspirados ao longo de uma sucessão de tubos, até atingirem uma placa eletrificada. [...] Outros são lançados, ainda plenamente conscientes, em trituradoras (imagine uma trituradora de madeira cheia de pintinhos). Cruel? Isso depende da definição de crueldade de cada pessoa.[29]

Quanto aos porcos, para impedir que mordam a cauda uns dos outros, ela é cortada com uma ferramenta que, ao mesmo tempo, esmaga o coto, para reduzir a hemorragia. Na França, um decreto de 16 de janeiro de 2003 autoriza a abrasão dos dentes caninos de leitões com menos de uma semana de idade. As porcas são confinadas em baias metálicas só um pouco maiores do que o tamanho de seus corpos, onde ficam presas durante dois ou três meses por uma coleira que as impede de se virarem, permitindo apenas um passo para frente ou para trás. Quando a porca está pronta a parir, ela é colocada num dispositivo chamado "virgem de aço", uma armação de metal que impede qualquer movimento. Os machos são castrados sem anestesia. Fazem uma incisão na pele com uma faca, os testículos ficam expostos e são puxados para cima até romper o cordão que os prende.[30] Porcas de 300 quilos, que se movimentaram pouquíssimo durante suas curtas vidas, ficam penduradas no ar, presas num gancho por uma pata traseira. Elas são então abatidas com um corte na garganta, e agonizam conforme o sangue se esvai, debatendo-se em desespero. De acordo com Jocelyne Porcher, pesquisadora do INRA: "O sistema inteiro é uma imensa fábrica de sofrimentos".[31]

Foer relata que "os leitões que não crescem com a rapidez suficiente – os mais fracos – passam a custar caro e não podem mais caber na criação de animais. Eles são pegos pelas patas traseiras e suas cabeças são golpeadas e estouradas no chão de cimento". Essa é uma prática corriqueira: "Já chegamos a estourar até 120 num único dia", contou um trabalhador de uma criação no estado do Missouri.[32]

Os bezerros sofrem por serem separados da mãe e trancados em cubículos que os impedem de dormir em sua posição natural, com a cabeça sob o flanco. Os cubículos são também estreitos demais para deixar o bezerro se virar ou se lamber.

Todos os dias, o ano inteiro...

No caso dos bovinos, em geral, uma pistola de ar dispara uma haste de aço no crânio do animal, o que, supõe-se, irá deixá-lo inconsciente ou matá-lo. Mas muitos animais ainda estão conscientes ou acordam quando o esquartejamento é iniciado. Vejamos novamente o que diz Jonathan Foer:

> Vamos falar com clareza: os animais são sangrados, esfolados e desmembrados enquanto ainda estão conscientes. Isso acontece o tempo todo, e tanto o setor pecuário como as autoridades sabem disso muito bem. Vários abatedouros acusados de sangrar, esfolar ou desmembrar animais vivos defendem suas ações afirmando que essas práticas são correntes. [33]

Quando Temple Grandin, professora de Etologia na Universidade do Colorado, realizou uma auditoria de todo o processo de abate em 1996, ela concluiu que um em cada quatro abatedouros de bovinos é incapaz de deixar os animais inconscientes no primeiro golpe, com nível confiável de certeza. A velocidade da cadeia de produção aumentou em quase 800% em um século e os funcionários, com frequência treinados de forma rápida demais, trabalham sob condições de pesadelo: os erros são inevitáveis.

Desse modo, é frequente que os animais não estejam nem um pouco atordoados no momento do abate. Num abatedouro, os funcionários indignados filmaram, de modo secreto, um vídeo que foi enviado ao jornal *Washington Post*. Mais de vinte trabalhadores assinaram declarações formais, confirmando que as violações denunciadas no filme são frequentes e que os administradores estão bem cientes de tais fatos. Um dos funcionários disse: "Eu já vi milhares e milhares de vacas serem submetidas ainda vivas ao processo de abate. [...] Elas podem ter estado sete minutos na linha de produção e ainda estarem vivas. Trabalhei no esfolamento e vi algumas que ainda estavam vivas". Nessa etapa, a pele é removida da cabeça do animal a partir do pescoço. E quando a administração aceita ouvir os funcionários que se queixam, é muitas vezes para demiti-los em seguida. Um funcionário fez o seguinte depoimento:

> Uma novilha de três anos chegou na zona de matança. Ela estava prestes a parir, ali mesmo, e o bezerro já estava metade para fora. Eu sabia que ela iria morrer, então puxei o bezerro. Você nem imagina como meu patrão ficou furioso. [...] Esses bezerros, eles os chama de "abortados". Eles usam o sangue para pesquisas sobre o câncer. E o patrão queria esse bezerro para isso. [...] Não é nada insignificante ter uma vaca pendurada na frente de você e ver o bezerro no interior que se debate, querendo sair. [...] Meu chefe queria o bezerro, mas eu o mandei de volta para o curral. [...] Você sabe, eu sou um ex-fuzileiro naval. A mim não incomoda ver sangue e tripas, isso não me incomoda. Mas o tratamento desumano, isso já é demais.
>
> Depois do esfolador da cabeça, a carcaça (ou a vaca) chega aos "cortadores de patas": "Quando acontece de o animal acordar", explica um funcionário, "parece que tentam subir pelas paredes". Quando as vacas chegam aos cortadores de patas, eles não têm tempo de esperar que o outro colega venha de novo atordoar o animal e matá-lo. Então, simplesmente cortam a parte inferior das patas com alicates: "Os animais enlouquecem, dão coices em todas as direções".[34]

Da mesma forma, a corrente elétrica usada para matar frangos na etapa de atordoamento nem sempre é eficaz e foi muitas vezes regulada com intensidade baixa demais. O resultado, de acordo com um relatório da Compassion in World Farming Trust (CIWF): "Na União Europeia, é possível que 50 milhões de frangos por ano sejam abatidos sem atordoamento adequado".[35] Virgil Butler, um ex-funcionário de um "pequeno" abatedouro da rede Tyson Foods que, na ocasião, em 2002, era fornecedor da rede de alimentação KFC, fez o seguinte relato:[36]

> A máquina de matar não consegue nunca cortar a garganta de todas as aves que passam, especialmente das aves que não estavam inconscientes após a corrente elétrica. Portanto, há um "matador" cujo trabalho é pegar os frangos para evitar que sejam escaldados vivos no caldeirão (e é óbvio que o "matador" não consegue pegar todos os que ainda estejam conscientes).

4. A VERDADEIRA FACE DA CRIAÇÃO INDUSTRIAL DE ANIMAIS • 79

Aqui está o problema: seu chefe informa que esta noite é você que está de serviço na sala de matança. Você diz: "Droga! Hoje à noite, vai ser difícil!". Seja qual for o tempo lá fora, é sempre quente na sala de matança, entre 32 e 38 graus. Os caldeirões também conservam a umidade em torno de 100%. O vapor d'água deixa no ar um tipo de nebulosidade permanente. Você coloca o avental de plástico que recobre o corpo todo e protege contra os jorros de sangue, contra a água quente que asperge a lâmina da máquina de matar, e limpa o chão. Você coloca suas luvas de aço e pega a faca. [...] Do setor ao lado chegam os gritos dos frangos sendo pendurados pelas pernas em grampos de aço, e os estalidos desses grampos. É constante o barulho dos motores que impulsionam os frangos na corrente. O ambiente todo é tão marcante que seria possível gritar sem ouvir a própria voz (eu já tentei, só para testar). Então, as pessoas se comunicam por sinais, se alguém entrar na área, mas isso não acontece muitas vezes, pois só se entra por obrigação. [...]
Os frangos chegam numa velocidade de 182 a 186 por minuto. Há sangue por toda parte... em seu rosto, no pescoço, nos braços, no avental inteiro. Você fica coberto de sangue.
Você não consegue pegar todos, mas tenta. Sempre que deixa um frango escapar, "ouve" os gritos terríveis que ele faz enquanto se debate no caldeirão, machucando--se nas paredes. Que droga, mais um "frango vermelho". Você sabe que para cada frango que você vê sofrer assim, há até dez que você não viu. Você sabe, simplesmente sabe. [...]
Depois de um tempo, a enorme magnitude das mortes que causou e o sangue que o recobre começam de fato a afetá-lo, sobretudo se não conseguir se desligar por completo das emoções e transformar-se num zumbi da morte. A impressão é a de ser uma engrenagem numa grande máquina da morte. Assim também é como você é tratado, na maior parte do tempo. [...] Lá estão apenas você e os frangos que morrem. [...] Você está assassinando aves indefesas aos milhares – cerca de 75 mil a 90 mil por noite. Você é um assassino.
E você, na verdade, não pode falar disso com ninguém. Seus companheiros de trabalho acharão que você é um frouxo. Sua família e seus amigos não querem ouvir sobre isso, porque os deixa desconfortáveis, eles não sabem muito bem o que dizer nem fazer. Eles podem até dirigir-lhe olhares estranhos. Alguns não querem ter muito contato, pois sabem o que você faz para viver. Você é um assassino. [...]
Você começa a sentir um desgosto consigo mesmo, com o que tem feito e continuará a fazer. Tem vergonha de dizer aos outros o que faz à noite, enquanto eles estão dormindo em suas camas. Você é um assassino. [...]
Você acaba desligando todas as emoções. [...] Tem contas para pagar. Tem que comer. Mas não quer frango. Taí algo que só vai comer se tiver muita, muita fome. Você sabe do que é feita cada mordida. [...]
Você se sente à margem da sociedade, tem a impressão de não fazer parte da sociedade. Está sozinho. Sabe que é diferente das outras pessoas. Elas não têm na cabeça

essas visões horríveis de morte. Elas não viram o que você viu. E elas não querem ver. Nem mesmo ouvir falar disso.
Senão, como poderiam depois engolir seu pedaço de frango?
Bem-vindo ao pesadelo do qual escapei. Estou melhor agora. Consigo me adaptar, pelo menos na maioria das vezes...

O trabalho em abatedouros está entre os mais esgotantes, do ponto de vista físico e emocional. Há uma alta taxa de acidentes de trabalho e de problemas psicológicos relacionados ao estresse e aos esforços para superar a repugnância natural à morte que existe na maioria dos seres humanos.[37] Muitos ex-funcionários e pesquisadores sofrem de síndrome pós-traumática.[38]

Timothy Pachirat, pesquisador em Ciências Políticas da Universidade de Yale nos Estados Unidos, conseguiu ser contratado durante seis meses num abatedouro no estado de Nebraska que tinha 900 funcionários, em sua maioria imigrantes. Ele queria vivenciar, do ponto de vista do trabalhador, a violência em massa que é inacessível ao cidadão comum. No abatedouro, cerca de meio milhão de animais eram abatidos por ano, um a cada doze segundos, em média. Daí o título do livro de Pachirat *Every Twelve Seconds* [A cada doze segundos].[39] Ele notou a solidariedade que se cria entre os trabalhadores para sobreviver ao horror cotidiano. O trabalho é dividido em múltiplas tarefas, o que cria um sentimento de diluição da responsabilidade moral: das 120 pessoas envolvidas numa cadeia de produção, apenas o "golpeador", o responsável pelo atordoamento, vê primeiro o animal vivo e depois agonizando após receber o golpe (nem sempre) fatal. Os outros convivem com uma dissociação cognitiva, dizendo que só participam de tarefas acessórias e que "não têm nada a ver com a brutalidade do abate". Sete anos depois, Pachirat continua muitíssimo afetado psicologicamente por sua participação rotineira no ato de matar. A lembrança dos gritos e do odor ainda lhe provocam náuseas. A partir daquela época, ele se tornou vegano.

De quem é a culpa? Segundo uma aluna de Veterinária, Christiane M. Haupt, que relatou sua experiência de estágio num abatedouro, são os consumidores que contribuem para a manutenção deste sistema e, portanto, os principais responsáveis:

> Eu chego a pensar que – com poucas exceções – as pessoas que trabalham aqui não reagem de forma desumana, elas simplesmente tornam-se indiferentes, como eu também, com o tempo. É autoproteção. A resposta é outra: os verdadeiros desumanos são os que comandam dia após dia esses assassinatos em massa e que, por causa da sua voracidade por carne, condenam os animais a uma vida miserável e um fim lamentável, forçando outros seres humanos a realizar um trabalho degradante que os transforma em seres grosseiros. Eu mesma, de maneira gradual, torno-me uma pequena engrenagem desse automatismo monstruoso da morte.[40]

Cem milhões de animais são também mortos a cada ano por sua pele. Num documentário filmado com câmera escondida por uma equipe de investigadores suíços,[41] vemos criadores chineses que atordoam *visons* girando-os, presos pelas patas traseiras, e batendo a cabeça dos animais no chão. Em seguida, os animais são esfolados vivos e, após a pele ter sido toda removida com o pelo, são jogados e empilhados em carne viva. O olhar desses *visons* que agonizam lentamente, silenciosos e imóveis, é insuportável para qualquer pessoa que tenha uma gota de piedade. O contraste é ainda mais impressionante ao ver os criadores, enquanto continuam a "descascar" esses animais como abobrinhas, conversando tranquilos, com um cigarro na boca, como se nada estivesse acontecendo.

Essas descrições e, ainda mais, a visão dos documentários que mostram essa triste realidade podem ser insuportáveis para muitos de nós, mas seria bom que nos perguntássemos por que isso nos incomoda a tal ponto. Não seria porque toleramos essas situações, apesar de tudo? Ou porque temos medo de submergir numa angústia empática se entrarmos em ressonância afetiva com esses sofrimentos?

Infelizmente, não se trata de apenas algumas cenas de horror montadas em sequência. Os números vão além da imaginação. A cada ano, mais de um bilhão de animais terrestres são mortos na França, 10 bilhões nos Estados Unidos, e cerca de 60 bilhões no mundo todo. Em tempos mais recentes, a China, a Índia e muitos países emergentes intensificaram a criação industrial de animais. Na França, 95% dos suínos são criados em sistemas industriais, assim como 80% das galinhas poedeiras e dos frangos de corte, e 90% dos bezerros. Quanto aos 40 milhões de coelhos mortos a cada ano, eles são praticamente todos criados em gaiolas.[42] No livro *Ces bêtes qu'on abat* [Esses animais que abatemos], o pesquisador Jean-Luc Daub escreveu: "Para os que não sabem, eu gostaria de revelar isto: a maioria dos animais criados de forma industrial só descobrem a luz do dia quando são enviados para o matadouro. E até mesmo, para muitos, é durante essa transferência que eles podem dar seus primeiros passos. Isso é o que nós endossamos quando compramos um pedaço de banha de porco ou um frango a preços mais baixos".[43]

Em muitos países, em particular na União Europeia, surgiram novas leis que devem interromper os piores aspectos desses tratamentos, mas estes ainda são praticados em muitos sistemas de produção animal no mundo inteiro.

Jean-Luc Daub constatou inúmeras vezes que, embora determinados abatedouros sigam as regras, outros as desprezam. Ele questiona, portanto, a ação dos agentes públicos nesse ponto (serviços veterinários, no caso). Na leitura de algumas passagens de seu livro, pode-se perguntar, como ele, "se as pessoas que cometem os atos que eu descrevo não teriam enlouquecido, por ser de tal forma inimaginável o que fazem".[44]

Um trilhão de animais marinhos

Quanto aos peixes, crustáceos e "frutos" do mar, um estudo utilizando dados de várias organizações internacionais sobre as capturas anuais – estudo que levou em conta a tonelagem de capturas e a avaliação do peso médio de cada espécie – chegou ao total astronômico de cerca de um trilhão de peixes e outros animais marinhos mortos.⁴⁵ A esmagadora maioria dessas capturas não é resultado do trabalho das populações que praticam a pesca tradicional para seu próprio sustento, mas resultado da pesca industrial.

Essa estimativa não inclui nem as numerosas capturas sem registro oficial, ou seja, no mínimo o dobro, nem a quantidade imensa de espécies marinhas que são gravemente afetadas pela indústria pesqueira. Na França, a quantidade de peixes e crustáceos mortos a cada ano é em torno de 2 bilhões.

Como observado por Foer: "Nenhum peixe tem morte tranquila. Nenhum deles. Não é preciso perguntar se o peixe que está no prato para você comer sofreu. A resposta é sempre um sim".⁴⁶

Por vezes agonizam durante várias horas, presos nas iscas em linhas de pesca com vários quilômetros de comprimento. Fora da água, morrem por asfixia ou por estouro dos órgãos internos devido à descompressão rápida quando são trazidos das profundezas nas redes. Não é raro que sejam eviscerados vivos. Cortamos as barbatanas dos tubarões ou os flancos dos atuns para em seguida jogá-los mutilados de volta ao mar, condenados a morrer em longa agonia. Como um círculo vicioso de sofrimento, 1/4 dos peixes capturados em todo o mundo são utilizados para alimentar animais de criação.

Criação tradicional, criação orgânica... um mal menor?

Os pecuaristas que criam gado em ambiente natural oferecem aos animais condições de vida incomparavelmente melhores do que as existentes em sistemas de produção industrial, e os animais sofrem muito menos. No entanto, a situação está longe de ser animadora. Os animais continuam sendo considerados produtos de consumo, e a busca de lucro e rentabilidade é sempre em detrimento deles.

O pecuarista tradicional, como explica Jocelyne Porcher, tem com seus animais uma relação muito mais humana, ele os conhece um a um, e nem tudo é organizado em torno de uma maximização obsessiva do lucro. O animal não é reduzido a uma "coisa" a ser explorada sem clemência.⁴⁷ Mas um "mal menor" não é moralmente suficiente, porque não é possível provar que seja *necessário* matá-los (a menos que seja essa a única opção de sobrevivência do ser humano). Como destacado pelo filósofo Thomas Lepeltier: "Atrás da imagem muito idealizada de uma relação de confiança, baseada em algum tipo de acordo tácito, resta uma realidade muitas vezes bem mais turva [...] A pecuária tradicional continua a ser uma atividade baseada na exploração dos animais, e isso, de maneira inevitável, gera a crueldade".⁴⁸

Em particular, nascimento após nascimento, os pecuaristas tradicionais ainda arrancam das vacas, cabras e ovelhas os seus rebentos – bezerros, cabritos e cordeiros – para obter o leite. Os recém-nascidos que não estejam destinados à função reprodutora são rapidamente enviados para abate. Quanto aos animais adultos, eles sofrem o mesmo destino, uma vez que não exista mais incentivo econômico para explorá-los. Condições temporariamente melhores não poupam os animais de traumatismos no transporte para os locais de abate, onde serão submetidos aos mesmos sofrimentos que os outros animais criados em sistemas de pecuária industrial. A alegação de que os pecuaristas tradicionais não praticam a pecuária para ganhar dinheiro nas costas dos animais, mas para viver com eles, é portanto questionável, uma vez que a criação continua sendo um empreendimento de morte programada.[49] Como escreveu Florence Burgat: "Gostamos de imaginar uma criação de animais 'felizes', abatidos de forma 'humanitária'. Aqueles que assim divagam precisam ser trazidos de volta à razão".[50] Para tanto, na verdade, seria necessário desmontar o sistema de criação, retornar ao abate na fazenda, realizada por profissionais treinados no abate chamado "humanitário", para apaziguar a consciência do carnívoro que quer ser considerado "ético". Mas como pode a morte de um animal que quer apenas permanecer vivo ser considerada "ética"? "Para atingir de modo pleno essa noção de 'carne feliz'", acrescenta Florence Burgat, "alguns chegam ao ponto de incluir o consentimento do animal, que doaria sua vida ao pecuarista para agradecer por seus bons cuidados".[51] Isso faz lembrar o caso dos condenados à morte na China (muitos milhares a cada ano) que, movidos por um grande fervor patriótico, assinam quase sempre – e de bom grado, nos dizem – a autorização para a retirada de seus órgãos (olhos, rins, fígado etc.), imediatamente após serem executados com um tiro na nuca. A "carne feliz" é, portanto, um mito. Querer combinar a compaixão pelos animais com os hábitos carnívoros é querer fazer passar água quente e água fria pelo mesmo cano.

Além disso, muitos nomes que atraem os consumidores bem-intencionados são, em geral, enganosos. O rótulo "orgânico" atribuído às aves não significa de nenhuma forma que elas sejam criadas livres na natureza, mas apenas que elas foram *alimentadas* com cereais orgânicos. Mesmo as aves catalogadas como "criadas soltas" vivem, na verdade, em galpões miseráveis, onde 9 a 12 aves se amontoam em cada metro quadrado. Ocasionalmente, elas são levadas para andar num corredor cercado, ou deixadas por pouco tempo do lado de fora, para que possam caminhar um pouco. Estamos longe das "galinhas felizes" que são louvadas nos anúncios. Só a menção de criação ao "ar livre" pressupõe o acesso a um vasto terreno aberto, parcialmente coberto com vegetação. No entanto, mesmo sob tais condições muito mais naturais, os animais sofrem todo tipo de abuso – castrações com ou sem anestesia; separação entre mães e filhotes; eliminação de pintos machos desde o nascimento; "reforma" (ou seja, morte) das galinhas que põem menos ovos, a fim de não se ter mais que cuidar delas etc.

Num debate organizado pela Ecolo-Ethik no Palácio de Luxemburgo, no Senado, citei as palavras de George Bernard Shaw: "Os animais são meus amigos, e eu não como meus amigos". Um criador no sistema orgânico que participava da mesma mesa redonda e que me havia exibido com orgulho a foto de um bezerro que nascera naquela mesma manhã em seu local de criação, esclareceu mais tarde em discurso: "Eu não sou amigo do meu gado. Eu os crio para abatê-los depois".

Esta afirmação, por mais coerente e simples que seja, desafia de modo direto a finalidade da criação de animais, que é a morte do próprio animal. Seria possível propor uma forma de criação não violenta que tirasse das vacas o leite, das ovelhas a lã e das galinhas os ovos, mas preservasse suas vidas? No aguardo de algo melhor, isso permitiria, sem dúvida, aproximar os pontos de vista dos *"welfaristes"* [promotores do bem-estar], que querem reformas para melhorar as condições dos animais utilizados pelo homem, sem questionar o sistema, e dos *"abolicionistas"*, que defendem a abolição de todas as formas de instrumentalização dos animais. Para citarmos um exemplo histórico, os *welfaristes* falavam em tornar o tratamento dos escravos mais "humano". Os abolicionistas, por sua vez, considerados extremistas ou insanos, não buscavam melhorar o tratamento dos escravos, mas abolir a escravidão, pura e simplesmente. Por sorte, no final os abolicionistas triunfaram.

Matar humanamente?

É bem verdade que tivemos, em certos pontos, algumas melhorias parciais. Nos Estados Unidos, onde a pecuária industrial esteve por muito tempo isenta da aplicação de qualquer lei relativa à proteção dos animais, a situação melhorou ligeiramente, graças ao trabalho de Temple Grandin, que modificou o projeto dos abatedouros para que os animais entrassem menos em pânico com a aproximação da morte. A rampa que direciona os animais em fila indiana ao local da morte agora se chama "escada para o Paraíso". Pena que os animais não sabem ler... Não se pode negar que, decerto, seria desejável atenuar o sofrimento dos animais, seja qual for o sofrimento, mas continua sendo terrível o comportamento que consiste em nos tranquilizar afirmando que, doravante, 100 bilhões de animais por ano serão "abatidos com humanidade".

O jurista e autor David Chauvet assim observa a respeito: "Para a maioria das pessoas, o fato de matar animais não é problema, desde que sejam mortos sem sofrimento. Isso é então chamado de 'abater com humanidade'. Não há dúvida que ninguém concordaria em ser 'abatido com humanidade', exceto, talvez, se fosse de seu interesse pessoal, por exemplo, para encurtar o próprio sofrimento insuportável. Mas, sem dúvida, não é do interesse dos animais serem mortos para acabar aos pedaços, em bandejas, nas prateleiras dos supermercados".[52]

Esse ponto não escapou a alguns defensores dos direitos dos animais: contentar-se em tornar "humanitárias" as condições de vida e de morte dos animais seria apenas uma escapatória para ter a consciência mais tranquila enquanto continua o massacre dos animais. É necessário dar um fim a isso, porque a morte de um ser sensível, sem necessidade, não é mais aceitável nos campos do que no confinamento industrial.

A maioria dos sofrimentos que infligimos a outros não têm nada de inevitável, e eles só se tornam possíveis pela nossa maneira de conceber o outro. Se identificarmos um grupo étnico como vermes, não teremos nenhum escrúpulo em querer eliminá-los. A partir do momento em que outros seres sensíveis são para nós seres inferiores, cujo destino não nos afeta, não hesitaremos em utilizá-los como instrumentos a serviço do nosso próprio bem-estar.

Alguns objetarão: "Afinal de contas, a vida é assim. Por que tanto sentimentalismo para comportamentos que sempre foram os nossos? Os próprios animais sempre se alimentaram uns dos outros. Isso é uma lei da natureza. De que serve querer mudá-la?". Já podemos responder a tais alegações afirmando que se supõe que tenhamos evoluído desde os tempos considerados bárbaros, e que nos tornamos mais pacíficos e mais humanos. Se não fosse assim, como poderíamos nos maravilhar com os avanços da civilização? Ainda hoje, aqueles que empregam, de modo sistemático, violência e brutalidade não são chamados de "bárbaros"?

Seria suficiente, sem dúvida, à maioria de nós, que nos informássemos melhor e tomássemos consciência do que ocorre todos os dias em instalações industriais de criação e nos abatedouros, para mudarmos de opinião e até mesmo de estilo de vida de modo natural. Com raras exceções, os meios de comunicação quase não informam o público e, de toda maneira, é quase impossível para eles investigar com liberdade os abatedouros. No entanto, principalmente na internet, há várias reportagens que mostram com clareza a realidade dos lugares de onde vem a carne que comemos.[53]

De acordo com um estudo cofinanciado pelo Ministério da Agricultura francês,[54] realizado numa amostra representativa da população, apenas 14% dos franceses consultados discordam da afirmação "É normal que o homem crie animais para obter a carne", no entanto 65% respondemde modo afirmativo à pergunta "Seria desagradável para você ver como os animais são abatidos?". Assim, concordamos com o abate dos animais, desde que não seja preciso vê-lo. O que os olhos não veem, o coração não sente.

Testemunhar pode ser doloroso, mas essa dor deve ser transmutada em determinação para agir e em coragem: a coragem da compaixão. Como disse Elie Wiesel, em seu discurso de aceitação do Prêmio Nobel da Paz: "A neutralidade ajuda o opressor, jamais a vítima. O silêncio encoraja aquele que pratica o tormento, não aquele que é atormentado".[55]

Será ainda possível manter os olhos fechados? Isso só depende de nós.

5. Desculpas ruins

Para justificar a exploração animal, recorremos às crenças religiosas, sobre as quais a lógica e a pesquisa científica têm pouco controle, ou invocamos diferentes razões que mal resistem a um confronto com o conhecimento científico contemporâneo ou mesmo a uma mera reflexão honesta. Em outras palavras, damos todo tipo de desculpas para continuar a matar ou escravizar os animais, como manobra para manter nossa consciência tranquila:

- temos o direito de usar os animais da maneira que for mais conveniente, porque somos muito mais inteligentes do que eles;
- de toda forma, temos de escolher entre eles e nós;
- há problemas muito mais graves que afetam a humanidade;
- os animais não sofrem ou, pelo menos, não como nós;
- a predação e a luta pela vida fazem parte das leis da natureza: somos todos rivais, e o forte come o fraco;
- é preciso viver de alguma coisa, e por isso a exploração dos animais é necessária;
- as pessoas precisam comer carne para serem saudáveis;
- levamos em consideração as tradições ancestrais.

"Temos o direito de usar os animais da maneira que for mais conveniente, porque somos muito mais inteligentes do que eles"

Ser mais inteligente dá direito a explorar ou maltratar os que são menos inteligentes? Sem mencionar a relação entre homens e animais, vamos imaginar que, entre os próprios seres humanos, a inteligência fosse considerada um critério essencial para avaliar uma pessoa, com a dedução necessária de que o mais inteligente teria direito a subjugar o outro. Isso seria, evidentemente, inaceitável.

Graças à sua inteligência extraordinária, os seres humanos têm o poder de fazer o bem, mas também o mal; têm um enorme potencial para a criatividade, o amor e a compaixão, mas também para o ódio e a crueldade. O fato de a espécie humana ter produzido as cantatas de Bach e os poemas de Baudelaire a autoriza a fazer sofrer os animais? Jean-Jacques Rousseau negava tal possibilidade:

> Parece, na verdade, que se tenho a obrigação de não fazer nenhum mal a meu semelhante, não é tanto pelo fato de considerá-lo dotado de razão, mas porque ele é um ser sensível: uma qualidade que, sendo comum ao animal e ao homem, deve pelo menos dar direito a um de não ser maltratado desnecessariamente pelo outro.[1]

O filósofo e moralista Henry Sidgwick era favorável a tal ideia: "A diferença entre a racionalidade de duas espécies de seres sensíveis não estabelece uma distinção ética fundamental entre suas respectivas dores".[2]

A inteligência é um critério adequado para a escolha de um professor de filosofia ou de um contador, assim como o talento artístico o é para selecionar um maestro de orquestra ou a força física para contratar um estivador. Mas não podemos aceitar que sirva para determinar se um ser sensível pode ou não ser maltratado ou privado da liberdade e condenado à morte. O único fato que deve orientar nossas escolhas é que todos os seres conscientes experimentam o desejo natural de viver e de não sofrer. Como Shantideva, eminente sábio budista indiano, escreveu:

> Devo combater a dor dos outros porque é dor, igual à minha. Devo trabalhar pelo bem dos outros porque são seres vivos, como eu.[3]

Além disso, cada espécie tem a "inteligência" e as capacidades específicas de que precisa para sobreviver e alcançar seus fins. Algumas faculdades animais superam muito as dos homens. Os morcegos se movem com um sonar extremamente sofisticado; o salmão é capaz, contando apenas com o sentido do olfato, de encontrar o rio onde nasceu depois de um longo período de migração no oceano; as aves migratórias cruzam os ares do planeta orientando-se pelas estrelas ou pela polarização de luz: os seres humanos não são capazes dessas façanhas. Como escreveu o filósofo americano Tom Regan:

> Quanto à capacidade de compreensão, muitos animais entendem, como os seres humanos, o mundo em que vivem e se deslocam. Caso contrário, não poderiam sobreviver. Sob as diferenças esconde-se a similaridade. Tal como nós, os animais não estão apenas *no* mundo, eles têm *consciência* do mundo. Como nós, eles encarnam o mistério e a maravilha da consciência. Como nós, eles são o centro psicológico de uma vida que pertence apenas a eles.[4]

Em sua obra *Animal Liberation* [*Libertação Animal*], o livro que, sem dúvida, mais tem contribuído para melhorar o destino dos animais ao longo dos últimos trinta anos, Peter Singer também argumenta que é a sensibilidade, a capacidade de sofrer, que deve ser levada em conta para definir como devemos lidar com os seres: "Se um ser sofre, não pode haver nenhuma justificativa moral para recusar que esse sofrimento seja levado em conta. Seja qual for a natureza de um ser, o princípio da igualdade exige que o seu sofrimento seja considerado, em condições de igualdade com todo sofrimento semelhante".[5]

Singer reconhece, é claro, que os seres são desiguais, em especial do ponto de vista da inteligência e da capacidade de atuar no mundo. Ele fala de um princípio de "igual consideração de interesses" que em nada nos obriga a tratar os animais como tratamos os seres humanos. Uma vaca não tem interesse em aprender a ler e escrever, mas em viver na pradaria com os outros animais em paz até o fim de seus dias.

Essa ideia já tinha sido enunciada de forma clara pelo filósofo, jurista e economista inglês Jeremy Bentham, em sua famosa declaração:

> Talvez chegue o dia em que as demais criaturas do mundo animal venham a adquirir os direitos que somente pela mão da tirania lhes foram negados. Os franceses já descobriram que a pele escura não é motivo para que um ser humano seja abandonado, de modo irreparável, aos caprichos de um torturador. É possível que algum dia se reconheça que a quantidade de pernas ou patas, a ausência ou presença de pelos no corpo ou a terminação do sacro são motivos da mesma forma insuficientes para se abandonar um ser sensível a esse mesmo destino.
> Que outros critérios poderiam definir o traçado de uma linha intransponível? A faculdade do raciocínio ou, talvez, a capacidade de falar? Mas um cavalo ou um cão adultos são animais incomparavelmente mais racionais e também mais sociáveis do que um bebê de um dia, uma semana, ou até mesmo de um mês. Imaginemos, porém, que as coisas não fossem assim; que importância teria tal fato? A questão não é saber se são capazes de raciocinar, ou se conseguem falar, mas, sim, se são passíveis de sofrimento.[6]

A capacidade de sofrer, não a inteligência, é a razão principal que dá a todos os seres o direito de serem tratados de modo igual. Isso não implica que todos os seres, humanos e não humanos, deveriam ter direitos iguais em tudo. Ovelhas e bezerros, por exemplo, não precisam do direito a voto — ainda que, se abríssemos os olhos para a forma como expressam seus sentimentos com seus gritos e sua linguagem corporal, poderíamos compreender que eles "votam" contra o sofrimento infligido a eles. Eles expressam seu sofrimento de inúmeras maneiras, e nós é que escolhemos ficar cegos e surdos a suas mensagens e decidimos que o seu sofrimento não merece ser levado em conta.

"De toda forma, temos de escolher entre eles e nós"

Tal dilema certamente pode ocorrer, mas não é comum. Se a questão fosse escolher entre atropelar um cão que atravessa a estrada ou enfiar o carro da família num barranco, ninguém teria dúvida sobre qual seria a melhor escolha. A vida humana é, sem dúvida, mais valiosa. Esse tipo de decisão também ocorre quando o homem tem de se proteger dos predadores. Mas, na vida cotidiana, a escolha enfrentada pela maioria de nós não é entre fazer o bem para os seres humanos ou para os animais. Nós podemos fazer as duas coisas. Ser vegano não é incompatível com cuidar das pessoas em situação de rua.

Como bem observou Henri Lautard, escritor do final do século XIX, em geral tal argumento é uma forma de não se preocupar com ninguém, nem com animais, nem com seres humanos:

> E o que dizer dos homens?, perguntam-nos. E os seres humanos que se arrastam no proletariado ou na miséria? Eles serão negligenciados para que cuidemos dos animais? Não seria melhor cuidar dos seres humanos antes? Somos confrontados com essa objeção, na maioria das vezes, por aqueles que não pensam com mais intensidade na humanidade sofredora do que nos animais. É um desvio, é um egoísmo que se revela. Como aquele que responde, quando questionado: "Eu tenho os meus pobres" e que, quando frente a um pobre, oferece-lhe... conselhos. [7]

A verdade é que, em geral, para sobreviver o homem não tem de escolher entre ele e os animais, e pura e simplesmente decide que a vida dos animais não é digna de consideração em si. Ele acredita deter sobre eles um direito incontestável, na medida em que o trabalho obtido dos animais, bem como a privação de liberdade, a carne, a pele, os ossos, os chifres e os sofrimentos dos animais são úteis a ele de uma forma ou de outra, por mais fútil que seja.

"Há problemas muito mais graves que afetam a humanidade"

Uma das queixas que ouço com maior frequência é que seria indecente voltar a atenção para os animais e querer melhorar a situação deles, enquanto há seres humanos afligidos por tanto sofrimento na Síria, no Iraque, no Sudão e em muitos outros lugares. O simples fato de ter consideração pelos animais seria um insulto à humanidade. Dito de modo firme, com um tom de indignação que parece basear-se nas mais altas virtudes, esse argumento pode parecer totalmente acertado, mas após um ligeiro exame mostra-se desprovido de lógica.

Se o fato de dedicarmos alguns pensamentos, palavras e ações para reduzir o sofrimento indizível que infligimos de forma deliberada aos outros seres sensíveis, que são os animais, constitui uma ofensa ao sofrimento humano, o que então se diria de passar o tempo ouvindo música, praticando esportes e se bronzeando numa praia? Aqueles que se dedicam a essas atividades e a outras tantas similares iriam então se tornar indivíduos abomináveis por não consagrarem seu tempo integral para resolver o problema da fome na Somália?

Como bem aponta Luc Ferry: "Eu gostaria que alguém me explicasse em que o fato de torturar animais ajudaria os seres humanos. O destino dos cristãos iraquianos é melhorado porque temos cães vivos aos milhares sendo cortados na China e deixados famintos durante muitas horas, sob a teoria de que, quão mais insuportável for a dor, melhor ficará a carne? É porque maltratamos aqui os cães que nos tornamos mais sensíveis à infelicidade dos curdos? [...] Todos nós podemos cuidar da família, de nós mesmos, do trabalho, e ainda assim se envolver mais em política ou na vida da comunidade, sem, todavia, massacrar os animais".[8]

Se alguém consagrasse 100% de seu tempo a um trabalho humanitário, só se poderia encorajá-lo a continuar. Podemos também certamente pressupor que uma pessoa dotada de tal altruísmo seria da mesma maneira benevolente com os animais. A benevolência não é uma mercadoria que só se possa distribuir com parcimônia, como um bolo de chocolate. É um modo de ser, uma postura, a intenção de fazer o bem para todos que entram em nosso campo de atenção e de sanar seu sofrimento. Ao *também* amar os animais, não amamos *menos* os seres humanos; na verdade passamos a amá-los *mais ainda*, porque a benevolência cresce em magnitude e qualidade. Aquele que ama apenas uma pequena parcela dos seres sensíveis, ou até mesmo da humanidade, demonstra uma benevolência tendenciosa e estreita.

Como observa Élisabeth de Fontenay, Plutarco dizia, no início da era cristã, que "a gentileza com os animais habitua a pessoa, de forma 'incrível', a se tornar benevolente com os seres humanos, porque a pessoa gentil, que se comporta com ternura frente às criaturas não humanas, não saberia tratar os homens de modo injusto".[9]

É interessante ressaltar que um estudo realizado por neurocientistas com escaneamento de cérebros de onívoros, de vegetarianos e de veganos, enquanto observavam imagens de sofrimento humano e animal, demonstrou que entre os vegetarianos e veganos as áreas do cérebro associadas à empatia ficavam mais ativadas do que em onívoros, não só para imagens de sofrimento animal, mas também perante imagens de sofrimento humano.[10]

Outras pesquisas utilizando questionários já haviam destacado essa correlação e indicado que quanto mais as pessoas se preocupam com os animais, mais elas se preocupam com os seres humanos.[11]

Para aqueles que não trabalham dia e noite para aliviar as misérias humanas, que mal haveria em aliviar o sofrimento dos animais em vez de jogar cartas? Decretar imoral o interesse pela situação dos animais, enquanto milhões de seres humanos morrem de fome, não passa de uma falácia e, muitas vezes, trata-se apenas de fuga por parte de pessoas que, com grande frequência, não fazem nada de significativo, nem pelos animais, nem pelos seres humanos. Em resposta a alguém que ironizava a utilidade última de suas ações de caridade, Irmã Emmanuelle respondeu: "E o senhor, o que faz pela humanidade?".

No meu humilde caso, as falsas acusações de impropriedade também são incongruentes, pois a organização humanitária que fundei, Karuna-Shechen, trata de 120 mil pacientes por ano, e 25 mil crianças estudam nas escolas que construímos. Trabalhar com esforço para poupar o imenso sofrimento dos animais não diminui nem um pouco a minha determinação de superar a miséria humana. O sofrimento desnecessário deve ser perseguido onde quer que seja, seja ele qual for. A luta deve ser travada em todas as frentes, e assim pode ser feito.

Pressupomos que o bem da humanidade seria, por natureza, concorrente do bem dos animais. No entanto, incluir em nossas preocupações o destino de outras espécies não é, de nenhuma forma, incompatível com a determinação de fazer o possível para resolver os problemas humanos. A luta contra o tratamento cruel dos animais segue a mesma abordagem que a luta contra a tortura de seres humanos. A filósofa Florence Burgat e o jurista Jean-Pierre Marguénaud explicaram num artigo publicado no jornal *Le Monde*:

> Àqueles que acham que os avanços legislativos no domínio da proteção dos animais, e até mesmo a ideia de reconhecer os seus direitos, seriam um insulto à miséria humana, é necessário responder que essa miséria resulta da exploração dos mais fracos ou da indiferença com o sofrimento dos mais fracos. Ao contrário, constitui um insulto à miséria humana, ou mesmo sua legitimidade, a indiferença feroz frente ao sofrimento de outros seres ainda mais fracos e que jamais poderiam dar seu consentimento. [...] A proteção dos animais e a proteção dos seres humanos mais fracos fazem parte do mesmo nobre combate do Direito para ajudar aqueles que podem ser objeto de ataques.[12]

Existem mil maneiras de evitar que os animais sejam prejudicados e de garantir sua proteção, sem causar nenhum dano à espécie humana, sem diminuir um minuto o tempo de dedicação à família e sem utilizar a menor parte dos recursos destinados aos que estejam em situação precária. Jean-Luc Daub, que conduziu investigações nos abatedouros de animais, durante vários anos, escreveu:

> Ainda ouvimos coisas como: "E o que você faz pelas crianças... pelos deficientes... pelos prisioneiros de Guantánamo... etc. etc.?" Como se o fato de nos dedicarmos à proteção dos animais nos tornasse responsáveis pelos demais sofrimentos humanos, ou pelo menos deveria nos fazer sentir culpados. E isso enquanto a maioria das pessoas que assim pensam não conseguem realizar nada de significativo na vida. [...] No que diz respeito à minha profissão, sou educador técnico especializado. Faço o acompanhamento diário, no meu trabalho, de pessoas com deficiência intelectual e me ocupo de suas vidas. De toda forma, aqui eu estou tentando me justificar, ainda que não fosse necessário fazê-lo, pois qualquer pessoa suficientemente inteligente jamais faria perguntas tão baixas e ignorantes![13]

A má-fé dos que responsabilizam os defensores dos animais por dedicar tempo para se preocupar com os problemas humanos parece ainda mais absurdo quando constatamos que não pensariam em fazer esse mesmo comentário contra os que se ocupam com pintura, esportes, jardinagem ou coleção de selos.

Reduzir a exploração dos animais pode até trazer benefícios mútuos significativos, como explica Peter Singer sobre o vegetarianismo: "Não é preciso mais tempo para ser vegetariano do que para comer carne animal. Na verdade, os que dizem se preocupar com o bem-estar dos seres humanos e com a preservação do nosso meio ambiente deveriam, ainda que por essa única razão, tornar-se vegetarianos.

Ao fazer isso, eles aumentariam a quantidade de cereais disponíveis para alimentar as pessoas em outros lugares, reduziriam a poluição, economizariam água e energia, e deixariam de contribuir para o desmatamento. Além disso, como a dieta vegetariana é menos cara do que uma dieta baseada em carne, eles teriam mais dinheiro para gastar em alívio da fome, controle de natalidade ou qualquer outra causa social ou política que considerassem mais urgente".[14] Pessoalmente, dedico meus recursos e grande parte do meu tempo para atividades humanitárias através da Karuna-Shechen[15], uma associação composta de um grupo de voluntários dedicados e generosos benfeitores, que constrói e administra escolas, clínicas, hospitais no Tibete, Nepal e Índia, e que já concluiu mais de 140 projetos. Isso não me impede, de nenhuma forma, de me esforçar ao máximo pela causa de defesa dos animais.

Ainda que possamos reconhecer que existam coisas mais importantes a fazer do que cuidar dos animais, conclui Thomas Lepeltier, "podemos, ao menos, esperar que aqueles que assim argumentam cessem ou façam cessar o massacre dos animais".[16]

"Os animais não sofrem ou, pelo menos, não como nós"

Essa ideia atingiu o seu auge com Descartes para quem, como vimos, os animais "são meras máquinas, meros autômatos. Eles não sentem prazer, nem dor, nem outra coisa qualquer". De acordo com Malebranche, um admirador de Descartes, os urros dos animais ao serem cortados com um facão, ou suas contorções em contato com um ferro quente, seriam apenas reflexos mecânicos, sem nenhuma semelhança com o que nós, homens, chamamos uma sensação de dor. Em sua obra de 1714 *La Fable des abeilles* [A fábula das abelhas], Bernard Mandeville respondeu:

> Podemos imaginar, sem sentir compaixão, um boi já grande, embora ainda jovem, ser derrubado e completamente atordoado por uma dezena de golpes que recebeu de seu carrasco? [...] Contemplem como ele se debate e geme, contemplem seus derradeiros esforços para fugir da morte, da qual não pode escapar. Esses movimentos são marcas seguras da fatalidade do destino que se aproxima. Quando uma criatura dá assim provas convincentes, e também incontestáveis, dos terrores a que é submetida, das dores e agonias que sente, haverá um seguidor de Descartes de coração tão empedernido que não abandone, tomado de compaixão, a filosofia absurda desse vão pensador?[17]

Antecipando as análises darwinianas e as pesquisas contemporâneas da Etologia, Hippolyte Taine escreveu sobre o amor que La Fontaine nutria pelos animais:

> Ele segue suas emoções, refaz seu raciocínio, se enternece, se alegra, participa de seus sentimentos. Porque ele conviveu com eles. [...] O animal inclui em si todos os componentes humanos, sentimentos, juízos, imagens.[18]

Sabemos agora que, durante a evolução dos animais, eles adquiriram diferentes formas de sensibilidade adaptadas às condições ambientais e necessárias à sua sobrevivência. Como já dissemos, muitos deles adquiriram faculdades sensoriais que, em algumas áreas, são muito superiores às dos seres humanos. A experiência da dor, em particular, foi formada e aperfeiçoada ao longo de milhões de anos, porque é uma habilidade essencial para a sobrevivência: é um sinal de alarme que faz o animal evitar com rapidez o que ponha em perigo a sua integridade física. Os sofrimentos subjetivos que surgiram com as emoções estão presentes em numerosas espécies: "Nós vimos", Darwin escreveu, "que os sentidos e as intuições, as várias emoções e faculdades, como o amor, a memória, a atenção e a curiosidade, a imitação, a razão etc., de que o homem tanto se orgulha, podem existir em estado latente – ou mesmo, por vezes, em estado plenamente desenvolvido nos animais inferiores".[19] Em outras palavras, nem a dor, nem o sofrimento psicológico, nem as emoções surgiram nos seres humanos a partir do zero.

Contemporâneo de Darwin, o grande entomologista Jean-Henri Fabre também afirmava:

> O animal, feito como nós, sofre como nós, muitas vezes vítima de nossos atos de brutalidade. Quem causa sofrimento aos animais sem justificativa comete uma ação bárbara, eu diria até mesmo "desumana", porque a tortura feita em outra carne, nossa irmã, brutaliza um corpo com o qual compartilhamos o mesmo sistema de vida, a mesma capacidade de dor.[20]

Por que os animais possuiriam todos os sistemas fisiológicos e todas as substâncias bioquímicas necessárias não apenas para a percepção da dor, mas também para sua inibição, se não sentissem nenhuma dor? Além disso, se todos os mecanismos de detecção e de controle da dor já estão presentes nos animais, não há razão para imaginar que a *experiência* da dor e o sofrimento psicológico tivessem surgido de repente e apenas nos seres humanos. Voltaire já perguntava: "Responda-me, operador, a natureza providenciou todos esses recursos de sentimento nesse animal para que ele não sentisse nada? Ele teria nervos para ser impassível? Não podemos supor essa contradição incoerente na natureza".[21] Bernard Rollin, professor de Filosofia e de Ciências dos Animais na Universidade de Colorado concluiu: "É extremamente improvável que os animais sejam meras máquinas, se nós mesmos não o somos".[22]

Tal incoerência acaba por saltar aos olhos, como demonstrado no relato feito por Rollin. Num congresso científico, quando ele sugeriu que, se os veterinários administravam anestésicos e analgésicos para os animais, é porque eles sentiam dor, um pesquisador levantou-se para declarar: "A anestesia e a analgesia não têm nada a ver com a dor, são métodos de contenção química". Ao que um pesquisador australiano respondeu: "Mas que absurdo! E por que os animais precisariam ser contidos, se não sentissem nenhuma dor?".[23] Não devemos nos esquecer, como relembra Boris Cyrulnik, que, até a década de 1960, imaginava-se que os recém-nascidos não sentiam dor, e as intervenções cirúrgicas eram neles feitas sem anestesia.[24]

Quanto ao grau de sensibilidade à dor, ele é determinado pela complexidade do sistema nervoso, bem como pela quantidade de neurotransmissores e hormônios liberados pelo corpo quando submetido a agressão externa ou disfunção interna. A apreensão e a rejeição da dor, bem como a ansiedade subjacente, já estão presentes nos animais. É verdade que todos esses sentimentos são ampliados nos seres humanos, quando se ligam às construções mentais que tornam a experiência do sofrimento muito mais complexa.

Dependendo do caso, tanto a inteligência como suas limitações podem aumentar o impacto psicológico provocado por um perigo: "O conhecimento humano", diz J.-B. Jeangène Vilmer, "pode, em si, ser uma fonte de sofrimento que dobra a intensidade: o condenado à morte sofre ao saber que vai morrer em seis meses, enquanto que o bezerro não o sabe. A ignorância animal também pode ser uma fonte de sofrimento, porque os animais selvagens, ao contrário dos humanos, não sabem distinguir entre uma tentativa de captura para deixá-los presos e uma tentativa de matá-los".[25]

Além disso, vários animais são muito estoicos, e seu comportamento pode não nos parecer uma manifestação de sofrimento. Um animal doméstico que esteja sofrendo cessa de brincar, tende a dormir e modifica de maneira considerável seus hábitos. Pode tornar-se nervoso, agressivo com animais semelhantes e seus donos ou, pelo contrário, permanecer abatido, prostrado, esconder-se. Um gato que tenha uma pata fraturada tenderá a se esconder em vez de gritar de dor. Um cão que sofra traumatismos internos após uma colisão com veículo não manifesta nada, além de um comportamento mais plácido e resignado. Em bovinos e equinos, o ranger de dentes é, em geral, o sinal de dor generalizada.[26] Por não terem sido capazes de interpretar essas mensagens, até bem pouco tempo, os cuidadores veterinários não se preocupavam em usar analgésicos nem anestésicos.

Os peixes são os definitivamente "sem voz". Eles não gritam como os suínos degolados, são desprovidos de expressões faciais que possam revelar seus sentimentos e nos emocionar quando puxados para fora da água e ao se "afogarem" no ar, como nós nos afogamos na água. No entanto, se observarmos com atenção um peixe em agonia de morte, seus esforços desesperados para respirar, seus olhos frenéticos e seus últimos estertores, tudo isso nos diria das dores atrozes que eles sentem. Capturados em redes ou presos em linhas de pesca (com comprimento, muitas vezes, de dezenas de quilômetros), os peixes podem permanecer vivos por horas ou mesmo dias.[27] Quando trazidos rapidamente à tona, de águas profundas, a descompressão faz estourar sua bexiga natatória, os olhos saltam fora das órbitas, pela boca o peixe vomita o esôfago e o estômago.

Há apenas alguns anos, cientistas sérios questionavam a capacidade dos peixes para sentir dor. Desde então, vários estudos mostraram que os peixes têm um sistema neurológico de detecção e percepção de dor semelhante ao dos vertebrados, e que eles produzem encefalinas e endorfinas, neurotransmissores que aliviam a dor nos seres humanos. Assim, foi possível demonstrar que os peixes são capazes não só de sentir dor, como também o medo e a angústia.[28]

Além disso, seu nível de inteligência é muito maior do que pensávamos. Os peixes da Tanzânia usam a observação e o raciocínio dedutivo para determinar a posição social de seus adversários e gravá-la na memória. Mais tarde, em caso de conflito territorial, o indivíduo que já observou um confronto entre dois outros peixes escolherá para enfrentar aquele que foi o perdedor na luta observada, para aumentar suas chances de vitória.[29] Também foi demonstrado que os peixes da espécie *largemouth bass* (perca de boca grande, assim denominada exatamente pelo tamanho da boca) aprendem depressa a evitar o anzol apenas pela observação dos outros capturados.[30]

Com respeito a lagostas, caranguejos, camarões e outros crustáceos, eles têm um sistema sensorial altamente desenvolvido, apesar de diferente do sistema dos vertebrados, e respondem de modo instantâneo a estímulos dolorosos. Várias pesquisas demonstraram que os caranguejos tiram lição de uma experiência dolorosa (por exemplo, choque elétrico) e alteram o comportamento de forma definitiva quando estão no local onde o choque foi inicialmente recebido: ficam menos tempo nesse lugar e se alimentam de maneira mais rápida do que habitual se receberem uma de suas presas favoritas.[31] Na opinião dos pesquisadores, um mero reflexo nociceptivo a um estímulo externo não poderia acionar tais comportamentos. Outros pesquisadores observaram que uma determinada espécie de camarão limpa com cuidado uma antena (e não a outra) sobre a qual tenha sido depositado ácido acético irritante, mas que não há reação nenhuma se for previamente aplicado um produto anestésico. Esse comportamento indica que se trata de uma reação à dor, e não um simples reflexo desencadeado pelo contato com uma substância química estranha. É preciso saber que, quando a lagosta é mergulhada em água fervendo, ela ainda continua viva por quase um minuto.[32] Mesmo entre as minhocas, são encontradas substâncias associadas ao processo de dor, sobretudo endorfinas. Em seu livro intitulado *Les animaux souffrent-ils?* [Os animais sofrem?], Philippe Devienne faz o seguinte apelo ao bom senso:

> Ver um animal ferido gemendo, tremendo, é saber diretamente que ele está com dor. Simplesmente dizemos que "Ele está sofrendo" e isso não é uma questão de opinião nem de conhecimento. A estrutura da realidade aparece, assim, em nossas frases. Nós aprendemos que o sofrimento se aplica a humanos e animais, mas não se aplica a canetas, computadores ou cadeiras. Podemos dizer que um robô com sensores eletrônicos está funcionando mal ou tem defeito, mas um cão ou um cavalo não ficam com problema de mau funcionamento: eles ficam cegos, doentes, perdem a consciência, sofrem.[33]

Quanto ao sofrimento psicológico dos animais, negar que ele exista é um absurdo. "Se o mugido da vaca leiteira separada de seu bezerro não constitui a expressão de uma dor física, ele ainda assim é testemunha de uma profunda angústia",[34] observa Alexandrine Civard-Racinais. Alguns estudos canadenses comprovaram a angústia e o trauma de vacas quando separadas de seus bezerros um dia após o nascimento e logo levadas para a sala de ordenha. Como observado por Boris Cyrulnik: "Ao assim proceder, esvaziamos o mundo da mãe e do animal recém-nascido, neles causando uma dor muito intensa, um verdadeiro desespero. Não são as vias nociceptivas que são estimuladas desta vez, mas a representação. Ambos são privados do que fazia sentido para eles".[35]

A expressão do luto existe em muitas espécies, mas é especialmente notável entre os elefantes: quando um deles está prestes a morrer, os companheiros reúnem-se a seu redor, tentando levantá-lo ou mesmo alimentá-lo. Então, quando constatam que está morto, buscam galhos de arbustos que colocam sobre o cadáver e em volta, por vezes até cobri-lo por inteiro. O etólogo Joshua Plotnik relata o caso de uma velha elefanta de 65 anos que tinha caído num lamaçal na selva da Tailândia e não conseguia mais se levantar. Por horas, os cuidadores de elefantes e voluntários tentaram levantá-la. Durante todo o tempo, sua companheira próxima, Mae Mai, uma elefanta mais jovem e não aparentada, recusou-se a deixá-la. Os homens não tiveram sucesso, mas Mae Mai, num estado de grande agitação, colocou-se contra o flanco de sua velha amiga e tentou várias vezes colocá-la de pé, empurrando com a cabeça, e arrematando cada uma de suas tentativas frustradas com grandes golpes de sua tromba contra o solo. Quando a velha elefanta morreu, após vários dias, Mae Mai urinou várias vezes e começou a emitir bramidos ressoantes. Quando os cuidadores quiseram usar uma grande estrutura de madeira para levantar a elefanta morta, Mae Mai se interpôs, afastando a estrutura, de modo sistemático, da amiga. Ela passou os dois dias seguintes a vagar pelo parque, lançando bramidos estridentes, que eram respondidos pelo resto da manada.[36]

Jane Goodall descreve como Flint, um jovem chimpanzé de oito anos muito ligado à mãe, caiu em depressão profunda quando ela morreu. Três dias depois, ele subiu para o ninho de ramos onde a mãe habitualmente repousava, ficou bastante tempo contemplando e depois desceu e se deitou na grama, prostrado, com os olhos bem abertos mirando o vazio. Ele praticamente parou de comer e morreu três semanas mais tarde.[37]

"A predação e a luta pela vida fazem parte das leis da natureza"

Muitos argumentam assim: "Vários animais se entredevoram e isso sempre foi assim, desde o surgimento da vida na Terra. É inútil, portanto, ir contra as leis da natureza, por mais duras que sejam". Lord Chesterfield falava de "uma ordem geral da natureza, que instituiu a predação universal do mais fraco pelo mais forte, como um de seus princípios primordiais".[38]

Benjamin Franklin foi vegetariano durante certa época. Em seguida, após perceber que os peixes que havia capturado tinham comido outros animais, ele disse: "Se vocês comem uns aos outros, não vejo por que não deveríamos comê-los". Ele então abandonou de imediato sua dieta vegetariana. No entanto, não se deixou enganar pela fragilidade de seu raciocínio, pois acrescentou que uma das vantagens de ser uma criatura racional é encontrar uma justificativa para tudo o que queiramos fazer.[39] Note-se que, se fosse possível justificar qualquer comportamento, fosse ele qual fosse, pelo simples fato de que "os outros também o fazem", seria então possível, sem qualquer sentimento de culpa, roubar bancos, bater em mulheres e crianças ou restaurar a escravidão.

A competição e a predação sem dúvida são mais visíveis e espetaculares do que a cooperação e a ajuda mútua. No entanto, é razoável afirmar que o mundo dos vivos é tecido mais pela cooperação do que pela competição. Na verdade, como explicado por Martin Nowak, diretor do Departamento de Dinâmica da Evolução em Harvard, a evolução precisa da cooperação para poder construir novos níveis de organização.[40] Darwin assim escreveu sobre a cooperação:

> Por mais complexa que seja a forma como esse sentimento tenha nascido, como ele é muito importante para todos os animais que se ajudam e defendem uns aos outros, ocorreu um desenvolvimento no curso da seleção natural, pois assim essas comunidades, que incluíam o maior número de pessoas mais compassivas, poderiam melhor prosperar e criar um maior número de descendentes.[41]

Os seres humanos denominam "bestial" a pessoa que se comporta de modo brutal. No entanto, quase todos os animais matam por comida, enquanto os seres humanos são praticamente os únicos que matam por ódio, prazer ou crueldade. Como escreveu Plutarco: "E depois disso, chamais bestas ferozes os leopardos e os leões, enquanto que, sujando as mãos com os assassinatos, vós não vos mostrais menos ferozes que eles. Eles matam os outros animais para viver, e vós os degolais para deleite em vossas cruéis delícias".[42]

Recorrer ao argumento de "leis da natureza" faz parte do que Jean-Baptiste Jeangène Vilmer denomina *álibi histórico*, que "consiste em justificar o consumo de carne e a caça sob pretexto de que o homem era, em sua origem, carnívoro e caçador. Isso é verdade, mas também é verdade que ele era, às vezes, canibal, e disso não deduzimos que seria aceitável ser canibal nos dias de hoje. O comportamento do homem primitivo era justificado pelo seu estilo primitivo de vida. Quando esse modo de vida desaparece, alguns aspectos do comportamento deixam de ser obrigatoriamente necessários".[43] A civilização consiste em passar da barbárie à humanidade, da escravatura à liberdade individual, do canibalismo ao respeito pelo outro, mas também da exploração ilimitada dos animais ao respeito por todos os seres sensíveis.

Numa democracia, as leis protegem os cidadãos contra a violência de seus semelhantes. Por que não incluir nessa proteção os outros seres? A democracia se apresenta como fiadora da liberdade. Mas sem levar em conta *o conjunto* dos seres, seria estranha uma liberdade que utilizasse o direito do mais forte para se alimentar da morte dos outros e fazer de nossos estômagos o seu cemitério.

"É preciso viver de alguma coisa"

O *álibi econômico* também é invocado com frequência, conforme relata Jeangène Vilmer: "Os defensores da caça às focas, e sobretudo o governo canadense, destacam o fato de ser essa atividade um fator econômico valioso, estimado em mais de 20 milhões de dólares e responsável pela criação de empregos nas regiões onde o desemprego é particularmente elevado, em especial nas províncias de Terra Nova e Labrador. Na França, os produtores de *foie gras* argumentam com as 30 mil vagas de trabalho no setor, os aficionados relembram que as touradas dão emprego para dezenas de milhares de pessoas etc."[44]

No entanto, a legitimidade de uma atividade não pode ser julgada pelos lucros que traz, nem pelas vagas de trabalho que cria. Se assim fosse, os traficantes de armas e de drogas também poderiam reivindicar o direito de manter seu comércio. A escravatura era uma atividade rentável, e o argumento econômico foi repetidamente apresentado para recusar a abolição do comércio de escravos.

Há pouco tempo, os espanhóis que gostam de touradas afirmaram que se elas fossem proibidas apresentariam queixa por violação do direito ao trabalho, que é um direito fundamental consagrado na Constituição espanhola. É ainda necessário que o trabalho não prejudique os outros. Caso contrário, um assassino de aluguel que vive sobretudo de suas atividades poderia reivindicar o mesmo direito. "Qual força teria um argumento a favor da pena de morte," comenta Martin Gibert, "que alegasse a necessidade de mantê-la, por respeito ao treino profissional dos encarregados de execução?".[45] Ou ainda para evitar que eles ficassem desempregados? O *lobby* das empresas de pesca em águas profundas – esse arrasto no solo dos oceanos, o qual, devemos relembrar, destrói de forma brutal uma biodiversidade muito rica – também alegou que várias centenas de empregos seriam perdidos se a União Europeia proibisse esse tipo de pesca. Claire Nouvian, da associação BLOOM,[46] nos mostra que dez navios com redes de arrasto em águas profundas podem arrasar o equivalente à superfície de Paris em dois dias. Seria como demolir, em poucas horas, as catedrais de Notre Dame e de Chartres, e dar como resposta aos que protestam: "Ah, mas os operadores de escavadeira correm o risco de perder seus empregos se isso não for feito".

"As pessoas precisam comer carne para serem saudáveis"

Esse argumento é com frequência utilizado por aqueles que querem continuar a comer carne ou convencer filhos relutantes a fazê-lo. Há cerca de 550 a 600 milhões de vegetarianos no mundo, e eles estão bem de saúde, ou até melhor do que os consumidores de carne.

Conforme destaca Aymeric Caron: "Sem carne = sem proteínas. Eis uma ideia preconcebida que precisa ser desmentida de uma vez por todas".[47] O alimento que fornece mais proteínas é a soja, com cerca de 40%, ou seja, duas vezes mais que a carne (15 a 20%). Outras leguminosas são também importantes fontes de proteína:

feijões, lentilhas e grão de bico (cerca de 20%) ou ainda o amendoim (cerca de 30%). No que tange aos cereais, há entre 10 e 15% de proteínas em cereais como arroz, trigo, cevada, milho-painço, centeio, trigo sarraceno, aveia, quinoa, milho, *kamut* e espelta. Encontramos 25% de proteína no germe de trigo e 30% no seitan, que é feito a partir de glúten de trigo. Espinafre, brócolis ou algas também são ricos em proteínas. Os alimentos com proteínas vegetais possuem uma vantagem adicional, pois contêm carboidratos — ausente na carne — e fibras alimentares.

Os nove aminoácidos que não podem ser sintetizados por seres humanos estão presentes em todos os alimentos que contêm proteínas, quer de origem animal ou vegetal. O mito das proteínas "incompletas", perpetuado pelos *lobbies* do setor econômico da carne, é baseado em pesquisas antiquadas e ultrapassadas.[48] Infelizmente, encontramos essas afirmações equivocadas no site do Programa Nacional de Nutrição e Saúde (PNNS) da França. De acordo com os dados mais confiáveis da OMS e da FAO, com base em um grande número de estudos,[49] os aminoácidos essenciais estão presentes em quantidades e proporções suficientes na maioria dos alimentos de origem vegetal. Quanto ao teor total de proteína, no que diz respeito ao teor absoluto de proteínas, a comparação de uma centena de alimentos demonstrou que os 13 primeiros da lista em termos de riqueza proteica são vegetais (inclusive soja, 38,2%; favas, 33,1%; feijões e lentilhas, 23,5%) e um fungo (levedura de cerveja, 48%). Apenas na 14ª posição vem o presunto de porco, 22,5%; na 23ª o atum, 21,5%, enquanto ovos e leite ocupam o 33º e o 75º lugar, com 12,5% e apenas 3,3% respectivamente.[50] Uma dieta normal à base de vegetais é mais que suficiente para abastecer as nossas necessidades de proteína.

As proteínas animais não têm nenhuma virtude exclusiva, muito pelo contrário. De acordo com uma pesquisa publicada em 2014, um grupo de 16 pesquisadores fez nos Estados Unidos o acompanhamento de mais de seis mil pessoas com 50 a 65 anos de idade. Após analisar e monitorar de maneira detalhada seus hábitos alimentares, dividiram os indivíduos pesquisados em três grupos, com base em sua ingestão de proteínas: alta, média ou baixa. Esse estudo mostrou que o grupo dos que consumiam níveis elevados de proteína animal teve, durante os 18 anos abrangidos pelo estudo, um aumento global de mortalidade de 75% e, de modo mais específico, um aumento do risco de morte por câncer quatro vezes superior. Esses aumentos desapareciam ou diminuíam se a proteína consumida era de origem vegetal.[51]

Quanto à vitamina B12, indispensável para a formação da hemoglobina no sangue, ela é praticamente ausente nos vegetais, mas pode ser encontrada no leite e nos ovos. Os veganos, portanto, precisam obter essa vitamina em suplementos dietéticos, que podem ser obtidos a partir de culturas de bactérias.[52]

Isso não impede o Instituto Nacional de Prevenção e Educação para a Saúde da França (INPES) de afirmar: "Carne, peixe e ovos são componentes essenciais da nossa dieta",[53] e de preconizar que "devem ser consumidos uma a duas vezes por dia". Os nutricionistas do INPES alertam aqueles que tencionam abster-se de produtos de origem animal que: "Esse tipo de dieta acarreta riscos para a saúde no longo prazo". À luz dos estudos nos últimos vinte anos, sabemos agora que essas alegações são cientificamente inexatas e que tais recomendações são inadequadas.

O INPES também afirma que precisamos consumir três produtos lácteos ao dia para suprir nossas necessidades de cálcio. O leite de vaca é adequado a bezerros nos meses seguintes ao nascimento, mas não a seres humanos, e já ficou comprovado que 3/4 da população mundial são intolerantes à lactose. Espinafre, brócolis e outros tipos de repolho são ricos em cálcio, além de sementes e frutos oleaginosos como as amêndoas, e frutas secas como os figos.

E para quem imagina que ser vegetariano afeta o desempenho físico, podendo representar um obstáculo para atletas de alto nível, o jornalista Aymeric Caron fez uma lista de grandes campeões vegetarianos ou veganos. Carl Lewis, com nove medalhas de ouro nos Jogos Olímpicos e oito vezes campeão do mundo, continua a promover os benefícios da abordagem vegana.[54] Entre os atletas profissionais que adotaram a dieta vegetariana ou vegana, temos o americano Bode Miller, medalhista olímpico e campeão mundial de esqui alpino, Edwin Moses, invicto 122 vezes nos 400 metros com barreiras, e Martina Navratilova, detentora do maior número de prêmios na história do tênis. O ultramaratonista Scott Jurek, dos Estados Unidos, tornou-se vegetariano em 1997 e vegano dois anos depois, e estabeleceu um recorde em 2010 ao percorrer 266 quilômetros em vinte e quatro horas. A lista inclui também Patrik Baboumian, considerado "o homem mais forte do mundo". Podemos também citar Fauja Singh, um indiano vegetariano que se tornou o primeiro centenário a concluir uma maratona (façanha realizada em Toronto, em 2011), e o jovem campeão mundial de memória, Jonas von Essen, que é vegano.

Se a sobrevivência de determinadas populações humanas dependeu durante muito tempo de sua capacidade de caçar ou pescar animais, hoje, especialmente por causa da expansão significativa da população humana e da exploração intensiva dos recursos naturais em todos os lugares do mundo, o uso dos solos e dos produtos agrícolas para a produção de carne não apenas deixa de ser uma necessidade para a sobrevivência da espécie humana, como também é um aproveitamento deficiente desses recursos alimentares. Portanto, é provável que o vegetarianismo se torne ainda mais difundido em nossas sociedades, não através da emissão de regras normativas que seriam seguidas por alguns e ignoradas por outros, mas como resultado da conscientização baseada na razão e na compaixão. Como escreveu Wulstan Fletcher em sua Introdução ao livro *Les larmes du bodhisatttva* [As lágrimas do bodisatva]:

> O objetivo não é reprimir a vontade de carne nem acabar com o uso de produtos de origem animal por um ato impositivo draconiano, mas gerar a compaixão sincera e a sensibilidade autêntica frente ao sofrimento dos animais, para que o desejo de explorá-los e comê-los desapareça naturalmente. [...] Acima de tudo, será com a sensibilização de nossa mente, e não com o seu entorpecimento por argumentos especiais, que conseguiremos avançar. Seguindo tal caminho, atingiremos o ponto em que nossas necessidades físicas e nossas escolhas na vida deixarão de ser uma fonte de terror e de dor para os seres vivos, sejam eles quais forem.[55]

"Levamos em consideração as tradições ancestrais"

No Nepal, onde vivo, centenas de milhares – em alguns anos, milhões – de animais são sacrificados de forma sangrenta para obter os favores das divindades locais. Em 2010, os apelos de algumas ONGs e de grupos de cidadãos para que esses rituais fossem abandonados foram recebidos com clamores de indignação, e alguns ministros nepaleses contestaram, alegando tratar-se de uma "tradição ancestral" que não poderia ser questionada. Na França, um dos argumentos dos fabricantes de *foie gras* e dos aficionados de touradas é que a tradição deve ser mantida.

Uma tradição? O que isso importa! Os astecas sacrificavam até quarenta pessoas por dia ao deus do Sol, e os sacrifícios humanos existiram por muito tempo entre os hebreus, os gregos, na África e na Índia. Às vezes, os fenícios queimavam vivos os seus próprios filhos para agradar ao deus Baal. Em 1996, em Kandahar, Afeganistão, um casal adúltero foi apedrejado em praça pública na frente de milhares de pessoas, inclusive crianças. Os espectadores comentaram com entusiasmo esse assassinato, dizendo que "foi uma boa coisa, que precisava ser feita".[56] Não é característica de uma sociedade civilizada abandonar uma tradição quando se torna fonte de tanto sofrimento?

Como observado pelo filósofo Martin Gibert: "Pouco importa que o ser humano seja relacionado a animais carnívoros ou herbívoros. O comprimento dos nossos intestinos e nossos caninos é um fato da evolução: ele não pode definir o que seja moralmente aceitável ou condenável comer. A questão não é "Você vai digerir bem este *cheeseburger*?" nem "Seus antepassados o comeriam?". A questão é "Isso é moralmente legítimo? Isso deveria ser pedido?".[57] O hábito de comer carne não é um argumento ético: é um simples fato que não nos diz nada do seu valor moral. A tradição explica, mas não justifica nada.

Na França, a tradição das touradas foi declarada patrimônio cultural, e a do *foie gras*, patrimônio gastronômico. A produção de *foie gras* é um pesadelo para os gansos e os patos. Tendo sido criados durante algum tempo ao ar livre, são depois, em geral, confinados em pequenas gaiolas individuais. Duas vezes por dia, um tubo é inserido na garganta dessas aves e, em segundos, cerca de 450 gramas de um mingau espesso é injetado sob pressão em seu esôfago. É como se uma pessoa adulta fosse forçada a engolir 7 quilos de macarrão, duas vezes ao dia.[58] O peso do fígado passa de 60 a 600 gramas em doze dias, o que não ocorre sem causar muitas doenças: diarreia, dificuldade respiratória, lesões do esterno, a tal ponto que, de acordo com as avaliações dos próprios criadores, o período de alimentação forçada causa oito vezes mais mortes do que o período de criação.[59]

Por ocasião de um debate na Assembleia Nacional francesa, durante a votação, em 2006, de uma lei destinada a proteger a indústria do *foie gras*, um deputado denunciou "a máquina infernal do bem-estar animal que quer desmantelar tradições que são nossas, particularmente no sul da França".[60] Infernal para quem? Sem dúvida para o estômago dos gastrônomos e o bolso dos criadores, mas não para os animais que são maltratados.[61]

Assim, constatamos que a maioria das razões apontadas para justificar a falta de consideração com que nossas sociedades tratam os animais não passam de desculpas esfarrapadas para anular nossos escrúpulos e continuar explorando e maltratando animais sem peso na consciência.

6. O *CONTINUUM* DO VIVO

A INTELIGÊNCIA, A EMPATIA E O ALTRUÍSMO DOS SERES HUMANOS SÃO O RESULTADO de milhões de anos de evolução gradual. Sendo assim, é totalmente compreensível que vejamos nos animais sinais precursores de todas as emoções humanas, ou até mesmo equivalentes. Esse era o pensamento de Darwin ao escrever em *The descent of man, and selection in relation to sex* [*A origem do homem e a seleção sexual*]:

> Se nenhum ser orgânico, exceto o homem, possuísse qualquer poder mental, ou se os poderes humanos fossem de natureza totalmente diferente dos existentes em animais inferiores, então jamais poderíamos nos convencer de que nossas faculdades superiores tiveram um desenvolvimento gradual. Mas é possível demonstrar com facilidade que inexiste diferença fundamental desse tipo.[1]

Uma visão global da evolução das espécies permite entender melhor que tudo é uma questão de diversificação e de graus de complexidade. Na esteira de Darwin, que consagrou um tratado inteiro a esse assunto, *A expressão das emoções no homem e nos animais*[2], inúmeros etólogos evidenciaram a riqueza da vida mental e emocional dos animais. Conforme observado por Jane Goodall, Frans de Waal e muitos outros, não são exclusivos da nossa espécie os sinais elementares que utilizamos para expressar dor, medo, cólera, amor, alegria, surpresa, impaciência, desagrado, excitação sexual e tantos outros estados mentais e emocionais.

A legitimidade de nossas discriminações contra os animais é questionada quando nos conscientizamos da continuidade entre as espécies, desde as mais rudimentares até os seres humanos, passando pelas inúmeras outras espécies dotadas de capacidades complexas, *diferentes* das nossas (animais migratórios, animais sociais etc.). Essa continuidade se manifesta em todas as áreas: genética, anatômica, fisiológica e psicológica. Como escrevia Julien Jean Offray de la Mettrie, já no século XVIII: "O homem não foi moldado em material mais precioso. A natureza utilizou uma única e mesma massa, alterando apenas os tipos de fermento".[3]

Segundo Gilles Bœuf, diretor do Museu de História Natural de Paris, do ponto de vista biológico somos idênticos aos animais. Temos as mesmas células, o mesmo tipo de DNA, entre outras semelhanças. A Terra tem 1,6 milhão de espécies de animais, incluindo 5 mil espécies de mamíferos, 10 mil espécies de pássaros, 35 mil espécies de peixes e 1,1 milhão de espécies de insetos dos quais 80 mil são espécies de coleópteros, popularmente conhecidos como besouros. "Se Deus existe," comenta Gilles Bœuf, "ele ama muito os coleópteros". Temos 24 mil genes, apenas duas vezes mais do que a mosca. Gilles Bœuf ainda acrescenta: "Basta um segundo para esmagar a mosca, mas foram necessários bilhões de anos para que ela existisse".[4]

No plano da genética, 50% do DNA da mosca já é idêntico ao humano, mas com o chimpanzé esse grau de semelhança genética atinge 98,7%. Se bem que tenhamos feito maravilhas com o 1,3% de DNA que é apenas nosso, do ponto de vista da evolução apenas alguns passos nos separam do ancestral comum que temos com os grandes primatas. Conforme os dados de que dispomos, a linha evolutiva dos ancestrais comuns aos hominídeos e aos grandes primatas separou-se dos pequenos primatas há cerca de dez milhões de anos. Os humanos e os grandes primatas atuais possuem ancestrais comuns que desconhecemos. O genoma dos humanos difere apenas 1,37% do genoma dos chimpanzés e 1,75% do genoma dos gorilas.[5] Esses dados permitem estimar que nossa linha evolutiva separou-se da linha dos chimpanzés há cerca de cinco milhões de anos, e da linha dos gorilas há mais ou menos sete milhões de anos.

A principal evolução que caracteriza o homem em relação aos demais primatas é a posição ereta, a qual induziu determinadas modificações morfológicas. A mão, por exemplo, passou a servir para manipular utensílios diversos. O crânio, em equilíbrio no alto da coluna vertebral, pôde se desenvolver, permitindo um aumento da massa cerebral. A laringe mais liberada facilitou a aquisição de uma linguagem evoluída. Todavia, a definição do gênero *Homo* continua bastante fluida, com o principal critério sendo o volume da caixa craniana. O homem de Neandertal, aliás, tinha uma capacidade craniana média de 1.500 cm^3, ligeiramente superior à do homem moderno.

O gênero *Homo*, que agrupa todas as espécies de hominídeos, surgiu na África há mais ou menos 2,4 milhões de anos. Após as espécies mais arcaicas desse gênero, como o *Homo ergaster*, o *Homo erectus* e o *Homo antecessor*, apareceu o *Homo heidelbergensis* na África, há pouco menos de 1 milhão de anos. Este último é considerado o ancestral comum do homem moderno e do homem de Neandertal.

Entre todas as espécies que povoam a Terra de nossos dias, não existiria nenhum "ancestral" de uma ou de outra dessas espécies, mas espécies mais ou menos relacionadas entre si. O bonobo apenas está mais próximo do homem do que o tubarão ou a mosca. Do ponto de vista puramente biológico, nenhuma espécie pode de fato ser considerada "mais evoluída" do que outra. As bactérias e as formigas, por exemplo, estão bem adaptadas a seus respectivos meios ambientes e tiveram um sucesso prodigioso na biosfera. Falar em "superioridade" implica em juízos de valor que são subjetivos, os quais a ciência não pode observar de forma empírica. Do ponto de vista cronológico, se reduzirmos a um ano os 15 bilhões de anos que são atribuídos ao nosso universo, o homem civilizado, o *Homo sapiens*, surgiu apenas às 23 horas e 59 minutos de 31 de dezembro. Quem se julga o "centro do universo" é, portanto, alguém que chegou no último minuto.

Na medida em que não concebemos o ser humano como uma criação divina e não rejeitamos o conjunto da teoria da evolução, podemos então considerar o homem como o atual ponto culminante de milhões de anos de evolução em que suas faculdades foram sendo refinadas de maneira gradual, até atingir o extraordinário grau de complexidade que desfrutamos.

Mas há ainda um fator adicional: no curso de sua história, a evolução jamais permaneceu "imobilizada". Algumas espécies desapareceram enquanto outras prosperavam e continuavam a evoluir, porque as mais aptas a sobreviver sob novas condições e circunstâncias são as selecionadas ao longo do tempo. Assim, não temos nenhuma razão para afirmar com certeza que o *Homo sapiens* tenha parado de evoluir. Em alguns milhões de anos, se ainda não tivermos devastado o planeta o suficiente para causar a nossa própria extinção, não é implausível imaginar o surgimento de um *Homo sapientissimus* que nos superaria em faculdades intelectuais, pela riqueza de suas emoções, por uma criatividade fabulosa, por um senso artístico incrível e outras habilidades de cuja existência nem podemos sequer suspeitar. Se ele não tiver, de fato, nos substituído, será que olhará para o *Homo sapiens* de modo condescendente?

A variedade das faculdades mentais

Encontramos essa continuidade entre o animal e o homem quando examinamos o sistema nervoso dos animais e os sistemas celulares e bioquímicos que lhes permitem perceber o meio exterior, sentir emoções e expressá-las. As faculdades mentais, assim como a anatomia, tiveram um desenvolvimento gradual. Elas também se diversificaram de modo considerável, já que os "mundos" de uma abelha, um pássaro migratório ou um peixe de águas profundas são, obviamente, muito diferentes do "mundo" que nós vivenciamos subjetivamente. Como ressalta o filósofo Thomas Nagel, não temos a mínima ideia de como seria se fôssemos um morcego.[6]

Na explicação de Darwin, ainda que exista um intervalo considerável entre as faculdades intelectuais de uma lampreia e as de um primata, esse intervalo é preenchido por inúmeras graduações demonstrando que, tanto em termos fisiológicos como da capacidade de interagir com o meio ambiente, é possível rastrear o histórico de um processo gradual e contínuo de ampliação da complexidade. Darwin então conclui: "Determinados fatos comprovam que as faculdades intelectuais dos animais considerados muito inferiores a nós são mais elevadas do que em geral cremos".[7] Ficamos, portanto, bem distantes da afirmativa peremptória de Buffon: "A galinha não sabe o que é passado nem futuro, e ainda se atrapalha com o presente".[8]

Além disso, como ressalta o filósofo e etólogo Dominique Lestel em *Les origines animales de la culture* [*As origens animais da cultura*]:

> Sentimos ainda uma grande dificuldade em aceitar a ideia de que o comportamento animal seja muitíssimo complexo, ainda que essa complexidade não tenha a mesma natureza que a do comportamento humano. A inteligência animal não é uma inteligência humana *menos evoluída* que a dos seres humanos, mas apenas uma inteligência *diferente*.[9]

O fato de a consciência ser eminentemente útil para a sobrevivência nos leva, de maneira inevitável, a pensar que ela deva existir em numerosas espécies animais, como ocorreu com nossos ancestrais. "Quanto mais um animal entende seu ambiente físico, biológico e social," explica o zoólogo e fisiologista Donald R. Griffin, "mais ele pode ajustar seu comportamento à realização de objetivos importantes para sua vida, sejam eles quais forem, inclusive os que contribuem para sua capacidade evolutiva".[10] Ao aceitarmos a realidade de nossa relação evolutiva com as outras espécies animais, torna-se incoerente supor uma dicotomia rígida segundo a qual as experiências mentais teriam um efeito importante sobre o comportamento dos humanos, mas nenhum sobre o de todas as outras espécies.[11] Na conclusão de Stephen Stich: "À luz dos elos evolucionistas e das semelhanças comportamentais entre humanos e animais superiores, é difícil crer que a psicologia poderia explicar o comportamento humano, mas não o comportamento animal. Se os humanos têm suas crenças, então os animais também as têm".[12]

Nas últimas décadas, múltiplos estudos demonstraram que não apenas os grandes primatas, mas também os pássaros, os peixes e demais animais, são capazes de empatia e de raciocínios complexos. A etóloga Francine Patterson cita o caso de Michael, um gorila órfão trazido da África que havia aprendido a linguagem de sinais. Certo dia, ele mostrou que estava triste. Quando a etóloga perguntou-lhe o motivo, ele respondeu com os sinais que significavam "mãe assassinada", "floresta" e "caçadores".[13] Roger Fouts, um psicólogo especializado em primatas, ensinou o sistema de Linguagem de Sinais Americana a vários chimpanzés, incluindo a célebre Washoe, que chegou a adquirir um vocabulário de 350 sinais. Ficou comprovado que esses grandes primatas podiam se comunicar *entre eles* com essa linguagem, e os pesquisadores gravaram várias centenas das conversas. Washoe chegou a adotar um jovem chimpanzé, Loulis, e as primeiras palavras que Washoe comunicou por sinais foram: "Vem abraçar. Rápido!". Os sinais tornaram-se para eles um meio de expressão de emoções e, para nós, um meio para compreendê-los. São conhecidos, do mesmo modo, casos de mães orangotangos que ensinaram a linguagem de sinais a seus filhos.[14] "Fala, que eu te batizo!", clamava no século XVIII o cardeal de Polignac, personagem altamente cartesiano de Diderot, a um orangotango confinado numa jaula em Paris.[15]

Alex, um papagaio cinzento africano, compreendia mil palavras e utilizava uma centena delas com fluência. Ele entendia conceitos como "maior" ou "menor", "igual a" ou "diferente de". Quando a etóloga Irene Pepperberg, que trabalhou com Alex durante trinta anos, lhe mostrava um objeto, ele era capaz de descrever sem erro sua forma e sua cor, e até o material de que era feito.[16] Ele compreendia, por exemplo, o que era uma chave e identificava corretamente o objeto, fossem quais fossem o tamanho e a cor, discernindo, pois, o que diferenciava a chave de outro objeto.[17] Um dia, ele perguntou de que cor ele mesmo era. Foi assim que ele aprendeu a palavra "cinza", após a etóloga tê-la repetido seis vezes.[18] As últimas palavras de Alex para a etóloga, quando ela saía de noite, eram: "Passe bem, até amanhã. Eu te amo".

O etólogo Richard J. Herrnstein comprovou que os pombos eram capazes de assimilar o conceito geral de "ser humano".[19] Primeiro, ele mostrava aos pombos muitas fotos, algumas de seres humanos e outras de animais ou objetos. Era fornecida alimentação aos pombos se eles apertassem com o bico um botão na frente de uma foto de ser humano, e não recebiam nada se o botão pressionado correspondesse à foto de outra coisa. Os seres humanos que figuravam nas fotos eram de ambos os sexos, de todas as raças e idades, em diferentes posturas, nus ou vestidos. Com muita rapidez, os pombos aprenderam a reconhecer de modo correto a presença dos humanos nas fotos. Isso demonstra que, mesmo sem dominar a linguagem, eles são capazes de formar conceitos gerais, como o de "ser humano". Na verdade, há provas de que os pombos podem também reconhecer determinados indivíduos, árvores, água, peixes sob a água etc., o que indica uma capacidade de distinguir características tanto gerais como específicas. Ainda melhor, numa experiência realizada por Shigeru Watanabe, os pombos conseguiram reconhecer pinturas conforme o estilo, chegando a diferenciar, por exemplo, quadros de Picasso de quadros de Monet. Eles foram capazes até de fazer generalizações e reconhecer "famílias" de estilo, Picasso e Braque de um lado, Monet e Cézanne de outro![20]

O primatólogo japonês Tetsuro Matsuzawa mostrou que a memória de curto prazo dos chimpanzés é melhor que a de um ser humano adulto. Os chimpanzés eram colocados frente a uma tela de monitor onde apareciam – fora de ordem, e durante 2/10 de segundo a cada vez – números de 1 a 9. Os números eram então substituídos por quadrados em branco e o chimpanzé tinha que lembrar qual número aparecera em qual lugar, e então tocar o quadrado certo na tela. A taxa de erro deles foi de 10%, com resultado melhor do que os humanos também testados. Os chimpanzés sabem contar (sabem somar e subtrair números simples) e conseguem escrever num teclado sequências de palavras complexas como "três lápis vermelhos".[21]

Os peixes arco-íris aprendem, após cinco tentativas, a encontrar um orifício para escapar de uma rede de pesca e, o que é ainda mais surpreendente, conseguem ainda, onze meses mais tarde, acertar na primeira investida.[22] Até a presente data, mais de 600 estudos científicos já foram feitos sobre a capacidade de aprendizagem dos peixes.

Stanley Curtis, da Universidade da Pensilvânia, ensinou porcos a jogar videogame com um *joystick* adaptado ao focinho. Não apenas eles aprendiam a jogar de verdade, como conseguiam isso com muito mais rapidez do que um cão treinado, e tão depressa quanto um chimpanzé, o que comprova uma capacidade surpreendente de representação abstrata.[23] Kenneth Kephart, professor emérito da mesma universidade, relata que os porcos têm a mesma capacidade dos cães para levantar uma trava e sair de um local onde estejam presos, e que muitas vezes eles fazem isso aos pares, chegando mesmo ao ponto de abrir as travas para soltar porcos de outros locais.[24] Suzanne Held, da Universidade de Bristol, também provou que os porcos são capazes de imaginar o que um dos demais pode ou não ver, e assim adotar o ponto de vista do outro, quando estão competindo para obter alimento.[25]

Quanto às provas de empatia, são incontáveis os exemplos mesmo entre espécies diferentes. O etólogo Ralph Helfer relata ter observado um grande elefante que tentou, seguidas vezes, salvar um bebê rinoceronte que estava atolado num lamaçal espesso. O elefante se ajoelhou e deslizou suas presas sob ele para tentar erguê-lo. A mãe rinoceronte, que não entendeu que o elefante queria salvar seu bebê, apareceu correndo e investiu contra o elefante, que se afastou. Essa manobra repetiu-se durante várias horas. A cada vez que a mãe rinoceronte entrava na floresta, o elefante voltava para tentar salvar o filhote, e depois desistia quando a mãe investia contra ele. A manada de elefantes acabou indo embora e, por sorte, o pequeno rinoceronte enfim conseguiu se livrar do lamaçal e juntar-se à mãe.[26]

Da mesma forma, já foram observados, várias vezes, hipopótamos vindo em socorro de animais atacados por predadores. Uma cena emocionante filmada no Parque Nacional Kruger, na África do Sul, mostra um antílope impala sendo atacado por um crocodilo enquanto bebia água na margem de um rio. O réptil puxou para a água sua vítima firmemente presa com sua mandíbula na tentativa de afogá-la, enquanto o impala se esforçava para manter a cabeça fora d'água. De repente, surge um hipopótamo da margem, entra a galope na água e se joga sobre o crocodilo, que acabou soltando sua presa. Ferido de modo grave, o antílope consegue se levantar na margem, ensaia alguns passos, mas acaba por cair estendido. O hipopótamo vem atrás, mas ao invés de lhe fazer mal toca-o de modo delicado com o focinho, lambe seus ferimentos e, por várias vezes, aloja com cuidado a cabeça do animal moribundo em sua enorme boca, como se tentasse reavivá-lo. Por fim, os ferimentos do impala são profundos demais e ele acaba morrendo. Só então o hipopótamo vai embora.[27] Para Tom Regan, muitíssimos animais se assemelham aos seres humanos: "Como nós, eles possuem diferentes capacidades sensoriais, cognitivas, conativas e volitivas. Eles enxergam e ouvem; acreditam e desejam; lembram e preveem; fazem planos e têm intenções. Além disso, eles se importam com o que lhes acontece. Eles sentem prazer e dor, fisicamente... mas também medo e contentamento; raiva e solidão; frustração e satisfação, e dão provas de astúcia e imprudência. Consideradas em conjunto, essas faculdades permitem definir a vida mental desses 'sujeitos-de-uma-vida' (na minha terminologia) que conhecemos melhor como guaxinins e coelhos, castores e bisões, esquilos e chimpanzés, você e eu".[28]

À luz dessas descobertas, tomar consciência de que o ser humano é o resultado de um extraordinário desenvolvimento ocorrido ao longo de milhões de anos não diminui o seu valor. Aqueles que insistem, apesar de tudo, na ideia de fazer do homem uma categoria totalmente à parte, alegando que existiria uma diferença de natureza fundamental, ao mesmo tempo que continuam partidários da evolução, deverão arcar com o ônus da prova.

Especismo, racismo e sexismo

Como é natural, damos grande importância a tudo o que diga respeito às nossas preocupações imediatas, e tendemos a fechar os olhos para os que tenham a infelicidade de não pertencerem à nossa esfera de interesses. Nossa preferência inata por nossa família, nossa comunidade, nossas tradições, nosso país, nossa etnia etc., nos faz crer que temos o dever de protegê-los e defendê-los, enquanto abandonamos à sua própria sorte aqueles que não estejam incluídos. Acrescentamos à lista de nossas categorias preferidas a nossa própria espécie, já que apenas os seres humanos parecem ter importância para nós.[29]

Vimos que, em 1970, Richard Ryder, psicólogo integrante do grupo de Oxford, cunhou o termo "especismo", numa publicação que divulgou no *campus* da universidade. Ele explicou seu raciocínio:

> A partir de Darwin, os cientistas admitem que inexiste qualquer diferença essencial, "mágica", entre os seres humanos e os demais animais, do ponto de vista biológico. Por que, então, do ponto de vista ético, fazemos uma distinção radical? Se todos os organismos procedem de um único *continuum* biológico, nós também deveríamos ser procedentes desse mesmo *continuum*.[30]

Num ensaio coletivo que Ryder publicou no ano seguinte, ele escreveu:

> Se aceitamos que, do ponto de vista ético, é inaceitável infligir sofrimento de modo intencional a seres humanos inocentes, então também é lógico que consideremos inaceitável o sofrimento infligido de maneira deliberada a seres inocentes que pertencem a outras espécies. É chegada a hora de agir em conformidade com essa lógica.[31]

O termo em inglês para especismo (*speciesism*) foi incluído no *Oxford English Dictionary* em 1985, e assim definido na edição de 1994: "Por analogia com racismo e sexismo, esse termo designa o comportamento que consiste em recusar indevidamente o respeito à vida, à dignidade e às necessidades de animais que pertençam a espécies diferentes da espécie humana". Peter Singer, por sua vez, descreve o especismo como sendo "um preconceito ou um comportamento de ideia preconcebida em favor dos interesses de membros de sua própria espécie e em oposição aos interesses de integrantes de outras espécies".[32]

A escritora e defensora dos direitos dos animais, Joan Dunayer, argumenta que se o especismo é a negação, com base no fato de pertencer a uma determinada espécie ou com base em características típicas de uma espécie, de consideração e respeito iguais para todos os seres sensíveis, então não deveríamos nos contentar em defender os direitos apenas de um número limitado de espécies não humanas, com base no fato de se assemelharem aos humanos (especialmente os grandes primatas: chimpanzés, gorilas, bonobos e orangotangos). Dunayer sustenta que seria justo, lógico e justificado, do ponto de vista empírico, conceder a todas as criaturas com sistema nervoso o benefício da dúvida, no que tange à senciência ou qualidade de "ser sensível" (capacidade de sofrer ou sentir prazer ou felicidade), e conceder-lhes direitos fundamentais, como o direito à vida e à liberdade.[33]

Martin Gibert, por sua vez, considera que "O especismo é uma forma de *supremacia humana* – como existe a ideia da supremacia branca, por exemplo. Ele postula que pertencer à espécie humana confere, por si, um valor intrínseco e uma superioridade moral sobre as outras espécies. Eis aí o que nos daria o direito de privilegiar os interesses humanos frente aos outros animais, ainda que os interesses fossem tão fúteis como o interesse por *foie gras*, casacos de pele ou brigas de cães".[34]

As definições parecem claras, mas mesmo assim foram, por vezes, utilizadas interpretações diferentes da noção de especismo para criticar sem razão e, ao mesmo tempo, agredir a causa da libertação animal. A analogia com racismo e sexismo permite, sem dúvida, esclarecer o debate. Efetivamente, o fato de não ser racista ou sexista não quer dizer negar ou ignorar as diferenças entre raças ou entre sexos, pois isso seria absurdo. Se as diferenças não existissem, nem o racismo nem o sexismo teriam jamais existido. O uso dessas duas noções se justifica porque as diferenças de qualquer natureza servem de apoio para uma *discriminação egoísta* baseada no fato de pertencer a um determinado grupo – a raça branca ou o sexo masculino, por exemplo –, bem como para *perpetuar uma hierarquia de poder* e exercer esse poder com o objetivo de *oprimir* aqueles que pertençam ao *outro* grupo.

Os exemplos trágicos são abundantes. Oliver Wendell Holmes, professor de Anatomia e de Fisiologia em Harvard no século XIX, considerava muito natural que os brancos odiassem os indianos e que os "persigam como um animal selvagem na floresta", para que "esse esboço em lápis vermelho seja apagado e a tela esteja pronta para um homem que seja um pouco mais à imagem de Deus". Na época dos assassinatos e estupros em massa cometidos por tropas do Império do Japão contra a cidade de Nanquim em 1937, os generais japoneses diziam às tropas: "Vocês não devem considerar os chineses como seres humanos, mas como coisa de valor inferior a um cão ou um gato". Considerar um animal como "máquina de fazer salsichas" parte do mesmo raciocínio. Equiparar os animais a objetos facilita, é claro, o trabalho dos que lhes causam sofrimento o dia inteiro: esse raciocínio lhes permite convencer de que as vítimas de suas atrocidades não são seres sensíveis, e tende a inocentá-los.

O especismo que consiste assim em atribuir valores e direitos a determinados seres com base unicamente em sua inclusão numa determinada espécie não se limita, conforme explica J.-B. Jeangène Vilmer, à discriminação entre seres humanos e outras espécies vivas:

> O especismo consiste, da mesma maneira, em fazer discriminação entre os próprios animais. É especista a pessoa que, de um lado, protesta contra o abate e o consumo de cães e gatos na Ásia, e contra a caça das focas bebês ou das baleias, enquanto de outro lado aceita o abate e o consumo de vacas e porcos, bem como a caça da perdiz

ou a pesca da carpa. É especista a pessoa que privilegia determinadas espécies (os gatos, os cães, as focas bebês e as baleias) porque são "bonitinhas" e "simpáticas", ou seja, com base apenas na inclusão em uma determinada espécie. Gary Francione fala, muito acertadamente, em "esquizofrenia moral", que consiste em amar os cães e os gatos enquanto espetamos os garfos em vacas e frangos.[35]

Muitas pessoas tendem, outrossim, a dar mais atenção aos interesses de um animal selvagem do que aos de um animal doméstico, a não ser que o animal selvagem seja muito "feio" e cause repugnância.

Melanie Joy é professora de Psicologia e Sociologia na Universidade de Massachusetts. Todo semestre, ela dedica algumas aulas ao objetivo de auxiliar os alunos na análise de suas relações com os animais. Ela começa pedindo aos alunos que façam uma lista com as características de cães e de porcos. Para os cães, os adjetivos utilizados com mais frequência são "fiéis", "familiares", "inteligentes", "brincalhões", "protetores" e, às vezes, "perigosos". Os porcos, ao contrário, são descritos como "sujos", "pouco inteligentes", "preguiçosos", "gordos", "feios, "nojentos". Logo após, é iniciado um diálogo muito semelhante ao seguinte:[36]

– Por que os porcos são pouco inteligentes?
– Porque é assim que eles são.
– Na verdade, segundo os cientistas, os porcos são mais inteligentes que os cães. [...] Todos os porcos são feios?
– Sim.
– E os leitões?
– Os leitões são bonitinhos, mas os porcos são nojentos.
– Por que você acha que os porcos são sujos?
– Porque eles chafurdam na lama.
– E por que eles chafurdam na lama?
– Porque gostam da sujeira. Eles são imundos.
– Na verdade, como não transpiram, eles chafurdam na lama para se refrescar, quando está muito calor.

Após várias perguntas e respostas desse gênero, Melanie Joy aborda as perguntas-chave:

– Mas então, por que comemos os porcos e não os cães?
– Porque o toicinho é gostoso [risadas] ...
Outro aluno: Porque os cães têm personalidade. Não se pode comer algo que tenha personalidade. Eles têm nomes, são indivíduos.
– Vocês acham que os porcos têm personalidade? São indivíduos, como os cães?
– Acho que sim, imagino que tenham personalidade, se aprendermos a conhecê-los.
– Vocês já viram um porco de perto?

(Com exceção de um único aluno, os demais não tinham jamais visto.)
– Então, como é que vocês sabem essas coisas sobre os porcos?
– Pelo que vejo em livros, na televisão, em publicidade, em filmes... Eu não sei. Através da sociedade, eu suponho.
– O que vocês achariam dos porcos se os considerassem como seres inteligentes, e não como glutões perigosos, e se vocês os conhecessem na intimidade, da mesma forma que conhecem os cães?
– Eu acharia muito esquisito comê-los. Provavelmente, eu me sentiria um pouco culpado.
– Mas então, por que nós comemos os porcos e não os cães?
– Porque os porcos são criados para serem comidos.
– Por que nós criamos os porcos para comer?
– Eu não sei. Nunca pensei nisso... Acho que é só porque é assim que é...

Vamos examinar essa declaração por um momento. Enviamos uma espécie para o abatedouro e dedicamos nossa afeição a outra pelo único motivo de que "é assim que é". A incoerência salta aos olhos. Melanie Joy observa que: "Muitos de nós passamos longos minutos na farmácia só para decidir qual pasta de dente comprar. Mas não paramos um único instante para examinar quais são as espécies de animais que comemos e por qual motivo. Apesar de tudo, as escolhas que fazemos como consumidores mantêm em funcionamento uma indústria que mata [apenas nos Estados Unidos] dez bilhões de animais por ano". Como escreve Aymeric Caron, com humor, em seu livro *No steak*: "Outra coisa estranha a observar é que, na família dos moluscos gastrópodes, comemos o caracol que chamamos de *escargot*, mas não as lesmas. O fato de as lesmas não terem uma concha externa como casa pode parecer suspeito. Digamos não ao gastrópode sem teto! É possível compreender alguma coisa? [...] Com os animais, nosso comportamento é esquizofrênico, somos capazes de fazer tanto o pior como o melhor".[37]

Como argumenta o etólogo Marc Bekoff,[38] traçar uma linha divisória entre indivíduos pertencentes a diferentes espécies animais é Biologia ruim, considerando as provas de continuidade da evolução. Fazer isso significa estabelecer falsas fronteiras, com consequências desastrosas para as espécies consideradas "inferiores" às outras, como formigas, peixes, pássaros ou ratos. A maior parte dos esforços de conservação são direcionados para animais "superiores" e carismáticos, como baleias, ursos-polares, elefantes ou tigres. O especismo, consciente ou inconsciente, é o principal culpado em nossas interações com outros animais, pois reforça a condição de propriedade dos animais não humanos, solapando os esforços coletivos para tornar o mundo um lugar melhor para todos os seres. Bekoff defende o estabelecimento de uma etologia "profunda", com pesquisas de animais que nos levem não só na direção de suas mentes, mas também de seus corações, como o início da expansão de nossa "pegada de compaixão".

O antiespecismo esconde uma contradição interna?

O filósofo humanista Francis Wolff avalia que o antiespecismo entra necessariamente em contradição com seus próprios princípios, já que apenas o homem *pode* ser antiespecista (pois os animais não podem elaborar esse conceito): "Isso seria como dizer que apenas uma determinada raça (a raça 'branca', por exemplo) não devesse ser racista".[39] Ele acrescenta que se fosse possível demonstrar que o homem deveria tratar os animais da mesma maneira como trata a si mesmo "tudo o que demonstraríamos seria que o homem deve se comportar com os outros animais de forma diferente do modo como os animais se tratam entre si ou tratam os homens".[40] Isso equivale, portanto, a "adotar para sua própria espécie normas diferentes das que são defendidas para as outras espécies. Assim, como exceção à regra, o homem extrai para si normas e valores a partir das características específicas de sua humanidade".

É bem verdade que o antiespecismo é algo humano, como qualquer outra forma de discriminação refletida e deliberada. Somente o homem pode tornar dogma a ideia de que uma raça seja inferior e que o mundo seria melhor sem ela. Mas também somente o homem pode se insurgir contra esses dogmas e mostrar a ignomínia de tais ideias. Ser capaz de nutrir preocupações morais complexas que digam respeito a um grande número de pessoas, inclusive pessoas distantes no espaço e no tempo (as gerações futuras, por exemplo), e que possam ser estendidas às demais espécies é seguramente uma característica humana. Somente o homem pode se tornar especista e somente o homem pode também compreender que não deveria sê-lo, pois não é defensável instrumentalizar as outras espécies pelo *único motivo* de não serem humanas, se for essa a justificativa apresentada.

Propor ao ser humano que faça bom uso das faculdades intelectuais de que dispõe não é um modo indireto de ser especista. Cada um com seu estilo. O morcego se orienta por um sonar próprio, enquanto nós somos capazes de raciocínios morais complexos. Que cada um utilize do melhor modo as competências que lhe são próprias.

Esse posicionamento não exige que os objetos de nossas preocupações morais sejam capazes de demonstrar reciprocidade para nós. As gerações humanas futuras não podem, obviamente, fazer nada por nós, mas ainda assim, seria ético destruir o planeta que elas herdarão?

Uma vez que um indivíduo goza das faculdades intelectuais que lhe permitem estar ciente dos efeitos nefastos do especismo, podemos esperar que ele renuncie a tal teoria, em razão dos sofrimentos inúteis que ela gera. O antiespecismo não quer dizer, de nenhuma maneira, que todas as espécies sejam iguais, tenham o mesmo valor ou devam ser tratadas da mesma forma. O que o antiespecismo sustenta é que é condenável desfrutar das capacidades que nos são próprias para prejudicar de forma consciente outras espécies sob o pretexto de que não são humanas, sem que nossa vida esteja em risco. Fica muito claro que a grande maioria das formas de exploração de animais que perpetramos hoje em dia não são, ou já deixaram de ser, necessárias para a nossa sobrevivência. Elas consistem basicamente numa falta de consideração pela condição dos outros seres sensíveis. O antiespecismo deriva do altruísmo e não exige nenhuma troca do tipo "toma lá, dá cá". A reciprocidade não pode ser exigida dos animais, de crianças, nem de pessoas sem pleno gozo de suas faculdades mentais, muito menos de gerações futuras, humanas e não humanas.

O respeito à vida e às competências próprias de cada espécie

Muitos pensadores alardeiam o respeito à vida acima de qualquer outra consideração, e isso significa deixar a vida dos outros seres seguir seu curso até seu fim natural. David Chauvet, advogado e cofundador da associação Droits des Animaux [Direitos dos animais], usa o seguinte argumento irrefutável:

> Seria talvez tentador estabelecer uma hierarquia entre o nobre (viver para viver, um projeto que apenas os humanos, conscientes de sua temporalidade, podem construir) e o ignóbil (viver unicamente para se alimentar ou se reproduzir, por exemplo). [...] Não importa a amplitude dos projetos dos animais nem sua simplicidade. Não se exige dos humanos que realizem grandes obras para merecer viver.[41]

Alguns alegam que seria moralmente aceitável matar animais se feito de forma indolor, uma vez que eles de fato não têm um "plano de vida", nem consciência da sua finitude, em circunstâncias normais, e não estão preocupados com o seu eventual desaparecimento. Em um de seus romances, J. M. Coetzee, prêmio Nobel de Literatura, responde: "O senhor diz que a morte não importa aos olhos do animal, porque o animal não entende o que é a morte. [...] Se é isso o que a filosofia humana tem de melhor a oferecer, eu disse a mim mesmo, prefiro ir viver com os cavalos".[42]

Outras pessoas levaram esse argumento ainda mais longe, afirmando que, sendo a morte uma passagem para o nada, se o animal for morto de forma rápida e indolor, ele não existirá mais como "sujeito" capaz de sofrer nem de "perder" seja lá o que for. Se esse gênero de argumento pudesse ser admitido, seria aceitável matar durante o sono, de maneira indolor, qualquer um que vivesse sozinho e ignorado por todos, já que ninguém sofreria com tal morte. No entanto, o fato de viver a própria vida até o fim e realizar de modo pleno o próprio potencial merece ser respeitado, a menos que se considere que a vida não vale a pena ser vivida em nenhum momento. Como explica Martin Gibert: "Uma resposta inicial consiste justamente em denunciar o caráter prematuro da morte do animal: ao ser abatido, é privado das experiências que poderia ter vivido. Uma vida longa é considerada preferível a uma vida curta: considera-se, em geral, que a morte seja uma privação do bem-estar".[43]

Para que utilize de modo pleno o potencial oferecido pela existência, o animal precisa de um certo grau de liberdade. Martha Nussbaum, professora de Direito e Ética na Universidade de Chicago, definiu uma lista de capacidades que, segundo ela, deveriam ser respeitadas nos animais. *A vida*, em primeiro lugar: todos os animais têm direito a continuar vivendo, bem como ter preservadas a *saúde* e a *integridade corporal*. Seguem-se as capacidades dos animais de *vivenciar seus sentidos*, sua *imaginação* e o exercício de seu *pensamento*. Para isso, é necessário assegurar aos animais o acesso às fontes de seu prazer, o que significa liberdade de movimento num ambiente que possa agradar aos seus sentidos. É preciso, da mesma forma, respeitar a capacidade dos animais de *sentir emoções*. Para isso, eles precisam ter a liberdade de manter elos e se ocupar dos demais. Como consequência, é inaceitável que eles sejam forçados a viver em isolamento.[44]

Inúmeras das capacidades de que são dotados só podem ser garantidas se o ambiente dos animais for igualmente respeitado. Os cetáceos são perturbados pelo barulho dos motores dos barcos que cruzam os mares; a poluição agride os olhos e a pele dos peixes, que são envenenados pelo acúmulo de mercúrio na carne. Em todos os lugares, os animais selvagens sofrem com o desaparecimento gradual de seu habitat natural.

Antropomorfismo ou antropocentrismo?

Os cientistas que evidenciaram de modo mais claro a riqueza das emoções animais sofreram frequentes acusações de antropomorfismo – um pecado capital entre os especialistas em comportamentos animais. Jane Goodall sofreu até mesmo críticas por dar nomes aos chimpanzés que estudava. Para não fugir às regras, ela deveria apenas atribuir números aos animais. Da mesma forma, Frans de Waal foi recriminado por empregar um vocabulário "reservado" aos humanos para descrever o comportamento de chimpanzés ou bonobos, ao que ele respondeu: "Todo mundo sabe que os animais têm emoções e sentimentos, e que eles tomam decisões semelhantes às nossas. Exceto, ao que parece, alguns acadêmicos. Se você entrar num departamento de psicologia, ouvirá: 'Bem... Quando o cão arranha a porta e late, você diz que ele quer sair, mas como sabe que ele *quer* sair? O cão apenas aprendeu que com latidos e arranhões consegue abrir portas'".[45]

Com efeito, inúmeros acadêmicos ainda se recusam a empregar para os animais palavras que façam referência a estados mentais como raiva, medo, sofrimento, afeição, alegria ou qualquer outra emoção parecida com as nossas. Na explicação de Bernard Rollin, muitos pesquisadores, em seu esforço para não empregar para os animais termos que também descrevam as emoções humanas, não falam de medo, mas de "comportamentos de recuo"; não falam do "sofrimento" de um rato colocado sobre uma placa em brasa, mas contam o número de sobressaltos ou convulsões; não falam de gemidos ou gritos de dor, mas de "vocalizações".[46] O vocabulário das provas é substituído por um jargão mais relacionado à negação do que à objetividade científica. O psicólogo Donald Olding Hebb e seus colaboradores tentaram descrever, durante dois anos, os comportamentos de chimpanzés no Yerkes National Primate Research Center [Centro Nacional Yerkes de Pesquisas sobre primatas] próximo à cidade de Atlanta, evitando qualquer descrição que pudesse ser considerada antropomórfica. O resultado foi uma série interminável de descrições verbais incompreensíveis.[47] Em contrapartida, quando os pesquisadores permitiam a inclusão de descrições "antropomórficas" para emoções e atitudes, podiam descrever com rapidez e facilidade as características específicas de cada animal e conseguiam entrar em acordo, sem ambiguidade, sobre qual animal demonstrava medo ou qual demonstrava raiva ou afeto. Darwin já havia feito exatamente isso, ao escrever:

> Os cães têm algo que poderíamos denominar senso de humor, que é totalmente distinto do mero brincar. Se alguém jogar um graveto ou objeto similar, o cão sai correndo e o carrega a uma pequena distância. Ele então se agacha ao lado do objeto e espera que o dono venha buscá-lo. Quando o dono se aproxima, o cão se levanta e sai correndo de novo com o objeto para longe, vitorioso, para recomeçar a mesma manobra. É evidente que o cão fica muito feliz com a peça que pregou.[48]

Postular a existência de estados mentais em determinados animais não é, portanto, mais antropomórfico do que fazer a comparação entre a anatomia, o sistema nervoso e a fisiologia dos animais e dos seres humanos. Quando um animal está visivelmente alegre ou triste, por que não chamar as coisas pelos seus nomes?

O biólogo Donald Griffin cunhou o termo *mentaphobia* para designar a obsessão de determinados cientistas em negar aos animais toda forma de consciência. Griffin considerava tal comportamento um erro científico e que "é tão profundo e emocional o intenso fervor com que muitos psicólogos e biólogos insistem em considerar a consciência não humana um tema inteiramente impróprio, que beira as raias de uma aversão irracional ou mentafobia".[49]

Em *Contre la mentaphobie* [Contra a mentafobia], David Chauvet demonstra como a negação da consciência nos animais serve de pretexto para explorá-los, sem nenhum sentimento de culpa pelas graves sevícias praticadas contra eles. Ele considera que "a consciência certamente substituiu a alma no sentido de atribuir ao ser humano um valor ontológico que o distinga do restante dos seres vivos".[50] Afirmar que os animais não têm consciência seria apenas a continuação da ideia cristã e cartesiana de que os animais não têm alma.

Tal obstinação desafia o bom senso e despreza a própria natureza da evolução, a qual implica em desenvolvimento gradual da psicologia, tanto quanto da anatomia. Frans de Waal qualifica como *negação antropocêntrica* a obstinação em querer conferir apenas ao ser humano o monopólio de determinadas emoções:[51]

> As pessoas rapidamente descartam uma verdade que conhecem desde a infância: sim, os animais têm sentimentos e se preocupam com os outros. Como e por que essa certeza desaparece em metade dos humanos assim que desponta a barba ou crescem os seios, esse é um fenômeno que nunca entenderei. Caímos sempre no erro corrente de nos julgarmos os únicos capazes. Somos humanos e dotados igualmente de humanidade, mas a ideia de que essa humanidade possa ter origens mais longínquas, e de

que nossa bondade esteja inscrita num âmbito infinitamente menos restrito, nunca conseguiu se impor.⁵²

No Ocidente, são múltiplas as razões culturais que contribuem para esse antropocentrismo. Elas incluem também os resquícios tenazes de um determinado pensamento judaico-cristão, segundo o qual somente o homem seria dotado de alma. Em sua tese sobre La Fontaine, Hippolyte Taine denunciava os preconceitos de Descartes e seus pares:

> Assim, toda beleza, toda vida e toda nobreza eram transferidas para a alma humana. A natureza vazia e degradada era nada mais do que um amontoado de roldanas e molas, tão vulgar quanto uma unidade de fabricação, indigna de qualquer interesse que não fosse por seus produtos úteis, e com curiosidade apenas para o moralista que pudesse dela extrair discursos edificantes e elogiosos sobre o fabricante. Um poeta não teria nada a extrair e deveria lá deixar os animais, sem se preocupar com uma carpa ou uma vaca mais do que com um carrinho de mão ou um moinho. [...] Uma galinha é um reservatório de ovos, uma vaca uma loja de leite, um burro só serve para levar a carga até o mercado.⁵³

O desprezo dos pensadores do século XVII, que consideravam os animais apenas como "autômatos de carne", pode ainda hoje ser encontrado, de certo modo, no orgulho antropocêntrico que recusa a inclusão do homem na continuidade da evolução dos animais, considerando que isso poderia lesar a dignidade humana, por assim representar um ataque à sua incomensurável superioridade. Élisabeth de Fontenay desconstruiu essa pretensão com elegância e lucidez:

> A tradição filosófica, com ou mesmo sem a ajuda da teologia, tem uma grande responsabilidade pelo rebaixamento dos animais e pelos maus-tratos a eles infligidos. [...]
> A maior parte dos filósofos construiu, ao longo dos séculos, um muro divisório entre os seres vivos. Eles criaram a oposição entre o *existente* humano e o *apenas vivo* dos animais, tornando o homem senhor e detentor do direito de usar e abusar de tudo que não fosse ele mesmo. Essa tradição dominante inventou o que seria próprio ao homem como uma forma de inchaço, de bolha metafísica. Na maioria das vezes, fez emergir o conceito de animalidade para estigmatizar tudo o que fosse não consciente, não livre, não refletido, como uma forma de contraprova para tudo o que constitui o "próprio ao homem".⁵⁴ [...]
> Ao longo do tempo, foram mencionados a postura ereta, o fogo, a escrita, a agricultura, a matemática, certamente a filosofia, a liberdade e por consequência a moralidade, a busca de perfeição, a capacidade de imitar, a previsão da morte, o acasalamento face a face, a luta pelo reconhecimento, o trabalho, a neurose, a capacidade de mentir, o debate social, o compartilhamento da comida, a arte, o riso, o sepultamento dos

mortos, entre outros. Os estudos sobre genética, paleoantropologia, primatologia e zoologia teriam pulverizado a maioria dessas ilhas de certeza, ridicularizando essa emulação prepotente, essas provas de competência sem similar. A linguagem do chimpanzé, a abertura das garrafas de leite por passarinhos ingleses, a monogamia do gibão, o altruísmo da formiga e a crueldade do louva-a-deus nos trazem muitas dúvidas.[55] [...]

E se colocarmos também no palco público – filosófico e político – a fragilidade de todos, humanos e animais, que não podem se defender, ampliamos o conceito de tutela. Isso nos permitirá assumir, de maneira não apenas compassiva mas também respeitosa, a proteção de *todos* os seres vivos: não mais o *homo sapiens* como "senhor e dono da natureza", mas como *responsável e protetor*. Se é que existe uma singularidade inegável nos seres humanos, ela reside exatamente na responsabilidade: a responsabilidade é o único conceito ético com o qual consigo me relacionar sem hesitação, porque ele abrange também os animais.

Existe uma razão indubitável para o apego tenaz, de alguns de nós, à ideia de uma fronteira intransponível entre homens e animais: reconhecer que estes não são *fundamentalmente* diferentes de nós impediria de tratá-los como instrumentos a serviço exclusivo de nossos próprios interesses. Como prova, as palavras que um pesquisador confiou a Bernard Rollin: "O meu trabalho fica muito mais fácil se eu imagino que os animais não têm nem um pingo de consciência".[56] Nos dias de hoje, felizmente, um número crescente de pesquisadores reconhecem a existência de emoções e de processos mentais complexos nos animais.

Em 2012, um grupo internacional de eminentes neurocientistas cognitivos, neurofarmacêuticos, neurofisiologistas, neuroanatomistas e neurocientistas computacionais, incluindo Philip Low, Jaak Panksepp, Diana Reiss, David Edelman, Bruno Van Swinderen e Christof Koch, reunidos na Universidade de Cambridge por ocasião do Congresso em memória de Francis Crick sobre Consciência em Animais Humanos e Não Humanos, emitiram a Declaração de Cambridge sobre a Consciência[57], em que afirmaram:

> A ausência de neocórtex não parece impedir que um organismo experimente estados afetivos. Dados convergentes indicam que os animais não humanos têm os substratos neuroanatômicos, neuroquímicos e neurofisiológicos para estados conscientes, junto com a capacidade de exibir comportamentos intencionais. Por conseguinte, o peso das provas nos leva a concluir que os humanos não são os únicos a ter substratos neurológicos para a consciência. Animais não humanos, inclusive todos os mamíferos e pássaros, além de outras espécies como os polvos, também possuem esses substratos neurológicos.

Eles também ressaltaram que:

As aves parecem representar em seu comportamento, neurofisiologia e neuroanatomia, um caso notável de evolução paralela da consciência. Foram obtidas provas impactantes de níveis de consciência quase humanos entre os papagaios-cinzentos africanos. As redes emocionais e os microcircuitos cognitivos em mamíferos e aves parecem ser muito mais homólogos do que antes se supunha. Além disso, constatou-se que algumas espécies de aves exibem padrões neurais de sono semelhantes aos dos mamíferos, incluindo o sono REM e, como foi demonstrado em passarinhos mandarim, também padrões neurofisiológicos, que anteriormente eram considerados sujeitos à existência de um neocórtex de mamífero. Passarinhos como as pegas, em especial, demonstraram semelhanças notáveis com seres humanos, grandes primatas, golfinhos e elefantes em estudos de autorreconhecimento no espelho.

Culturas diferentes

Há cerca de vinte anos, os etólogos já falam de "culturas animais". Como explica Dominique Lestel, professor de Etologia Cognitiva na Escola Normal Superior de Paris, é preciso "pensar o fenômeno cultural sob uma perspectiva evolucionista e pluralista, e não mais movidos pela vontade de expandir o 'próprio ao homem', de uma vez por todas. Não se deve mais pensar na cultura em oposição à natureza, mas tomar consciência da pluralidade de culturas em criaturas de espécies muito diferentes".[58]

No caso dos humanos, o antropólogo estadunidense Alfred Kroeber adianta as seis condições exigidas para que se possa falar de "cultura": comportamentos *novos* devem emergir; eles devem ser *disseminados* no grupo a partir do criador; devem se tornar *norma*; devem *persistir* e ser *transmitidos* por meio de *tradições*.[59] Ficou comprovado que os chimpanzés da reserva de Gombe na Tanzânia estudados por Jane Goodall preenchem essas seis condições. Numa síntese de trabalhos realizados por várias equipes de pesquisadores em sete sítios particularmente estudados, acumulando o equivalente a 151 anos de experiência no campo, foi obtida uma lista de 65 categorias de comportamento, das quais 39 podem ser consideradas culturais.[60]

Segundo Dominique Lestel, a noção de cultura animal se apoia em três pilares: "A inovação individual, sua transmissão social para o restante do grupo, e a imitação ou o aprendizado social que possibilitam a transmissão".[61] Os comportamentos culturais geralmente citados por filósofos e antropólogos para diferenciar o homem dos animais – o fato de determinados grupos adotarem costumes desconhecidos em outros grupos, e o fato de os pais ensinarem algumas técnicas aos seus descendentes – são muito mais prevalentes entre os animais do que se pensava, desde os chimpanzés até os corvos da Nova Caledônia, passando por baleias, ursos e lobos, e até mesmo peixes. Portanto, é fato que existem culturas animais, ainda que sejam *diferentes* das culturas adquiridas pelos humanos.

Na década de 1960, a renomada etóloga Jane Goodall foi a primeira a descrever a fabricação e o uso de ferramentas ou instrumentos pelos chimpanzés.[62] Seus colegas reagiram com incredulidade, e só se renderam às evidências quando ela lhes mostrou as imagens filmadas. Antes de ir à "pesca das formigas", o chimpanzé prepara um galho, que ele corta no tamanho certo e deixa sem folhas. Depois, com o instrumento preso entre os dentes (ou, às vezes, com uma das pontas debaixo do braço), ele se aproxima do local e começa a alargar a boca do formigueiro. A seguir, ele introduz o galho no formigueiro e o retira coberto de formigas que ali se agarraram de maneira espontânea. Tudo o que ele tem a fazer agora é consumi-las, lambendo o instrumento utilizado. Por vezes, ele também revira vigorosamente o galho no interior do formigueiro, ou bate com as mãos no tronco de árvore que o abriga, para forçar as formigas a sair. Depois de ficar saciado, o chimpanzé dá lugar a outro que, com paciência e às vezes por muito tempo, esperava sua vez.[63] Quanto aos mais jovens, eles começam a pegar formigas ou cupins desse modo por volta dos três anos de idade. Mas por serem ainda um tanto desajeitados, não sabem direito como fazer, e em geral escolhem ramos muito curtos ou grossos demais.[64]

Também acontece de um chimpanzé usar várias ferramentas para uma mesma tarefa – por exemplo, com a introdução primeiro de uma esponja feita de folhas num buraco de árvore que contenha água, e depois usando uma vareta para recuperar a esponja embebida e saciar a sede – ou mesmo uma única ferramenta para muitas tarefas diferentes. Uma fêmea de chimpanzé foi observada utilizando quatro ferramentas em sequência para extrair mel de um buraco de árvore.[65] Além disso, quando um chimpanzé descobre uma nova técnica eficaz, ela é rapidamente disseminada aos demais, assim criando uma cultura própria a esse grupo.

Jane Goodall registrou entre os chimpanzés uma dezena de formas diferentes de utilizar ferramentas ou instrumentos. Até agora, já foram identificadas por volta de quarenta formas. Ficou comprovado que mais de uma centena de espécies animais utilizam ferramentas ou instrumentos.[66] O tentilhão das Ilhas Galápagos usa um raminho para cutucar as larvas escondidas sob as cascas de árvores, e a lontra-marinha abre ostras batendo com uma pedra.[67] O corvo da Nova Caledônia usa dois tipos de ferramentas para capturar sua presa: um raminho que tenha naturalmente a forma de um gancho na ponta, e a folha alongada de uma determinada planta (*Pandanus*), cortada e moldada como se fosse um anzol. Com os instrumentos prontos, ele os utiliza para remexer a casca das árvores. Entre os usos, ele os deixa deitados em segurança em seu poleiro, para em seguida carregá-los no bico, para novo uso quando voar de um lugar para outro.[68]

Foram também observadas mães chimpanzés que ajudavam os filhotes a aprender, dando-lhes instrumentos adequados para quebrar nozes ou mostrando-lhes como fazer. Certa vez, foi vista uma mãe corrigindo seu filhote que havia mal posicionado a noz sobre uma grossa raiz que servia como bigorna. A mãe pegou a noz, limpou a raiz e depois colocou o fruto no local adequado. O jovem animal conseguiu então golpear a noz e abri-la, sob o olhar atento da mãe.[69] Na floresta de Taï na Costa do Marfim, quando é época da *coula**, os chimpanzés passam em média duas horas por dia catando as nozes. Após ter coletado uma quantidade suficiente, eles as transportam para um dos locais que costumam utilizar como bigorna, e então batem nas nozes com pedras de peso variável conforme a dureza do fruto. Foram necessários muitos anos até que eles conseguissem aprender essa técnica.[70]

Nobuo Masataka e seus colegas observaram que as colônias de macacos que vivem em liberdade na Tailândia usam cabelos humanos ou material equivalente como fio dental, para limpar os espaços entre os dentes. Ficou comprovado que as mães macacas passam o dobro de tempo usando o fio dental quando estão sendo observadas pelos filhotes. Com os filhotes perto, elas fazem mais pausas e repetem os gestos mais vezes do que quando estão sozinhas. Elas parecem prolongar e acentuar deliberadamente o uso do fio, para facilitar o aprendizado pelos filhotes.[71]

Os animais também usam meios de comunicação que podem ser bastante ricos, ainda que não baseados em linguagem da forma como nós a entendemos. A dança das abelhas, relatada pelo renomado entomólogo Karl von Frisch, é de extrema complexidade. Com diferentes passos, uma abelha indica às outras qual a direção a ser seguida e a que distância encontrarão pólen (sinalizado por uma dança específica) ou néctar (sinalizado por uma outra dança).[72]

As baleias executam cantos que duram de 15 a 30 minutos, com dois a sete temas, e cantados em sete oitavas. Os cantos são integralmente renovados ao longo de um período de cinco anos.[73] Quando uma baleia adota um novo canto e novos temas, as outras baleias copiam a mudança, que é então rapidamente propagada na população a milhares de quilômetros.[74] Ainda que o significado não seja compreendido por completo, esses cantos têm, decerto, uma função importante na comunicação entre os indivíduos e na manutenção de seus elos sociais. Em 1957, o etólogo e evolucionista alemão Bernhard Rensch relatou o caso de um elefante que era capaz de distinguir 12 tonalidades musicais e recordar melodias simples, ainda que tocadas em instrumentos ou em tons diferentes. Após um ano e meio, ele ainda era capaz de reconhecer as melodias.[75]

Os chimpanzés também sabem enviar mensagens precisas a outros integrantes do grupo que estejam foram de sua visão. O etólogo Christophe Boesch demonstrou que, ao tamborilar de forma rápida e variada com as mãos e os pés em vários troncos de árvore durante uma dezena de minutos, um dos machos de uma tribo indicava aos congêneres onde seu grupo estava, a direção que ele tinha decidido seguir e, ainda, que eles iriam parar num determinado ponto para descansar. Boesch gravou e decifrou essas mensagens tamboril-adas durante meses e observou grupos de chimpanzés que alteravam de maneira brusca a direção que seguiam, em silêncio, após escutar os sinais sonoros que traziam as informações espaciais e temporais.[76]

O jogo, a dança, o canto e o senso estético também são parte das culturas animais. Bernhard Rensch pôde assim demonstrar que os peixes preferem formas irregulares,

---

*. *Coula edulis*, um tipo de noz nativa do Oeste tropical da África. [N. da T.]

enquanto os pássaros têm mais inclinação por formas regulares, simétricas, por uma repetição rítmica dos motivos e por cores brilhantes e saturadas, azul e preto em especial.[77] Para seduzir sua parceira, o pássaro-cetim "repinta" com frequência o seu ninho com cores vivas, usando cascas coloridas (com uma nítida preferência pelo azul). Ele também traz para seu ninho todo tipo de objetos coloridos.[78] Em acréscimo, muitos animais adoram brincar. No inverno, os periquitos *kea** fazem bolas de neve e as empurram para frente, visivelmente com o único objetivo de se divertirem.[79] Os mamíferos marinhos também gostam muito de brincar entre si. Até mesmo jogos entre espécies diferentes já foram observados, como entre corvos e lobos, por exemplo, nas regiões do norte do Canadá onde os lobos não comem corvos,[80] entre um cão de trenó e um urso branco, e ainda entre símios de diferentes espécies. Jane Goodall descreveu a dança lúdica dos chimpanzés, que ocorre por vezes durante meia-hora, quando uma forte chuva de tempestade começa a cair.[81]

Alguns símios, e também elefantes, adoram desenhar.[82] Dois chimpanzés em cativeiro, Alpha e Congo, fizeram alguns desenhos e depois os coloriram. Eles conseguiam segurar o pincel corretamente e não pareciam de modo algum querer largá-lo. Ficavam muito concentrados no que faziam e em sua habilidade, e seu senso de composição foi melhorando a cada dia. Com frequência, após ter terminado um desenho, Congo o mostrava ao etólogo Desmond Morris e fazia um gesto para pedir outra folha de papel.[83]

Dominique Lestel refutou duas posições sobre as culturas humanas e animais: a tese de que essas culturas seriam diferentes por natureza, e a tese de que existiria entre elas apenas diferenças de grau. Um terceiro ponto de vista é defendido por ele, por considerá-lo mais realista:

> As culturas animais e as culturas humanas tiveram uma origem comum, mas foram separadas por diferenças intrínsecas, da mesma natureza que as divisórias entre uma sociedade de formigas e uma sociedade de chimpanzés. As diferenças entre as duas culturas pertencem a uma mesma lógica evolucionista, mas têm características radicalmente estranhas entre si.[84]

O *continuum* do vivo não é, portanto, organizado segundo uma hierarquia que levaria à superioridade absoluta da espécie humana. Ele simplesmente reflete os milhares de caminhos que foram seguidos, etapa por etapa, pelas incontáveis espécies que povoam nosso planeta. Esse *continuum* reflete a maneira como a seleção natural favoreceu a emergência da diversidade, da complexidade e da eficiência em formas de vida cada vez melhor adaptadas a seu respectivo meio. É inevitável acompanhar o propósito de Claude Lévi-Strauss:

---

*. Periquitos da Nova Zelândia da espécie *Nestor notabilis*. [N. da T.]

Nunca antes do termo destes últimos quatro séculos de sua história foi o homem ocidental capaz de compreender tão bem que, ao arrogar-se o direito de separar de modo radical a humanidade da animalidade, concedendo a um lado tudo o que retirava do outro, ele dava início a um círculo vicioso. E que essa mesma linha divisória, constantemente empurrada, serviria para separar homens de outros homens, e ainda para reivindicar, em prol de minorias cada vez mais restritas, o privilégio de um humanismo corrompido já de nascença, por ter derivado do amor a si mesmo o seu princípio e conceito.[85]

Além dos humanos e dos grandes primatas, e incluindo pássaros, insetos, peixes e mamíferos marinhos, numerosas espécies usam diferentes faculdades para constituir culturas que lhes são próprias, sendo isso a melhor forma, para cada uma delas, de sobreviver e de se tornarem "sujeitos" de sua própria vida. É essa diversidade que precisaria ser por nós reconhecida e respeitada, sem diminuir a apreciação plena pelas qualidades específicas que temos.

Como ressalta o filósofo Patrice Rouget, "no diálogo de Platão intitulado *Político*, um dos interlocutores observa com ponderação que se tivéssemos pedido o parecer dos pássaros grous para saber qual espécie superava todas as demais e, portanto, mereceria um regulamento à parte, não há dúvida que eles dariam 'os grous' como resposta unânime a tal pergunta. Quanto a nós, os grous humanos, porque somos dotados da capacidade retórica e sabemos nos manifestar de má-fé, damos 'os homens' como resposta".[86]

A exceção humana?

A maior parte das espécies são, assim, dotadas de qualidades próprias, provas de sua notável adaptação ao ambiente. Os morcegos, os golfinhos e outros cetáceos podem se mover com perfeição na mais absoluta escuridão. Se pensamos sobre as principais faculdades do ser humano, o que primeiro nos vem à mente é o domínio de linguagens complexas – escritas, faladas, matemáticas, simbólicas, artísticas etc. –, sua inteligência fora do comum e seu grande refinamento emocional. A isso, alguns filósofos também acrescentam que o homem é o único ser capaz de conhecimentos científicos.[87] Sem pretender, de nenhuma forma, diminuir a engenhosidade da mente humana, gostaria de relembrar que, de maneira mais limitada, os animais também são capazes de adquirir conhecimentos complexos. Determinados chimpanzés selvagens reconhecem até duzentas espécies de plantas. Eles conhecem a função de cada uma delas (no caso das plantas medicinais), os locais onde elas crescem na floresta e a época em que algumas dão frutos.[88] Por outro lado, o homem não é o único ser capaz de conduta moral (as bases da moralidade foram adquiridas ao longo da evolução e já estão presentes em certos animais),[89] muito embora ele também possa, em acréscimo, deliberar sobre a moralidade de seu comportamento, de maneira individual ou com os outros, e formar uma "comunhão moral" que possa ser estendida a toda a humanidade.

Segundo o filósofo Francis Wolff, é certeza que alguns animais têm percepções "conscientes", mas elas geram conhecimentos ou convicções apenas "de primeiro grau", do tipo "aqui, um predador", "lá, um parceiro sexual", e essas convicções se apresentam como "dados imediatos do mundo". Ele acrescenta que uma das características específicas do homem "é poder atingir um segundo grau de conhecimento, uma convicção fundamentada em sua convicção".[90] Ele tem a capacidade de questionar a veracidade ou a falsidade de suas próprias convicções.

Mas se fica claro que um animal com sistema nervoso elementar – uma minhoca, por exemplo – percebe apenas os "dados imediatos" do mundo exterior, como o alimento ou o perigo, isso parece ser diferente no caso de animais dotados de faculdades mais complexas. Um cão fica com medo ou reage com agressividade frente a um animal empalhado, mas revê sua primeira impressão após um exame mais aprofundado. Ele observa de longe aquele ser esquisito, aproxima-se com cuidado, fareja e por fim conclui que não há nada a temer.

Kant e muitos outros filósofos consideravam que tão só o homem pode fazer julgamentos. Todavia, os conhecimentos adquiridos pela Etologia questionam hoje a veracidade dessa ideia. Um estudo de Shinya Yamamoto e sua equipe permitiu demonstrar que os chimpanzés são capazes de avaliar com exatidão as necessidades do outro.[91] Dois chimpanzés que se conhecem são colocados em duas jaulas contíguas. Há uma pequena janela que permite fazer passar objetos de uma jaula a outra. O primeiro chimpanzé recebe em sua jaula uma caixa com sete objetos: um bastão, um canudo para beber, um laço, uma corrente, uma corda, um grande pincel chato e um cinto.

O segundo chimpanzé é então colocado numa situação em que vai precisar de um instrumento específico: conforme o esquema experimental, um bastão para conseguir pegar uma porção de alimento ou o canudinho para beber um suco de fruta. O segundo chimpanzé faz gestos e emite sinais sonoros ao primeiro, para mostrar que precisa de ajuda. O outro chimpanzé olha, avalia a situação, escolhe dentre os sete objetos o instrumento correto, em nove de cada dez vezes, e o passa pela janela. Ele não recebe nenhuma recompensa de forma direta.

Se o campo de visão do primeiro chimpanzé for bloqueado por um painel opaco, ele fica ainda assim pronto a ajudar quando escuta o outro pedindo ajuda, mas, sem poder avaliar visualmente do que o outro precisa, passa um instrumento qualquer, dentre os sete disponíveis. Essa experiência foi repetida com vários chimpanzés e, pelo menos em um caso, o chimpanzé que recebia o pedido se deslocou para olhar por um pequeno orifício que havia encontrado no alto do painel opaco, para avaliar a situação exata do outro e lhe passar o instrumento correto!

Da mesma forma, Thomas Bugnyar observou que quando um grande corvo chega perto de um de seus próprios esconderijos de alimento, ele olha os outros corvos ao redor, de maneira atenta. Se ele percebe algum que possa tê-lo visto guardando algo, ele se precipita para ter certeza de recuperar o alimento antes do outro. Se ele enxerga apenas indivíduos *que ele sabe que não conhecem* o local do esconderijo, ele continua tranquilo, sem apressar-se.[92] Há decerto aí uma capacidade de avaliação e de julgamento sobre *o que o outro sabe ou não sabe*. Esse reconhecimento das capacidades dos outros animais não eclipsa de nenhuma forma o fato de que nós, seres humanos, somos dotados de capacidades excepcionais que conferem à experiência humana uma riqueza que não trocaríamos por nada no mundo, nem pelo sonar dos morcegos, nem pelo olfato dos salmões, nem mesmo pela velocidade do guepardo. Apesar disso, essa riqueza não nos faz sair do reino animal, do mesmo modo que a capacidade de voar 10 mil quilômetros orientando-se pelas estrelas, pela polarização da luz ou pelo campo magnético terrestre não faz os pássaros migratórios saírem do reino animal.

Nas palavras de Patrice Rouget, filósofo que sustenta um ponto de vista radicalmente oposto ao humanismo metafísico: "A busca do que seria próprio ao homem como prova de sua diferença ontológica irredutível foi uma preocupação constante da Filosofia, desde suas origens. Mais do que uma preocupação, foi sempre uma espécie de obsessão, um desafio transmitido de uma geração para outra, cada um incentivado a propor a sua solução pessoal. Uma batata quente. A tal ponto que se o empreendimento filosófico estivesse sujeito, como qualquer outro, às leis da economia, seria possível afirmar que a conta 'próprio ao homem' é um dos itens mais caros de seu balanço, e o departamento de análises encarregado da questão um dos mais bem equipados. E muito mais, talvez, do que a conta de 'Existência de Deus'. Sobre essa questão infeliz, parece que o homem colidiu com desafios mais significativos do que ele havia imaginado de início. No entanto, devemos dar-lhe crédito pela perseverança, pois a investigação não desanimou e ainda produz, de vez em quando, alguma descoberta agradável... Mas há receio de que reste pouca esperança. Tal constância na aplicação em conjunto com tal regularidade nos fracassos, o próprio prestígio dos debatedores, o que prova que colocamos no caso o que tínhamos de melhor em matéria de cérebros, deveriam alertar-nos: a questão não corre o risco de acabar em nada? Não seria conveniente considerar a possibilidade de colocar na gaveta os acessórios do idealismo?".[93]

Ciências como Biologia, Etologia, Zoologia e Paleontologia acabaram tornando a posição idealista realmente difícil de ser mantida. Está chegada a hora, para os partidários do humanismo metafísico, de constatar tal fato. Ouvimos com frequência que o homem teria se "extraído da natureza". Mas será possível a extração de uma globalidade interdependente, da qual fazemos parte integrante? Eu consigo me extrair do meu próprio corpo? As nuvens podem ser extraídas da atmosfera?

Ainda segundo Rouget: "O humanismo metafísico deve de fato arrancar o homem da natureza. Claro, é muito provável que o resultado disso seja catastrófico, tanto para os humanos como para os não humanos. Mais uma vez, os animais estão em primeiro lugar na fila, e o sofrimento deles, o inferno em que vivem há tanto tempo, e que continua sempre piorando, deveria ser para nós uma advertência útil".[94]

Ainda que sejam não religiosos, o humanista metafísico e o defensor da supremacia humana não conseguem abandonar a herança religiosa segundo a qual o destino nos animais não teria nenhuma importância em si – a única razão de ser dos animais seria o seu uso pelos homens –, nem digerir a teoria da evolução.[95] Se o homem gozasse de um status ontológico "à parte", esse status privilegiado só poderia resultar: 1) de uma causa sobrenatural; 2) de um procedimento finalista ("teleológico") movido por um princípio "antrópico", ou seja, por um princípio organizador que regesse as condições iniciais do universo com uma perfeita precisão, para que a vida e a consciência (humana, em especial) surgissem; 3) de uma falta de continuidade no processo de evolução, que seria aplicável de maneira exclusiva à espécie humana, no meio do 1,3 milhão de outras espécies.

A primeira hipótese seria fundamentada apenas na fé. A segunda seria somente outra forma de invocar uma "causa primeira", dotada de qualidades similares às que as religiões teístas atribuem a um Criador. Quanto à terceira hipótese, inexiste elemento científico conhecido que permita sua aceitação. Muito pelo contrário, a multiplicidade de espécies de hominídeos que precederam o *homo sapiens* revela a continuidade ininterrupta de um processo, sem nenhuma sugestão de que seja um processo finalizado.

Se, ao contrário, compartilhamos uma origem comum com nossos concidadãos animais neste mundo, e se somos os produtos infinitamente variados da evolução da vida, então, de acordo com os mesmos princípios de causalidade que já produziram e continuam a produzir uma grande diversidade de gêneros e espécies, um outro pensamento torna-se imperioso: ao mesmo tempo em que nos maravilhamos com nossas próprias qualidades notáveis, devemos apreciar em sua justa medida as qualidades das outras espécies e buscar viver de modo a lhes causar o mínimo possível de danos.

7. A matança generalizada dos animais: genocídio *versus* zoocídio

Cada genocídio é único, pelo caráter específico dos horrores perpetrados. De certa forma, seria inaceitável comparar o holocausto dos judeus na Europa ou o genocídio no Camboja e em Ruanda com qualquer outra tragédia, por respeito aos que ali sofreram. Todavia, o caráter singular de cada um desses genocídios não deve jamais nos impedir de compreender suas causas e analisar as circunstâncias que permitiram sua ocorrência e até mesmo sua repetição.

E o que dizer da matança generalizada dos animais? Propomos o debate do zoocídio, em que os animais são mortos de maneira sistemática em imensas quantidades.[1] O zoocídio não pode ser colocado no mesmo plano do genocídio dos humanos – as diferenças são essenciais –, mas há pontos em comum sobre os quais é impossível silenciar.

É evidente que nossa preocupação deve estar continuamente voltada para os seres humanos que sofrem, que são torturados, violentados e privados de direitos em tantos países diferentes. Mas isso não nos impede, de nenhuma forma, de também manter os olhos abertos para as sevícias que infligimos aos animais. Os sofrimentos inconcebíveis que perpetuamos, ano após ano, são um desafio para a ética contemporânea. Fazer de conta que ignoramos sua existência só aumenta a distância criada pelo silêncio e só alimenta a indiferença que, no caso dos genocídios humanos, resulta numa intervenção insuficiente, tardia ou, no caso da matança generalizada dos animais, em não intervenção. O fato de conferir um imenso valor à vida humana não deve reduzir a zero o valor que damos à vida dos animais.

Aproximar sem ofender

Por respeito às vítimas, é importante observar, de início, que as primeiras pessoas abaladas com uma série de pontos em comum entre o holocausto dos judeus e o massacre industrial dos animais não eram defensores fanáticos da causa animal, mas precisamente as vítimas de tal genocídio – sobreviventes ou pessoas que perderam parentes próximos. Quase contra a vontade, elas descreveram as cruéis reminiscências do que lhes foi imposto pela *Shoá* ao serem confrontadas com a realidade nos abatedouros. Foi um choque para elas constatar as semelhanças entre o funcionamento dos campos de extermínio e as áreas de pecuária industrial: a magnitude e a organização metódica da matança, a desvalorização da vida de outros seres e, por fim, a oportuna ignorância das populações nas áreas circundantes. Lucy, que teve duas irmãs jovens mortas pelos nazistas sob os olhos do pai, assim testemunhou:

Durante toda a minha vida, as imagens da Shoá me perseguiram, e não há dúvida que meu interesse pela defesa dos direitos dos animais deve-se em parte às semelhanças que eu percebi entre a exploração institucionalizada dos animais e o genocídio pelos nazistas.[2]

Essas pessoas são numerosas demais para que possam ser citadas neste capítulo. A mais conhecida delas é, sem dúvida, o escritor Isaac Bashevis Singer, que escrevia em iídiche, prêmio Nobel de Literatura, cuja mãe e diversos familiares foram exterminados na Polônia. Em sua obra *The Penitent* [*O Penitente*] ele afirma: "O tratamento que o homem inflige às criaturas de Deus torna ridículos todos os seus ideais e seu pretenso humanismo".[3] A personagem de um de seus romances dirige os pensamentos para um animal morto:

> Que sabem eles, todos esses eruditos, todos esses filósofos, todos os governantes do planeta, que sabem eles de alguém como tu? Eles estão todos convencidos de que o homem, a espécie mais pecadora dentre todas, está no cimo da criação. Todas as demais criaturas teriam sido criadas apenas para lhe fornecer comida e peles, para serem martirizadas, exterminadas. Para essas criaturas, todos os humanos são nazistas; para os animais, é um eterno Treblinka.[4]

No campo de extermínio de Treblinka, 875 mil pessoas foram assassinadas e somente 67 sobreviveram. Em 2014, restava um único sobrevivente, Samuel Willenberg, e uma terrível cicatriz na alma da humanidade.[5] Exceto por essas 67 pessoas, foi lá, em Treblinka, que a "solução final" pretendida por Hitler esteve mais perto de sua realização. No caso dos animais, os humanos não pretendem a "solução final". Eles querem poder manter tanto tempo quanto possível – e repetir a cada ano – a matança de 60 bilhões de animais terrestres e de um trilhão de animais marinhos. O zoocídio é um eterno recomeço.

Seria então tolerável aproximar as duas matanças? Não, porque existem diferenças fundamentais. Sim, porque há muitos pontos em comum, inclusive o fato de o genocídio ser justamente, no final das contas, o assassinato de seres humanos como se fossem animais. Ignorar esses pontos em comum só permite eternizar o massacre em massa dos animais. É bem isso que se expressa nas palavras de Jacques Derrida, citadas com frequência:

> Ninguém mais pode negar, seriamente e por mais tempo, que os homens fazem todo o possível para dissimular essa crueldade – dos outros ou de si mesmos – para organizar em escala mundial a inconsciência ou o esquecimento dessa violência que alguns poderiam comparar com os piores genocídios. [...] Não se deve abusar da figura do genocídio, nem descartá-la de imediato. Pois ela aqui fica mais complexa: a aniquilação das espécies está, de modo evidente, em curso, mas inclui ainda a organização e a operação de uma sobrevivência artificial, infernal, quase interminável, sob condições que os homens do passado teriam julgado monstruosas, fora de todas

as supostas normas da vida própria aos animais, que são assim exterminados até mesmo com sua sobrevivência ou em superpopulação.⁶

Alguns mal-intencionados sustentam que o holocausto dos judeus não ocorreu, ou pelo menos não na escala que conhecemos. O "negacionismo" é agora considerado um crime segundo as leis de diversos países da Europa. No caso da matança de animais em escala industrial, vemos a existência de um negacionismo completamente diferente, que *não nega os fatos, mas se recusa a dar-lhes qualquer importância.* A continuação da carnificina não parece representar nenhum problema.

O assassinato de milhões de bovinos durante a epidemia de febre aftosa, por exemplo, exigiu meios de destruição em massa, inclusive com o enterro de milhares de animais ainda vivos em vastas valas comuns.⁷ Inúmeros criadores que não puderam evitar esses procedimentos comandados pelo exército passaram por crises de ansiedade, tiveram pesadelos, alucinações, sentimentos de culpa e distúrbios depressivos, causando até o suicídio de alguns deles.⁸ A quantidade colossal de animais abatidos sem dúvida explica, de acordo com o levantamento dos veterinários Gaignard e Charron, as alusões frequentes por esses criadores a práticas nazistas de "extermínio" e a evocação da "fumaça dos crematórios".

De modo paradoxal, alguns responsáveis pela pecuária industrial admitem, ainda que em meias palavras, a analogia com os campos de extermínio. Num programa de televisão dos anos 1970, um jornalista falou a Raymond Février, então inspetor geral de pesquisa agronômica no INRA: "Quando entramos nos estábulos modernos, a sensação é ainda assim surpreendente de uma estrutura de sociedade um tanto semelhante a... um campo de concentração". E o perito respondeu, de modo direto: "É isso, exatamente... Temos um poder muito grande sobre a sociedade dos bovinos".⁹

De acordo com Jocelyne Porcher, "a analogia com os campos de concentração nazistas, que era feita no início da minha pesquisa principalmente por criadores não industriais, vejo agora sendo feita por um número crescente de criadores e trabalhadores industriais. Na maioria das vezes, não para rejeitá-la como algo incongruente, mas para a considerar de maneira aberta". Essa pesquisadora, que tinha antes sido, ela mesma, uma pecuarista, avalia ser importante fazer a distinção entre *comparação* e *analogia:* "O objetivo da comparação é evidenciar as diferenças e as semelhanças entre objetos, como numa contabilidade, numa busca de equilíbrio. A analogia, ao contrário, é um exercício de imaginação para aproximar objetos considerados *a priori* muito diferentes". Ela conclui que a analogia (e não a comparação) entre a pecuária industrial – que "gera a carnificina de bilhões de animais" – e os campos de extermínio nazistas não pode ser descartada sob o pretexto de ser extremamente perturbadora. Ela prossegue:

> O processo industrial de produção de animais é parte de uma desconstrução, com o objetivo de "desanimalizar", de desconstruir o animal, transformando-o numa coisa. As produções animais são uma máquina monstruosa de fabricar coisas. A analogia

com os campos que é feita pelos trabalhadores baseia-se em quatro pontos preponderantes: a perda de identidade e individualidade, ou seja, o tratamento em massa de indivíduos; a violência; a perda de comunicação, e o consentimento para uma ação de morte. [...] O consentimento de uma parcela dos trabalhadores e de uma grande parcela para o quadro de violência e, mais ainda, para os procedimentos de trabalho nos sistemas industriais, também alimenta essa analogia com os campos de extermínio nazistas. A ideologia e a obediência a ordens são mais fortes do que os valores morais dos indivíduos, mesmo que o risco não seja o mesmo como aquele enfrentado por um soldado que se recusasse a obedecer. Recusar-se a obedecer, era morrer. Isso não é o que ocorre nas produções animais.[10]

Um alemão que se opusesse ao programa dos nazistas ou um russo que se insurgisse contra o *gulag* estariam com suas vidas em risco, assim como arriscaria sua liberdade hoje um chinês que quisesse denunciar o sistema *Laogai* de campos de trabalho forçado. Mas qual o risco que corre hoje a pessoa que se insurge contra a execução em massa dos animais? Na pior das hipóteses, o risco de ser ridicularizado ou de ficar sujeito à pressão dos *lobbies* industriais.

Genocídio e zoocídio

No caso dos animais, o termo "genocídio" é inadequado por se referir exclusivamente aos seres humanos. Conforme a definição da ONU, o genocídio refere-se a atos "cometidos com a intenção de destruir, no todo ou em parte, um grupo nacional, étnico, racial, ou religioso".[11] Em razão das múltiplas interpretações da palavra "genocídio" e das controvérsias geradas por esse termo, Jacques Sémelin, historiador e eminente especialista na questão, considera que as noções gerais de "violência em massa" ou de "violências extremas" são com frequência mais pertinentes, ou ainda a noção de "massacre", por ele definido como "uma forma de ação, na maior parte das vezes coletiva, de destruição de não combatentes, homens, mulheres, crianças ou soldados desarmados".[12] Ele acrescenta que essa noção também se aplica à matança dos animais que é praticada desde a Idade Média europeia, concluindo que: "Essa aproximação imediata entre o massacre dos animais e o massacre de seres humanos, tanto no plano histórico como no semântico, não é uma aproximação irrelevante".[13] Devemos, de início, analisar a definição dos atos que, segundo a Convenção das Nações Unidas, constituem um genocídio de seres humanos:

(a) matar membros de um grupo;
(b) causar lesão grave à integridade física ou mental dos membros do grupo;
(c) submeter o grupo de modo intencional a condições de existência capazes de ocasionar a sua destruição física total ou parcial;
(d) adotar medidas destinadas a impedir os nascimentos no seio de grupo;
(e) efetuar a transferência forçada de crianças do grupo para outro grupo.

Como poderíamos definir o zoocídio com base nos cinco pontos escolhidos pela Convenção das Nações Unidas para definir o genocídio? Vemos que os itens (a), (b) e (e) aplicam-se inteiramente à matança generalizada dos animais e, em especial, à pecuária industrial.

Quanto ao item (c), no caso da pecuária industrial, as condições de existência às quais são submetidos os animais têm como objetivo mantê-los vivos apenas enquanto continuarem produzindo ovos ou leite ou, no caso de animais criados pela carne, até que atinjam um peso suficiente para serem abatidos. Nesse caso, o objetivo não é a eliminação da espécie nem do grupo, mas a eliminação renovada e indefinida voluntariamente, de membros de um grupo que é sempre aumentado, para uma matança em quantidades maiores.

Somente o item (d) da Convenção não é aplicável pois, no caso dos animais, longe de colocar entraves aos nascimentos, eles são favorecidos, para dispor de animais para o abate de modo continuado.

Podemos imaginar que chegue o dia em que seja assinada uma convenção internacional sobre o zoocídio, que poderia ser assim definido:

(a) matar membros de um grupo de animais;
(b) causar lesão grave à integridade física ou mental dos membros do grupo;
(c) submeter o grupo de modo intencional a condições de existência peníveis, antes da matança programada;
(d) adotar medidas destinadas a estimular um máximo de nascimentos no grupo com vistas à matança subsequente;
(e) efetuar a transferência forçada da prole do grupo para longe dos progenitores.

As diferenças

São múltiplas as diferenças entre o massacre em massa dos seres humanos e o de animais. Essas diferenças são relacionadas principalmente com o *valor* da existência humana, a *motivação* dos executores, a respectiva *finalidade*, a *identidade* e a *representação das vítimas*, a *duração* das perseguições, a *quantidade* de vítimas, a *forma de reação* face à violência cometida e, por fim, a *memória* para lembrar os que foram mortos.

Valor: é inegável que a existência humana tem um valor incomensurável, que não pode ser colocado no mesmo plano do valor do animal. Como já dissemos no capítulo 5, intitulado "Desculpas ruins", não existirá hesitação se for preciso optar entre salvar a vida de um ser humano ou de um animal. Não obstante, esse valor, ainda que incomensurável, não é justificativa para causar sofrimentos desnecessários a um animal nem para decretar sua morte.

Motivação: o genocídio é impulsionado pelo ódio, enquanto a matança de animais é motivada principalmente pela ganância, pela busca do lucro e do prazer, acompanhada pela indiferença quanto ao destino dos animais.

Finalidade: o objetivo do genocídio é provocar o extermínio. O objeto da exploração dos animais, ao contrário, é fazê-los crescer e multiplicar ao máximo, da maneira mais rápida e barata possível, para que sejam usados e abatidos num processo contínuo e crescente, geração após geração.

Identidade das vítimas: as vítimas do que se denomina "genocídio" são, por definição, seres humanos, enquanto a noção de "matança generalizada" ou "execução em massa" pode ser aplicada a todas as espécies vivas.

Representação das vítimas: as populações vítimas de genocídio são demonizadas, apresentadas como seres nocivos cuja própria existência seria uma ameaça para os "bons cidadãos". São em muitos casos qualificadas como "impuras", ou ainda como "vermes" dos quais o planeta precisaria se livrar. Os animais, por sua vez, são reduzidos ao estado de "coisas", de objetos utilitários e de consumo, sendo considerados "bens móveis" cujo fato de estar vivo seria mais um embaraço do que uma vantagem – nosso vago sentimento de consciência pesada seria menor se eles não estivessem vivos, mas é preciso que existam para produzir carne, fornecer pele e couro etc.

Duração: cada genocídio chega um dia ao fim, enquanto o massacre dos animais continua ocorrendo em todos os lugares, todos os dias, sem previsão de um término, a menos que ocorra uma mudança radical em nossa forma de encarar a questão.

Quantidade de vítimas: os totais são elevados, em ambos os casos, mas as comparações quantitativas não são comparações qualitativas. A quantidade quase inimaginável de vítimas animais deveria naturalmente nos fazer pensar no fim desse massacre, um dia. Não estamos de modo algum em situação onde seja preciso escolher entre "eles" ou "nós". A nossa escolha é outra: "Devemos ou não continuar matando centenas de bilhões de animais a cada ano, ainda que isso não seja necessário para a nossa sobrevivência?" (Os 550 a 600 milhões de vegetarianos e de veganos ao redor do mundo estão aí para nos lembrar disso).

Formas de reação: em muitos casos, face aos genocídios, a reação do mundo tem sido muito lenta. As pessoas de início não acreditam que o genocídio esteja ocorrendo, passam depois a achar que há exagero nos fatos informados e, só por fim, pensam em como poderiam intervir. Apesar de tudo, depois de um certo tempo a realidade do genocídio torna-se uma verdade clara aos olhos de todos e finalmente são tomadas as providências para fazê-lo cessar. No caso da matança dos animais, ninguém – ou quase ninguém – procura dar cabo disso.

A memória: nas palavras de Jacques Sémelin, "Os mortos, as vítimas da violência generalizada, estão ainda presentes, vivos, pulsando em nossa memória".[14] Quanto aos animais que massacramos, eles não recebem nenhuma atenção enquanto ainda estão vivos. Inútil dizer que após o abate eles não continuam presentes na memória de ninguém. Resta apenas, no máximo, a lembrança de um pedaço do corpo do animal que contribuiu para o nosso prazer, sem que pensemos um único segundo que esse pedaço fazia parte de um ser que só queria continuar vivo.

As semelhanças

Os pontos em comum entre um genocídio e a matança de animais em grande escala são a *desvalorização* das vítimas; a *dessensibilização* dos executores e a *dissociação mental* que neles ocorre; os *métodos* de extermínio; a *dissimulação* dos fatos pelos autores, e a *rejeição dos fatos* por parte daqueles que teriam condições de saber o que ocorre.

Desvalorização: tanto os seres humanos como os animais são desvalorizados. Os seres humanos são "desumanizados", despojados de índole humana, passam a ser considerados e tratados como animais, como ratos ou baratas. Os animais são "desanimalizados", relegados à categoria de "coisas", "máquinas de salsicha", "produtos industriais" ou "bens de consumo".

Dessensibilização e *dissociação mental*: em ambos os casos, observamos uma *dessensibilização* por parte dos carrascos e um processo de *dissociação mental*, o que lhes permite levar a cabo suas atrocidades enquanto continuam vivendo normalmente, sendo impiedosos com suas vítimas e bondosos com a família, os amigos e outros integrantes do grupo.

Os métodos: no que diz respeito aos métodos e técnicas de extermínio, as semelhanças são ainda mais contundentes. A escritora americana Judy Chicago diz ter entendido algo novo quando viu um modelo de forno crematório numa visita a Auschwitz : "Eram na verdade fábricas de processamento em dimensões gigantes – exceto que, em vez de processar porcos, ali eram processadas pessoas que tinham sido definidas como porcos".[15]

Os métodos são semelhantes, de maneira assustadora: incontáveis seres humanos, desvalorizados e reduzidos a números, são amontoados em locais sórdidos, depois transportados por longas distâncias, sem água nem comida, levados ao local de sua execução e abatidos sem clemência. No caso dos animais, quase todas as partes do corpo são processadas para fins utilitários: carne, vestimentas, calçados, fertilizantes, ou até mesmo alimento para outras vítimas do sistema (a farinha de peixe é servida ao gado, por exemplo). No caso das vítimas humanas, era recuperado o que elas tinham como dinheiro, joias, dentes de ouro e outros bens. Nos campos nazistas, até mesmo as cinzas dos corpos incinerados eram usadas para fabricar sabão. Os cabelos também eram utilizados. Os corpos vivos eram destinados a experiências médicas, e a pele dos corpos podia servir para fabricar cúpulas de abajur.

Em um dos romances de J. M. Coetzee, outro prêmio Nobel de Literatura, a heroína, Elizabeth Costello, declara ao público: "Chicago nos indicou o caminho: foi nos abatedouros de Chicago que os nazistas aprenderam como tratar dos corpos".[16] Entre os principais arquitetos da "solução final", muitos vinham da agricultura, da pecuária e de outros ramos ligados à gestão de animais. Heinrich Himmler, chefe da SS, Richard Darré, ministro da Alimentação e Agricultura do Reich, e Rudolf Höss, comandante de Auschwitz, eram todos oriundos do setor agrícola. Partidários ferrenhos do eugenismo, falavam do "melhoramento" da raça alemã como se falassem de melhoramento da raça bovina.[17]

São numerosas as analogias entre os campos da morte e os abatedouros. Nos campos de extermínio de Belzec, Sobibor e Treblinka, a passagem longa e estreita como uma "tripa", que ia até as câmaras de gás, era chamada de "caminho do céu". Em Sobibor, essa passagem era um caminho estreito de três ou quatro metros de largura, ao longo de 150 metros, com cercas laterais de arame farpado, entremeadas por ramos com folhagens para que os condenados não pudessem ver o que ocorria no exterior, e para que os demais prisioneiros não vissem o que iria acontecer com os condenados. Os membros da SS empurravam suas vítimas desnudas até a entrada das câmaras de gás.

Nos Estados Unidos, os porcos entram no abatedouro pelo "corredor da morte", que foi melhorado por Temple Grandin, da Universidade de Colorado, de forma a manter os animais calmos o máximo do tempo. Eles então passam para uma rampa que os conduz ao lugar da execução, rampa que Grandin batizou, como já vimos, de "escada para o Paraíso". Essa analogia dos nomes, ainda que fortuita, não deixa de ser extremamente sinistra.

A dissimulação e *a ignorância tácita:* a maioria das pessoas que moravam nas redondezas dos campos de concentração declararam que não sabiam de nada ou que, pelo menos, não tinham certeza do que acontecia nos campos. Alguns confidenciaram que não queriam saber o que ocorria, por temer pela própria segurança. Um sobrevivente do holocausto nazista assim explicou à cientista política Kristen Monroe:

> A maioria das pessoas desviava o olhar. Eles não queriam saber porque se sentiriam mal se soubessem. [...] Eu acredito totalmente nas pessoas que moravam ao lado dos campos de concentração e que disseram: 'Nós nunca vimos nada'. É claro que nunca viram nada! Eles não queriam ver. Ninguém quer pensar que seu filho está de pé lá em baixo, pronto a torturar pessoas ou a empurrá-las vivas para dentro de um forno crematório.[18]

O historiador americano Dominick LaCapra, especializado no holocausto nazista e na exploração das espécies animais pelo homem declarou o seguinte numa entrevista à rede BBC:

> Dentro de limites bem definidos, é útil estabelecer uma analogia com o holocausto nazista, porque determinadas estruturas são muito similares. A primeira é a estrutura do falso segredo. Durante o holocausto, na Alemanha, na Polônia e em outros países, as pessoas sabiam, até certo ponto, o que estava acontecendo. Elas sabiam o suficiente para saber que não queriam saber nada a mais. Não se trata de simples indiferença. É um processo muito ativo que consiste em amortecer seus pensamentos até silenciá-las. Isso é parecido com andar sozinho na rua de noite, sabendo que está sendo seguido: você continua andando e não olha para trás.[19]

A amplitude dos zoocídios perpetrados continuamente pelos humanos ao longo de cada ano nos impede de continuar agindo como se nada estivesse ocorrendo. "O sistema industrial", escreveu Jocelyne Porcher, "é um empreendimento de desconstrução do animal e construção da coisa. Mas esse empreendimento está fadado ao fracasso. Os animais resistem e persistem em continuar sendo animais e não coisas. Em contrapartida, *nós* é que perdemos a nossa sensibilidade e a nossa humanidade".[20] A perpetuação da matança generalizada dos animais representa assim um grande desafio para a integridade e a coerência ética das sociedades humanas.

8. Pequena digressão na esfera dos juízos morais

É incontestável a complexidade das motivações por trás da negação do sofrimento animal, refletida pelo conceito de "animais-máquinas" de Descartes e pela insensibilidade quase patológica dos jansenistas da abadia francesa de Port-Royal, a que se opõem a tristeza da defesa na elegia de Ovídio ou a indignação militante de Voltaire. Como é possível julgar normal o sofrimento causado aos animais ou como é possível se escandalizar com essa mesma crueldade?

Nos dias de hoje, os estudos de neurocientistas e psicólogos dos Estados Unidos sobre o juízo ético e a decisão moral trazem uma nova e surpreendente luz sobre essas perguntas tão repletas de dúvidas.

Quando nos confrontamos com uma escolha ética, nossa capacidade de julgar fica sujeita a várias forças, muitas vezes conflitantes. Inicialmente, nossas reações são emocionais ou até mesmo viscerais quando, por exemplo, vemos uma criança sendo maltratada por um adulto. São ainda acrescentados, se as circunstâncias permitirem tempo suficiente, raciocínios sobre os prós e os contras da situação para que possamos tomar a decisão mais justa. Tudo isso é influenciado pelas normas sociais, religiosas e filosóficas que predominem para nós e ao nosso redor.

As três formas de ética

Podemos distinguir três formas principais de ética: a deontológica, a consequencialista (que inclui o utilitarismo) e a baseada na virtude.

Segundo a ética dita "deontológica" ou *do dever*, determinados atos nunca devem ser cometidos, sob nenhuma circunstância, sejam quais forem as consequências. Immanuel Kant é o adepto mais eminente desse "imperativo categórico", o qual, algumas vezes, pode ter implicações inaceitáveis. Kant sustentava, por exemplo, que não se deve jamais mentir, nem mesmo a um criminoso que nos perguntasse onde sua vítima em potencial estaria escondida: ao mentir, estaríamos infringindo um dos fundamentos da vida em sociedade, qual seja o crédito à palavra dada, em especial no âmbito dos contratos. Estaríamos então cometendo, segundo Kant, uma injustiça frente à humanidade em geral.[1]

Outra visão da ética consiste em tomar uma decisão sobre a validade de um ato em função de suas *consequências*. Esse é notadamente o ponto de vista utilitarista, defendido por Stuart Mill e Bentham. Mais humano por estar mais próximo da realidade vivenciada, o utilitarismo pode, porém, acarretar excessos e desvios. Visando ao "bem-estar do maior número" por agregação do bem-estar de cada um, é possível concluir, como fizeram eminentes pensadores da Grécia Antiga, que é correto ter cem escravos para tornar mais felizes mil cidadãos livres. Vemos os extremos a que essa postura pode chegar se não for equilibrada por outros fatores como a justiça, a sabedoria ou a compaixão.

A ética da virtude é a proposta, entre outros, pelo budismo e por alguns pensadores da Antiguidade grega. Seus alicerces são um *modo de ser* que, confrontado com diferentes situações, exprime-se de maneira espontânea com atos altruístas ou egoístas. Como escreveu o neurocientista e filósofo Francisco Varela, uma pessoa verdadeiramente virtuosa "não age segundo uma ética, mas a encarna, da mesma forma que um perito encarna seus conhecimentos. O homem sábio *é* ético ou, de maneira mais explícita, suas ações são a expressão de decisões produzidas por seu modo de ser, em resposta a diferentes situações específicas".[2]

Uma ética puramente abstrata, não alicerçada num modo de ser e que não leve em conta a especificidade das circunstâncias, tem pouca utilidade. Na vida real, atuamos sempre num contexto específico, que exige uma reação adequada. Segundo Varela, "a qualidade de nossa disponibilidade dependerá da qualidade do nosso ser, e não da retidão de nossos princípios morais abstratos".

Como observa o filósofo canadense Charles Taylor, "grande parte da filosofia moral contemporânea ficou concentrada no que é certo fazer, em vez de concentrar-se em como é correto ser. Tentou definir o teor das obrigações, em vez de definir como seria a natureza de uma vida com bondade".[3] A ética precisa ser concreta e deve ser encarnada e integrada à experiência vivida. Ela deve refletir o caráter único de cada ser e de cada situação. Em nossos dias, o movimento da solicitude, do cuidado com o outro, que teve um certo impulso no mundo anglo-saxão, nos oferece um exemplo de ética da virtude.

Para o budismo, a ética está inscrita no projeto que tem como meta sanar todas as formas de sofrimento. Esse programa exige renunciar às múltiplas satisfações egoístas que são obtidas à custa do sofrimento dos outros, com o nosso esforço em prol da felicidade alheia. Para cumprir seu contrato ético, o altruísmo deve, sob esse prisma, superar a cegueira e atingir a clareza de uma sabedoria livre de maldade, cobiça e parcialidade. A ética, como maneira de ser, deve ser enriquecida pelo amor altruísta e pela compaixão. Nesse ponto, o budismo alia-se a Platão, que salientava: "O homem mais feliz é aquele com a alma sem nenhum vestígio de maldade".[4]

A ética à luz da neurociência

As experiências mais recentes trouxeram luz nova para um debate que ocupa a mente dos moralistas há séculos. Em suas pesquisas sobre juízo moral, Joshua Greene, filósofo e neurocientista da Universidade de Harvard, estudou os efeitos das escolhas e dos comportamentos morais sobre a atividade de diferentes áreas do cérebro. Ele queria entender como os juízos morais são moldados a partir de uma combinação de processos automáticos (como as reações emocionais instintivas) e de processos cognitivos controláveis (como raciocínio e autocontrole). À luz dessas pesquisas, vê-se que o juízo moral depende da integração funcional de múltiplos sistemas cognitivos e emocionais, sem que nenhum deles pareça ter ligação específica ao juízo moral.

No que diz respeito à nossa forma de buscar resolver os problemas morais, os filósofos "racionalistas", como Platão e Kant, concebem o juízo moral como um empreendimento racional, que leva em conta razões abstratas para criar a motivação certa e indicar a direção a seguir. Contrariamente aos que os precederam, os filósofos que Greene denomina "sentimentalistas", como David Hume e Adam Smith, argumentaram que as emoções constituem a base principal do juízo moral. Greene confirmou com suas pesquisas que as emoções e a razão exercem em conjunto um papel essencial para o juízo moral, e que suas respectivas influências foram, em geral, mal compreendidas.

Ele vai além da teoria de "duplo processo" pelo qual os juízos morais deontológicos (relacionados com as preocupações de "direitos" e "deveres") seriam, ao contrário do que se poderia pensar, desencadeados por *reações emocionais automáticas*, enquanto os juízos morais do tipo utilitário ou consequencialistas (que visam a promover o "bem") seriam produto de *processos cognitivos mais controlados*.

Para suas pesquisas, Greene usou o "dilema do vagão", originalmente concebido pelas filósofas Philippa Foot e Judith Jarvis Thomson. Um vagão corre desgovernado sobre trilhos em declive na direção de cinco pessoas que não o enxergam e que serão mortas se ninguém fizer nada. O dilema pode se configurar de duas formas:

- O caso da chave de controle: você pode acionar uma chave que controla uma alavanca, de tal forma que o vagão seja desviado para outra linha, onde apenas uma pessoa será morta. Do ponto de vista moral, é aceitável desviar o vagão para evitar cinco mortes ao custo de uma? A maioria das pessoas inquiridas respondeu "sim".
- O caso da passarela: a situação é a mesma, exceto que você está agora de pé, perto de um homem sentado no parapeito de uma passarela sobre a ferrovia. A única maneira de salvar as cinco pessoas é empurrar esse homem para que ele caia sobre a alavanca de controle, fazendo desviar o vagão para uma linha onde não há ninguém (o parapeito é muito alto, e não daria tempo de você mesmo subir e sacrificar a própria vida para salvar as cinco pessoas). É moralmente aceitável empurrar esse estranho para salvar as outras cinco pessoas? A maioria das pessoas respondeu "não".

Estamos aqui, portanto, diante de um problema: por que parece normal para a maioria de nós sacrificar uma pessoa para salvar outras cinco, no caso da chave que controla a alavanca, mas não no caso da passarela? Para Joshua Greene, os dois dilemas desencadeiam reações psicológicas e redes neurais diferentes. Com a primeira rede, os dois dilemas são abordados da mesma forma, em termos utilitários: melhor salvar tantas vidas quanto possível. Esse sistema envolve um grande autocontrole e é acompanhado por uma relativa impassividade. Ele parece depender do córtex pré-frontal dorsolateral, uma parte do cérebro associada ao controle cognitivo e ao raciocínio.

A segunda rede neural responde de maneira muito diferente a estes dois dilemas: ela reage com uma intensa resposta emocional contra a ideia de empurrar uma pessoa do alto da passarela, mas não reage emocionalmente contra a ideia de apertar uma chave de controle, que é apenas um objeto emocionalmente "neutro" de manobra da alavanca. No entanto, em ambos os casos, a ação selecionada causa a morte de um inocente e salva cinco. Portanto, parece que quando o sistema emocional é ativado com intensidade, no caso de empurrar alguém *fisicamente*, ele domina o julgamento. Isso explica por que a nossa tendência é reagir de forma utilitária, no caso do interruptor, e deontológica, no caso da passarela.

Segundo a hipótese formulada por Greene, nossas respostas sociais e emocionais, herdadas de nossos ancestrais primatas, pautam no ser humano as proibições absolutas que estão no âmago de visões deontológicas como as de Immanuel Kant, as quais proíbem ultrapassar determinadas fronteiras morais, seja qual for o bem que pudesse resultar da transgressão.

Em contraste, a avaliação imparcial de uma situação – sendo isso o que define o utilitarismo – é possibilitada pelas estruturas dos lobos frontais do cérebro, que tiveram uma evolução mais recente e permitem um controle cognitivo elevado.

Como observado por Greene: "Se esta explicação for correta, ela implicará, ironicamente, que a abordagem 'racionalista' de Kant sobre a filosofia moral tem raízes, do ponto de vista psicológico, não na razão pura prática, mas num conjunto de reações emocionais atávicas que foram mais tarde racionalizadas".[5] Essa ideia é partilhada por um número crescente de pesquisadores, notadamente o psicólogo Jonathan Haidt, ao afirmar que, em muitas situações, no início sentimos de maneira instintiva, ou intuitiva, se um comportamento é ou não aceitável, e só depois justificamos as escolhas pelo raciocínio.[6]

A leitura destes últimos parágrafos nos permite compreender que as escolhas éticas são em geral complexas e por vezes difíceis, devido à batalha em nossa própria mente entre emoções e razão, entre os tabus deontológicos e a lógica utilitária. Assim, devemos zelar para que nossas escolhas éticas não sejam tendenciosas, assegurando que não sejam influenciadas por nossa angústia resultante de empatia nem por nossos preconceitos.

No caso dos animais, a ética da virtude deveria fazer com que os tratássemos com benevolência. Na prática, no entanto, só podemos constatar o caráter puramente arbitrário que nos faz adotar, em alguns casos, uma posição *deontológica,* e, em outros, *utilitária,* influenciada por interesses humanos. Se alguém matar seu gato ou seu cachorro batendo a cabeça do animal contra uma parede, ficará sujeito à reprovação de quase todos os que ficarem sabendo de tal ato. Mas quando os funcionários nos abatedouros fazem a mesma coisa com aves ou leitões, esse comportamento deixa de ser considerado repreensível porque esses animais perderam, de todo modo, o status de seres sensíveis dignos de consideração e já começaram a ser transformados em produto de consumo. Nas fazendas é bem frequente que um leitão ou uma cabra sejam tratados quase como se fossem animais de estimação ou membros da família, até o dia em que se decide que é hora de matá-los. O cavalo de corrida vencedor de numerosos prêmios é adulado e exibido nos hipódromos, até o dia em que, velho demais e inútil, é mandado para o abate, pois custaria muito caro alimentá-lo até o dia de sua morte natural. Dessa forma, o valor conferido aos animais muda totalmente com um simples malabarismo mental de seus donos.

"Farid de la Morlette" é o pseudônimo no Facebook de um jovem de 25 anos de Marselha que, em janeiro de 2014, gravou a si mesmo torturando um gato e publicou seus feitos no YouTube. Em presença de amigos, ele joga um pequeno gato rajado o mais alto e o mais longe possível, só para filmar o animal se espatifando no chão de cimento. Aos risos, Farid repete o ato alguns segundos mais tarde, jogando violentamente o gatinho contra uma parede, para em seguida brincar com o corpo inconsciente do animal. A França se indignou, e uma petição para que o culpado fosse punido recebeu mais de 130 mil assinaturas em poucos dias. Os internautas se mobilizaram para identificar e encontrar o culpado, que foi preso e condenado a um ano de prisão. Como por um milagre, o pequeno gato Oscar sobreviveu, apesar de uma pata fraturada e múltiplos traumatismos. Foi recolhido por uma pessoa caridosa, e depois reencontrou seus proprietários.

Em 2007, veio a público que Michael Vick, estrela do futebol americano, durante vários anos tinha organizado brigas de cães em sua propriedade. A notícia deixou o público dos Estados Unidos indignado. As lutas eram acompanhadas de apostas que chegavam a atingir 26 mil dólares. Vick e seus sócios compravam *pitbulls* e os testavam para ver se eram bons para a briga. Se considerados pouco combativos, os cães eram eletrocutados, enforcados, afogados, surrados ou baleados para morrer. Vick declarou-se culpado e foi sentenciado a 23 meses de prisão.

Atos de crueldade como esses não são raros. Nesse caso, a opinião pública reagiu de maneira puramente emocional e deontológica, proclamando alto e bom som que considerava inadmissível que os animais fossem tratados dessa forma. Apesar disso, no mesmo dia em que Farid gravou o martírio do pequeno gato, quase meio milhão de animais eram abatidos na França, ao fim de uma curta vida de sofrimentos indizíveis, em meio a uma indiferença quase geral. Num abatedouro de um distrito da região oeste, onde os leitões pequeninos demais passavam sem morrer entre as engrenagens das máquinas utilizadas para matá-los, os animais eram jogados vivos num braseiro.[7] Racionalmente, nada poderia justificar tal divergência de atitude. Para retomarmos uma expressão do filósofo Gary Francione, que preconiza que seja abolida a instrumentalização dos animais, sofremos aqui de uma verdadeira esquizofrenia moral, e é nosso dever nos curarmos dela.[8]

9. O DILEMA DOS EXPERIMENTOS EM ANIMAIS

Estima-se que o total de animais utilizados a cada ano em testes de laboratório no mundo todo seja de 50 a 60 milhões, com 12 milhões deles na União Europeia, sendo 2,5 milhões apenas na França.[1] A maior parte deles passa por algum tipo de sofrimento (dores físicas, estresse, privação da liberdade, entre outros) e são mortos quando deixam de ser úteis.

A pesquisa básica é a que utiliza a maior quantidade de animais, seguida pela pesquisa biomédica e pelos testes de toxicidade com produtos domésticos e outros artigos de consumo. A seguir, vem a genética, em grande crescimento na produção de animais transgênicos.[2] As empresas comerciais contabilizam grandes lucros com a criação e a venda de dezenas de milhões de animais de laboratório a cada ano, e não têm, portanto, nenhum interesse na busca de alternativas à experimentação animal. A questão dos experimentos em animais vivos e a vivissecção continuam a suscitar, com razão, debates acalorados. Esses métodos são amplamente utilizados na pesquisa básica, para entender os sistemas do ser vivo, e na pesquisa aplicada, para encontrar tratamentos para doenças humanas, garantir que novas substâncias não tenham efeitos nocivos para os humanos e produzir animais transgênicos. Os animais também são utilizados no ensino (dissecação de animais em salas de aula, por exemplo). Como constata Jean-Pierre Marguénaud, professor de Direito na Universidade de Limoges:

> Durante muito tempo, a liberdade de realizar experiências com animais foi absoluta, com base no seguinte silogismo cuja vivacidade é ainda impressionante: a felicidade da humanidade exige o progresso da ciência; ora, a ciência só pode progredir pela expansão dos conhecimentos a partir de experiências com animais; portanto, a liberdade de fazer experimentos em animais vivos é a condição prévia para melhorar o destino da humanidade. Deste modo todos os que se arriscassem a criticar a experimentação animal estariam ameaçados de serem considerados inimigos perigosos do gênero humano, insensíveis ao sofrimento das crianças enfermas e à sua morte prematura, pelo excesso de atenção à sensibilidade dos animais.[3]

Assim, a experimentação animal é apresentada como um mal necessário, motivada pelo desejo de aliviar os sofrimentos humanos. Como ressaltado por Marguénaud: "Do experimento suave ao aterrorizante, infinitas variações são possíveis, e não seria correto submeter todos os tipos de testes ao mesmo fogo de ataques".[4] O experimento "suave" utiliza os animais em pesquisas científicas, impondo restrições a seu modo de vida habitual, mas sem lhes infligir sofrimentos físicos ou psicológicos. São cada vez mais raros os pesquisadores como Claude Bernard e numerosos outros cientistas que não se importam nem um pouco com o sofrimento dos animais, e eles são mal vistos pelos demais cientistas, ou doravante até mesmo sujeitos a punições legais. Claude Bernard ficou tristemente conhecido, entre outras razões, por ordenar que mais de oito mil cães fossem queimados vivos.[5] Em 1865, em sua obra intitulada *Introduction à l'étude de la médecine expérimentale, de l'expérimentation des êtres vivants* [Introdução ao estudo da Medicina Experimental, da experimentação em seres vivos], ele descrevia:

> O fisiologista não é um homem comum. Ele é um sábio, alguém completamente interessado e absorvido por uma ideia científica: ele não escuta mais os gritos dos animais, nem vê o sangue que escorre. Ele só enxerga a própria ideia e só observa os organismos que escondem problemas que ele quer desvendar. [...] O princípio científico da vivissecção é fácil de apreender. Trata-se, com efeito, de separar ou modificar certas partes da máquina viva, para estudá-las e assim julgar o uso ou a utilidade das partes.

É inegável que as posturas evoluíram desde a época dessa declaração. Contudo, apesar das novas regulamentações e das medidas tomadas para evitar, tanto quanto possível, o sofrimento dos animais, milhões deles continuam sendo vítimas – principalmente na área de testes de produtos tóxicos – de sofrimentos terríveis e morte. Em acréscimo, mesmo que a quantidade dessas "cobaias" seja ainda considerável, é muito inferior ao número de animais abatidos para o consumo humano, ou mesmo de ratos envenenados com regularidade nos esgotos urbanos pelas autoridades sanitárias.

Para justificar a experimentação animal, são ressaltadas as pesquisas que possam fornecer as chaves para o tratamento do câncer, da esquizofrenia e de outras doenças, livrando assim a humanidade de imensos flagelos. Por vezes, lamenta-se a morte de um número tão grande de animais de laboratório, mas atribuindo-lhes ao menos a nobre condição de terem servido, ainda que de maneira involuntária, para uma grande causa. No Japão, já existe até mesmo um monumento aos animais mortos no campo de honra da pesquisa científica. Isso comprova que existe ao menos uma certa consciência de que eles foram submetidos a sofrimentos e depois mortos, enquanto no Ocidente um monumento assim pareceria risível.

Do mesmo modo, o uso de centenas de milhões de animais em pesquisa básica é explicado sob o argumento de que, além de enriquecer os conhecimentos, a partir dessa pesquisa também surgem aplicações práticas até então inimagináveis. Mais de 70 prêmios Nobel foram conferidos a pesquisas realizadas em animais. Entre elas, figuram os testes em porcos que levaram à invenção da Imagem de Ressonância Magnética (Cormack e Hounsfield, laureados em 1979), as pesquisas em cães que permitiram o desenvolvimento de técnicas de transplante de órgãos (Murray e

Thomas, premiados em 1990), e as pesquisas em camundongos que levaram à descoberta dos príons, proteínas infecciosas responsáveis pelas diversas formas de encefalopatias espongiformes transmissíveis (Prusiner, laureado em 1997).

Não se pode negar que os avanços consideráveis na Medicina durante o século XX, entre outros fatores, contribuíram para aumentar a expectativa de vida, na França, de 45 anos em 1900 para quase 80 anos atualmente. Um pesquisador que conheço bem, Wolf Singer, assinala que se quiséssemos recusar todos os medicamentos testados em animais não conseguiríamos seguir a receita de nenhum médico, nem ficar num hospital para tratamento, pois a totalidade dos remédios aprovados é resultado de testes em animais. Para se tornar vegetariano ou vegano, basta interromper o consumo de carne animal ou inclusive de produtos resultantes da utilização ou exploração de animais. Uma decisão dessas pode ser tomada em questão de segundos, e não será difícil encontrar alternativas para os produtos animais. Por outro lado, entendemos que seria quase impossível, no mundo em que vivemos, nos privarmos totalmente dos tratamentos médicos clássicos.

Muitos dos medicamentos testados em animais para uso em humanos também são receitados por veterinários, para beneficiar animais. Isso é algo excelente, mas esse uso continua limitado aos animais domésticos e, no caso da criação, seu objetivo primordial é maximizar o lucro dos empresários. Como já citamos, os bovinos recebem doses elevadas de antibióticos para que não contraiam doenças infecciosas durante sua curta vida no sistema de criação, e os antibióticos são encontrados em níveis residuais na carne destinada ao consumo humano. Além de tudo, ainda que determinadas pesquisas tenham como objetivo específico o tratamento de doenças animais, sua real finalidade, na quase totalidade dos casos, não é o bem-estar do animal em si, mas a saúde dos animais utilizados pelo homem. Animais doentes ou feridos são ajudados por um número incontável de pessoas e ONGs do mundo, que o fazem movidas pela compaixão, usando para tanto os conhecimentos médicos. Porém, essas são apenas iniciativas isoladas, ao passo que continua pouco desenvolvida a pesquisa médica para tratar animais sem utilidade direta para o homem.

São admiráveis os objetivos da ciência, mas voltamos sempre à mesma pergunta: seria admissível utilizarmos nosso poder para levar sofrimento a milhões de seres sensíveis? Para responder a isso, é comum que os deontologistas mais convictos, aqueles que defendem o pleno respeito pelos direitos individuais quando se trata de seres humanos, se transformem em utilitaristas ultra-ardorosos, quando o assunto é a utilização de animais para o bem apenas dos seres humanos. Os argumentos favoráveis ou contrários aos experimentos em animais se dividem em várias categorias.

O ponto de vista deontológico

Dentre os deontologistas, os que levam em consideração o destino dos animais simplesmente estendem a outros seres sensíveis a ideia de que, por princípio, o homem não pode autorizar, para mera satisfação de seus próprios objetivos pessoais, a utilização de indivíduos incapazes de dar consentimento, em detrimento do bem-estar desses indivíduos, ou até mesmo ao custo de suas vidas. Para um deontologista, o respeito pelo indivíduo é um valor inegociável que não pode ser misturado com considerações de teor utilitário (como: "É aceitável sacrificar a felicidade de um inocente para assegurar a felicidade de dez pessoas"). O filósofo americano Tom Regan, em especial, sustenta que os experimentos violam os direitos dos animais quando é negligenciado seu valor intrínseco como "sujeitos-de-uma-vida", e quando eles são transformados em meros instrumentos para aumentar o bem-estar dos humanos. Os direitos humanos não são violados com a renúncia ao uso da força animal, pois os únicos direitos do ser humano são o de ter seu próprio valor intrínseco respeitado. A única renúncia que ocorre é desistir do plano de promover o bem-estar humano à custa da violação do direito dos animais de viver e de não sofrer.

Os utilitaristas antropocêntricos

Os utilitaristas argumentam que a vida de um milhão de pessoas tem, no conjunto, mais valor que a vida de dez mil pessoas. Surge um problema, porém, na hora de selecionar as vítimas, já que individualmente toda vida humana tem o mesmo valor.

Embora pareça sedutora, a visão utilitarista deixa margem para todo gênero de excessos. Os regimes totalitários, por exemplo, não hesitam em impor suas visões utilitaristas. Mao Tse-tung não escondia sua ideia de que a vida dos cidadãos chineses não tinha importância, quando o objetivo era instaurar a idade de ouro do socialismo.[6]

No caso dos animais, pouco importa para o utilitarismo antropocêntrico a quantidade colossal de animais sacrificados para promover os interesses da espécie humana. Quanto aos experimentos em animais, embora os benefícios para a saúde e a longevidade de inumeráveis vidas humanas não possam ser contestados, esses benefícios ficam moralmente prejudicados pela desvalorização concomitante dos animais utilizados. Essa desvalorização chega a atingir extremos deploráveis. Em 1974, num programa de televisão dos Estados Unidos, o jornalista Robert Nozick perguntou a um grupo de cientistas se o fato de um determinado experimento acarretar a morte de centenas de animais poderia ser considerado razão suficiente para não o realizar. Um dos cientistas respondeu: "Não que eu saiba". Nozick insistiu: "E a morte dos animais não tem importância nenhuma?". O doutor Adrian Peracchio, do Centro Nacional Yerkes de Pesquisas sobre Primatas, respondeu: "E por que teria?". O doutor David Baltimore do MIT acrescentou que não considerava os experimentos em animais um problema moral.[7]

Segundo esse ponto de vista, a vida humana "não tem preço", o que significa um valor infinito; enquanto a vida animal é "sem preço", ou seja, sem valor. Muito se progrediu nestes últimos 40 anos, mas ainda há muito a fazer.

Segundo Mary Midgley, a prioridade concedida aos animais é extremamente tênue. Já é hoje reconhecido que a maioria dos animais são conscientes, sentem dor e sofrimento, tendo assim direito a *alguma* consideração. Eles precisam, todavia, aguardar a vez no fim da fila, após todas as necessidades humanas terem sido atendidas. A desconsideração dos animais não é mais total, mas relativa. Na prática, como argumenta Midgley, muitas das ações reivindicadas para melhorar a condição dos animais não concorrem com as necessidades humanas, e não estariam, portanto, na mesma fila.[8]

Semelhantes ou diferentes?

A experimentação animal tem igualmente um problema de lógica interna, decorrente da tentativa de conciliar duas ideias contraditórias:
1) A *semelhança* entre os homens e os animais é suficiente para confirmar a ideia de que as conclusões obtidas a partir dos experimentos em animais poderão ser úteis para a compreensão e o tratamento das doenças humanas. Nossos corpos são feitos das mesmas células, nossos órgãos são muito similares (seria possível implantar num ser humano um coração de porco com ligeiras modificações genéticas para evitar rejeição) e os chimpanzés tem um genoma 98,7% idêntico ao nosso.
2) A *diferença* entre os homens e os animais é suficiente para justificar atrocidades em animais que jamais admitiríamos que fossem feitas a humanos.

Ou o animal não é como nós, e nesse caso não teríamos razão para efetuar experiências, ou então ele é similar, e nesse caso não deveríamos sujeitá-lo a nenhuma experiência que considerássemos inaceitável em seres humanos. A mosca, o chimpanzé e o homem estão num mesmo *continuum* da experiência da vida: biologicamente, a diferença entre esses três seres é apenas de grau. Como vimos, partilhamos com numerosos animais ditos "superiores" a maior parte de nossas emoções e uma parte não desprezível de nossas faculdades intelectuais.

Segundo Bernard Rollin, alguns pesquisadores, felizmente cada vez mais raros, assumem uma posição bem contraditória ao, de um lado, negar a dor animal e, de outro, estudar os efeitos dos estímulos dolorosos nos animais para melhor entender os mecanismos da dor e extrapolar esses conhecimentos para o ser humano.[9]

É bem longa a lista dos tratamentos de que são vítimas os animais em laboratórios que têm estudado os efeitos da dor crônica, e inclui: a estimulação contínua dos nervos ou da polpa dentária com eletrodos implantados; as repetidas descargas elétricas, administradas no piso metálico das gaiolas ou jaulas; a inflamação provocada pela injeção subcutânea de terebintina ou de outros produtos químicos; a necrose dos tecidos por injeção subcutânea de formol; a perfusão contínua de substâncias que causam dor; a indução de artrose por injeção de substâncias tóxicas; a fratura intencional de ossos; a indução de lesões no sistema nervoso central com injeção de gel de alumina; a indução de convulsões etc.[10]

Peter Singer relata uma visita aos escritórios da agência em Nova York da United Action for Animals, onde viu estantes repletas de arquivos com relatórios de experimentos publicados em revistas científicas. As etiquetas nas pastas dispensam comentários: Aceleração; Agressão; Asfixia; Lesão na medula espinhal; Lesões múltiplas; Queimadura; Cegueira provocada; Centrifugação; Comoção; Compressão; Congelamento; Descompressão; Esmagamento; Estado de choque; Fome prolongada; Ruptura das patas dianteiras; Hemorragias; Imobilização; Isolamento; Neurose experimental; Privação de espaço; Privação proteica; Punição; Sede; Estresse; Superaquecimento; Teste de medicamentos, e muito mais.[11]

Somente uma desvalorização extrema do animal como ser sensível permite explicar a imposição de tais tratamentos.

Qual a validade científica da transferência para o ser humano dos conhecimentos adquiridos com experimentos em animais?

Muitos dos tratamentos desenvolvidos através de experimentos em animais foram úteis para os seres humanos e, conforme ressaltamos, quase todos os medicamentos que usamos foram testados em animais. Todavia, é importante também ressaltar que muitos dos tratamentos com eficácia comprovada nos animais não servem para o ser humano. As diferentes espécies podem, na verdade, reagir de forma muito diferente a um mesmo produto químico. Pesquisadores da Universidade de Missouri, Columbia, demonstraram que as linhagens de ratos de laboratório utilizadas pela indústria para avaliações toxicológicas do bisfenol A (BPA) eram no mínimo 25 mil vezes menos sensíveis a distúrbios hormonais do que a média dos demais animais de laboratório. Em outros casos, algumas espécies animais se mostraram 100 mil vezes menos sensíveis do que outras, na reação a produtos tóxicos.[12]

Com efeito, ainda que um bom número de experiências científicas traga resultados que se estendam ao homem, isso nem sempre é confiável e suas consequências podem ser imprevisíveis. O caso mais lamentavelmente célebre é o da talidomida, um medicamento utilizado nas décadas de 1950-1960 como sedativo e controlador de enjoos em mulheres grávidas. Ele tinha sido previamente testado em cadelas, gatas, ratas, macacas, *hamsters* fêmeas e galinhas, sem nenhum efeito indesejável. Mas quando o produto foi comercializado e administrado em humanos, provocou deformidades graves em mais de dez mil recém-nascidos e a morte de milhares deles. O remédio voltou a ser testado em animais, e os pesquisadores descobriram que ele só provocava deformidades numa linhagem particular de coelhos.[13] Este é apenas um exemplo trágico dentre numerosos casos de divergência dos efeitos causados por diversas substâncias em animais e em seres humanos. O que é um medicamento para algumas espécies pode se revelar um veneno para outras.

A aspirina, por exemplo, é altamente tóxica para muitos animais: provoca defeitos congênitos em roedores, e os gatos morrem se absorverem mais do que 20% da dose humana normal (de modo proporcional ao peso) a cada três dias. O ibuprofeno, um dos analgésicos mais utilizados em todo o mundo, causa insuficiência renal em cães, mesmo em doses baixas. A penicilina, que salvou milhões de vidas humanas, foi por muito tempo desprezada por não ter nenhum efeito antibacteriano em coelhos utilizados para testes. Alexander Fleming somente descobriu seu poder de erradicar infecções em seres humanos quando afinal a administrou num paciente humano.

Entre os testes de toxicidade de produtos químicos que podem ser utilizados pelo homem, o mais conhecido é o DL_{50}, uma abreviatura para "dose letal mediana". Esse teste determina a quantidade de produto necessária para matar a metade dos animais que a ingerem. Eles passam por enorme sofrimento, muito antes que seja atingido o ponto em que a metade deles morra. Além disso, também é utilizado o teste DL_{50} para avaliar substâncias relativamente inofensivas. Para provocar a morte dos animais, é necessário fazê-los engolir enormes quantidades dessas substâncias pouco tóxicas. Nesse caso, a morte é o resultado do volume excessivo ingerido, ou seja, da concentração elevada de modo excepcional da substância, embora ela não seja, por si só, tóxica. Conforme observado pela Dra. Elizabeth Whelan, diretora administrativa do American Council on Science and Health [Conselho Americano de Ciências e Saúde]: "Não é preciso ser um doutor em ciências para entender que administrar a roedores uma quantidade de sacarina equivalente a 1.800 garrafas de limonada por dia é difícil de relacionar com o nosso consumo diário de apenas alguns copos".[14]

Outro pesquisador, Christopher Smith, avalia que "os resultados desses testes não podem ser utilizados para prever o grau de toxicidade de um produto nem para direcionar o tratamento em caso de exposição humana. [...] Eu nunca usei os resultados de testes em animais para definir a conduta em caso de envenenamento acidental".[15]

Os abusos: o uso de experimentos em animais por motivos fúteis e injustificáveis

Nos últimos anos, todo projeto de pesquisa que envolva o uso e o abate de animais deve ser submetido a uma comissão de ética e deve respeitar normas cada vez mais rigorosas. Embora insuficientes – somente a substituição de experiências com animais vivos por alternativas, adiante analisadas, seria de fato satisfatória –, essas regras permitem, nos países em que são seguidas, evitar os abusos intoleráveis que foram frequentemente cometidos no passado.

Em 1954, na Universidade de Yale, Margaret A. Lennox e seus colegas colocaram 32 gatinhos em um forno, onde eles foram submetidos a 49 sessões de aquecimento intenso. Os gatinhos começaram a se debater, e em seguida sofreram múltiplas convulsões. A brilhante conclusão dos pesquisadores foi que esses resultados estavam em consonância com os observados em humanos que sofrem de febre alta e em outros gatinhos previamente submetidos ao mesmo procedimento.[16]

Quanto ao famoso psicólogo Harry Harlow, ele estudou na década de 1950 os efeitos do isolamento social ao encarcerar macacos, desde o nascimento, numa câmara de aço inoxidável. Ele demonstrou assim que o isolamento precoce, grave e prolongado havia reduzido esses animais a um estado de domínio pelo medo e agressividade.[17] Mais tarde, ele teve, em suas próprias palavras, a "ideia fascinante" de induzir a depressão em jovens macacos, "permitindo que filhotes de macacos se apegassem a falsas mães de pelúcia que podiam ser transformadas em monstros". O primeiro desses monstros era uma mãe feita de pano que, a intervalos regulares ou sob demanda, expelia ar comprimido sob alta pressão. A pele do bebê do macaco era quase arrancada. O que ele fazia, então? Ele se agarrava com mais força ainda ao ser maternal monstruoso, porque um bebê apavorado se agarra à mãe a todo custo.[18]

Harlow fabricou um modelo de mãe falsa que balançava o bebê com tanta violência que fazia seus dentes baterem. O bebê continuava agarrado com mais força ainda à falsa mãe. Finalmente, Harlow fabricou uma "mãe porco-espinho", com pontas afiadas de latão que saíam em ressalto, de vez em quando, da superfície de seu ventre. Embora os bebês macacos se machucassem com essas picadas dolorosas, eles apenas aguardavam que as agulhas se retraíssem para novamente se aconchegar no colo da "mãe". Como afirma Singer: "Desde que Harlow iniciou suas experiências sobre privação maternal, há cerca de 30 anos, mais de 250 séries de experiências desse tipo já foram feitas nos Estados Unidos. Mais de 7 mil animais foram assim submetidos a procedimentos que induzem a angústia, o desespero, a ansiedade, a devastação psicológica e a morte".[19] A filósofa Vinciane Despret qualifica essa obstinação doente de "repetitividade infinda, baseada em duplicação maníaca".[20]

Essas pesquisas, que já se tornaram clássicas, ilustraram alguns aspectos de nosso conhecimento sobre o apego mãe-filho, mas é possível, obviamente, questionar se foi legítimo fazer os animais passar por tais torturas e neles reproduzi-las com sutis variações durante anos. Por ironia, no final de sua carreira o próprio Harlow reconheceu, ao falar dos 12 anos em que dirigiu o *Journal of Comparative and Physiological Psychology*: "A maior parte das experiências não valeu a pena, e não vale a pena publicar os dados obtidos". E isso, após ter examinado, segundo suas próprias estimativas, algo como 2.500 manuscritos submetidos para publicação, com a maioria deles implicando testes muito dolorosos em animais! [21]

No início da década de 1980, na Universidade de Pensilvânia, Thomas Gennarelli e sua equipe testavam babuínos com golpes na cabeça, para estudar as lesões provocadas no cérebro conforme a violência dos golpes. O governo federal dos Estados Unidos financiava essas pesquisas, com verbas de até um milhão de dólares por ano. Segundo os documentos de aprovação do projeto de pesquisa, os babuínos deveriam ser anestesiados antes de receber os golpes e os ferimentos na cabeça. Dois investigadores da Animal Liberation Front – ALF [Frente de liberação animal] conseguiram entrar no laboratório e roubar as gravações em vídeo desses experimentos. As filmagens exibiam babuínos ainda conscientes que se debatiam enquanto eram amarrados para receber os golpes. Era também possível ver os animais se contorcendo de dor após cessar o efeito da anestesia, enquanto os pesquisadores continuavam operando em seus cérebros expostos. Também se ouviam as chacotas e os risos dos investigadores, frente aos animais aterrorizados, mergulhados em seus estertores de dor. Os vídeos foram entregues aos meios de comunicação. Após a reação indignada do público e uma campanha por mais de um ano da associação PETA apoiada por centenas de cidadãos, o governo cortou os subsídios para Gennarelli e seu laboratório foi fechado.[22] Esses excessos estão bem ilustrados no documentário *Earthlings*, que apresenta várias cenas obtidas com câmera escondida em alguns laboratórios de pesquisas.[23]

É citado o caso de um pesquisador irascível, que extravasava sua cólera agarrando o primeiro rato de laboratório que caia em suas mãos e arremessando o animal contra a parede. Steven Pinker, professor de Harvard, relata ter visto publicada numa revista científica uma foto de um rato que havia aprendido a evitar choques elétricos deitando-se de costas para empurrar uma alavanca com as patas. A legenda da foto era "café da manhã na cama".[24] O café da manhã se referia aos choques elétricos que eram "servidos" ao animal.

O "teste de Draize", ou teste de irritação ocular, é utilizado há mais de meio século com o objetivo de avaliar o efeito irritante ou corrosivo de vários produtos nos olhos de coelhos. Esse teste tem sido empregado, em especial, para inúmeros produtos domésticos e cosméticos. A cabeça do animal é imobilizada e seus olhos são mantidos permanentemente abertos com grampos metálicos. Em seguida, gotas do produto químico analisado são pingadas a intervalos regulares nos olhos do coelho. Como o coelho não tem a faculdade de secretar lágrimas, os produtos causam rapidamente irritações, queimaduras, infecções e até, muitas vezes, necroses. "É inconcebível que sejam injetados produtos tóxicos nos olhos dos animais para o embelezamento das mulheres!", exclama a célebre etóloga Jane Goodall.[25]

Em setembro de 2010, a OCDE confirmou a validade de um método alternativo para a substituição progressiva desse teste. Enquanto aguardam a sua aplicação generalizada, os coelhos continuam a sofrer.[26] O filósofo americano James Rachels critica a doutrina da exceção humana nos seguintes termos:

> É claro que há inúmeras diferenças impressionantes entre seres humanos e coelhos. [...] Mas essas diferenças são relevantes? Gostaríamos de saber quais seriam as objeções se fossem usados seres humanos dessa mesma forma. A resposta é que o processo é muito doloroso, e os olhos sofreriam lesões irreparáveis. Para os humanos é um mal, porque a dor é um mal e também porque as pessoas precisam dos olhos por variados motivos. [...]
> Com isso em mãos, podemos então voltar nossa atenção para os coelhos, e perguntar se eles são semelhantes aos seres humanos em aspectos relevantes. Eles sentem dor? Sua visão é útil para continuar vivendo? Se assim for, então temos as mesmas razões contra o uso de coelhos como temos contra o uso de seres humanos. E se alguém contesta que, ao contrário dos coelhos, os seres humanos são capazes de cálculos matemáticos ou apreciam ópera, podemos replicar que, ainda que essas diferenças sejam relevantes para outras formas de tratamento, elas não têm relevância para a questão do teste de Draize.[27]

Só nos resta questionar como Peter Singer: "Como isso é possível? Como podem essas pessoas, que não são sádicas, consagrar suas jornadas de trabalho a mergulhar macacos numa depressão que dura sua vida inteira, a aquecer cães até que morram, ou a transformar gatos em toxicômanos? Como podem elas, ao final do dia, retirar seus jalecos brancos, lavar as mãos, voltar para casa e jantar com a família?".[28]

Seriam esses pesquisadores apenas algumas "maçãs podres" numa comunidade científica majoritariamente benevolente? Poderíamos supor que os pobres macacos tivessem encontrado um pesquisador psicopata que sentisse prazer em torturar. Mas o fato de sua equipe ter participado das atividades de modo voluntário faz pensar que, ao contrário, isso envolva, na verdade, o chamado "efeito de situação".

Em 1971, o psicólogo Philip Zimbardo imaginou uma experiência pouco usual para avaliar a influência das situações sobre os comportamentos humanos. Ele mandou construir uma réplica de prisão no subsolo da Universidade de Stanford, na Califórnia, e recrutou voluntários para atuarem, uns como prisioneiros, outros como guardas. No início, tanto os prisioneiros como os carcereiros encaravam seus respectivos papeis com dificuldade. Mas em poucos dias a situação evoluiu de maneira considerável. Os guardas passaram a não tolerar nenhuma discordância ou violação do regulamento, e imaginaram todos os tipos de punições humilhantes contra os prisioneiros. Quanto a estes, alguns adotaram uma postura submissa e resignada, enquanto outros manifestaram tendências a rebelião. Episódios de intimidação pessoal, alguns até obscenos, tornaram-se mais frequentes. Foram cometidos atos de violência, alguns prisioneiros começaram a desanimar, e um deles iniciou uma greve de fome. A situação deteriorou-se a tal ponto que os cientistas foram forçados a interromper a experiência após seis dias, em vez de completar os quinze previstos.

Para Philip Zimbardo, "o mal consiste em se comportar deliberadamente de uma forma que prejudica, maltrata, avilta, desumaniza e destrói inocentes, em usar a própria autoridade ou o poder do sistema para incitar outros a cometer os atos ou permitir que sejam cometidos em seu nome".[29]

A experiência de Stanford e o famoso caso da prisão de Abu Ghraib, no Iraque, onde guardas dos Estados Unidos humilharam de maneira obscena seus prisioneiros, demonstram como indivíduos, que *a priori* não são monstros, são levados a causar sofrimento a outros, apesar de seus próprios valores morais a respeito. Tais abusos, comuns em muitas prisões no mundo todo, ocorrem sob a pressão insidiosa de uma determinada estrutura cuja lógica se impõe a todos, a ponto de acarretar a substituição dos valores individuais das pessoas pelas próprias normas dessa estrutura.[30]

Assim como nas prisões, os abusos cometidos em alguns laboratórios não podem ser atribuídos a apenas algumas "maçãs podres" que infectaram o rebanho: é o curral inteiro que está contaminado. O que caracteriza esse curral é o acordo tácito entre os pesquisadores de que seria aceitável submeter os animais a procedimentos prejudiciais, muitas vezes dolorosos, e, uma vez terminados os testes, eliminar esses animais, sem mais delongas. Uma vez que tais procedimentos são a norma, falta apenas muito pouco para que eles desaguem em todo tipo de abuso.

O retorno ao especismo

O chauvinismo do ser humano não se contenta em lembrar que a vida humana tem mais valor do que a existência animal – quem poderia sensatamente duvidar disso? – e vai além, ao se eximir de qualquer dever ou compaixão pelos animais. No entanto, seria suficiente inverter por alguns instantes os papéis para entender a incoerência dessa posição. Foi o que fez Henri-Joseph Dulaurens, ao escrever, no século XVIII:

> O que diriam, no entanto, se um cão, transformado em cirurgião, quebrasse a perna de um homem para aprender a curar a de um outro cão? O que diriam se um gato arrancasse o olho de uma criança para ver como as fibras medulares do nervo óptico se estendem na retina? O que, finalmente, diriam se uma corça, portando um bisturi, abrisse a barriga de uma recém-casada para desvendar o mistério da geração, ou apenas para satisfazer a sua curiosidade? Não gritariam contra o assassinato, contra a crueldade? [31]

Devemos ainda, neste ponto, incluir um argumento de Peter Singer cuja origem encontramos em Jeremy Bentham numa demonstração que tem sido muitas vezes mal interpretada ou até criticada de forma violenta e exagerada pelos que querem denegrir o movimento de libertação animal. Singer elabora um raciocínio por redução ao absurdo: se o mínimo desenvolvimento de determinadas capacidades humanas – inteligência, plano de vida, valores morais (ou ausência de outras capacidades como a filosófica e científica) – pelos animais justificasse a prerrogativa de usá-los para nossa conveniência, especialmente para experimentos científicos, o que nos impediria de usar seres humanos em estado vegetativo profundo e irreversível? Estes estão, de fato, num estado de ausência total das capacidades de que são dotados alguns animais. Alguns grandes símios têm um QI de 75, quando sabemos que a média entre os humanos é de 100.

Obviamente, a ideia de instrumentalizar outros seres humanos nos parece horrível. Por sorte, sentimos em relação a eles um nível suficiente de empatia e compaixão para nos preocuparmos com o que lhes possa acontecer, ainda que sejam incapazes de manifestar qualquer das faculdades que conferem à vida humana a sua qualidade tão especial. O fato de sermos naturalmente levados a ter tal consideração por nossos semelhantes tem, sem dúvida, um componente biológico e filosófico. Devemos, todavia, reconhecer que essa consideração é parcial, subjetiva e deformada por nossos preconceitos.

A ideia desse raciocínio por absurdo *não é* animalizar os humanos nem humanizar os animais, nem mesmo sugerir que comecemos a usar seres humanos em estado vegetativo para pesquisas científicas e médicas, nos casos em que isso permitisse descobertas significativas e úteis para a humanidade: a ideia é interromper a instrumentalização dos animais em nosso exclusivo benefício e sem piedade.

Em essência, não se trata, de maneira alguma, de estender aos seres humanos as brutalidades de que são vítimas os animais, mas de estender a estes a compaixão que sentimos pelos seres humanos.

Alguns lampejos de esperança

A diretiva 2010/63/EU do Parlamento Europeu e do Conselho da União Europeia, de 22 de setembro de 2010, relativa à proteção dos animais utilizados para fins científicos, declara que: "Os animais têm um valor intrínseco que deve ser respeitado. [...] Por conseguinte, os animais deverão ser sempre tratados como criaturas sencientes." E mais adiante acrescenta: "A utilização de animais para fins científicos ou educativos só deverá, portanto, ser considerada quando não existir uma alternativa não animal".[32]

A norma europeia estipula em seu preâmbulo: "Embora seja desejável substituir a utilização de animais vivos em procedimentos por outros métodos que não impliquem a sua utilização, recorrer a animais vivos continua sendo necessário para proteger a saúde humana e animal, assim como o ambiente".[33] Essa diretiva, não obstante, insiste na necessidade de aprimorar a situação de bem-estar dos animais utilizados em procedimentos de pesquisas, levando em conta os novos conhecimentos científicos sobre o bem-estar animal, bem como a capacidade dos animais de sentir e exprimir dor, sofrimento e angústia. Graças aos esforços constantes das associações de proteção animal, a diretiva excluiu a utilização de animais em testes de produtos cosméticos.[34] A partir de tal diretiva, os procedimentos precisam indicar o grau de sofrimento numa escala.

Não apenas os animais vertebrados, mas também os cefalópodes (uma classe de moluscos superiores) são abrangidos pela diretiva, que propõe o respeito ao chamado Princípio dos 3 Rs (das iniciais em inglês para *replacement – reduction – refinement*), que envolve substituição, redução e refinamento, também conhecido como Princípios de Russell-Burch, inicialmente formulados em 1959 pelo zoólogo William Russell e pelo microbiólogo Rex Burch.

- SUBSTITUIÇÃO (*Replacement*) de modelos animais por modelos alternativos, quando possível (principalmente por modelos virtuais *in silico*, ou seja, com simulação utilizando computadores).
- REDUÇÃO (*Reduction*) do número de animais utilizados nos experimentos, para evitar que sofram ou sejam sacrificados em grandes quantidades.
- REFINAMENTO (*Refinement*) da metodologia, utilizando métodos pouco invasivos e definindo "pontos limites" para encerramento dos experimentos, a fim de evitar sofrimentos inúteis.

A diretiva também expressa interesse pelo que ocorre com os animais após a utilização nos laboratórios: "Em alguns casos, os animais deverão ser devolvidos a um habitat ou a um sistema zootécnico adequado ou, como no caso dos cães e dos gatos, ser realojados em famílias de acolhimento, tendo em conta a grande preocupação pública com o destino desses animais".

A diretiva visava a eliminar algumas disparidades surgidas apesar da tentativa de conciliação com uma norma anterior (diretiva 86/609/CEE de 1986), citando tal fato em suas considerações iniciais que, desde a sua adoção, "surgiram novas disparidades entre os Estados membros. Alguns deles adotaram medidas nacionais de execução para assegurar um elevado nível de proteção dos animais utilizados para fins científicos, enquanto outros se limitaram a aplicar os requisitos mínimos estabelecidos na Diretiva 86/609/CEE". A nova diretiva de 2010, no que tange à experimentação animal, foi adotada pelo direito francês em fevereiro de 2013.

Na opinião de Jean-Pierre Marguénaud, o Parlamento Europeu marcou uma evolução significativa ao deixar de centrar suas propostas em "avaliações éticas", que permitem uma grande margem de interpretação aos pesquisadores, passando a atribuir ao Direito o lugar que lhe cabia. A nova diretiva europeia obriga os Estados membros a "criar comitês nacionais para a proteção dos animais utilizados para fins científicos".[35] No parecer de Marguénaud, essas disposições representam um verdadeiro avanço, porque a "proteção dos animais" significa algo bem diferente de uma "reflexão ética". A experimentação animal pode então desaguar no campo do Direito, para sair do domínio reservado aos pesquisadores. As novas autoridades não mais se limitam a emitir pareceres para ajudar os pesquisadores na adoção de uma conduta profissional adequada: elas tomam decisões reais que envolvem concessão, recusa, alteração, prorrogação ou revogação das autorizações, de acordo com condições muito exatas, estritamente estabelecidas pela diretiva da União Europeia.[36]

Para alguns, essa evolução contraria o princípio da "liberdade de pesquisa científica", reconhecido pela Carta dos Direitos Fundamentais da União Europeia e que constitui um valor precioso das sociedades democráticas. Mas essa "liberdade" deve ser limitada pela conscientização, agora predominante, de que os animais são, nas palavras de Marguénaud, "seres vivos, muitas vezes sensíveis e por vezes amados, que não podem continuar sendo confundidos com meras coisas como toalhas e guardanapos, carrinhos de mão e computadores".[37] É isso que mostra, de fato, a pesquisa realizada pela Ipsos em 2003: no conjunto, 64% dos franceses se declaram desfavoráveis à experimentação animal. A grande maioria dos franceses é hoje muito crítica da situação – 76% considera que há muito abuso nos experimentos em animais e 73% acredita serem insuficientes as informações fornecidas sobre as condições de sua realização. Finalmente, 85% dos franceses são a favor de uma proibição total de todos os experimentos em animais quando ficar comprovado que poderiam ser empregados métodos alternativos.[38]

Métodos substitutivos

Na atualidade, há muitos métodos alternativos disponíveis, como as culturas de células, de tecidos e de órgãos, especialmente *in vitro*. Eles podem reduzir de modo significativo a quantidade de animais necessários para pesquisa e testes de toxicidade.[39]

A pesquisa *in vitro* consiste em estudo de células, tecidos e órgãos isolados de corpo vivo, animal ou humano. As linhas celulares são retiradas de animais que depois não são mais solicitados. Em contraste, os tecidos ou órgãos são de animais abatidos para tal finalidade. Existem bancos de tecidos humanos e de células estaminais em alguns países, mas estão frequentemente sujeitos a obstáculos legais e éticos. Os testes *in vitro* são muito promissores no campo das pesquisas sobre os efeitos de produtos químicos.

Os computadores também possibilitam, por simulação e realidade virtual, progredir em inúmeros setores. Esse tipo de pesquisa é denominado *in silico* (em razão do silício utilizado nos computadores), em oposição às pesquisas *in vivo* (com órgãos vivos) ou *in vitro* (em cultura de células e de tecidos). Foi desenvolvido um modelo gastrointestinal, por exemplo, para simular estômago, intestino delgado e cólon. Esse modelo permite, em especial, estudar as interações entre medicamentos e alimentos, além de testar de maneira virtual os efeitos de produtos específicos. Para determinar o efeito corrosivo ou necrosante de um produto, pode-se agora utilizar peles artificiais em vez de peles de animais.

Na área do ensino, os alunos podem fazer vivissecção em realidade virtual, usando, por exemplo, o *software* V-Frog.[40] Esse programa de computador possibilita repetir todas as etapas de aprendizado de maneira muito realista, tantas vezes quantas necessárias, sem jamais utilizar rãs ou sapos vivos. As avaliações feitas demonstraram que os alunos que estudaram com ajuda de soluções alternativas virtuais atingem, no mínimo, um nível igual ao de alunos que tiveram aulas baseadas no uso de animais.[41]

Na prática, infelizmente, o dilema da experimentação animal está longe de ser resolvido. Os pesquisadores acreditam que, na maior parte dos casos, não é possível prescindir de tais experimentos para resolver problemas complexos como a esquizofrenia, a epilepsia ou doenças autoimunes, que exigem experimentos num cérebro em funcionamento ou num corpo inteiro. Eles afirmam que essas doenças não podem ser entendidas pelo simples uso de culturas celulares.

Assim, podemos apenas almejar que seja feito um esforço máximo e que sejam destinados recursos para o desenvolvimento de técnicas alternativas, de modo que os experimentos em animais sejam abandonados em definitivo e em todos os lugares, para tudo que se relacione ao supérfluo (produtos cosméticos) ou ao utilitário (produtos domésticos). É também conveniente que tudo seja feito para minimizar o sofrimento dos animais durante e após o experimento.

Segundo Jean-Pierre Marguénaud, não seria surpreendente ver a próxima diretiva, que deverá ser promulgada no máximo até 10 de novembro de 2017, reexaminada à luz dos avanços obtidos, colocando em ação a única ameaça capaz de permitir a obtenção do objetivo final: fixar um prazo (2030-35?) a partir do qual somente os métodos alternativos (*in vitro* e *in silico*) sejam autorizados.[42]

No entanto, esses avanços não ajudarão a resolver o problema fundamental da moralidade da instrumentalização de seres sencientes em nosso proveito em outras áreas. Este é um flagelo que a consciência humana apenas poderá extinguir quando cessar de exercer cegamente o direito do mais forte.

10. O TRÁFICO DE ANIMAIS SILVESTRES

O COMÉRCIO DE ANIMAIS SILVESTRES E SEUS PRODUTOS DERIVADOS É UMA DAS atividades ilícitas mais rentáveis do mundo. O lucro anual para os traficantes é de no mínimo 15 bilhões de euros, ocupando o terceiro lugar em lucro, logo após o tráfico de armas e de drogas.[1]

O desmatamento, a urbanização e a poluição são as causas principais do desaparecimento de espécies animais e vegetais, mas o tráfico de animais tem também um impacto notável sobre as espécies ameaçadas. O comércio de animais vivos ou mortos, de seus órgãos, peles ou couro, plumas ou ossos pode fazer diminuir a população de uma espécie até que ela atinja um limiar crítico para a sua sobrevivência, ou seja extinta.[2] O tráfico induz um círculo vicioso: quanto mais rara a espécie, mais alto o seu preço, e quanto mais alto o preço, mais ela é visada pelos traficantes e mais aumenta o risco de sua extinção.

As espécies em risco são protegidas pela Convenção sobre o Comércio Internacional das Espécies da Flora e Fauna Selvagens Ameaçadas de Extinção (CITES). Esse acordo intergovernamental, também conhecido como Convenção de Washington, foi assinado em 1973 por 170 países.[3] O órgão criado a partir desse tratado fiscaliza, regulamenta ou proíbe o comércio internacional de animais que estejam em situação crítica.

Sangria ecológica e martírio de animais

Segundo um relatório da WWF (datado de 2006) e as estimativas da CITES, o tráfico de animais silvestres atinge anualmente 50 mil símios, entre 640 mil e 2 milhões de répteis, 1,5 milhão de pássaros, 3 milhões de tartarugas e 350 milhões de peixes de aquário. O tráfico envolve animais vivos, tais como os papagaios-do-congo (*Psittacus erithacus*), espécie sob proteção, as jiboias (*Boa constrictor*), incluindo ainda os gorilas, as tartarugas e os guepardos. A cada ano, o tráfico também atinge os "produtos derivados": 1,6 milhão de couros de lagarto; 2 milhões de couros de cobra; 300 mil couros de crocodilo; 1,1 milhão de peles; 1 milhão de blocos de coral, e 21 mil troféus de caça.[4] Tais produtos são utilizados na medicina chinesa e em outras medicinas tradicionais, na decoração, em produtos de luxo e como amuletos.

Os ovos de periquitos azuis do Brasil, uma espécie protegida, são vendidos na Europa por até 4 mil euros cada, enquanto o caçador da Amazônia que os recolhe na floresta recebe apenas 3 euros por ovo.[5] A lã feita com os pelos do antílope tibetano Chiru (*Pantholops hodgsonii*), considerada a mais fina do mundo, é usada para fabricar os xales conhecidos como *shahtoosh* ("rainha das lãs"), vendidos no mercado negro por até 3 mil euros cada. Somente são retirados os pelos muito finos do pescoço do animal. Por ter se tornado muito raro, esse antílope é objeto de intensa caça ilegal por traficantes chineses que, de seus jipes, não hesitam em atirar nos animais com metralhadora. Tudo isso acontece apesar de ser uma espécie protegida desde 1979.

Por sua vez, a organização TRAFFIC avalia que o comércio de animais selvagens ou silvestres atinge anualmente de 500 a 600 milhões de peixes tropicais, 15 milhões de animais visados por suas peles, 5 milhões de aves, 2 milhões de répteis e 30 mil primatas, pertencentes a várias dezenas de milhares de espécies. A crescente demanda dos chamados "novos animais de companhia", como lagartos, camaleões e outros répteis de pequeno porte, é um desastre para essas espécies. De acordo com a CITES, o comércio ilegal de répteis protegidos na França aumentou 250% entre 2004 e 2009.

Na China, a bile de ursos é usada na medicina tradicional, que lhe atribui toda sorte de virtudes. Mais de 10 mil ursos-negros-asiáticos (também conhecidos como ursos-negros-tibetanos, ursos-negros-himalaios ou ursos-lua) são enclausurados permanentemente em jaulas, para serem perfurados duas vezes por dia. Ocorre o mesmo com cerca de 2.400 ursos no Vietnã, e um número indeterminado na Mongólia. Os ursos permanecem imobilizados dia e noite, em posição alongada, e as jaulas são tão pequenas que eles não conseguem nem mesmo virar de lado. A retirada da bile pode começar a partir da idade de um ano: inserem um cateter, ou sonda grande, de forma permanente na vesícula biliar. O urso fica preso na altura da cintura por um espartilho de ferro, que ajuda a manter o cateter no lugar. Os operadores também utilizam bombas de extração mais potentes, que são extremamente dolorosas. Durante a extração da bile, os animais gemem e batem a cabeça contra as grades. Alguns chegam ao ponto de morder as próprias patas.

Assim feridos e esquálidos, os ursos não sobrevivem por muito tempo, sendo então enviados para aproveitamento da carne, que é cara e muito procurada. Alguns poucos sobrevivem e suportam esse suplício por dez ou vinte anos. Os preparados à base de bile são vendidos por até 350 euros por 100 mililitros. Quando o animal morre, a vesícula biliar pode ser vendida por até 15 mil euros em mercados como China, Hong Kong, Japão, Macau, Coreia do Sul e Taiwan.[6]

Jill Robinson, uma inglesa que se dedica à proteção dos animais, visitou pela primeira vez uma fazenda de bile de urso na China em 1993, disfarçada como turista. Ela ficou com a impressão de ter entrado num filme de terror. Em 2000, após sete anos de pesquisas e tratativas, ela conseguiu obter da Associação chinesa de conservação da fauna e do Departamento Florestal de Sichuan[7] o compromisso de libertação de 500 ursos. Esse foi o primeiro acordo já assinado entre o governo chinês e uma organização estrangeira de proteção animal. Desde então, Jill Robinson fundou a Animals Asia Foundation e criou o Centro de resgate de ursos-lua em Chengdu, capital da província de Sichuan. Essa fundação já salvou 260 ursos na

China e abriu recentemente uma reserva no Vietnã, país em que a coleta de bile continua sendo praticada, embora ilegal.[8] Segundo os dados oficiais, 68 fazendas de ursos ainda estão em atividade na China. Constituída em 2000, a companhia farmacêutica Guizhentang tem 470 ursos, e devido a sua prosperidade pretende aumentar esse número para 1.200.[9] Portanto, ainda resta muito a ser feito.

Os animais selvagens ou silvestres, todavia, não são as únicas vítimas do tráfico. Na Europa, os traficantes não esperam que os gatos e cães atinjam a idade legal para que sejam levados de um país para outro, já que os filhotes são vendidos com mais facilidade do que os animais adultos. Muitos morrem durante o transporte, em geral feito em condições bastante inadequadas. A Bélgica é o centro desse tráfico, pela facilidade em obter passaportes europeus que são agora obrigatórios para a circulação de animais de companhia.

O crepúsculo do tigre

Em dez anos a população de tigres selvagens caiu pela metade, em razão da destruição de seu habitat e da caça ilegal. A população mundial, estimada em 100 mil animais no início do século XX, desabou: restam apenas cerca de 3.200 tigres em estado selvagem. Os tigres desapareceram em 11 dos 24 países asiáticos onde antes eram numerosos. Três subespécies já são consideradas extintas. A Indonésia deixou os tigres de Bali desaparecerem na década de 1930 e os de Java na década de 1980. A subespécie de tigre ocidental, o tigre-do-cáspio ou tigre-persa, desapareceu em 1972.

Keshav Varma, diretor do programa do Banco Mundial de proteção aos tigres (Global Tiger Initiative), considerava em 2008, época do lançamento do programa, que restariam apenas dez anos para salvar os tigres, lamentando que "Os meios utilizados para impedir essa tragédia são claramente insuficientes na luta contra as grandes máfias internacionais que agora controlam esses tráficos".[10] Se a tendência não for revertida, o tigre selvagem está condenado a desaparecer.

A isso se soma a crueldade que prevalece em muitas "fazendas de tigres" surgidas na China, descritas por Louis Bériot em seu livro *Ces animaux qu'on assassine* [Esses animais que assassinamos]: "A China tem em seus parques, zoológicos e fazendas, em mais de duzentos locais, duas a três vezes mais tigres em cativeiro do que os que vivem em liberdade no mundo. Esses tigres são criados pelos proprietários de fazendas e de muitos jardins zoológicos para abate e revenda de órgãos, carne, pele e ossos para os mercados chineses, coreanos, taiwaneses, japoneses e americanos. Isso ocorre porque, sendo de fácil reprodução em cativeiro, o tigre tornou-se um animal de criação 'em confinamento'".[11]

Louis Bériot visitou, em especial, o Xiongsen Bear and Tiger Mountain Village, onde são detidos 1.400 tigres – de Bengala, da Sibéria, do sul da China e de países vizinhos (além de 200 ou 300 cadáveres armazenados no congelador); 400 ursos-negros da China; 300 leões da África, e cerca de 500 símios.[12] Este é, sem dúvida, o maior local de criação de animais "selvagens" do mundo. Além de criação comercial, esse vasto complexo oferece ainda espetáculos circenses que atraem multidões de visitantes.

A empresa foi fundada em 1993, com as bênçãos do governo central e das autoridades regionais, e contou ainda com um subsídio governamental de mais de 350 milhões de yuans (35 milhões de euros) – apesar de, no mesmo ano, a China ter anunciado a proibição do comércio de produtos derivados do tigre. Do tigre, tudo se vende: pele, ossos, pênis, bigodes, garras, dentes... A pele de um tigre custa 15 mil euros, e seu esqueleto é vendido por 200 mil euros. Os ossos são utilizados para fazer um vinho "tônico" que promete curar todos os males e estimular todas as funções vitais, bem como pomadas e outros remédios. Assim que os tigres atingem o tamanho adulto e que seus ossos param de crescer, passam a ser subalimentados, e nas semanas que antecedem o abate os animais são privados de comida. No zoológico de animais selvagens de Shenyang (Shenyang Forest Wild Animal Zoo), também na China, 40 tigres siberianos morreram de fome entre dezembro de 2009 e fevereiro de 2010.

Quanto ao conjunto dos produtos derivados do corpo de tigre utilizados pela medicina tradicional chinesa, de acordo com Andy Fisher, da Wildlife Crime Unit [Unidade de combate ao tráfico de animais silvestres] em Londres: "Esses produtos foram testados milhares de vezes, e ficou comprovado que não trazem qualquer outro benefício além do que pode ser obtido com o leite".[13] O tráfico continua a prosperar, apesar de proibido pelas leis de alguns países asiáticos, pois elas quase não são aplicadas.

O fascínio por presas de elefante, chifres de rinoceronte e barbatanas de tubarão

Estima-se que 25 mil elefantes são mortos a cada ano, pelo marfim de suas presas. Após um relatório da EIA – Environmental Investigation Agency [Agência de investigação ambiental dos Estados Unidos] sobre os efeitos devastadores da caça ilegal na década de 1980, foi promulgada uma proibição internacional do comércio do marfim, que entrou em vigor em 1989. Durante alguns anos, observou-se uma redução espetacular na caça ilegal em grande parte da África. Infelizmente, como a demanda de marfim permaneceu elevada, os elefantes voltaram a ser dizimados. O marfim é muito valorizado na Ásia para confecção de joias, ornamentos e esculturas religiosas. O volume de marfim transportado da África para a Ásia Oriental (sobretudo para a China) foi avaliado em 72 toneladas ao ano (correspondente a sete mil elefantes mortos), no valor de 62 milhões de dólares.

De acordo com Amanda Gent, do IFAW – International Fund for Animal [Fundo Internacional para o Bem-Estar Animal]: "Atualmente, a cada dia uma centena de elefantes desaparecem, nos 36 países africanos em que ainda existem. Os caçadores clandestinos são dirigidos e pagos por traficantes chineses, que se estabeleceram na

África há cerca de quinze anos e ampliaram de maneira significativa o tráfico de marfim, uma mercadoria de luxo com alta demanda na China e em todo o sudeste asiático".[14]

A recente onda de massacres de rinocerontes pode ser em grande parte atribuída às alegações difundidas no Extremo Oriente, mas sem qualquer fundamento, de que seu chifre seria um remédio contra o câncer, a impotência e outras doenças. Utilizar o pó de chifre de rinoceronte ou possuir esculturas em chifre também representam um sinal de riqueza. Os comerciantes não hesitam em pagar 90 mil euros por um chifre de rinoceronte, que em seguida revendem em forma de pó ao preço de mil a 2 mil euros a dose (mais caro do que cocaína), e tudo isso por um produto que não tem nenhum efeito.[15] No Oriente, as tríades chinesas de Hong Kong conseguem a melhor parte neste tráfico. A demanda é tão elevada que a caça ilegal de rinocerontes na África do Sul (país com maior concentração desses animais) aumentou 5.000% entre 2007 e 2012. Apenas em 2013, foram mortos 900 animais dessa espécie. Um animal é abatido a cada dez horas. Na atualidade restam apenas cerca de 25 mil rinocerontes no mundo, frente aos 600 mil que existiam em meados do século XX.

Mais de 200 milhões de tubarões são mortos a cada ano, sendo 75 milhões deles apenas por suas barbatanas. Os pescadores as cortam fora e jogam os tubarões mutilados de volta no mar. Com as lesões, os tubarões se esvaem em sangue, perdem a capacidade de orientação e assim são levados à morte.[16] As barbatanas de tubarão são vendidas principalmente em restaurantes de luxo em Hong Kong, na Tailândia e na China.

As ligações com a corrupção, o crime organizado e os grupos terroristas

Uma pesquisa de Leo Douglas, do Centro Pluridisciplinar para Biodiversidade e Conservação do American Museum of Natural History em Nova York[17], e Kelvin Alie, do IFAW – International Fund for Animal Welfare[18], demonstrou que os caçadores clandestinos com frequência têm ligação com chefes militares locais ou com grupos de rebeldes, que se valem usualmente do tráfico de espécies selvagens ou silvestres para financiar suas atividades.[19] Isso é verdadeiro em especial no caso das milícias Janjaweed no Chade e no Sudão, das Forças Democráticas para a Libertação de Ruanda e dos militantes do grupo islâmico Al Shabaab, que cruzam a fronteira do Quênia para a caça ilegal de elefantes na reserva de Arawale. O lucro proveniente da caça ilegal também financia a compra de armas e munições, e agrava os conflitos regionais.

Segundo Kelvin Alie: "A corrupção se propaga como num rastilho de pólvora, afetando os militares, os guardas de fronteira, a polícia, o sistema judiciário, os agentes aduaneiros, os funcionários das embaixadas e até mesmo os diplomatas de numerosos países. Todos lucram com o comércio ilegal de espécies silvestres e ajudam ativamente os traficantes".[20] Os criminologistas também constataram que os animais silvestres mais valiosos também são usados como moeda de troca para organizações criminosas e terroristas, já que o tráfico de animais se tornou uma forma eficaz de lavagem de dinheiro.

Na verdade, o tráfico de animais é mais fácil, menos oneroso e mais seguro do que se arriscar no contrabando de minerais raros ou outros recursos naturais valiosos (petróleo, gás, minerais, essências de árvores raras). Para as autoridades, é difícil fiscalizar e coibir essas práticas. Os guardas florestais e as brigadas de combate à caça clandestina são em grande parte mal equipados e mal remunerados. Em número insuficiente, não conseguem enfrentar caçadores ilegais armados com fuzis AK-47 e lança-granadas, nem restringir a ação de redes de traficantes com recursos suficientes para corromper os funcionários locais e cruzar as fronteiras sem serem molestados.

Os turistas também são cúmplices dessas práticas lesivas quando adquirem objetos feitos de marfim e de casco de tartaruga ou outros subprodutos da exploração de espécies protegidas, promovendo assim a perpetuação da caça clandestina. Isso se aplica também aos colecionadores de espécies raras. Arrancar um grande número de animais de seu ambiente natural pode desequilibrar um ecossistema e romper a cadeia de interdependência que liga todas as espécies que o povoam. O impacto repercute em todo o conjunto da fauna e flora locais.[21]

Os "pontos quentes"

Os "pontos quentes" e os principais centros de comércio de animais selvagens ou silvestres incluem: as fronteiras chinesas; algumas regiões da Indonésia, Malásia, Nova Guiné, das Antilhas e do México; as Ilhas Salomão; o aeroporto internacional Suvarnabhumi de Bangkok, e as fronteiras orientais da União Europeia.

O mercado de Chatuchak em Bangkok, por exemplo, é um conhecido centro de comércio ilegal de animais e venda de lagartos, primatas e outras espécies ameaçadas de extinção. Da mesma forma, na Amazônia, nos mercados de Iquitos e de Manaus, é comercializada uma grande variedade de animais da floresta tropical – cutias, queixadas, tartarugas –, por sua carne. Muitas outras espécies protegidas, principalmente periquitos e macacos, são negociadas como animais de estimação. Em março de 2009, 450 policiais brasileiros prenderam 78 pessoas de uma rede que traficava 500 mil animais por ano, inclusive jiboias, macacos-prego, veados, araras--azuis-grandes e araras-azuis-de-lear, além de outras espécies protegidas.[22]

Os caçadores ilegais preferem capturar animais jovens, e para isso frequentemente matam a mãe que tenta proteger suas crias. No caso de micos, saguis, macacos--aranha, macacos *saki** e muitos outros, os caçadores atiram na mãe que, em galhos altos das árvores, carrega o filhote. Muitos não sobrevivem à queda.

---

*. Nome francês genérico para diversas espécies de primatas da família Pitheciidae. [N. da R.]

Grandes perdas durante a captura e o transporte

O alto nível de tensão e violência durante a captura de animais vivos, as condições de vida em cativeiro e o transporte clandestino trazem como resultado uma taxa muito elevada de mortalidade: em média, somente um animal sobrevive, a cada dez capturados em seu ambiente natural. No caso dos camaleões de Madagascar, a taxa de sobrevivência é de 1% apenas.[23] Por esse motivo, os traficantes capturam uma quantidade bastante elevada de animais já prevendo as perdas. Os Estados Unidos são um destino muito visado para os animais da floresta tropical amazônica, que cruzam as fronteiras da mesma forma que as drogas ilegais: no porta-malas de veículos, em valises ou contêineres. Um traficante foi preso no aeroporto de Los Angeles com 14 pássaros raros escondidos em sua própria roupa. Em 1999, no aeroporto de Frankfurt, 1.300 tarântulas (de valor hoje estimado em 120 mil euros) foram encontradas na bagagem de um francês que retornava do México.[24] São abundantes os exemplos de casos assim.

Algumas associações beneficentes, com recursos muito limitados, assumem os cuidados de uma pequena parcela dos animais confiscados nas alfândegas. Na maioria dos casos, porém, as autoridades não têm outra escolha a não ser sacrificar milhares de animais selvagens ou silvestres confiscados, por não poderem abrigá-los nem os devolver aos locais de origem.

Uma repercussão negativa

Em 2005, na Índia, o Dalai Lama condenou com rigor o hábito que numerosos tibetanos haviam adotado de adornar suas roupas, em dias de festa, com peles de tigre, leopardo e lontra. Ele declarou que tal hábito não refletia de forma alguma as tradições ancestrais do Tibete e estava em contradição flagrante com os ensinamentos do budismo. Ele acrescentou: "O fato de meus compatriotas terem adotado tais hábitos me faz desejar não viver por muito mais tempo". Essa declaração se espalhou rapidamente pelo Tibete: quase todos os tibetanos arrancaram fora as peles que ornamentavam suas roupas e as queimaram em praça pública, em altas fogueiras.

Em dezembro de 2007, na Caxemira, a organização indiana WTI – Wildlife Trust of India – queimou em público um estoque de oito caminhões de peles de espécies protegidas (tigres, leopardos, leopardos-das-neves, ursos-negros, lontras, lobos etc.), sem dúvida um dos maiores estoques de peles de animais selvagens jamais destruída dessa maneira.

O objetivo dessas intervenções era servir de exemplo, com a melhor das intenções, mas infelizmente tiveram um efeito inesperado e perverso: um aumento considerável no preço dessas peles e, no final das contas, o fortalecimento ainda maior do tráfico. No Tibete, Debbie Banks, uma das principais pesquisadoras da EIA, constatou que, longe de findar, o tráfico de peles e couros de animais até se intensificou.[25] Em Lhasa, Debbie Banks e seus colaboradores encontraram traficantes que tinham acabado de vender várias dezenas de grandes peles de tigre para serem enviadas para China, Coreia do Sul, Taiwan e Malásia. Encontraram também, sem dificuldade, estoques de ossos de tigre destinados a empresas farmacêuticas chinesas.

Os vendedores de Lhasa se vangloriavam de poder continuar suas atividades sem receio, porque tinham, tanto no Nepal como na China, contatos em altos postos que garantiriam sua impunidade. Alguns confidenciaram que vendiam até 25 peles de leopardo por mês, apesar da diminuição real na demanda dos tibetanos inspirados pelos desejos do Dalai Lama. Além disso, para contrariá-lo, as autoridades chinesas obrigaram os tibetanos a usar novamente as peles de tigre, embora esta prática contrarie as leis do país.

As principais rotas de tráfico são, na Índia, as passagens pouco fiscalizadas de Uttar Pradesh, Himachal Pradesh e Ladakh na Caxemira, e as fronteiras do Nepal e do Butão.

Leis insuficientes ou pouco aplicadas

Os espetáculos de apreensão e destruição de marfim, de peles de espécies protegidas e de outros produtos derivados podem representar um entrave momentâneo ao tráfico de animais selvagens ou silvestres, mas não oferecem uma solução duradoura. É essencial reforçar as leis existentes e, sobretudo, *aplicá-las,* o que está longe de ser o caso. Conforme enfatiza a associação One Voice: "Apesar das leis mundiais de proteção, somos forçados a constatar que persistem a caça ilegal e as retiradas de animais silvestres da natureza, inclusive de espécies protegidas".[26]

O urso-negro e o urso-preguiça, por exemplo, apesar de protegidos pela Convenção de Washington por estarem entre os mais ameaçados do planeta, continuam perseguidos na Índia ou na China para obtenção de bile, de carne, ou ainda para entreter os turistas que querem ver "ursos dançarinos". Na África, os leões são liberados para servir como alvos aos aficionados de safaris ou de caça esportiva.

Segundo Leo Douglas, o tráfico de animais silvestres é especialmente rentável "por não ser objeto de uma efetiva estigmatização social, por ser mínimo o risco de prisão e, ainda, porque os poucos criminosos que terminam nas mãos da Justiça recebem, infelizmente, penas em geral insignificantes". Em 2014, na Irlanda, dois traficantes de chifres de rinoceronte foram detidos. Rendimento potencial com a mercadoria: 500 mil euros. Multa aplicada: 500 euros...[27]

11. Os animais como objeto de diversão

Uma relação de poder

COMO VIMOS NO CAPÍTULO 2 – "O QUE OS OLHOS NÃO VEEM O CORAÇÃO NÃO SENTE", James Serpell, professor de Ética Animal na Universidade da Pensilvânia, demonstrou que a relação estabelecida pelos homens quando começaram a domesticar os animais, por estar baseada na associação contraditória entre intimidade e escravidão, gerava o sentimento doloroso de culpa. Para eliminar o desconforto, os homens criaram ideologias que lhes permitissem continuar dominando os animais sem nenhum sentimento de culpa.[1]

Mais adiante, a capacidade de dominar os animais e a natureza passou a ser uma medida do sucesso da civilização humana, tornando-se até mesmo uma forma de demonstrar prestígio pessoal, cultural ou nacional. Os reis da Babilônia e da Assíria traziam animais selvagens para dentro de suas muralhas e os perseguiam em bigas, com matilhas de cães. As caçadas eram imortalizadas nos baixos-relevos que ornamentavam as paredes de seus palácios.[2]

Ainda que com menor inclinação à crueldade gratuita contra os animais, os gregos da Antiguidade também eram grandes entusiastas de desfiles espetaculares, com destaque para inumeráveis animais exóticos. No século III a.C., na Alexandria – então o centro cultural do Império Helênico –, uma multidão de pessoas e de animais desfilava durante um dia inteiro, a cada ano, diante das tribunas do estádio. O espetáculo trazia elefantes, avestruzes e asnos selvagens atrelados a bigas, mais de 2 mil cães de diversas raças exóticas, 150 homens com árvores onde eram presos pássaros e mamíferos arborícolas, duas dúzias de leões, seguidos por leopardos, guepardos, linces, uma girafa, um rinoceronte e por vezes um urso polar.[3]

Se os *ludi,* como eram chamados os jogos da Roma Antiga, consistiam basicamente em corridas de bigas e em competições de atletismo, os *munera* exibiam lutas de gladiadores, em geral prisioneiros de guerra escravizados. Mas os romanos também eram conhecidos por sua barbárie com os animais. Os imperadores e as multidões se compraziam em ver incontáveis animais serem abatidos por *bestiários,* que eram os gladiadores treinados na luta com animais selvagens. Também eram encenados espetáculos de caça em que os *venatores* perseguiam e abatiam a caça em cenários naturais reconstituídos – bosques, arvoredos, pequenos montes – na arena do circo. Os animais eram também incitados a lutar entre si no Circo Máximo, o maior recinto esportivo que o mundo tinha conhecido (capacidade para 250 mil espectadores),[4] no Coliseu de Roma e em muitas outras arenas. Ursos e touros eram presos por correntes uns aos outros para se destruírem mutuamente.

Os elefantes, rinocerontes, hipopótamos, leões e leopardos recebiam estimulantes para ficarem mais furiosos. Os animais que sobrevivessem da carnificina eram depois abatidos das arquibancadas por espectadores transformados em arqueiros, que pagavam por esse privilégio.

Durante a inauguração do Coliseu de Roma, que durou cem dias, em 81 d.C., 9 mil animais selvagens foram exterminados. Durante uma única celebração, no ano 240, foram mortos nada menos que 2 mil gladiadores, 70 leões, 40 cavalos selvagens, 30 elefantes, 30 leopardos, 20 asnos selvagens, 19 girafas, 10 antílopes, 10 hienas, 10 tigres, além de um hipopótamo e um rinoceronte. Nero autorizou seus guarda-costas a massacrar 400 ursos e 300 leões com lanças. Mas o recorde cabe ao imperador Trajano: para comemorar suas vitórias na Dácia, ordenou a matança pública de 11 mil animais selvagens. O imperador Cômodo, por sua vez, lançava contra avestruzes flechas com pontas de várias lâminas afiadas, sendo os pássaros assim decapitados. Os corpos sem cabeça continuavam a correr por alguns instantes, para diversão do público assistente.[5] A multiplicação desses jogos (até cem por ano) e o comércio lucrativo de animais selvagens para uso nos circos acarretaram o desaparecimento de muitas espécies nas regiões mais sujeitas a pilhagem. Isso ocorreu, por exemplo, com os hipopótamos no vale do Nilo.

A loucura coletiva das multidões sedentas de tais espetáculos sangrentos finalmente se encerrou por volta do século VI, com o fechamento do Circo Máximo, que pouco a pouco caiu em ruínas. A violência contra os animais, porém, persistiu em entretenimentos ao longo dos séculos. A historiadora Barbara Tuchman descreve dois esportes populares na Europa do século XIV:

> Os jogadores, com as mãos amarradas atrás das costas, tentavam desesperadamente matar com golpes da própria cabeça um gato pregado a um poste, correndo o risco de ter o rosto dilacerado ou os olhos arrancados pelas garras do animal que se debatia de maneira frenética. Em outros casos, um porco era colocado num cercado e perseguido por homens armados com bastões. O animal guinchava enquanto corria em todas as direções, sob os risos da plateia, até sucumbir aos repetidos golpes dos bastões.[6]

Hoje em dia, os massacres e desfiles da Antiguidade ainda subsistem nas touradas, nos números de adestramento de animais selvagens (elefantes e outros animais) que ainda são apresentados em muitos circos e que, na opinião dos próprios domadores, estão longe de ser tão inofensivos quanto parecem, sem esquecer os animais apáticos ou quase enlouquecidos que são oferecidos como espetáculo em alguns zoológicos. No entanto, esses supostos entretenimentos não perderam sua dose de crueldade visível, dissimulada ou mesmo disfarçada sob características lisonjeiras. Eles consistem, em verdade, na exploração, no sofrimento intencional e, no caso das touradas, na morte de animais que não nos fizeram nada, nada exigiram e que estariam muito melhor em seus ambientes naturais. "Contaram-nos que o povo romano enjoava-se de tudo, mas isso não é verdade: eles mantinham o gosto pelo sangue. E quantos romanos em nossa Gália!", exclamava Georges Clemenceau a propósito das touradas.[7]

Meu objetivo neste capítulo é inspirar uma tomada de consciência. Mudanças reais só podem ocorrer quando são voluntárias. Somente quando concordamos em nos colocar no lugar do outro, e em conceder-lhe um valor intrínseco, conseguimos interiorizar suficiente respeito e consideração pelo seu destino, e isso traz gradualmente as mudanças culturais. As leis que são promulgadas em seguida apenas endossam essas transformações e lhes conferem mais formalidade.

A tourada: uma festa da morte

Se escolho dar destaque à questão das touradas apesar de seu ínfimo total de vítimas (12 mil touros mortos por ano) em comparação com a matança generalizada da pecuária industrial (60 bilhões de animais por ano), é pelo fato de a tourada ser, em primeiro lugar, o arquétipo do entretenimento mórbido para o ser humano e mortífero para o animal. Por outro lado, a tourada é objeto de defesa assídua e até mesmo "erudita", na medida em que eminentes filósofos como Francis Wolff, escritores e artistas famosos a defenderam e ainda a defendem até hoje. Por último, o debate a respeito de sua manutenção ou abolição desencadeia reações de fato passionais, pelo menos verbalmente tão violentas quanto o próprio espetáculo em si. A prática da tourada representa, portanto, o símbolo dos preconceitos antropocêntricos que mantemos em relação aos animais e, como tal, merece ser analisada. Antes de iniciar o debate, vamos imaginar por um instante o universo mental subjetivo de seus entusiastas participantes.

Vamos nos colocar no lugar do fã de touradas: de seu ponto de vista, a tourada é uma festa, uma ocasião para encontrar a comunidade local. A encenação é perfeita, as reviravoltas do combate são de tirar o fôlego e os sons das trombetas estimulantes. Os espectadores são seres humanos como você e eu, que aliás levam uma vida normal, povoada de alegrias e sofrimentos. Alguns ficam eletrizados pelas cenas fortes de confronto entre o homem com seu "traje de luzes" e o touro; outros veem ali uma arte que os transporta. Tudo é uma questão de ponto de vista, de percepção subjetiva, e de costumes e tradições que fazem com que alguns admirem aquilo que provoca horror em outros. Para o aficionado, o modo de perceber a tourada é evidente.

Se temos pouca ou nenhuma consideração pelo sofrimento do outro (neste caso o touro), por aquilo que lhe possa ocorrer e por suas aspirações, nossa visão unidirecional dos fatos permanecerá sendo o único e exclusivo ponto de vista. Nos casos em que o aficionado manifesta empatia pelo touro, o que muitos deles dizem sentir, ele decide em seguida que a "beleza" do espetáculo compensa o sofrimento do animal.

Na tourada, o homem decide, sem que isso seja de alguma forma necessário para sua própria sobrevivência, infligir sofrimentos intensos e tirar a vida de um ser que não lhe causou mal algum. O filósofo Francis Wolff, defensor ardoroso das touradas, enuncia 50 pontos principais para justificar a existência delas. Desses pontos, citamos aqui para exame apenas os mais importantes: "A tourada não é apenas um espetáculo magnífico. Ela não é apenas aceitável. Podemos defendê-la por ser moralmente correta".[8] Essa é a tese principal que defende esse filósofo, professor num renomado estabelecimento de ensino superior na França e autor de numerosas obras e artigos a respeito.

Matar um inocente, porém, nunca foi considerado um ato moral. Constranger um ser, humano ou animal, a entrar em combate sem nenhuma necessidade e ser vítima de uma morte programada para o deleite de um determinado número de atores e de espectadores não pode ser considerado moralmente correto. Afinal, a moral não é justamente um conhecimento do bem e do mal que nos permite distinguir entre o que é benéfico e o que é nocivo aos outros? Ela exige conferir um valor intrínseco aos outros, exige consideração pelos outros e exige levar em conta as legítimas aspirações que lhes são próprias, sendo dentre elas a primeira e mais fundamental a de viver.

Será que a tourada permitiria cultivar virtudes nobres?

Por vezes, afirmou-se que a prática da tourada seria uma escola de virtude. É isso que já dizia Plínio, sobre os jogos do circo romano. Em seu panegírico do imperador Trajano,[9] ele considerava que esses entretenimentos violentos contribuíam para criar os valores morais, a saber: a coragem (*fortitudo*); a disciplina (*disciplina*); a firmeza nos padrões adotados (*constantia*); a resistência (*patientia*); o desprezo pela morte (*contemptus mortis*); o amor à glória (*amor laudis*), e o desejo de vencer (*cupido victoriae*).[10] Os massacres são assim recobertos por um manto de virtude.

As mesmas justificativas são citadas pelos entusiastas das touradas. Para Francis Wolff, tourear "é ilustrar cinco ou seis grandes virtudes atemporais que são, talvez, menos frequentemente glorificadas hoje do que outras, como a compaixão, que tende gradualmente a tomar o lugar da justiça". "Ser toureiro", explica esse filósofo, "requer coragem e sangue-frio, dignidade e brio, autocontrole, lealdade e solidariedade". Ele conclui: "Também é preciso matar o adversário, o que só se justifica se para tanto for necessário colocar sua própria vida em risco: isso pressupõe uma perfeita lealdade frente ao adversário e uma total sinceridade em seu próprio compromisso físico e moral. [...] Não é esse um exemplo do que gostaríamos de poder fazer, um modelo do que almejaríamos ser?".[11] Diante de tal declaração, só podemos nos perguntar onde estaria a justiça num ato que envolve a morte de um animal sem que ele nos cause qualquer tipo de dano. Cultivar a virtude quando se causa dano ao outro parece-nos ser uma contradição ética. A menos que ferir e matar signifique fazer o bem ao outro. Além disso, esses valores – o brio, a dignidade, o autocontrole, entre outros – não perdem totalmente o significado quando praticados à custa da vida de outros seres que não têm culpa de crime algum? A verdadeira coragem ou o verdadeiro brio não consistiriam em arriscar a própria vida para salvar a de outro ser? Onde reside a dignidade do combatente quando seu "adversário" é um ser inocente que não pode lutar em igualdade de condições?

A "arte" de matar

"Esteticamente, o golpe de espada é o gesto que concretiza o ato e faz nascer a obra; a estocada bem-sucedida, perfeita, imediata, parece conferir ao trabalho precedente a unidade, a totalidade e a perfeição de uma obra."[12] O gesto espontâneo e perfeito pode qualificar a obra de um calígrafo excepcional, mas matar não é uma arte, e a morte não é uma obra nem um espetáculo, principalmente se imposta a um ser vivo que não tem absolutamente nenhuma vontade de morrer. Como escreveu um leitor da revista *Philosophie magazine*, reagindo a esse tipo de argumento: "Que justificativa mais nebulosa para matar!".[13] É indubitável que o touro apreciaria uma forma de arte menos mortífera.

Ninguém se atreveria a fincar as lâminas dos estoques, as bandarilhas e uma espada no corpo de um ser humano, e ainda tentar transformar esse ato em arte. Não podemos infligir tais atos a um animal sem rebaixá-lo à categoria de objeto, de mero receptáculo de nossas vontades, de ator forçado de um combate teatral – uma "cerimônia" ou um "ritual", segundo os aficionados – "cujo final já é conhecido desde o início: o animal deve morrer, o homem não deve morrer".[14] Essa encenação toda é pensada, avaliada e encarada em termos filosóficos de um ponto de vista estritamente antropocêntrico.

O touro bravo existiria apenas para ser morto

Uma outra justificativa para a tourada é aquela que apresenta o fato de a raça dos touros "bravos", os touros destinados às lutas, ter sido criada especialmente para esse fim e que, portanto, seria essa a sua única razão de existir. "Não é imoral matá-los", escreve Wolff, "já que é para isso que vivem, desde que sejam respeitadas suas condições de vida".[15] "Nosso único dever com os touros bravos é o de preservar sua natureza brava, criá-los respeitando essa natureza e matá-los (já que vivem apenas para isso) no respeito a essa natureza e com as devidas considerações pelo animal."[16]

Mas quem foi que decidiu fazer a seleção dos touros mais belicosos com o objetivo de luta e morte ao final? Mais uma vez, o posicionamento deriva apenas do ponto de vista daquele que exerce o direito do mais inteligente e mais forte para dispor livremente da vida dos outros. Guardadas as devidas proporções, seria como obrigar que seres humanos reduzidos à escravidão procriassem, para depois declarar normal que seus filhos sejam escravizados, pois foi unicamente para tal fim que foram colocados no mundo. Também aqui, o objetivo da comparação não é desumanizar o homem, mas destacar a semelhança dos processos mentais que entram em jogo.

Além disso, a própria existência de uma raça distinta de touro "bravo" é duvidosa e, como explicado pelo historiador Éric Baratay: "Os touros de luta têm características normais de um bovino, o que é confirmado por sua baixa e cada vez mais reduzida quota nas suas fazendas de criação, ainda que especializadas; além disso, os touros não selecionados para a luta acabam destinados ao abate para aproveitamento da carne como simples bovinos, enquanto que sua alimentação é a mesma, notadamente com a substituição parcial do capim por cereais no século XX, e as pastagens gradualmente reduzidas a campos fechados a todos. Os toureiros sabem há muito tempo que o touro de tourada é apenas um bovino, um herbívoro, e que ele não é agressivo por natureza: o famoso toureiro Belmonte reconhece que é muito difícil provocar um touro no pasto aberto. O touro precisa estar cansado o suficiente para não fugir e convencido de que o ataque é a única saída, o que é quase impossível de ser conseguido por um único homem. Sobre esses touros, só podemos falar de uma reatividade mais elevada obtida pela seleção. Impossível sustentar que o touro de tourada teria passado do campo dos herbívoros, tímidos e prudentes por natureza, para o campo dos atacantes, de natureza carnívora!".[17]

Os dados estão viciados

Para o escritor Jean-Pierre Darracq: "A igualdade de oportunidades entre o homem e o animal [...] constitui a justificativa, a única, do drama taurino".[18] Esse autor deveria rever seus cálculos pois na Europa, entre 1950 e 2003, um único toureiro foi morto, enquanto 41.500 touros foram extintos.[19] Certamente a raríssima ocorrência de morte de um toureiro terá mais probabilidade de aparecer nas manchetes dos jornais do que as mortes de dezenas de milhares de touros.[20] O famoso toureiro Luis Miguel Dominguín afirmava que a tourada não representa perigo maior do que muitas outras atividades.[21]

Francis Wolff não fala de igualdade de oportunidades entre o toureiro e o touro, já que a tourada seria "uma luta com armas iguais, mas oportunidades desiguais". Se ambas as probabilidades de sobrevida fossem de 50%, é possível que os toureiros já tivessem, há muito tempo, abandonado as arenas. Não obstante, Wolff prossegue no desenvolvimento de seu argumento:

> É uma luta com armas iguais, a astúcia contra a força, como Davi contra Golias. É também uma luta com oportunidades desiguais, uma vez que ilustra a superioridade da inteligência humana sobre a força bruta do touro. Mas o que poderíamos querer? Que as oportunidades do homem e do animal fossem iguais, como nos jogos do circo romano? Seria mais justo alternar as mortes entre cada um dos lados? Isso seria, em todos os casos, mais bárbaro! A tourada não é uma competição esportiva cujo resultado devesse manter-se incerto. Ela é uma cerimônia em que o resultado é conhecido de antemão: o animal deve morrer, o homem não deve morrer (ainda que, por acidente, um homem morra ou um touro excepcionalmente bravo seja poupado). Essa é a moral desta luta. Mas desigual não significa injusto. Precisamente, a demonstração da superioridade das armas do homem frente às armas dos animais só faz sentido se eles (com sua corpulência ou seus chifres) mantiverem sua potência e não forem restringidos de modo artificial. Essa é a ética da tauromaquia: uma luta desigual, mas justa.[22]

Assim, o sistema das touradas seria concebido de maneira que um dos protagonistas sempre ganhe, e isso não seria desleal? Como definir essa "igualdade de armas"? O homem contra o touro? A espada contra os chifres? Se tivéssemos o homem com toda a sua inteligência e astúcia, em sua condição natural, com mãos nuas, contra o touro em sua condição natural, com sua própria forma de inteligência e seus atributos naturais, o homem seria o eterno perdedor.

Se a superioridade do homem depende da espada, então não é o homem que triunfa, mas o homem acrescido de um instrumento ao qual ele deve sua vitória, que é quase certa. Se tudo depende do acréscimo de uma arma, por que manter a arcaica espada? Se é a superioridade de suas armas e de sua tecnologia que o homem quer demonstrar, ele poderia utilizar um arsenal ainda mais poderoso. Mais do que uma bazuca, essa arcaica espada confere a essa "luta desigual", sem dúvida, falsos ares de nobreza – e ela parece cumprir o propósito, pois graças a ela o homem é superior e triunfa, e sem ela é inferior e humilhado.

"Que absurdo!", escreveu Voltaire. "Na verdade, só conseguimos dominá-los e comer sua carne por meio das armas que fabricamos. Antes de dominar o ferro e o fogo, no estado natural, os seres humanos eram, ao contrário, alimento dos animais. Os primeiros ursos e tigres que encontraram os primeiros homens lhes demonstraram pouca reverência, sobretudo se tinham fome."[23] No meu humilde caso, uma tigresa foi vista várias vezes nas proximidades do eremitério onde muitas vezes eu fazia retiros, no Nepal. Quando finalmente ouvi um rugido à noite, em nenhum momento pensei em lhe demonstrar a superioridade do homem sobre o animal!

A cada ano, mais de uma dezena de milhares de touros morrem nas arenas.[24] É preciso que a superioridade do homem sobre o animal seja bem frágil para precisar reafirmá-la mais de uma dezena de milhares de vezes por ano. Como escreve Michel Onfray: "Todo gosto pelo espetáculo da pulsão de morte revela o desejo de potência do impotente".[25]

Por que o touro?

Por que, entre todos os animais que o homem já enfrentou ao longo da história, escolheu-se especificamente o touro como adversário? Também aqui segundo Francis Wolff:

> O touro é o único adversário que o homem considera digno de si. Este é o animal que lhe permite medir forças com orgulho, a ser enfrentado com a lealdade devida a um adversário comparável. Seria desejável medir forças com um adversário que se despreza ou maltrata? Em todas as touradas, o animal é combatido com respeito, e não morto como um animal nocivo, nem abatido de maneira automática como simples máquina de produzir carne.[26]

O touro parece representar um dos únicos adversários com potencial dramático suficiente para o homem combatê-lo num espetáculo, dando a impressão de perigo sem na verdade correr riscos demais. Nos dias de hoje, não é mais aceitável como diversão ver animais selvagens devorando escravos, nem prisioneiros de guerra lutando entre si até a morte. Se o toureiro fosse obrigado a enfrentar um leão, o perigo seria muito maior (a não ser que a espada fosse substituída por um fuzil).

Por tudo isso, o foco ficou centralizado no touro: um animal combativo o suficiente para garantir o espetáculo, mas não perigoso demais, já que a probabilidade de o toureiro sair vivo é de 9.999 sobre 10.000. Imagine-se o que aconteceria com a "superioridade" do homem, mesmo com uma espada, se estivesse frente a um tigre. O touro é agressivo o suficiente – numa luta contra um carneiro os espectadores não achariam que a entrada paga valeu a pena – mas ainda assim a vitória do homem está praticamente garantida.

Fugir ou atacar

Francis Wolff afirma o seguinte: "Quando causamos dor a um mamífero, ele instintivamente foge. Ao contrário, em vez de fugir, o 'touro de luta' renova seus ataques, porque não sente os ferimentos como sofrimento, mas como uma incitação ao combate".[27] Antes de tudo, se os ferimentos do touro não causassem dor, por que ele reagiria? Depois, se um touro fosse queimado pelas chamas de um fogo na pradaria ou ferido por pedras rolando montanha abaixo, ele se afastaria do perigo ou atacaria? Se ele arremete na arena, é porque alguém o agride e fere de modo implacável. Nessa situação, o ataque é a melhor estratégia para tentar sobreviver, em especial quando todas as saídas estão fechadas.

O que acontece na natureza quando os animais percebem um perigo? Tudo depende da iminência do perigo e de sua proximidade no espaço. Quando dispõem de tempo e de espaço suficientes, os animais preferem se afastar do perigo, até mesmo no caso dos mais fortes, como os elefantes e leões, pois a melhor chance de sobreviver a uma ameaça é encerrar o confronto. A evitação foi, portanto, o comportamento selecionado como garantia de sobrevivência ao longo de milhões de anos de evolução.

Se o perigo estiver um pouco mais próximo, os animais ficam imóveis, na maioria das vezes, para observar com atenção – sem se fazer notar se forem presas em potencial – e decidir sobre o que fazer em seguida. Se o perigo estiver próximo e iminente e, mais ainda, se estiver acuado, o animal do tipo "dominante", como o leão ou tigre, o touro ou um poderoso cão de guarda, preferirá o ataque, pois aí reside a sua melhor chance de se livrar. Sabemos também que um urso ou um tigre feridos tornam-se muito mais agressivos ou perigosos do que antes do ferimento. Alguns animais não se manifestam, outros tentam se esconder ou fugir. Todavia, muitas vezes, mesmo um animal mais fraco que seu predador tentará, no último momento, a luta que nasce do desespero. Conforme a espécie e, sobretudo, conforme as *circunstâncias*, ocorre a fuga, a imobilidade ou a luta.

Aficionados afirmam que não desejam fazer mal a quem quer que seja

Os entusiastas da tourada ficam chocados e consideram até um insulto quando são acusados de que teriam um prazer sádico em ver o sofrimento dos touros. Sobre as touradas com cavalos, Georges Courteline escreveu: "A minha extrema repulsa pelas touradas foi sendo transferida aos poucos para as pessoas que as apreciam. A ideia de que os homens possam achar isso um divertimento, alguns encarregados de tornar ferozes animais que antes não o eram, outros a ver agonizar cavalos com o ventre rasgado, que é costurado de novo e depois rasgado mais uma vez, faz com que eu sinta pelos espectadores o mesmo desprezo que sinto pelos treinadores".[28] Michel Onfray foi ainda mais longe: "É preciso que exista um enorme potencial sádico para pagar ingresso numa arena onde o espetáculo consiste em torturar um animal, causar-lhe dor e sofrimento, machucá-lo com crueldade, refinar os atos bárbaros, codificá-los (como um interrogador ou torturador que sabe até onde pode ir para manter viva o maior tempo possível uma pessoa que de todo modo será condenada à morte), e desfrutar com histeria do momento em que o touro desfalece, pois não há outra saída para ele".[29]

"Absurdo!", replicou Francis Wolff. "É difícil de acreditar, mas é verdade: o aficionado não sente prazer *algum* com o sofrimento do animal. Ninguém aguentaria causar ou mesmo ver alguém provocar sofrimento a um gato, um cachorro, um cavalo ou a qualquer outro animal."[30] E ele acrescenta: "Ninguém seria capaz de bater no próprio cão, ou mesmo de causar sofrimento proposital a um gato ou a um coelho". Bons com uns, cruéis com outros, a dissociação mental é, infelizmente, um fenômeno corrente. Esse processo psicológico consiste em depreciar, desumanizar – poderíamos até dizer, nesse contexto, "desanimalizar" – o ser sensível que em particular designou como inimigo: aquele ser humano ou animal que será torturado e abatido. Não há dúvida de que o toureiro e os aficionados da tourada possam cuidar com carinho de seus animais de estimação. Mas, assim que entram na arena, o toureiro e seu público fazem a dissociação mental necessária para não mais considerar o touro como um animal sensível, transformando-o no adversário que deve ser eliminado. É apenas ao custo dessa divisão psicológica que o toureiro consegue deixar de se sensibilizar com a dor do animal, no que é acompanhado pelo público.

Na avaliação de Francis Wolff, existiria um único argumento contra as touradas, e não seria um bom argumento:

> Isso se chama sensibilidade. É impossível suportar a visão (ou mesmo a ideia) de um animal ferido ou morrendo. Esse sentimento é mais do que respeitável. [...] O sentimento de compaixão é uma das características de humanidade e uma das fontes da moralidade. Mas os adversários das touradas precisam saber que os aficionados também têm esse sentimento.[31] [...] O aficionado deve respeitar a sensibilidade de todos, sem impor suas preferências ou sua própria sensibilidade. Enquanto isso, o adversário das touradas também deve admitir a sinceridade do aficionado, que é,

como ele mesmo, tão humano, pouco cruel e capaz de piedade. [...] A sensibilidade de alguns seria suficiente para condenar a sensibilidade de outros?[32]

Se os aficionados são pessoas plenas de compaixão e "também pouco cruéis, também humanas", por que não expressam essa compaixão protegendo o animal, em lugar de martirizá-lo e causar a sua morte? A compaixão pode ser definida como "o sentimento de pesar pelo sofrimento alheio e a vontade de confortar o outro". Nos dias de hoje, porém, os psicólogos e os neurocientistas (assim como os budistas) falam mais especificamente do desejo de interromper o sofrimento alheio e de erradicar as causas desse sofrimento. Desse ponto de vista, a compaixão é a forma que assume o amor altruísta quando confrontado com o sofrimento alheio.[33]

Seria possível comparar a sensibilidade da pessoa que tem empatia por um animal inocente cuja morte foi decidida por alguns, após feri-lo uma e outra vez, com a sensibilidade da pessoa que, aparentemente sentindo a mesma piedade pelo animal, celebra sua morte como um espetáculo grandioso, uma festa e uma arte? Onde estão, nesse caso, a sensibilidade e a empatia do aficionado da tourada? Parecem estar anestesiadas, diferentemente do touro que é golpeado. Por outro lado, não podemos ter olhos apenas para o homem. A questão, assim, não envolve a sensibilidade dos participantes humanos – cujas manifestações são, no mínimo, menos significativas, se não ambíguas –, mas o destino do touro que vai perder a vida. Não seria ele o principal interessado nessa questão?

"Ninguém vai assistir a uma tourada para ver um touro ser torturado, e menos ainda para vê-lo morrer", acrescenta na revista *Marianne* uma blogueira chamada Aliocha.[34] Se for apenas pelo prazer da festa e do espetáculo, então o problema do sofrimento deixa de existir: vamos parar de ferir os touros e de matá-los, e vamos deixar os toureiros fazendo volteios com a capa, o tempo que quiserem (aliás, é assim que as touradas ocorrem nos Estados Unidos: sem bandarilhas, sem ferimentos e sem morte. Apenas um enfrentamento lúdico entre o toureiro e o touro, só como espetáculo). Aliocha continua: "Saudamos o toureiro quando ele mata seu adversário sem causar sofrimento". Matamos, sim, mas com tantos cuidados... Quanto ao touro, quem pode honestamente argumentar que ele morre em decorrência dos terríveis ferimentos sem ter sentido nada?

Se os espectadores não gostam de ver os animais sofrer, como explicar as reações ao decreto promulgado por Primo de Rivera em 1928, que tornou obrigatório o uso das capas laterais de proteção nos cavalos dos picadores, em vista das ocorrências frequentes de evisceração dos cavalos pelas chifradas dos touros? Essa medida não agradou nem um pouco aos aficionados mais fervorosos, que lamentaram o desaparecimento da "verdadeira tourada". Conforme relata Élisabeth Hardouin-Fugier em seu livro *Histoire de la corrida en Europe du XVIIIe au XXIe siècle* [História das touradas na Europa entre os séculos XVIII e XXI], um deles, Laurent Tailhade, afirmava: "É sempre uma satisfação para mim, ver as tripas expostas de cinco ou seis pares de cavalos".³⁵ O historiador de touradas Auguste Lafront acrescenta que, com a chegada da capa denominada *peto*, de proteção dos flancos do cavalo contra a evisceração, "a emoção sagrada desapareceu". Picasso se declarava inconsolável e outros afirmaram que a proteção do cavalo "distorceu a naturalidade do mais belo terço do combate". Na França, algumas arenas recusam-se a proteger os cavalos das chifradas dos touros, como em Dax, achando que assim conseguem atrair mais espectadores. A única diferença, já que o combate em si não foi alterado, não é a de obter prazer adicional com a evisceração e o sofrimento do cavalo?

A alegação de que o touro não sofreria

Os aficionados sustentam a hipótese de que, de toda forma, inexistiria o problema do sofrimento, já que o touro não sentiria dores durante a luta. Eles citam pesquisas realizadas no laboratório de Juan Carlos Illera del Portal, diretor do Departamento de Fisiologia Animal da Faculdade de Veterinária da Universidade de Madrid, segundo as quais o touro seria dotado de um "escudo hormonal", sentindo pouca dor, pois seu organismo produziria dez vezes mais beta-endorfinas (opioides endógenos que atenuam os efeitos da dor)³⁶ que os seres humanos. Georges Chapouthier, porém, como Diretor Emérito de Pesquisas no CNRS (Centro nacional de pesquisas científicas da França), observa que as pesquisas de Juan Carlos Illera del Portal não indicam a metodologia utilizada e não fazem qualquer menção a publicações científicas. Ele qualifica como "absurda" a ideia de que a liberação de endorfinas significaria inexistência de dor no touro. Os resultados de pesquisas publicadas mostram, ao contrário, que uma descarga intensa de endorfinas pelo cérebro é, na verdade, o sinal de que o animal está sofrendo intensas dores e que o corpo tenta minimizar seu impacto.³⁷

José Enrique Zaldívar Laguía, membro do Conselho de veterinários de Madri, também refuta a hipótese de que o aumento da quantidade de beta-endorfinas no sangue indicaria necessariamente a diminuição da dor. A taxa muito elevada de beta-endorfinas no touro prova que ele sofreu agressões físicas e psicológicas muito intensas, e de maneira alguma expressa que não tenha sentido dor.³⁸

Conforme o depoimento do Dr. Zaldívar Laguía aos deputados do parlamento catalão em 4 de março de 2010, a maioria das pesquisas feitas por veterinários das arenas relatam que as estocadas dos picadores, que utilizam as primeiras armas contra o touro, provocam lesões que afetam mais de vinte músculos. A arma utilizada consiste numa lança de madeira de aproximadamente dois metros de comprimento com uma *puya* (ponta férrea) piramidal na ponta, que é "uma arma metálica cortante e afiada, em que cada aresta da ponta piramidal é tão afiada quanto um bisturi. [...] Não apenas são seccionados músculos, tendões e ligamentos, mas também veias, artérias e nervos importantes. Os resultados indicam que a profundidade média destas feridas é de vinte centímetros e foram observadas trajetórias de até trinta centímetros". Essas estocadas provocam "fraturas de apófises espinhais e perfuração de vértebras, fraturas de costelas e cartilagens de ligação [...]. São inevitáveis as lesões da medula espinhal, as hemorragias do canal medular e a lesão de nervos muito importantes [...]". O touro também perde entre três e sete litros de sangue.[39]

Em seguida, é a vez das "bandarilhas", que são dardos afiados como navalhas de barbear, com um arpão na ponta. Elas são fincadas no dorso do touro para fazer escoar o sangue e evitar que ele morra antecipadamente por possível hemorragia interna causada pelas estocadas. O toureiro por fim enterra uma espada curva de oitenta centímetros num ponto estratégico do corpo do animal já sem forças, com o objetivo de atingir a veia cava caudal e a aorta posterior, que ficam na caixa torácica do animal. Na realidade, a arma atinge na maioria das vezes os cordões nervosos próximos à medula espinhal, causando grave dificuldade respiratória no animal.[40] Com frequência, a lâmina causa uma hemorragia interna ou rompe o pulmão. No caso do pulmão, o touro vomita seu sangue e morre asfixiado. Se o touro não morre, o toureiro repete a operação com uma espada menor, que ele enterra entre os dois chifres do animal para lacerar o cérebro. Se mesmo isso não for suficiente, um assistente do toureiro, o *valet*, dá o golpe de graça com a *puntilla*, um punhal afiado. Dr. Zaldívar afirma, porém, que a *puntilla* não provoca morte instantânea, mas uma morte por asfixia, já que a paralisia dos movimentos respiratórios causa encefalopatia hipóxica.[41] E tudo isso sem dor!

Em resumo, conforme o depoimento do professor Jean-François Courreau da Escola Nacional de Veterinária de Alfort, prestado no parlamento francês: "Se o touro de luta tivesse mesmo essa adaptação sobrenatural para aguentar a dor, os maus-tratos e o sofrimento, acredito que tal hipótese teria merecido um espaço importante em publicação científica, o que até hoje ainda não ocorreu".[42]

Muitos pensadores e artistas importantes compreenderam e amaram as touradas

Para os que imaginam que os adeptos das touradas seriam uma raça de seres desumanos, devemos relembrar os nomes de tantos artistas e escritores que as apreciavam, como Mérimée, Lorca, Cocteau, Hemingway, Montherlant, Bataille, Leiris, Manet ou Picasso. Será que eles não passavam de seres perversos, sedentos de sangue? Seria possível a um leigo saber mais do que eles sobre o que realmente significa a tourada e sobre o que eles sentiriam no mais profundo de sua sensibilidade e com toda a arte neles existente?[43]

Como seria possível que eles estivessem tão enganados? A pergunta é feita por Francis Wolff, autor dessas frases. Mas em que o talento literário ou artístico de que eles eram certamente dotados poderia fundamentar qualquer opinião, favorável ou desfavorável, sobre as touradas? No mundo científico, confundir simples correlações com elos de causalidade é o suficiente para invalidar a interpretação dos resultados de um trabalho de pesquisa. No entanto, é nesse engano que caem todos os que se servem da falácia da "boa companhia", que consiste em afirmar que se grandes escritores e artistas eram a favor das touradas, estas só podem ser legítimas. Contudo, não há um elo causal entre as duas coisas. O fato de ocupar posição de destaque em determinadas especialidades não faz da pessoa, necessariamente, um bom ser humano. Celine, aclamado como um dos maiores escritores do século XX, era violentamente antissemita. O grande etólogo austríaco Konrad Lorenz era simpatizante do nazismo. Hitler se orgulhava de ser pintor, Mao de ser poeta e Stalin de cantar bem. Se tivessem alcançado a mesma genialidade de Rembrandt, Baudelaire ou Mozart, isso teria atenuado o horror de seus crimes? A elegância do estilo não cria a bondade do homem, e o mau escritor pode ter um coração de ouro.

Francis Wolff se defende quanto ao uso da "falácia da boa companhia", respondendo que "ninguém jamais supôs que as preferências das pessoas respeitáveis fossem também automaticamente respeitáveis. Trata-se de saber se podemos considerar suficiente que a tourada seja catalogada como um espetáculo cruel e bárbaro sem ouvir o que nos transmitiram, com sublime expressão, todos esses artistas e poetas, pelo menos tão sensíveis ao sofrimento como todos os demais homens, sejam eles advogados ou filósofos".[44]

Que assim façamos, então. Vamos escutar o que nos comunicaram alguns eminentes personagens citados, que conheciam bastante bem as touradas. Ernest Hemingway proclama, em seu romance *Death in the afternoon* [Morte à tarde], dedicado às touradas: "Quando um homem ainda está em revolta contra a morte, sente prazer em assumir ele mesmo um dos atributos divinos, que é o de comandar a morte. Esse é um dos mais profundos sentimentos para esses homens que têm prazer em matar".[45] Prazer em matar... Seria possível admirar e propor como referência alguém que considera o ato de matar como uma das maiores satisfações do homem?

Hemingway acrescentou ainda que, comparada à tragédia que é a morte do touro, a morte do cavalo na arena seria muito mais uma comédia... Outro autor citado como referência, Michel Leiris, considerava o "sangue ignóbil dos cavalos" como representação das menstruações femininas.[46] Tenho diante de mim, neste momento, duas fotografias. Uma delas mostra um touro cravando os chifres no ventre de um grande cavalo branco, que era montado alguns instantes atrás por um picador que ferira o touro com sua lança. Na imagem seguinte, o cavalo é visto já de pé, pronto a sair galopando com os intestinos pendurados para fora que se arrastam no chão. Um cavalo inofensivo e um touro enlouquecido, ambos furiosos por terem sido feridos, vão ambos morrer em nome do prazer do homem.

Examinemos também o que nos foi dito por outros homens – escritores, juristas e filósofos – que do mesmo modo sabiam o suficiente sobre touradas para poderem afirmar, assim como o fez Émile Zola: "Sou absolutamente contra as touradas, espetáculos de uma crueldade tola que, para as multidões, é um aprendizado de sangue e de lama". Essa afirmação faz de Zola um idiota ou um mau escritor?

Também é possível fazer uma lista do mesmo modo impressionante — *sem que isso deva constituir outro argumento válido,* pois tem ainda relação com a "falácia da boa companhia" agora utilizada *contra* as touradas — de grandes escritores, artistas e pensadores que deploravam a existência desses combates nas arenas. Essa lista inclui, entre inúmeros outros, os seguintes nomes: José Maria de Heredia, Georges Clemenceau, Georges Courteline, Léon Bloy, Jules Lemaître, Théodore Monod, Jacques Derrida, Jacques Brel (que cantava "Mas a espada foi cravada e a multidão está de pé, é o momento triunfal em que os quitandeiros se sentem como o imperador Nero"*), Élisabeth Badinter, Jean-François Kahn, Hubert Montagner e tantos outros.

Cada um tem liberdade para pensar o que quiser sobre as touradas. Quanto ao touro, é certeza que ele preferiria não ser trespassado por um arsenal inteiro de armas afiadas, e sim terminar tranquilamente sua vida nos campos onde foi criado. Mas não é ele que escolhe. A decisão é tomada por outros. Eis onde reside o abuso de poder.

Quanto à falácia da "má companhia", que consiste em tomar o exemplo de tiranos e genocidas que defendiam a causa animal, ela também carece de fundamentos. Algumas vezes, tentaram desacreditar os defensores dos animais relembrando que Hitler e os nazistas se entusiasmaram com essa causa, ao mesmo tempo em que se comportavam de maneira monstruosa. Se tal argumento fizesse sentido, o fato de o comandante do campo de concentração de Bergen-Belsen, Josef Kramer, ter sido um grande amante da música, e outros conhecidos torturadores serem, ao voltar para casa, pais de família exemplares deveria, por consequência, desvalorizar respectivamente a música clássica e a bondade com os filhos. Como demonstrado pela historiadora Élisabeth Hardouin-Fugier, tais falácias têm permitido a instrumentalização de uma das maiores atrocidades de nossa história para lançar calúnias sobre a proteção dos animais.[47] É preciso ainda relembrar que a maior parte dos defensores dos animais eram, e ainda são, defensores fervorosos dos direitos humanos, que lutaram contra o racismo, a tortura e qualquer forma de injustiça.

Proibir as tradições apenas onde elas não existem

Francis Wolff nega a acusação de justificar uma prática apenas por ser tradicional e saúda o fato de que "a maior parte dos grandes avanços dos costumes se faça contra práticas arraigadas e assim consideradas legítimas pela tradição: escravidão, suicídio de viúvas na Índia ou excisão de meninas". Ele acredita que a situação é diferente no que diz respeito às touradas e afirma que "não é *porque* existe uma tradição que a tourada é permitida, mas *lá* onde existe a tradição". Ele acrescenta: "Isso não torna a tourada 'universalmente boa', mas localmente legítima: o que seria *visto* como um ato de crueldade em Estocolmo ou em Estrasburgo pode ser *percebido* nas arenas

---

*. "Les toros", composição do próprio Jacques Brel gravada na década de 1960. [N. da R.]

francesas de Dax e Nimes como um desafio justo e um ato ritual inseparável de uma identidade regional".⁴⁸

Um artigo do Código Penal francês, com efeito, autoriza as touradas e as rinhas de galos nos locais onde possa ser invocada uma "tradição local contínua".⁴⁹ Assim, são proibidas em todo o território francês *exceto nos locais em que ocorrem*. Eis aí uma lei bem útil! De que serviria proibir uma tradição onde ela não existe? Qual a necessidade de proibir as brigas entre cães e ursos em Nîmes, na França, as touradas na Lapônia ou os sacrifícios humanos na Bélgica? Como interromper uma tradição cruel, se ela é proibida em todos os lugares, menos onde é praticada? É no próprio reduto da tradição "cultural" em questão que deve ocorrer a luta para desmistificar a aura de que goza e fazer com que seus adeptos tomem consciência do nível de crueldade que ela implica.

Além disso, essa "identidade regional" das touradas parece envolver apenas uma minoria. Segundo uma pesquisa da Ipsos em julho de 2010, 71% dos habitantes da região de Gard, importante centro da tauromaquia, declaram não ter ligação com as touradas. Em escala nacional, 66% dos franceses se declaram favoráveis à abolição das touradas.⁵⁰ A Catalunha, onde a cultura das touradas foi por muito tempo aceita, decidiu aboli-las em 2010, assim confirmando o desejo da maioria dos cidadãos.⁵¹

A liberdade de matar

Segundo Alain Renaut, outro filósofo e professor na Universidade Paris IV, a tourada representaria a "sujeição da natureza bruta (ou seja, da violência) ao livre arbítrio humano, uma vitória da liberdade contra a natureza".⁵² Mas a qual "liberdade" ele se refere? A liberdade de matar sem necessidade? A tourada não representa, de forma alguma, uma situação de legítima defesa contra um animal agressivo. Numa democracia e num estado de direito, todo cidadão tem liberdade para fazer o que quiser, desde que suas ações não prejudiquem os demais cidadãos. O objetivo das leis é proteger os cidadãos contra a violência dos outros. De certa forma, as leis são "impostas", pois todos são obrigados a respeitá-las, quer gostem ou não, já que as transgressões (como matar, violentar, brutalizar) são julgadas inaceitáveis pela sociedade.

O estabelecimento de um contrato social é uma das características das civilizações. Portanto, não se trata de "impor" a interdição do massacre de inocentes, mas de protegê-los contra o massacre. Sendo assim, a pergunta resultante é: por qual motivo descartaríamos os seres não humanos dessa proteção, sendo eles também seres sensíveis? De fato, a primeira tourada realizada na França, em Bayonne, no ano de 1853, foi considerada uma violação direta da lei Grammont que punia os maus-tratos aos animais. A lei, porém, não foi aplicada pelos administradores locais, já que a tourada contava com o apoio da imperatriz Eugênia. A tourada continua assim a ser uma exceção às leis vigentes na França, e mais ainda na União Europeia, com respeito à proteção dos animais.

Será que as crianças deveriam ser ensinadas a apreciar o ritual de matança?

A tourada é um espetáculo gratuito para crianças menores de 10 anos. Nas escolas de tauromaquia de diversos países (notadamente Espanha, França e Portugal), crianças e adolescentes treinam com armas brancas em bezerros. Para Francis Wolff, isso não representa nenhum problema :

> A criança pode aprender e compreender, tanto quanto um adulto. Ela aprende com rapidez a ver a diferença entre o homem e o animal e, principalmente, entre o animal admirado e temido, como o touro, e o animal afetuoso e estimado, como seu cão ou gato. A tourada pode ainda ser a oportunidade para que os pais expliquem os símbolos do ritual (aos quais as crianças são particularmente sensíveis), dialoguem com os filhos sobre a vida e a morte ou expliquem o comportamento animal ou a arte humana.[53]

Não é isso o que considera o Comitê das Nações Unidas sobre os Direitos das Crianças, o qual recém concluiu que "a participação de crianças e adolescentes (de ambos os sexos) em atividades ligadas à tauromaquia constitui uma violação grave do que dispõe a Convenção sobre os Direitos da Criança".[54] Por ocasião das deliberações do Comitê, Sérgio Caetano, representante da Fundação Franz Weber em Portugal, expressou-se nos seguintes termos: "Durante as aulas ou eventos de tauromaquia de que participam, as crianças precisam ferir, de forma violenta, os touros com objetos perfurantes e cortantes, devem ainda se agarrar sem nenhuma proteção ao animal para tentar controlá-lo, sendo assim vítimas constantes de acidentes. De outro lado, as crianças que presenciam tais manifestações são testemunhas de imagens de grande violência".

Sendo assim, o Comitê recomendou aos Estados membros que promulgassem medidas legislativas e administrativas para proibir definitivamente a participação das crianças nas escolas de tauromaquia.

Será melhor viver bem como um touro de luta e morrer na arena do que viver confinado na pecuária industrial e morrer no abatedouro?

Algumas pessoas argumentam que valeria mais a pena morrer com nobreza e rapidamente na arena do que de forma degradante num abatedouro. Na verdade, em ambos os casos o melhor mesmo seria continuar vivo.

Francis Wolff pediu, de fato, aos defensores dos animais "que escolhessem qual destino seria preferível: o do boi de carga, o do boi (ou bezerro) de corte (criado, na maior parte das vezes, em confinamento) ou o do touro de luta: 4 anos de vida livre por 15 minutos de morte em combate".[55]

Não se trata de escolher entre o mau e o pior, já que nos dois casos a morte é imposta a um animal que, certamente, não desejava morrer. Em termos ideais, um touro não deveria ser enviado nem para o abatedouro nem para a arena. A alternativa lógica para a arena não é o abatedouro, mas uma vida tranquila no campo, até morrer de morte natural.

Quando a escolha deve, de modo obrigatório, ser feita entre um número restrito de possibilidades, qualquer pessoa sensata escolheria aquela que significasse menos sofrimento. Mas nem a tourada nem o abatedouro são alternativas obrigatórias. A melhor opção seria poupar o animal, tanto da tourada como do abatedouro.

Esse argumento também recorre à falácia do "menos pior" ou da "consolação". Isso seria o mesmo que dizer a alguém que ficou sendo torturado por uma hora, antes de executá-lo: "Alegre-se, você poderia continuar sendo torturado por seis meses sem parar!". Ou então desculpar-se por surrar frequentemente uma criança dizendo: "Mas ele sofre menos do que se estivesse num campo de concentração". Imaginar que um tratamento ruim seria melhor do que outro ainda pior não confere nenhuma legitimidade ao primeiro. A questão, portanto, não é saber se há algo pior do que a tourada: é saber se ela própria é ou não admissível.

Evidentemente, o total de vítimas da tourada não tem comparação com os bilhões de animais terrestres abatidos a cada ano para consumo de sua carne. Mas a dor é sentida por todo indivíduo que for vítima de sofrimento, e a crueldade é sempre a mesma. O que muda é o seu âmbito, o número de vítimas e os vários disfarces assumidos, que vão da arte à gastronomia, passando pelo esporte (no caso da caça esportiva, sem que seja necessária para a sobrevivência do caçador). Como afirma o escritor espanhol Antonio Zozaya, a crueldade é a mesma, seja qual for o seu objeto.

> Fazer sofrer um animal é provocar sofrimento. Seja qual for a vítima dessa crueldade inútil, continuará sempre sendo uma crueldade. [...] Não importa saber quem está sendo martirizado, o essencial é não martirizar. [...]
> Existe no mundo uma única crueldade, que é a mesma tanto para os seres humanos como para os animais, tanto para as ideias como para as coisas, tanto para os deuses como para os vermes debaixo da terra. Devemos nos distanciar dessa barbárie que nos avilta.[56]

Os animais de circo: a dor debaixo das lantejoulas

Não é divertido ver os elefantes em fila darem uma volta no picadeiro, cada um segurando com a tromba o rabo do que está na frente? Não admiramos o domador pela audácia em colocar a cabeça dentro das mandíbulas abertas de um leão que ruge? Essas façanhas são, porém, apenas o resultado de uma longa lista de brutalidades infligidas aos animais domados. O bastão adornado com belas flores com o qual o domador parece acariciar a orelha do elefante para guiá-lo em seus movimentos esconde um gancho de metal afiado, que o domador cravará na orelha do paquiderme ao mínimo sinal de desobediência. Eis o que diz um domador de elefantes nos Estados Unidos, gravado secretamente, quando dava instruções a um aprendiz:

> Você tem de machucar o bicho! Fazer ele urrar! Se você tem medo de machucar... nem volta mais aqui. Quando eu falo "bate forte na cabeça", "esmaga a droga dessa pata", o que isso quer dizer? Quer dizer que *tem* de fazer isso, entendeu? Quando ele começa a se contorcer, dá o golpe! Bem na fuça! [...] Enfia o gancho e afunda... e quando estiver bem afundado, continua! Daí o bicho começa a urrar. Quando você ouvir os urros, vai saber que conseguiu um pouco da atenção dele. [...] Então... Vamos lá! [57]

"É assim em todos os circos do mundo", relata Vladimir Deriabkine, um célebre domador de ursos. Ele conseguia fazer os ursos atuarem como *barmen*, mecânicos de automóveis, marinheiros, cosmonautas ou namorados. Durante a representação, eles quase pareciam humanos. Há 10 anos Deriabkine não põe mais os pés num circo. Ele não é mais domador. Por quê? "Porque é uma atividade de bárbaros", ele diz. "Os domadores sempre esconderam do público o lado negro da profissão. Mas eu quero revelar o que nunca ninguém contou antes. Conhecer a verdade sobre os processos de doma faz com que os espectadores não mais queiram voltar ao circo." Ele deu longas explicações ao jornalista Vladimir Kojemiakine:[58]

> Eu gostava do meu trabalho. [...] Durante muito tempo, eu só lamentava não ter conseguido obter a distinção de artista emérito circense. Mas hoje entendo que não se pode ser condecorado por domar animais. Uma "medalha por crueldade", isso não poderia existir. A crueldade não acontecia no picadeiro, mas nos bastidores. Eu apresentava, entre outros, um número que sempre provocava uma torrente de aplausos: um dos ursos se ajoelhava perante Liouda, minha parceira, segurando entre as patas um coração de papel machê. Visto pela plateia, o efeito era espetacular e emocionante. Durante os ensaios, porém, a situação era muito diferente!
>
> Certa vez, vi um urso ser morto porque se recusava a obedecer aos comandos. Os nervos do domador chegavam ao limite, ele explodia e dava os golpes. Há uma imagem que não conseguirei jamais esquecer, a imagem das botas de um domador manchadas do sangue de um urso, após ter, de modo continuado, exigido algo do pobre animal com a força de seus chutes.
>
> Um domador de São Petersburgo me contou que os ursos eram seus filhos, ele tinha dó deles e os educava. Seus filhos, vejam só! Ele simplesmente ganhava dinheiro nas costas desses filhos. Os domadores comiam bem, usavam roupas luxuosas, dormiam em lençóis limpos, enquanto os animais ficavam em jaulas. E ainda hoje, na Rússia, os ursos são tratados como criminosos, viajando em jaulas sempre apertadas e imundas. Isso porque, para um domador, os animais são apenas acessórios vivos.

Eu me lembro de um número que chamávamos de "Mãos entrelaçadas": um elefante estendia a pata, um tigre colocava a pata por cima e, por fim, o próprio domador colocava sua mão em cima. Era como uma visão simbólica da amizade entre o animal e o domador. Na verdade, há apenas violência por trás dessa imagem poética. Tentem fazer com que inimigos mortais se deem as mãos: eles só aceitarão fazê-lo se forem ameaçados de morte. Eles obedecerão. Mas assim que a ameaça de morte for retirada, eles se atacarão com violência.

Quando decidi largar meu trabalho, eu tinha ainda seis ursos. Mas os ursos...os circos e os zoológicos os têm em quantidade suficiente para dar e vender. Não havia solução. Certa manhã, logo cedo, meus assistentes os levaram embora. No dia seguinte, meus ursos estavam mortos. E eles eram artistas, que eram aplaudidos, que traziam tantas alegrias para os espectadores! Estão todos condenados a acabar dessa forma.

Quando perguntado se existem domadores gentis, Deriabkine respondeu: "E carrascos gentis, você conhece muitos? É preciso esclarecer uma coisa: a crueldade nasce com o domador. A partir do momento em que um pequeno filhote de urso é preso, colocado numa jaula e treinado para o picadeiro, a vida do animal se transforma numa catástrofe. E também a do homem, se ele tiver um coração".

Dick Gregory, ativista de direitos civis com Martin Luther King, declarou: "Observar os animais em cativeiro nos circos me faz pensar na escravidão. Os animais nos circos representam a dominação e a opressão que tanto combatemos, durante tantos anos. Eles usam as mesmas correntes e os mesmos grilhões".

De acordo com a Liga francesa de defesa dos direitos dos animais La Fondation Droit Animal, Éthique et Sciences – LFDA [Fundação Direito Animal, Ética e Ciências], 200 circos itinerantes ainda percorrem a França com números que incluem a apresentação de animais selvagens. Na Finlândia e na Dinamarca, a exibição de animais já foi proibida (com exceção dos leões-marinhos na Finlândia, e dos elefantes asiáticos, camelos e lhamas na Dinamarca).[59] É possível medir a evolução da sensibilidade desde os circos romanos e até o Cirque du Soleil, quando vemos que neste último, sem dúvida o mais famoso do mundo, não há número de doma de animais no programa.

Os zoológicos são prisões convertidas em espetáculos ou arcas de Noé?

Na época do colonialismo, não apenas seres humanos "exóticos" como também animais "raros" eram exibidos nos zoológicos e nos palcos das célebres "Exposições Coloniais". Um divertimento para as crianças e uma curiosidade para os pais. Por trás dessas exposições que atraíam multidões consideráveis, existia entre as capitais europeias e suas respectivas colônias um "tratado de livre-comércio de animais" completamente ilegal. No livro *Belles captives: une histoire des zoos du côté des bêtes* [Belas cativas: uma história dos zoológicos na visão dos animais], Éric Baratay expõe os métodos cruéis e o custo em termos de vida animal para essas capturas ainda praticadas no período entreguerras: "Captores arrependidos calcularam que essas perdas [os animais que sucumbem ao serem apreendidos] estariam entre 15 e 30%, em geral, mas admitiram que elas poderiam ser bem mais elevadas, de até 80% no caso do macaco gibão do Laos".[60] O historiador calcula as perdas durante o transporte e as relacionadas ao período difícil de adaptação, com uma média de 50% no total. Seria preciso contar dez mortos para cada animal exposto.

No momento oportuno, Philippe Diolé – colaborador de Jacques-Yves Cousteau e um dos fundadores da Liga francesa de defesa dos direitos dos animais LFDA – denunciou a situação deplorável dos zoológicos em uma série de matérias publicadas no jornal *Le Figaro*. Segundo ele, "70% dos jardins zoológicos precisariam ser fechados".[61] Ainda que publicados em 1974, esses textos infelizmente continuam atuais em muitos países do mundo. Em Katmandu, onde eu moro, o zoológico não passa de um local sinistro para aguardar a morte. Num outro artigo intitulado "Prisons dans un jardin" [Prisões no jardim], Philippe Diolé reivindicava a supressão do zoológico do Jardin des Plantes de Paris, que era para ele um mero centro de degradação animal, triste vestígio de outras eras:

> A humilhação de animais não é mais tolerável que a de seres humanos. Igual como há mais de um século, continuam sendo exibidos felinos selvagens como o serval, o puma e o tigre, vagando como mortos-vivos.
>
> Eles estão desesperados, mas principalmente desolados. Perderam o verde das folhas e das pradarias, e até a terra em que pisavam. As grandes patas das feras, com a parte inferior sensível, ficam machucadas no cimento duro. As aves de rapina pisam nos próprios excrementos. Os flamingos revolvem em água de esgoto. [...] Na prisão, as pessoas perdem a liberdade, mas na jaula o animal perde o espaço onde ele organizava sua complexa vida: seu comportamento é transtornado, seu equilíbrio mental é destruído. Sua única escapatória é a loucura, que muitas vezes é misericordiosa. É por esse motivo que o urso se mantém nesse vertiginoso vai e vem ao longo da parede onde arranha o focinho. O elefante balança o corpo de um lado para o outro sem cessar. Um filhote de lobo arranca as próprias unhas. Os animais em cativeiro nos zoológicos, com poucas exceções, são doentes mentais, atormentados por sua condenação, frustrados, ansiosos, agressivos.
>
> Esse hospital psiquiátrico que explora o sofrimento animal não é digno de nosso tempo, nem, sobretudo, das eminentes personalidades que pertencem ao museu. O zoológico do Jardin des Plantes em Paris não passa de um enclave anacrônico e escandaloso, onde a entrada de 3 francos dá acesso à visão de animais infelizes, construções frágeis e telhas quebradas.
>
> Acabem com tudo isso e plantem flores.[62]

Hoje em dia, segundo Norin Chaï, pesquisador e diretor do departamento veterinário do zoológico do Jardin des Plantes, há muitos avanços: "Os zoológicos são meros reflexos da respectiva administração. Alguns continuam sendo locais para esperar a morte, mas outros evoluíram para algo com mais humanidade, seja sob pressão da opinião pública, seja por autêntica convicção".[63] A partir da década de 2000, inúmeras legislações provocaram uma mudança nas condições de vida dos zoológicos de países desenvolvidos.[64] O bem-estar dos animais, sua manutenção e as pesquisas científicas agora constituem preocupações obrigatórias. Na Europa, a Diretiva 92/65/CEE estabelece regras para todos os parques zoológicos dignos desse nome e obriga as instituições a respeitar um alto nível de acompanhamento veterinário.[65]

Em 1992, a Conferência das Nações Unidas do Rio de Janeiro reconheceu a função de preservação exercida pelos zoológicos. Esses estabelecimentos podem, portanto, continuar a prosperar (não esqueçamos que são empresas comerciais) e adotar uma legitimidade ecológica que lhes garanta a simpatia e também o afluxo de muitos visitantes. Os zoológicos não são mais, com grande frequência, apenas um local de cativeiro, e se tornaram um espaço de reprodução e de salvaguarda de espécies em risco, muitas vezes depois devolvidas a seus ambientes originais. Atualmente, muitos cientistas em atividade nos zoológicos estimam que estes representam uma espécie de arca de Noé que participa da preservação de numerosas espécies em vias de desaparecimento. É preciso reconhecer alguns sucessos: o órix árabe (*Oryx leucoryx*), uma espécie quase extinta há algumas décadas, retornou às areias e oásis de Omã e Israel. O célebre cavalo-de-przewalski (*Equus przewalskii*) voltou a galopar nas estepes mongóis. Da mesma forma, uma espécie de ave da Micronésia (*Todiramphus cinnamominus*), o condor-da-califórnia (*Gymnogyps californianus*) e o órix-de-cimitarra (*Oryx dammah*) foram salvos graças à criação em cativeiro, e em breve isso também poderá ocorrer com o ádax, mamífero da família dos bovídeos (*Addax nasomaculatus*) em grande risco de extinção.

Algumas sociedades, como a Sociedade de Zoologia de Frankfurt, a Sociedade Zoológica de Londres e a ONG Wildlife Conservation Society [Sociedade para a conservação da vida selvagem] conduzem projetos de conservação em vários locais, durante os quais os veterinários de zoológicos unem esforços com os veterinários de animais selvagens para atuar na proteção de espécies ameaçadas.[66] Pesquisam doenças que colocam em risco a sobrevivência de determinadas espécies e, em particular, desempenharam um papel essencial na medicina especializada em aves nas ilhas Galápagos.[67] Algumas doenças são devidas à poluição. Os urubus, por exemplo, estão a ponto de desaparecer na Ásia meridional porque consomem cadáveres de animais de criação aos quais os pecuaristas administraram diclofenaco. Esse anti-inflamatório era utilizado normalmente pelos veterinários até ser recém-proibido, pois ficou comprovado que representava um veneno violento para essas aves de rapina, nas quais provoca, mesmo em pequenas doses, insuficiência renal mortal.[68]

O professor Jean-Claude Nouët, um dos fundadores da LFDA, porém, não faz eco ao entusiasmo dos diretores de zoológicos: "As reinserções bem-sucedidas podem ser contadas nos dedos de uma única mão". E Éric Baratay demonstra mais otimismo: "Talvez, no máximo, das duas mãos". Com efeito, a partir da década de 1990 ficou evidente que a quantidade de espécies em vias de extinção superou em muito a capacidade oferecida pelos zoológicos para preservá-las em cativeiro.

Criar verdadeiras reservas, fazer os animais reaprenderem a viver na natureza

Jean-Claude Nouët, ao mesmo tempo em que reconhece os incontestáveis êxitos na reinserção de determinadas espécies em seus ambientes originais, mantém prudência: "Os zoológicos não preservam as espécies, eles as mantêm, o que não é a mesma coisa". Por sua vez, Élisabeth Hardouin-Fugier considera que: "Em lugar de construir uma arca de Noé de tão alto custo e de dimensões tão exíguas como uma nave espacial, deveríamos tentar conter o dilúvio".[69] Em outras palavras, mais vale proteger *in loco* o habitat natural dos animais, e assim os próprios animais, do que criar e manter estabelecimentos dedicados a salvá-los da extinção, sob o risco de graves danos físicos e mentais em espécies que no final das contas tornam-se, de modo involuntário, meros exilados da savana, floresta ou mata onde nasceram. Assim, a criação de reservas e de parques nacionais seria uma solução bem melhor.

Se os zoológicos não fossem, antes de tudo, negócios empresariais, não haveria nenhum motivo para sequestrar leões e girafas, nem para matá-los quando deixam de ser úteis. Quanto ao projeto de preservar espécies em vias de extinção, ele poderia ser gerido de forma científica em reservas protegidas, no coração de seu meio natural.[70]

Outras iniciativas valiosas dizem respeito ao resgate de animais jovens que foram capturados e tiveram a mãe morta por traficantes. Um vídeo na Internet mostra como um chimpanzé órfão recupera a saúde após ter sido acolhido, quando estava a ponto de morrer, pela equipe de Jane Goodall. No momento em que ia ser posto em liberdade pelas pessoas que cuidaram dele e o salvaram, o chimpanzé, antes de sair e se embrenhar na floresta, parou para dar um longo abraço em Jane Goodall.[71]

Da mesma forma, Jill Robinson atua na China e no Vietnã para libertar ursos de fazendas onde são martirizados para a extração da bile (ver capítulo 10, "O tráfico de animais silvestres").[72] A associação One Voice faz esforços similares com os ursos maltratados por treinadores de cães de caça. Com efeito, na Rússia, para avaliar a ferocidade dos cães em treinamento, seus treinadores os lançam sobre filhotes de ursos amarrados. Repetidamente feridos, poucos sobrevivem a esse calvário.

Reinserir um animal em seu ambiente silvestre é um empreendimento muito delicado porque requer um nível elevado de tempo, recursos e cuidados, notadamente quando o animal precisa reaprender a caçar ou a se integrar num grupo com o qual não cresceu. Após cuidar dos animais, torna-se necessário acompanhá-los no aprendizado da vida em liberdade.

A partir do que vimos, surge uma questão fundamental: existe ética na captura de um animal para prendê-lo? Argumenta-se que os zoológicos seriam uma possibilidade para as crianças desenvolverem uma relação "vívida" com os animais selvagens, fazendo assim nascer uma empatia frente a eles. Mas será uma boa forma de ensinar a empatia às crianças, mostrando-lhes animais selvagens em cativeiro como se isso fosse uma situação normal? Surge a dúvida quando vemos as feras abatidas, num infindável ir e vir ao longo das grades de um cercado, na eterna busca de uma saída impossível. E se as crianças sentem empatia por esses animais, não deveriam também desejar que eles fossem colocados em liberdade? Nos dias de hoje, elas podem aprender a conhecer os animais bem melhor assistindo aos documentários extraordinários oferecidos pela televisão e internet, com os quais podem penetrar no mundo real das espécies selvagens. Por esses mesmos veículos, elas podem também estudar o comportamento dos animais em seus próprios ambientes naturais. Quando eu era adolescente e começava a me interessar por Ornitologia, passei muitas horas de lazer observando os pássaros na natureza, ao passo que o espetáculo dos zoológicos me deixava entristecido.

Alguns parques de animais e zoológicos permitem que os animais vivam em espaços mais vastos, onde o público pode entrar em contato com a vida silvestre. O parque de Thoiry (Yvelines, na região da Ilha de França) tem uma área de 180 hectares. O zoológico de Vincennes (parque zoológico de Paris) reabriu as portas em 12 de abril de 2014, após seis anos de obras que possibilitaram uma melhoria considerável da vida dos animais: eliminaram as jaulas e os espaços exíguos, as vitrines, as fossas e as barras, que foram trocadas por espaços abertos, ar livre e plantas. Isso justificaria a manutenção em cativeiro? Segundo o escritor Armand Farrachi, os jardins zoológicos são, por definição, locais artificiais, projetados para manter presos animais exóticos. "É bom", ele escreve, "que o novo parque zoológico de Paris, como tantos outros bioparques, tenha como prioridade a 'bioconservação', por meio da 'gestão' de animais que evoluem para 'semiliberdade'. Mas o princípio não mudou: oferecer uma corrente mais longa aos escravos não significa devolver-lhes a liberdade".[73]

Como relembra Farrachi, a noção de "bom tratamento" elimina qualquer noção de liberdade e fortalece o ser humano em sua posição de dono e senhor da natureza, "dispondo a seu bel-prazer das espécies inferiores, se possível como amo iluminado e não como carrasco. Sua indulgência não irá além disso".

E quando não precisamos mais deles...

Quando os animais deixam de ser úteis, ou quando se tornam muito numerosos, o que se faz? Eles são mortos. O zoológico de Copenhague ficou recentemente em evidência ao "eutanasiar" um filhote de girafa para o qual não sabiam dar destino, e em seguida quatro leões incluindo dois filhotes, ainda que as girafas estejam desaparecendo na África Ocidental e o número de leões se encontre em queda livre em toda a África.

Conforme noticiado por muitos meios de comunicação,[74] Marius, um filhote de girafa de um ano e meio, em perfeita saúde, foi "eutanasiado" em 10 de fevereiro de 2014, no zoológico de Copenhague. O termo "eutanasiado" foi o empregado pelo zoológico, embora o ato não tivesse evidentemente nenhuma relação com nenhum tipo de eutanásia praticada em animal com dores graves. A direção do estabelecimento não sabia o que fazer e considerou que Marius não tinha um "patrimônio genético interessante". O animal, em perfeita saúde, foi executado em público com uma pistola de abate, retalhado diante das câmeras de televisão, e os pedaços do corpo foram jogados como alimento aos animais. Tudo isso na frente de uma plateia com crianças atônitas. Essa execução foi defendida pela European Association of Zoos and Aquaria – EAZA [Associação Europeia de Zoológicos e Aquários], apesar de contar com um comitê de "preservação" e de ostentar uma "Carta Ética".[75]

Outras soluções que não a "eutanásia" foram descartadas. O zoológico se justificou explicando que a castração seria mais cruel e teria "efeitos indesejáveis". Quanto à reinserção na natureza, isso constitui, segundo eles, um processo com "poucas chances de dar certo e, no caso das girafas, algo indesejado pelos países africanos".

O zoológico de Copenhague foi reincidente em março de 2014, quando matou quatro leões, dos quais dois eram filhotes de 10 meses, com a seguinte justificativa: "Eles teriam sido mortos pelo novo macho assim que houvesse possibilidade"[76] e "de toda forma, os dois filhotes não eram grandes o suficiente para se defenderem sozinhos".[77] O zoológico alegou não ter espaço suficiente para alojá-los separados e não ter conseguido outros locais para os animais. O mundo se encolhe de maneira cruel quando não quer gastar um centavo para salvar leões supérfluos!

Uma consolação: "Nossos animais não são retalhados em frente dos visitantes", declarou o diretor do zoológico, acrescentando que "o estabelecimento é reconhecido mundialmente por seu trabalho com os leões". E concluiu: "Tenho orgulho em dizer que um deles [o famoso 'novo macho'] está na origem de uma nova linhagem". De fato, um lindo trabalho...

De parques de atrações a massacres de golfinhos

Todo ano, dezenas de golfinhos são capturados e vendidos a treinadores contratados por parques aquáticos. Arrancados de seu ambiente natural, os golfinhos são condenados a sobreviver em locais inadequados, nos quais as taxas de mortalidade são elevadas e os nascimentos muito raros. É nesses termos que a associação One Voice descreve os "delfinários", empreendimentos lucrativos que oferecem espetáculos com golfinhos treinados, alguns em estabelecimentos de luxo, além de sessões de natação com os golfinhos para fins terapêuticos, também chamadas de "delfinoterapia". Um golfinho na natureza nada até 100 quilômetros por dia para caçar, divertir-se e manter relações sociais com os demais golfinhos. As condições de detenção não lhes permitem manter os comportamentos normais pois, além de serem privados da liberdade, eles perdem a riqueza de seus elos sociais e seus modos habituais de comunicação. A água dos reservatórios, em geral clorada, causa inúmeras doenças. As orcas, outras vítimas desses parques aquáticos, sobrevivem em média apenas sete anos. Em seu ambiente natural, as fêmeas vivem cerca de 50 anos (com um máximo de 80-90 anos) e os machos 30 anos (com um máximo de 50-60 anos). Conforme demonstrado no documentário intitulado *Blackfish*[78] e em outras investigações, os proprietários desses parques, como o parque Seaworld de San Diego, na Califórnia, escondem cuidadosamente do público, assim como dos treinadores recém-contratados, os perigos que ameaçam os próprios treinadores, indo de graves ferimentos à morte. As orcas, oriundas de grupos diferentes, são confinadas em tanques exíguos, ainda que tenham por hábito percorrer 150 quilômetros por dia; são separadas de seus filhotes e obrigadas a executar diversos números de acrobacia. De fato, algumas vezes, devido ao estresse ou desespero, elas se voltam contra os treinadores e os atacam.

Todos os anos, durante os seis meses da temporada de pesca, as pequenas cidades de Taiji e Futo, no Japão, são cenário para uma matança generalizada de golfinhos. Os pescadores interceptam os cetáceos em sua rota migratória, depois os perseguem até cansá-los ou os cercam por meio de uma barreira sonora criada com varetas metálicas submersas. Em seguida, reagrupam os golfinhos numa pequena baía com águas rasas e fecham a entrada com redes para impedir que escapem. A partir daí, os pescadores só precisam lançar os arpões nos golfinhos, que se banham num mar de sangue, para depois içá-los nos barcos ou jogá-los na margem, às vezes arrastando-os vivos no asfalto atrás das caminhonetes de transporte. A cada temporada, cerca de 23 mil golfinhos e pequenos cetáceos são assim massacrados, em nome de uma antiga tradição de 400 anos.

Os animais dotados de maior beleza são capturados vivos para serem vendidos aos "delfinários" a um preço que pode atingir até 150 mil dólares. Os demais são vendidos a restaurantes por 600 a 800 dólares. Sem o comércio com os "delfinários", o mercado da carne de golfinho não seria mais viável pois a demanda é cada vez menor.

Richard O'Barry era treinador nos anos 1960. Certo dia, um de seus golfinhos aparentemente suicidou-se na frente dele ao parar de respirar (nos golfinhos, a respiração não é automática como nos seres humanos, pois precisam fazer um esforço voluntário). O'Barry ficou tão transtornado que abandonou o treinamento para devotar seu tempo à proteção dessa espécie. Ele atuou em especial como consultor para a associação One Voice, cuja equipe gravou em Taiji uma primeira série de documentários emocionantes: as imagens de um mar ensanguentado repleto de golfinhos agonizantes rodaram o mundo e chocaram a opinião pública. Além do massacre de golfinhos, esses vídeos provaram, pela primeira vez, a existência de uma ligação, até então desmentida, entre os pescadores e os parques aquáticos de atrações. As imagens mostraram os treinadores escolhendo os animais, descartando os muito pequenos ou machucados e selecionando os "mais bonitos", conforme os critérios adequados para os "delfinários" do mundo todo que fazem as encomendas.[79]

Além disso, O'Barry trabalhou como assessor para a filmagem de *The Cove* [*The Cove – A baía da vergonha*], que recebeu o prêmio Oscar em 2010 como melhor documentário e também confirma a ligação existente entre o negócio dos golfinhos destinados ao cativeiro e os pescadores que os massacram,[80] notadamente em Taiji.

Dirigido em 2007 por Louie Psihoyos, ex-fotógrafo da *National Geographic*, esse documentário foi filmado de maneira secreta, usando microfones subaquáticos e câmeras disfarçadas nos rochedos. Enquanto os parques aquáticos e "delfinários" começam a ter má reputação na América do Norte e na Europa, o número está, infelizmente, aumentando de forma significativa na China, o que faz manter a demanda de golfinhos e outros cetáceos.

Para interromper esses tráficos, seria importante, de um lado, lutar contra a criação de novos "delfinários" ou aquários com golfinhos em geral e, de outro lado, exigir a libertação de todos os cetáceos usados como objetos de entretenimento em parques aquáticos. One Voice sugere que os pescadores, com sua experiência ancestral, sejam a partir de agora contratados como guardas ecológicos ou guias para levar os amantes do ecoturismo a um dos mais maravilhosos espetáculos: os golfinhos em liberdade...

A caça e a pesca recreativas ou esportivas: matar por esporte ou por diversão

A caça e a pesca são praticadas por muitos povos como forma de sobrevivência. Fora isso, elas são classificadas na categoria de "recreações esportivas". Os europeus que vão caçar para se divertir estão certamente numa condição diferente dos esquimós que matam para garantir a própria sobrevivência ou para escapar de serem devorados por um urso. Os caçadores de países privilegiados consomem a maior parte das presas, mas sua sobrevivência raramente depende dessa caça. Além disso, as motivações declaradas pelos caçadores não citam a busca de comida, mas o contato com a natureza (99%), a atmosfera de amizade no grupo (93%) e a conservação dos territórios (89%). Todos esses são objetivos louváveis em si, mas nenhum deles precisaria do uso de uma arma.[81]

Sobre a pesca, Théophile Gautier escreveu com muita sutileza: "Nada acalma tanto as paixões quanto essa diversão filosófica que os tontos convertem em ridículo, como tudo o que não entendem!".[82] É pena que os peixes não consigam entender até que ponto a filosofia pode ser divertida...

Churchill, por sua vez, declarou com grande elevação de espírito: "A pessoa retorna da pesca de alma lavada, purificada... em clima de total felicidade". Os peixes certamente ficarão encantados em saber disso. Quanto ao célebre aviador Pierre Clostermann, ele tinha a bondade de soltar suas presas "para que cresçam e sejam mais prudentes no futuro". Eis aí uma forma de educação rigorosa! Partilho com esse piloto de guerra o sentimento de que "nada supera a tranquilidade da solidão num lago que desperta numa aurora sem vento. Felicidade de remar pausadamente, rompendo o véu da tênue neblina ao amanhecer". Mas por que associar essa serenidade a uma atividade que extrai prazer da morte infligida a outros seres?

Os seres humanos têm muitas vezes uma visão unilateral, resumida com elegância por George Bernard Shaw: "Quando um homem mata um tigre, ele é um herói, mas quando um tigre mata um homem, o tigre é um animal selvagem e feroz". Os raros casos de banhistas atacados por tubarões de imediato se tornam a notícia principal nos meios de comunicação: "Ataques de tubarões assassinos!". Em média, a cada ano 30 pessoas morrem no mundo inteiro por terem lamentavelmente cruzado a trajetória de um desses grandes peixes vorazes. Os mosquitos são incomparavelmente mais perigosos, já que são responsáveis pela morte de 1,5 a 2 milhões de pessoas no mundo, com a transmissão de paludismo, dengue, febre amarela e outras doenças. Quanto aos homens, eles matam, em média, 100 milhões de tubarões a cada ano!

Os caçadores seriam protetores do meio ambiente?

As organizações de caçadores, tão poderosas na França que nenhum candidato a cargo eletivo ousa fazer oposição a elas, autoproclamam-se ardentes protetoras da natureza e orgulham-se de desempenhar um papel de regulação natural da fauna de modo mais inteligente e eficaz que os ecologistas. Segundo o senador Poniatowski, na origem da lei a favor da caça de 2008: "Os caçadores são doravante reconhecidos como agentes integrais na gestão equilibrada dos ecossistemas e, de maneira mais ampla, no desenvolvimento econômico e ecológico de nossos territórios rurais".[83] Isso é o que argumentam muitos deles, como Benoît Petit, presidente do Royal Saint-Hubert Club da Bélgica, uma associação de defesa e promoção da caça: "O caçador, aquele que é o gestor de um território de caça, observa os animais e faz o gerenciamento e a administração de seu território durante o ano inteiro. O fato de retirar um animal representa apenas alguns poucos segundos no total do esforço realizado".[84]

A caça seria, então, "uma necessidade para a ecologia". Entretanto, conforme demonstra a associação One Voice, o impacto dos caçadores sobre o meio ambiente e a forma como administram a fauna é bem mais do que discutível.[85] Eles alegam ter como missão zelar, por meio de suas "retiradas" (um termo propositalmente anódino para mascarar uma realidade humana predadora), pela manutenção de um nível estável e saudável de populações animais. Eles seriam os substitutos dos predadores naturais, como lobos, ursos e linces. Argumentam, por exemplo, que as populações de javalis avançaram seus limites geográficos, nos últimos 30 anos, e multiplicaram-se por cinco. A população de cervídeos também aumentou. Daí a importância, segundo eles, de controlar esse excesso de animais com a caça. A despeito do que alegam, poderiam ser planejadas muitas outras intervenções menos violentas, inclusive esterilização dos machos dominantes que são responsáveis pela maior parte das reproduções. Além disso, num ambiente verdadeiramente natural e rico em biodiversidade, os equilíbrios entre presas e predadores ficam estabilizados em níveis de densidade ótima, sem necessidade de intervenção.

Se a predação natural limita as populações ao eliminar os indivíduos mais fracos, isso fica muito longe da escolha seletiva feita pelos caçadores que preferem matar "o animal mais bonito". Em vista da complexidade dos equilíbrios biológicos, não deixa de ser um tanto pretensioso querer tomar o lugar da natureza. No Parque Nacional de Yellowstone, nos Estados Unidos, observou-se há alguns anos uma diminuição significativa do número de árvores. Os ecologistas que analisaram o problema provaram que ao autorizar a caça aos lobos – cuja população tinha sido considerada excessiva, segundo os caçadores –, foi favorecida a expansão dos cervídeos, que se alimentam dos brotos de árvores. Após a caça aos lobos voltar a ser proibida, o número de cervídeos diminuiu e as árvores rebrotaram.

Em outros casos, como explica o filósofo americano Brian Luke, "a população de cervos é elevada *exatamente porque* os homens gostam muito de abatê-los. Os gestores da vida silvestre manipulam a flora, exterminam os predadores naturais, controlam a emissão de licenças de caça e alguns até fazem criação de cervos para depois soltá-los na natureza".[86] Em outras palavras, a caça não ocorre porque é necessário controlar as populações de animais muito numerosas: eleva-se artificialmente o nível dessas populações criando uma razão para caçá-los.

Além disso, os caçadores, longe de contentar-se em atirar nos animais selvagens ou fazer armadilha para os declarados "nocivos", reforçam determinadas populações selvagens com a introdução de animais de criação (coelhos, faisões) pelo puro prazer de matá-los. Na grande maioria das vezes, esses animais, até então habituados com a companhia inofensiva dos seres humanos, não sentem medo deles e não fogem de suas armas. De acordo com as pesquisas realizadas entre 1998 e 2001 pelo Órgão Nacional de Caça e Fauna Silvestre da França (ONCFS), divulgadas pela revista *Le Chasseur français* [O caçador francês], dos 30 milhões de animais abatidos anualmente pelos caçadores, 20 milhões são provenientes de criações dedicadas à caça.[87] Como ressalta David Chauvet: "Basta dizer que o argumento ecológico, utilizado para supostamente justificar todos os massacres, é nulo e sem efeito enquanto perdurar essa situação. O que parecia ser apenas parte de um roteiro do 'Les chasseurs' [Os caçadores] – do programa humorístico *Les Inconnus* – com o famoso '*lâcher de galinettes cendrées*'* [lançamento de 'galinhas-reais'], reflete aqui a triste realidade".[88]

Os animais nocivos "bons" que interessam aos caçadores – javalis, coelhos selvagens e pombos – correspondem a mais de 80% das vítimas e são classificados como "nocivos" por apenas um período.[89]

Em 1974, a proibição da caça no cantão de Genebra, na Suíça, foi aprovada num referendo por 72% da população. Apesar dos gritos de alarme dos caçadores, tudo correu bem: a fauna do cantão recuperou agora sua riqueza e diversidade, para apreciação e alegria dos que percorrem as trilhas com animais.

Quando pediram sua opinião sobre a caça, o naturalista e explorador Théodore Monod respondeu: "Que os homens pré-históricos tivessem necessidade de matar animais, isso é evidente. Atualmente, os esquimós ainda matam focas, os bosquímanos africanos matam girafas, e isso é necessário para eles. Eles não têm escolha. Mas fora disso, é totalmente anacrônico. Não se caça mais para defesa própria, nem para obtenção de alimento. A caça é feita por recreação".[90] Théodore Monod lutou

---

*. *Galinettes cendrées* – nome de ave inventado, por analogia a diversos nomes vernáculos franceses de espécies de aves, nesse quadro humorístico de televisão que satiriza os caçadores. [N. da R.]

também contra a pobreza, o racismo, a tortura e todas as injustiças, bem como contra a destruição ambiental. Seu envolvimento na causa humanista e de defesa dos animais foi inspirado em Albert Schweitzer e em seu próprio pai, o pastor protestante Wilfred Monod.

A caça de perseguição: um elitismo sangrento

Ainda que seja praticada por uma parcela mínima da população, nos países onde ainda persiste a caça de perseguição continua sendo um remanescente de profunda crueldade. Ela "consiste na perseguição de um determinado animal selvagem, em geral um cervo, com os caçadores a cavalo acompanhados de matilhas de cães, até o animal ficar completamente esgotado, para que então seja apunhalado, afogado ou tenha as patas quebradas – isso se já não tiver sido retalhado pela matilha, antes de ser 'atendido', ou seja, degolado", explica o escritor Armand Farrachi.[91]

Como ressaltou Alexandrine Civard-Racinais em seu *Dictionnaire horrifié de la souffrance animal* [Dicionário de horrores do sofrimento animal]: "É de se pensar que Armand Farrachi e os numerosos adversários da caça de perseguição (73% dos franceses, conforme sondagem da Sofres de março de 2005) não tenham entendido nada dessa 'escola de refinamento, de tenacidade e do respeito bem entendido da natureza', conforme consta no site da Société de Vénerie".[92] A título de exemplo esclarecedor da "tenacidade" e do "respeito", em 3 de novembro de 2007, um cervo que estava sendo perseguido por quarenta cães estilhaçou a janela envidraçada da sala da família B, na pequena cidade de Larroque, no departamento francês de Tarn. O cervo foi golpeado por punhal na cozinha da família por um dos homens da equipe da floresta de Grésigne, organizadora da caça de perseguição.[93]

Prática milenar nas palavras de alguns historiadores desse tipo especial de caça, ela somente adquiriu efetiva importância na França sob o reinado de François I, quando adquiriu uma aura de sofisticação que seduziu a nobreza. De fato, ela persistiu até o século XX como apanágio de uma nobreza vestida com elegantes casacos vermelhos ou pretos e babados nas golas ou punhos, com bonés nas cores de cada equipe.

Da mesma forma que na caça com arma de fogo, seus defensores se vangloriam de contribuir para o equilíbrio do ecossistema, fundamentam sua legitimidade reivindicando tradições aristocráticas ancestrais e louvando as virtudes de tal "esporte" ou "recreação" que aguçaria a resistência e a experiência de vida do homem e de suas matilhas de cães. Na atualidade, tentam minimizar o aspecto elitista e alegam democratizar tal "esporte" ou "recreação" criando "associações sem fins lucrativos" onde cada membro paga uma taxa, como se fossem clubes esportivos.[94]

Vamos imaginar uma floresta na primavera, em calma e frescor, onde apenas se escuta o chilro dos pássaros, o sopro do vento nas copas das árvores, o estalido furtivo de um roedor ou de um cervo que pisa no musgo macio mesclado às folhas secas do último outono. De repente, surge o clamor das equipes com casacos vermelhos, montadas em seus cavalos galopantes, os latidos furiosos dos cães por vezes deixados intencionalmente esfomeados, e o som das trompas que pontuam os "tempos fortes" da caça. Por um brevíssimo instante, o cervo fica imóvel, no tempo de escolher em qual direção fugir. Ele se lança a correr, saltando sobre os arbustos, buscando desesperadamente um regato onde possa se livrar do próprio cheiro e despistar a matilha que o persegue de perto. Se tiver sorte, encontrará algum curso d'água. Se for pego pelos cães, será despedaçado de maneira impiedosa e terá expostas as suas entranhas, para em seguida ser apunhalado ou, como dizem, "atendido". Os homens poderão se alegrar pela bela caçada diante dos despojos de um magnífico cervo que acaba de perder a vida.

Na mesma linha, o caçador inglês Roualeyn Gordon-Cumming conta em suas memórias o orgulho em ter matado um elefante africano. Após os organizadores do safari terem trazido o paquiderme ao alcance do tiro, Gordon-Cumming decidiu "consagrar um momento à contemplação desse nobre elefante, antes de abatê-lo". Ele ordenou que preparassem um café e, entre um gole e outro, ficou contemplando "um dos mais belos elefantes da África que aguardava a minha decisão, ao lado de uma árvore. [...] Eu me tornara então o senhor dessas florestas imensas que me ofereciam esse esporte tão nobre e arrebatador". Após admirar longamente sua vítima, ele afinal decide atirar. Depois de fazer "alguns testes para encontrar os pontos vulneráveis", ao final ele consegue ferir de modo mortal o elefante e observa sua agonia: "Lágrimas enormes escorriam de seus olhos, que ele fechou lentamente para depois reabrir. Seu corpo colossal tremia em convulsão. Por fim, caiu de lado e expirou. Suas presas, belamente arqueadas, eram as mais pesadas que eu jamais havia visto".[95]

Voltando à caça de perseguição, vemos que o cerimonial, os termos específicos do vocabulário e a inclusão da música parecem ter como objetivo fazer esquecer a finalidade macabra desse entretenimento. Como observou com tanta precisão o pastor Wilfred Monod:

> Quanto às caças de perseguição, com a bênção da matilha por um sacerdote e com a música especialmente composta com trompas de caça, com os gritos ferozes dos batedores quando o animal está a ponto de ser atacado e as lágrimas do animal quando finalmente é atacado pelos cães, melhor seria jogar um véu sobre esses divertimentos ditos "mundanos". Para coroar a festa, cortam a pata de um cervo rendido, que geme, rodeado por "humanos" e ameaçado pelos cães... Quando uma mulher da companhia estender a mão para aceitar a homenagem de uma ponta da pata sangrenta, será com esses mesmos dedos que ela pegará o pão da Santa Ceia à mesa da comunhão?[96]

Essa prática anacrônica foi objeto, na França, de um projeto de lei para proibi-la, em maio de 2013. Proibida em 2004 na Inglaterra (onde era muito valorizada), foi abolida na Alemanha em 1952 e na Bélgica em 1995. Não obstante, ela subsiste nos Estados Unidos (importada pelos colonos britânicos, que introduziram a caça de perseguição da raposa vermelha), no Canadá e em alguns outros países. É impossível discordar dos votos de Albert Schweitzer, prêmio Nobel da Paz:

> Chegará o dia em que a opinião pública não mais irá tolerar nenhum entretenimento onde animais sejam maltratados e mortos. Esse dia chegará... mas quando? Quando atingiremos o dia em que a caça, esse prazer de matar animais por "esporte" ou "recreação", será considerada uma aberração mental?[97]

A "regra de ouro" deve ser aplicada a todos os seres.

Consideremos a regra de ouro, comum a quase todas as culturas e religiões: "Não faça aos outros o que não quer que lhe façam". Se ampliarmos tal regra a todos os seres sensíveis, como seria possível crer que um animal iria preferir ficar confinado num zoológico, padecer os maus-tratos de um domador de circo com transtornos de personalidade ou receber bandarilhas afiadas no dorso para em seguida ser morto por uma espada? Sem mesmo imaginar o que nós, seres humanos, sentiríamos em tal situação, podemos ao menos refletir sobre o fato de que os animais são perfeitamente capazes de fazer escolhas: uma javalina escolherá cuidadosamente o abrigo onde dará à luz seus filhotes; um animal selvagem cuja jaula tenha a porta escancarada correrá para a floresta. Todo animal em boa saúde preferirá viver do que morrer.

Aqueles que, não obstante, persistem em querer justificar as sevícias que aplicamos aos animais deveriam começar explicando por que a regra de ouro seria aplicável apenas aos seres humanos, e com que direito eles se julgam autorizados a infringi-la.

12. Direitos animais, deveres humanos

Se você não conseguir resolver algo num computador com defeito, você pode, se quiser, jogá-lo pela janela. Isso não consertará o computador, mas é seu direito fazê-lo. Ao contrário, se ao irritar-se com os miados de um gato você quiser agarrá-lo para jogar contra a parede, ele vai se debater e tentar escapar. Nesse caso, o comportamento do ser humano é muito mais grave, pois estará ferindo um ser vivo. Em tal caso, o fato de tentar machucar o gato não será um exercício de direito, mas, sim, um abuso de poder.

Como disse a filósofa Florence Burgat : "A resistência que os animais exercem quando se tenta pegá-los pertence inteiramente à luta pelo reconhecimento do direito mais fundamental: o direito à manutenção da própria vida. O animal que resiste a ser pego manifesta seu desejo de viver, de não ser capturado, atormentado, ferido, enclausurado, acorrentado ou morto. Todo ser que luta, pelos meios que lhe sejam próprios, exprime *de fato* a vontade de ter o seu direito à vida reconhecido.[1] Se fosse possível escrever um único artigo de uma hipotética Declaração Universal dos Direitos dos Seres Vivos, ele poderia ser assim formulado: "Todo ser vivo tem o direito de viver e de não ser vítima de sofrimento imposto por outros". Henry Stephens Salt, um defensor inglês de reformas sociais em várias áreas e amigo de Gandhi, afirmava: "A dor é sempre dor, seja ela infligida a um ser humano ou a um animal. [...] Infligir um sofrimento não merecido nem provocado [...] representa apenas injustiça e crueldade por parte de quem causa o sofrimento".[2]

Se a questão dos direitos humanos já é bastante complexa, a dos animais o é ainda mais. Numerosos filósofos julgam que os direitos e deveres somente poderiam dizer respeito a pessoas existentes, conscientes de seus direitos e capazes de respeitá-los perante os outros.[3] Eles negam, assim, qualquer direito aos animais ou aos seres humanos de gerações futuras (estes últimos sendo uma multidão de indivíduos indeterminados e apenas potenciais).

Além disso, segundo a filósofa inglesa Mary Midgley, o conceito de "direito" é ao mesmo tempo amplo e ambíguo demais: "Ele pode ser usado num sentido amplo, para chamar a atenção para os problemas, mas não para resolvê-los. Em sua acepção moral, oscila de maneira incontrolável entre aplicações amplas demais para resolver conflitos ('o direito à vida, à liberdade, à busca da felicidade') e outras que são restritas demais para serem plausíveis ('o direito humano fundamental de ficar em casa nos feriados'). Assim, como muitos já sugeriram, os usos variados desse conceito são incongruentes demais para que seja possível transformá-lo num consenso útil".[4]

Em vez de argumentar sobre a noção de direito, uma forma de resolver esse impasse consiste em falar a língua da consideração, do respeito pelo outro e dos deveres de benevolência que temos para com todos os seres sencientes. Considerando que estender o altruísmo e a compaixão a todos os seres humanos, sem qualquer discriminação, é uma faculdade reservada ao gênero humano, estender o altruísmo aos animais é apenas uma consequência lógica. Isto posto, ainda que do ponto de vista filosófico a questão dos direitos seja complexa, é indispensável, em termos práticos, que protejamos os animais, outorgando-lhes determinados direitos legais que temos o dever de defender em seu nome.

Igualdade de consideração ou igualdade de direitos?

Ao contrário das frequentes afirmações sarcásticas por parte dos que almejam, a todo custo, desconsiderar a questão da proteção dos animais, nenhum dos grandes defensores da libertação animal, como Peter Singer, ou da atribuição de direitos aos animais, como o filósofo e deontólogo Tom Regan, jamais afirmou nem sugeriu que a vida de um camundongo tivesse um valor igual à de um ser humano. Eles jamais aventaram a hipótese de que o rato e o homem teriam direitos idênticos, nem que seria preciso tratar ambos exatamente da mesma forma. Ainda que reconhecendo as numerosas diferenças existentes entre os seres humanos e as espécies animais, Peter Singer defende o princípio de igual consideração de seus interesses. Quanto a Tom Regan, ele sustenta que os animais partilham com os seres humanos o direito fundamental de serem tratados com respeito, por força de seu próprio valor inerente.

Peter Singer apresenta como argumento principal a ideia de que, exceto no caso de necessidade absoluta, seria injustificável causar sofrimento a outro ser vivo, quer ele pertença ou não à nossa própria espécie. A despeito das diferenças inegáveis (no plano das capacidades físicas e intelectuais) entre os seres humanos e os animais, devemos assegurar a todos a mesma *consideração*, em igualdade de termos. É preciso entender com clareza, segundo especifica Singer, que uma consideração em igualdade de termos para seres diferentes poderá acarretar *tratamentos* e também *direitos diferentes*.[5]

Com efeito, seres humanos e não humanos não precisam dos mesmos direitos para todas as coisas. Seria absurdo reivindicar o direito ao aborto para os seres humanos do sexo masculino ou o acesso ao ensino superior para os camundongos. Em contrapartida, Singer escreveu: "Se um ser sofre, não pode haver nenhuma justificativa moral para recusar que esse sofrimento seja considerado. Seja qual for a natureza de um ser, o princípio da igualdade exige que o seu sofrimento seja levado em conta, em condições de igualdade com todo sofrimento semelhante".[6]

As necessidades dos seres são muito diferentes. Colocar um milhão de euros na frente de um carneiro não lhe traz nenhum benefício especial, e retirar esse milhão da frente dele não o prejudica de nenhuma forma. No caso de um ser humano, a reação seria totalmente diferente. A vaca se delicia com a grama fresca, a mesma que deixaria um tigre indiferente. Ao contrário, se uma faca for cravada em seu corpo, tanto o homem como o carneiro sentirão a mesma dor e lutarão de modo igualmente desesperado para escapar da morte.

Peter Singer julga inaceitável desumanizar os seres humanos, tanto quanto tratar os animais como coisas, e julga inaceitável maltratar pessoas em razão de raça ou sexo, tanto quanto maltratar os animais pelo único motivo de pertencerem a uma espécie diferente da nossa. Segundo ele, a capacidade de sentir dor e prazer é uma condição suficiente para afirmar que um ser tem interesses. No mínimo, seu interesse é o de não sofrer.[7]

Por sua vez, Tom Regan julga que, na prática, os defeitos e desvios possíveis da abordagem utilitarista não permitem propor uma visão coerente da proteção dos animais.[8] Assim, ele defende o *direito dos animais de serem respeitados porque possuem um valor intrínseco:*

> Não afirmamos que os seres humanos e os outros animais sejam iguais por todas as suas características. Assim, por exemplo, não afirmamos que os cães e os gatos possam fazer cálculos algébricos, nem que os porcos e as vacas gostem de poesia. Afirmamos que muitos animais não humanos são, da mesma forma que os humanos, seres psicológicos, com uma sensação própria de bem-estar. Nesse sentido, eles e nós somos semelhantes. [...]
>
> Não afirmamos que os seres humanos e os outros animais deveriam ter sempre os mesmos direitos. Já os seres humanos não têm todos os mesmos direitos. Por exemplo, aqueles que são afetados por uma deficiência intelectual significativa não têm direito de frequentar uma universidade. Afirmamos que esses seres humanos, assim como os demais, têm em comum com os outros animais um direito moral fundamental: o de serem tratados com respeito. [...]
>
> É bem verdade que alguns animais, como camarões ou mariscos, são talvez capazes de sentir dor, mas não têm a maior parte das demais capacidades psicológicas. Sendo isso verdade, então eles deixariam de ter alguns direitos que são atribuídos a outros animais. Entretanto, não pode existir justificativa moral para causar dor a qualquer ser vivo, seja ele qual for, se isso não for necessário. E como não é necessário aos humanos comer camarões, mariscos e outros animais similares, ou usá-los de outras maneiras, não pode haver justificativa moral para lhes infligir a dor que invariavelmente acompanha tais atos.[9]

Regan avalia, com mais exatidão, que os danos causados de modo intencional a um ser sensível não podem ser justificados pelo acréscimo de outros benefícios para aqueles que possam usufruir do resultado.[10] Assim, não é aceitável causar sofrimento a um animal porque isso dará prazer a dez ou a cem pessoas.

Tanto quanto Peter Singer, Regan reconhece, de forma inequívoca, que a morte de um ser humano representa uma perda mais significativa do que a morte de um cão. Essa é a razão pela qual, quando as circunstâncias exigem uma escolha, é o cão que deve ser sacrificado. Além disso, para Regan, as quantidades não fazem nenhuma diferença, pois a morte de um determinado ser humano representa uma perda mais significativa do que a *morte de um determinado cão,* ou seja, *cada um* dos dez, cem ou um milhão de cães *considerados individualmente.* E ele acrescenta que um grupo de dez cães, por exemplo, não constitui uma *entidade em si*, com mais peso moral do que um ser humano isolado. Por mais compreensível que isso seja, como já citamos anteriormente, esse ponto de vista torna-se problemático quando as quantidades se fazem astronômicas, como no caso das epidemias de "vaca louca" e pneumonia asiática. Mas como fixar esse limite, que seria apenas arbitrário? Eis aí uma das perguntas mais difíceis de responder. Peter Singer e Tom Regan, de maneira lógica, defendem o término da exploração em massa dos animais, bem como a adoção de uma dieta vegana.

Agentes morais e pacientes morais

A filosofia moral diferencia "agentes morais" de "pacientes morais". Os agentes morais são capazes de diferenciar o bem do mal e de decidir se fazem ou não o que lhes dita a moralidade, conforme a concebem. Eles são, portanto, considerados responsáveis pelos próprios atos. Considerando que podem, igualmente, ser objeto de atos bons ou maus por parte de outros agentes morais, eles participam de uma relação de reciprocidade.

Os pacientes morais são aqueles que *somente são submetidos,* por interferência dos agentes morais, a ações boas ou más, mas sem poderem, eles mesmos, formular princípios morais, nem deliberar sobre o mérito de seus atos antes de executá-los.

Os humanos adultos que gozam de todas as faculdades intelectuais são simultaneamente agentes e pacientes morais. Ao contrário, as crianças de pouca idade e as pessoas com graves deficiências intelectuais não são agentes morais, nem são consideradas moralmente responsáveis por seus próprios atos. Contudo, elas continuam sendo pacientes morais, beneficiários de determinados direitos.

Os animais são, em geral, considerados pacientes morais.[11] Quando uma cobra engole um sapo, sua intenção não é causar o mal, mas apenas se alimentar. Da mesma forma, se ela morder um ser humano que se aproxima será para tentar se defender. Assim, quando um animal ataca um outro paciente moral (o sapo) ou um agente moral (o ser humano), sua ação não pode ser julgada em termos de moralidade.

Isso, porém, não impede que nossa postura em relação aos animais seja frequentemente incoerente. Por causa do privilégio autoproclamado da dominação humana, conforme explica Jean-Baptiste Jeangène Vilmer, "o homem pode maltratar um animal sem que isso seja considerado 'mau' (o animal não é então considerado um paciente moral), ao passo que o animal é reprovado ao tentar se defender, por exemplo, e ao ferir seu algoz (o animal é então considerado um agente moral)".[12]

Se os animais são mesmo pacientes morais, como sustentam os pensadores do movimento de libertação animal, temos então frente a eles uma responsabilidade:

o modo como os tratamos pode ser objeto de uma avaliação moral, caracterizada por níveis de bondade ou maldade. Aí se situa, segundo J.-B. Jeangène Vilmer, o domínio da ética animal.

Essa distinção permite aos agentes morais tomar consciência dos deveres que têm, frente aos pacientes morais. É dever dos agentes morais, na verdade, dar provas de cuidados diligentes para os que não têm a capacidade de formular e de fazer valer seus direitos, em especial, o direito de viver e de não sofrer. É igualmente importante que as leis incorporem em seus dispositivos essa responsabilidade e esses deveres. Seria possível afirmar que quanto mais um paciente moral estiver desamparado e indefeso, mais os agentes morais terão o dever de protegê-lo e de zelar por ele. O grau de vulnerabilidade inerente ao paciente moral seria então proporcional à exigência de proteção.

Para Tom Regan, o *princípio do respeito* obriga-nos a tratar *todos* os indivíduos que tenham valor intrínseco com uma conduta que respeite esse valor, quer se trate de agentes ou de pacientes morais. Temos, ainda mais, o dever de não causar dano aos pacientes morais. Por fim, o reconhecimento do *direito a tratamento respeitoso* que é devido aos pacientes morais não pode ser nem mais nem menos intenso do que no caso de agentes morais.[13]

A moralidade: uma capacidade que resultou da evolução

A distinção entre agentes e pacientes morais não deve repousar no dualismo caricatural que faça distinções absolutas entre seres humanos e animais, entre humanismo e animalismo. O caráter dogmático e arbitrário dessas divisões fica evidente quando tomamos consciência da continuidade da evolução e do processo de transformação gradual que cria o elo entre as diferentes espécies animais. Não são fruto do acaso as manifestações de empatia, gratidão, consolo, luto, ajuda mútua, proteção, senso de justiça etc., que já foram observadas nos animais. Também não é fruto do acaso a capacidade de diferenciar atos bons de maus, que sejam praticados a outro indivíduo. Todas as faculdades existentes nos seres humanos foram selecionadas ao longo de milhares de anos de evolução, por serem úteis para a sobrevivência. Elas são também úteis para outras espécies, e é previsível encontrar nos animais emoções e estados mentais bem próximos aos encontrados nos seres humanos, inclusive o senso moral.

Não é surpresa que as pesquisas realizadas nas últimas décadas tenham evidenciado que uma boa parte de nosso senso moral é algo inato.

Vimos que, segundo Jonathan Haidt, podemos sentir de forma já instintiva se um comportamento é moralmente bom ou mau, para só depois justificarmos nossas decisões através de raciocínios. Na mesma linha de pensamento, em sua obra intitulada *The Bonobo and the Atheist* [O bonobo e o ateu], o etólogo Frans de Waal demonstra, com base num conjunto de observações e de pesquisas, que a moralidade não é uma inovação humana, como muitos pensavam até agora. Longe de haver desenvolvido a moralidade unicamente por nossa própria reflexão racional, tiramos vantagem das capacidades já desenvolvidas pelos animais sociais que nos precederam.[14]

São abundantes as observações, nos animais, de comportamentos que podem ser qualificados como morais. Em seu tratado intitulado *A expressão das emoções no homem e nos animais*, Darwin relata o caso do cachorro que, a cada vez que passava ao lado do cesto onde jazia doente sua amiga, uma gata, nunca deixava de lambê-la. Também há casos de chimpanzés que se interpõem de maneira imparcial entre congêneres que brigam entre si, para separá-los e acalmá-los, assim demonstrando não apenas um senso moral individual, como também a busca intencional de harmonia na comunidade.[15]

Sarah Brosnan e Frans de Waal demonstraram que os macacos-prego são dotados de senso de justiça.[16] Dois desses macacos foram colocados em jaulas adjacentes, com a possibilidade de se observarem mutuamente. A pesquisadora dava uma ficha por vez, a cada um dos macacos, e depois estendia a mão para recebê-la de volta. Em troca, o macaco recebia uma rodela de pepino. Os macacos aprenderam rapidamente o sentido dessa troca e gostaram muito da atividade. Após 25 operações de troca, a pesquisadora continuou dando um pedaço de pepino a um dos macacos, mas ao outro passou a dar uvas, fruta que os macacos-prego apreciam muitíssimo. O primeiro macaco, consciente do que julgava ser uma injustiça, não apenas recusou na maioria das vezes o pedaço de pepino como chegou até a atirá-lo para fora da jaula. Esse senso de justiça também foi observado entre cães, que concordam em repetir várias vezes um pequeno exercício de treinamento sem receber recompensa imediata, mas recusam-se a prosseguir a partir do momento em que veem um outro cão receber um pedaço de salsicha, em recompensa pela realização do mesmo exercício.[17]

Frans de Waal relata a história de Lody, um bonobo do zoológico de Milwaukee, nos Estados Unidos. Lody era um macho dominante muito protetor que dava atenção especial a Kitty, uma fêmea idosa, surda e cega. Como Kitty corria o risco de se perder num local com muitas portas e túneis, Lody a pegava pela mão toda manhã e a guiava para fora até um ponto ensolarado na grama, que era o lugar preferido de Kitty. No final de cada dia, ele a trazia para o interior do abrigo, com o mesmo cuidado. Sempre que Kitty tinha uma de suas frequentes crises de epilepsia, Lody permanecia a seu lado, recusando-se a deixá-la sozinha.[18]

Certo dia, Lody mordera um dedo da veterinária, Barbara Bell, que lhe dava vitaminas através da grade. Ele ouviu o barulho, levantou os olhos, aparentemente surpreso, e a soltou, mas tinha mordido forte demais. Faltava um dedo na mão da veterinária, e os médicos não conseguiram fazer o reimplante. Alguns dias depois, a infeliz acidentada voltou ao zoológico e, ao ver Lody, levantou a mão enfaixada como para dizer: "Olha só o que você fez!". Lody veio examinar a mão dela com cuidado e depois foi para o canto mais afastado, onde ficou agachado, de cabeça baixa, com os braços ao redor de si.

Nos anos seguintes, Barbara foi trabalhar em outra cidade. Quinze anos após o incidente, ela voltou para uma visita imprevista ao zoológico de Milwaukee e, misturada ao público, ela ficou olhando a área onde vivia Lody. Assim que Lody a viu, ele correu e tentou olhar a mão esquerda de Barbara, que estava escondida atrás de um parapeito. Ele ficou olhando sem parar para a esquerda, como se insistisse em ver a mão que havia mordido, até que a vítima a levantou. Lody fixou então os olhos na mão mutilada, depois olhou nos olhos de Barbara, e inspecionou de novo a mão dela. "Ele sabia", concluiu a veterinária, uma opinião com a qual Frans de Waal concorda inteiramente, com base em sua vasta experiência. Se é verdade que os bonobos têm consciência das consequências de seus atos, isso mostra a que ponto são capazes de experimentar o tipo de preocupações subjacentes ao senso moral nos seres humanos.

Frans de Waal conclui afirmando: "Isso me remete à minha visão de moral 'vinda de baixo'. A lei moral não é imposta de cima, nem deduzida a partir de princípios cuidadosamente pensados. Ela nasce de valores bem ancorados, que estão lá desde tempos imemoriais. O mais fundamental deles deriva do valor da sobrevivência para a vida do grupo. O desejo de pertencer ao grupo, a vontade de ficar bem com os demais, de amar e de ser amado, tudo isso nos leva a fazer todo o possível para ficar em bons termos com aqueles de quem dependemos. Outros primatas sociais partilham esse valor e se apoiam no mesmo filtro entre emoção e ação para atingir um *modus vivendi* que seja mutuamente agradável. [...] A moral tem origens muito mais humildes, que podem ser discernidas no comportamento de outros animais. [...] Nosso passado evolucionista nos estende uma mão forte e segura, sem a qual jamais teríamos conseguido chegar tão longe".[19]

É indispensável ter consciência dos próprios direitos para tê-los?

O argumento segundo o qual apenas podem ter direitos os que tenham consciência deles e estejam em situação de poder defendê-los é uma falácia: "Como se a onipotência de um ser ou a fraqueza de outro pudessem influenciar a existência dos direitos do mais fraco. [...] Concedemos direitos aos deficientes intelectuais, aos completamente senis, aos loucos incuráveis", argumentava Louis Lespine, advogado francês que presidiu o Comitê Jurídico Internacional para a Proteção dos Animais.[20] Da mesma forma, o fato de uma pessoa estar profundamente adormecida, inconsciente de seus direitos, não lhe retira os direitos que reconhecemos a todo ser humano.

Além do mais, há diferentes formas de estar consciente de um direito natural. Que os animais não possam estar conscientes do "conceito" de direito não altera o fato de que, como nós, aspiram a não sofrer e buscam, da melhor maneira possível, as condições mais propícias à sua sobrevivência. Jean-Jacques Rousseau insistia em que o caráter de ser sensível ratifica a "participação dos animais no direito natural".[21] Ele assim liquidava a ideia milenar, reiterada por Hobbes de que "para os débeis mentais, as crianças e os loucos não há lei, nem tampouco para os animais". Como Hobbes, também sustentava essa ideia Hugo Grotius, um jurista holandês do século

XVII, que assim estipulava, em sua obra *De jure belli ac pacis* [*O Direito da guerra e da paz*]: "Nenhum ser que não possa estabelecer máximas gerais [ou seja, que não tenha a capacidade de raciocínio] poderá ter direitos".[22]

Louis Lespine considera evidente que "os animais têm consciência de seu direito à vida de uma forma talvez obscura mas muito real, que vulgarmente chamamos de instinto de conservação, e são conscientes de que sua vida deve transcorrer normalmente, sob condições adequadas à sua natureza e às capacidades específicas de sua espécie".[23] Portanto, ele entende indispensável conceder aos animais o direito de viver e de não passar por sofrimentos evitáveis, causados pelo homem.

Quando constatamos que o outro tem uma necessidade cuja satisfação lhe permitirá sentir-se bem ou evitar a dor, a empatia nos faz, inicialmente, perceber essa necessidade de maneira espontânea. Em seguida, a preocupação com o outro gera a vontade de ajudá-lo a obter o que precisa. Por outro lado, se atribuímos pouco valor ao outro, ficaremos indiferentes: não levaremos em conta aquilo de que eles precisam, ou talvez nem mesmo o notemos.

Todavia, a experiência demonstra que não basta confiar na compaixão de nossos semelhantes. É indispensável *proteger* os animais contra os maus-tratos e os sofrimentos causados por aqueles que não sentem compaixão alguma por eles. Não é apenas por estarem conscientes de seus direitos que protegemos os seres humanos da tortura, da privação de liberdade e de todos aqueles que atentam contra suas vidas, mas também por ser inadmissível que seres humanos sejam assim tratados.

Nos lugares onde os direitos humanos são pouco respeitados, os direitos dos animais o são ainda menos. O governo chinês, por exemplo, que contesta o conceito ocidental de direitos humanos, trata com absoluto desdém a questão do sofrimento animal. Já vimos que essa crueldade contra os animais é uma prática corrente nas fazendas de extração de pele, de bile de urso, de retalhamento de tigres e em muitos outros empreendimentos de fins similares.

Deveres para com os animais segundo a filosofia "humanista"

Em seu livro *Of our humanity* [*Nossa humanidade*] o filósofo humanista Francis Wolff escreveu: "Ainda que nossas obrigações tenham seu foco principal voltado para a humanidade, elas podem também ter como objeto, de modo relativo e derivado, alguns outros seres, como os animais".[24] Ele distingue três tipos de deveres, respectivamente relacionados aos animais de companhia, aos animais domésticos e aos animais selvagens ou silvestres. Segundo essa distinção: "Com os animais de companhia, mantemos relações de afeto, em geral recíprocas, que explicam a atenção, os cuidados e a devoção que podemos conferir a eles, e que eles podem também, por vezes, conferir a nós que somos seus donos". No caso dos animais que nos são úteis, como os animais domésticos e os animais de criação (os chamados animais "rentáveis"), Francis Wolff assim considera: "Devemos conceder-lhes condições de vida que sejam proporcionais ao que eles representam para nós. Assim, devemos conceder-lhes proteção e alimento, porque nos dão em troca sua ajuda, sua carne e seu couro ou sua pele. Portanto, é moralmente viável matar os animais que vivem apenas para isso".[25] Entretanto, ao contrário do que afirma Wolff, os animais não nos "dão" a carne e o pelo ou couro: nós é que decidimos arrancar deles à força. Além disso, torna-se difícil afirmar que esses animais "vivem apenas para isso", na medida em que também nós é que decidimos, de maneira unilateral, criá-los para abate. Como afirmamos antes, decidir de modo arbitrário que uma criança está destinada a se tornar um escravo não faz da escravidão algo moralmente aceitável.

Com respeito às espécies selvagens ou silvestres, Francis Wolff considera que "não temos nenhum dever de assistência, proteção ou respeito e, portanto, nenhuma obrigação moral propriamente dita". Ele considera, não obstante, que temos obrigações gerais para com as espécies, que devemos respeitar o equilíbrio dos ecossistemas, proteger o meio ambiente e respeitar a biodiversidade, na medida em que levamos em conta os imperativos ou as necessidades dos seres humanos. Isso implica, notadamente, em lutar contra as espécies declaradas "prejudiciais" e em proteger determinadas espécies ameaçadas. Francis Wolff reprova a crueldade, ou seja, o fato de causar sofrimento a qualquer outro ser, de forma voluntária e gratuita: "Essa crueldade é sempre carregada de maldade: é preciso censurá-la como uma conduta desprezível, abjeta, indigna de um homem e, por vezes, reprimi-la". O filósofo acrescenta ainda que a ausência de dever para com as espécies selvagens ou silvestres faz com que a caça ou a pesca esportivas ou de recreação "não tenham nada de moralmente condenável, nada mais do que o consumo de lagosta, ainda que impliquem a 'dor' do peixe capturado com isca, do coelho atingido por um projétil de arma ou da lagosta mergulhada em água fervendo, desde que tais procedimentos respeitem, tanto quanto possível, o equilíbrio ecológico, a biodiversidade e as condições naturais de vida e de reprodução da fauna".[26] Todavia, falar de caça ou pesca "esportiva" ou "de recreação" implica em dizer que essas atividades não são de maneira alguma necessárias à nossa sobrevivência, sendo, ao contrário, realizadas para nosso puro "prazer" ou "divertimento", seja de ordem gastronômica, esportiva ou lúdica. Não se trata, então, de sofrimentos causados "de forma voluntária e gratuita"?

Como o próprio nome indica, os deveres "humanistas" para com os animais são, assim, inteiramente pensados em função apenas dos interesses humanos. Em contraste, Francis Wolff define o "animalismo" como "toda doutrina que faça do *animal enquanto tal* – seja ele humano ou não – o objeto privilegiado, ou até mesmo único, de nossa atenção moral, seja sob a forma de uma ética por compaixão, de uma filosofia utilitarista ou de uma teoria dos direitos".[27] O sistema ético que defendemos não faz do animal um objeto "privilegiado" da moral, mas considera necessário incluir o animal como um ser senciente.

Martin Gibert diferencia duas formas de humanismo: "Por um lado, o humanismo 'inclusivo' designa um conjunto de valores, normas e virtudes morais que estão na base de uma constante ampliação do círculo da moralidade. Ele defende a igualdade, a liberdade e a solidariedade, com consideração pelos mais vulneráveis, e é inclusivo porque não faz nenhuma restrição prévia no âmbito de aplicação desses valores. Esse é o humanismo de Voltaire e Rousseau, Jeremy Bentham e John Stuart Mill, Martin Luther King e Gandhi. Em contrapartida, o humanismo 'excludente' consiste em restringir a consideração moral unicamente aos integrantes da espécie humana. Justiça, igualdade e benevolência, sim – mas apenas para quem tiver um cartão de sócio preferencial. O humanismo excludente é fundamentalmente especista e se confunde com a ideia de supremacia humana".[28]

O exercício de um direito exige reciprocidade?

Numerosos pensadores, principalmente aqueles de tendência humanista, negam qualquer direito aos animais alegando o fato de que estes são incapazes de reciprocidade. Essa é outra vez a opinião de Francis Wolff, que afirma:

> Reduzir um homem ou mulher à escravidão, não reconhecer o outro como pessoa, tratá-lo como um meio de satisfazer suas próprias necessidades, negar os princípios de reciprocidade ou justiça, violar os princípios de liberdade, igualdade e dignidade dos seres humanos, isso não faz parte da diversidade cultural, nem mesmo da relatividade marcante dos costumes, mas sim da barbárie. E esses princípios universais não podem, por definição, ser aplicados aos animais, pois pressupõem o reconhecimento do outro como igual, a reciprocidade sem a qual não existiria justiça.[29]

Um ponto de vista como esse levanta a questão crucial da recusa de alguns em respeitar os direitos dos mais vulneráveis. Podemos acusar os bebês, crianças muito jovens ou pessoas com patologias mentais de não respeitarem os direitos das pessoas adultas e de mente sã? Será que os pais poderiam castigar o bebê que chora durante a noite e não respeita o direito deles ao sono? Um esquizofrênico que, em crise, se jogue contra um cuidador para bater nele receberá tratamento, e não reações agressivas. Pode-se dizer de algum desses seres que eles não respeitam os nossos direitos? A imaturidade temporária de alguns e a patologia comprovada de outros invalidaria *de fato* qualquer noção de reciprocidade de direitos. Ternura, cuidado e empatia são as respostas que precisamos dar a essas pessoas, em vez de exigir de modo irrealista algum tipo de reciprocidade. Em seu texto *The philosophy of animal rights* [A filosofia dos direitos dos animais] Tom Regan conclui da seguinte forma: "Esses animais não têm, de fato, o dever de respeitar nossos direitos, mas isso não elimina nem diminui nossa obrigação de respeitar os direitos deles".[30]

Ressaltemos ainda que parece um pouco contraditório falar de princípios "universais", como o faz Francis Wolff, e acrescentar que tais princípios não seriam aplicáveis aos animais. Será que a noção de direito pode ser restrita unicamente à espécie humana, quando sabemos que existem no mínimo 1,6 milhão de espécies animais? Ainda que sejamos particularmente inteligentes e dotados de inúmeras faculdades, um pouco de humildade seria bem conveniente.

Os deveres para com os animais não seriam apenas "deveres indiretos" para com os seres humanos?

Alguns pensadores acreditam que, se temos deveres para com os animais, isso não seria tanto porque temos de nos preocupar com o que lhes ocorre, mas porque, se nos habituarmos à crueldade com eles, corremos o risco de perder a nossa própria sensibilidade e de nos tornarmos cruéis com nossos semelhantes. Esse ponto de vista, dito dos "deveres indiretos", foi apoiado notadamente por Immanuel Kant:

> Aquele que abate seu cachorro por este já não ser de nenhuma utilidade para ele [...] não viola na verdade o dever que tem em relação ao cão, uma vez que este é incapaz de julgar, mas comete um ato que fere seu próprio senso de humanidade e de benevolência, que deve ainda defender, em virtude dos deveres que tem perante a humanidade. Para não sufocar em si mesmo essas qualidades, deve praticar a generosidade em relação aos animais, pois aquele que é cruel com os animais também se tornará rude com os homens [ao passo que] essa doçura [com os animais] se transmitirá para a forma de lidar com os próprios humanos.[31]

Paul Janet, filósofo francês do século XIX, contestou a pertinência dessa visão antropocêntrica: "Dizem-nos que não se deve ser cruel com os animais para não nos tornarmos cruéis com os homens. Mas se tivéssemos certeza de não nos tornarmos cruéis com os homens, isso permitiria, por consequência, a crueldade com os animais? [...] Preferimos afirmar, simplesmente, que a benevolência com os animais é um dever que temos perante eles".[32] Precisamos, pois, parar de querer que tudo gire em torno dos seres humanos, e conceder "direitos diretos" aos animais, direitos esses que lhes pertencem de modo intrínseco.

O filósofo Joel Feinberg, dos Estados Unidos, também considera que temos "deveres diretos" perante os animais, já que eles têm interesses próprios, relacionados às suas faculdades cognitivas e às suas capacidades de estabelecer uma distinção entre o que lhes é benéfico ou prejudicial.[33] De acordo com ele, se defendemos a ideia de que não apenas é nosso *dever* tratar os animais com humanidade, como também que deveríamos assim agir diretamente *por eles mesmos* (e não de maneira indireta, com base nos efeitos sobre o homem); se consideramos que tal tratamento lhes é devido e pode ser exigido em nome deles por terceiros, e ainda que o fato de privá-los disso constituiria uma injustiça e um prejuízo (e não apenas uma forma de violência), ficará então claro que estaremos atribuindo-lhes *direitos*.

Como demonstrou Tom Regan,[34] três críticas contrárias à posição de Kant podem ser formuladas. Primeiramente, Kant se equivoca quando afirma que "os animais não têm consciência de si mesmos". Muitíssimos argumentos e pesquisas convergentes permitem atribuir a autoconsciência a numerosas espécies de animais.

Como vimos no capítulo 6 "O *continuum* do vivo", o fato de a consciência ser eminentemente útil para a nossa sobrevivência nos leva a pensar que ela deve estar presente em numerosas espécies, assim como esteve em nossos ancestrais.

Em segundo lugar, se alguém afirma que em geral o animal é "incapaz de julgar", deve-se primeiro chegar a um acordo sobre o sentido e o alcance desse termo. Um cão pode julgar que uma situação é fonte de sofrimento e que um determinado objeto é um osso e, por isso, desejável. Todavia, se entendemos por "capacidade de julgar" a faculdade de formar juízos morais,[35] então é verdade que algumas espécies de animais, moluscos e insetos, por exemplo, não têm a capacidade de concebê-los. Entretanto, já foi comprovado que outras espécies, em particular os grandes primatas e os cães, possuem tal capacidade (notadamente o senso de justiça). Além disso, conforme entende a filósofa inglesa Mary Midgley,[36] ainda que os animais fossem incapazes de "julgar", como pensava Kant, isso apenas aumentaria os nossos deveres para com eles. Temos, com efeito, a obrigação moral de proteger e de cuidar de todos os que sejam por demais ignorantes, frágeis, desorientados, incompetentes ou indecisos para serem capazes de julgar se estão ou não sendo objeto de dano. Somos, de fato, responsáveis por nossa própria conduta perante aqueles que dela sejam beneficiários ou vítimas. Kant não pode negar aos animais todos os direitos, a menos que sejam da mesma forma privados de direitos todos os pacientes morais humanos. Ora, é claro que estes últimos realmente têm direitos.

Em terceiro lugar, Regan demonstra que Kant não é convincente quando afirma que os animais existem "apenas como meios para um fim", sendo esse fim "o homem":

> A plausibilidade em considerar os animais como tendo valor apenas se servirem para fins humanos diminui assim que começamos a reconhecer que, como os seres humanos que são semelhantes a eles em termos relevantes, os animais têm uma vida que lhes é própria e suscetível de melhorar ou piorar para eles, independentemente de seu valor utilitário para os outros.

O valor dos animais não pode, portanto, ser reduzido apenas aos limites de sua utilidade para o gênero humano. Esse já era o ponto de vista do zoólogo e filósofo americano do século XIX, John Howard Moore, que afirmava sem rodeios:

> Cada *ser* constitui um *fim* em si mesmo. Em outras palavras, todo ser deve ser levado em conta na apuração dos fins de uma conduta. Esse é o único resultado coerente do processo ético que está em evolução na terra. Este mundo não foi feito e apresentado a algum grupo em particular para seu uso ou gozo exclusivos. A terra, se de fato pertence a alguém, pertence aos seres que a habitam – a *todos* que a habitam. E quando um ser ou um conjunto de seres se autoproclama como o único fim para o qual o universo existe, e olha para os outros e age em relação a eles como se fossem meros meios para tal fim, isso se torna uma usurpação, nada mais do que isso, e nunca poderia ser outra coisa, independentemente de quem sejam os usurpadores ou os usurpados.[37]

Essa instrumentalização dos animais é parte também de uma instrumentalização mais geral do mundo como um todo, conforme o filósofo Patrice Rouget, o qual "adquire assim uma nova condição, a de recurso, de estoque disponível, inteira e exclusivamente à mercê de todo uso que os seres humanos queiram dele fazer. Inexiste qualquer setor do mundo que escape de tal visão utilitária".[38]

Para esse autor, tal instrumentalização acarreta "uma relação degradada e desencantada com um mundo considerado como mero recurso quantitativo, como fonte de lucro dedicada apenas ao uso dos seres humanos... [...] Essa relação pressupõe uma ignorância radical da existência *per se* da totalidade do mundo não humano, uma existência que é muito anterior à atenção que a razão prática dos seres humanos lhe dirigiu, e que felizmente continuará a existir independente disso".[39]

A partir de 2007, o advogado Antoine Goetschel foi designado pelo governo do cantão suíço de Zurique para defender a causa dos animais. Ele dedicou-se à defesa dos direitos dos animais vítimas de maus-tratos, atuando na defesa em mais de duzentas ações por ano e zelando pela aplicação das leis de proteção dos animais.[40] Em 1973, a Suíça modificou sua Constituição para tornar a proteção dos animais um dever do Estado. A criação aviária em massa foi progressivamente substituída por um sistema que permite que as aves circulem livremente, cisquem o solo, rolem no chão, façam voos até um poleiro e botem ovos em ninhos protegidos, forrados com material adequado.

Uma visão integrada dos direitos dos animais

Muitos autores que militam em favor da causa animal afirmam, em termos básicos: "Os animais apenas precisam ser deixados em paz, nada mais".[41] Isso está correto, mas seria inconcebível contentar-se com esse "deixar em paz" os animais, como se eles vivessem num mundo separado do nosso. A biosfera é fundamentalmente interdependente, e nossa vida está ligada à vida dos animais de maneira estreita, pela simples razão de sermos todos integrantes ativos do mundo em que vivemos e que se modifica sem cessar, por nossas atividades. Os animais com frequência são nossas presas, mas por vezes também nos tornamos suas presas (de tigres e de mosquitos, entre outros). Por vezes eles são nossos companheiros (cães e gatos), por vezes nos ajudam (cães-guias de cegos), outras vezes nos invadem (gafanhotos, cupins). Ainda que possamos ter nos ignorado uns aos outros por longos períodos (animais das camadas mais profundas do oceano ou em florestas impenetráveis), o ingresso na fase do Antropoceno e o impacto global de hoje sobre nosso ambiente é de tal monta que nenhuma forma de vida fica impune às nossas atividades. Assim, urge repensar de maneira mais coerente e mais justa nossas relações com os animais em termos de participação cidadã conjunta.

Isso foi feito de modo brilhante por Sue Donaldson e Will Kymlicka em seu livro *Zoopolis: A Political Theory of Animal Rights* [Zoopolis. Uma teoria política dos direitos dos animais],[42] de 2011, uma obra inovadora sobre os direitos dos animais à vida e à liberdade, que recebeu o prêmio bianual da Associação Canadense de Filosofia. Will Kymlicka é um professor universitário canadense, conhecido por seus trabalhos em Filosofia Política, autor notadamente do livro *Les théories de la justice: une introduction* [As teorias da justiça: uma introdução],[43] que dedicou numerosos escritos à questão das minorias nacionais, étnicas ou culturais. Sue Donaldson, a coautora, é uma pesquisadora independente. Eles enxergam três principais tipos de direitos para os animais, conforme o respectivo modo de vida.

Em relação aos animais selvagens, eles propõem que sejam tratados como comunidades políticas soberanas, com território próprio. O princípio de soberania visa a proteger os povos contra ingerências paternalistas ou interesseiras de povos mais fortes. No que se refere aos animais selvagens, o Pacto Internacional sobre Direitos Civis e Políticos (ONU, 1966) poderia servir como base para reflexão. Em seu artigo 1º, o Pacto declara que "Todos os povos têm direito à autodeterminação". No parágrafo seguinte do mesmo artigo, o instrumento define que "todos os povos podem dispor livremente de suas riquezas e de seus recursos naturais" e que "em caso algum, poderá um povo ser privado de seus meios de subsistência".

Com efeito, os animais silvestres são competentes para obter seu próprio alimento, deslocar-se, evitar perigos, administrar os riscos que assumem, brincar, escolher um parceiro sexual e criar uma família. Em sua grande maioria, eles não buscam contato com os humanos. Assim, é desejável preservar seu modo de vida, proteger seu território, respeitar suas aspirações à autogovernança e evitar as atividades que os prejudiquem de modo direto (caça, destruição do habitat) ou indireto (poluição, degradação geral do ambiente causada pelas atividades humanas). Segundo os autores, não caberia intervir para impedir a predação entre animais silvestres, nem mesmo para salvar a gazela das garras do leão, por exemplo.

No que se refere aos animais domésticos que vivem conosco e de nós dependem, Donaldson e Kymlicka propõem que eles se tornem cidadãos de nossas comunidades políticas. "Por qual motivo conceitos como comunidade, sociabilidade, amizade e amor deveriam ficar restritos ao círculo de cada espécie?"[44] Eles argumentam que, em inúmeras situações, os animais domésticos podem exprimir suas preferências, aproximando-se de nós ou fugindo para longe, por exemplo. Além disso, a cidadania não se reduz ao direito a voto: ela também confere o direito de viver num determinado território com condições de vida decentes e de ser representado nas instituições públicas. Tanto quanto as crianças e os deficientes intelectuais, que têm o direito de serem representados na tomada de decisões que os afetem, os animais de estimação poderiam ser representados por pessoas de confiança, que os vejam como indivíduos com preferências.

Donaldson e Kymlicka se diferenciam das posições abolicionistas, que implicam o desaparecimento dos animais domésticos, pois abolir a exploração dos animais domésticos não exige, necessariamente, dar fim a séculos de vida em comum. Os primeiros animais domésticos foram, em geral, espécies selvagens que se aproximaram dos humanos, com os quais aprenderam a se comunicar de diferentes formas. A abolição da escravatura fez com que os antigos escravos se integrassem na sociedade, e não que fossem eliminados. Somente o desaparecimento dos monstros criados pela zootecnia seria apreciado – os perus de corpos deformados (para desenvolver a região peitoral, que é a carne preferida) a ponto de serem incapazes de acasalamento natural, ou as porcas gigantescas que são obrigadas a parir 28 leitões de uma só vez sem que possam alimentá-los, entre outros tantos exemplos.

Os seres humanos poderiam obter lucro de modo inteligente a partir das atividades normais e espontâneas de animais vivendo em ambientes adequados às próprias necessidades e preferências. É possível, por exemplo, recolher o estrume de cavalos ou os excrementos de outros animais para utilizar como fertilizante. Também é possível manter carneiros pastando em nossos grandes parques públicos para ter a grama sempre aparada. As cabras podem limpar os galhos mais baixos da vegetação e assim prevenir os riscos de incêndio. O excelente olfato dos cães pode salvar vidas e ser útil em muitas circunstâncias. Em troca de alimentação e cuidados, também é possível prever o uso da força animal, sempre levando em conta a personalidade específica de cada espécie, desde que os animais trabalhem voluntariamente, e desde que a duração da carga de trabalho não impeça os animais de realizar outras atividades e estabelecer relações que sejam importantes para eles.

A terceira categoria inclui os animais não domesticados nem silvestres que vivem em áreas habitadas ou cultivadas por seres humanos, mas que mantêm um estilo de vida autônomo – pombas, pardais, gaivotas, corvos, ratos e morcegos, esquilos e outros –, embora sua existência tenha relações estreitas com as atividades humanas. Donaldson e Kymlicka sugerem que eles sejam tratados como "residentes permanentes": eles têm direito a viver onde estão (não são intrusos), devemos respeitar seus direitos fundamentais, mas não temos deveres ativos para com eles, como protegê-los de predadores ou cuidar de sua saúde.

Em essência, Donaldson e Kymlicka consideram que devemos reconhecer aos animais direitos invioláveis, variando conforme seu modo de existência:

> Em que implica reconhecer os animais como pessoas ou "eus" com direitos invioláveis? Em termos extremamente simples, isso significa reconhecer que eles não são meros meios para nossos fins. Eles não foram colocados na Terra para nos servir ou nos alimentar, nem para nos sentirmos bem. Ao contrário, eles têm sua própria existência subjetiva e, portanto, seus próprios direitos iguais e inalienáveis à vida e à liberdade. Sendo assim, fica proibido prejudicá-los, matá-los, confiná-los, possuí-los e escravizá-los. O respeito a esses direitos exclui quase todas as práticas hoje existentes nos setores que se servem dos animais, onde os seres humanos detêm a propriedade dos animais e os exploram para seus próprios fins de lucro, lazer, educação, comodidade ou conforto.[45]

O direito dos animais e a lei

Por um longo tempo, como afirmava o ilustre jurista francês Jean Carbonnier, "uma das características essenciais [...] da nossa civilização jurídica consistia em manter de maneira implacável os animais afastados do direito".[46] Desde então, as coisas têm melhorado lentamente, embora ainda reste muito a fazer.

Em 14 de abril de 2014, na França, a Comissão de Direito da Assembleia Nacional reconheceu aos animais a condição de "seres vivos dotados de sensibilidade", e isso em conformidade com a opinião da maioria dos franceses (89%, conforme pesquisa feita pelo instituto IFOP em 2013). Anteriormente, de acordo com o Código Civil francês,[47] que abrange a sociedade como um todo e constitui a base do direito francês, os animais que eram propriedade de alguém eram considerados "por sua natureza" como *bens móveis,* e "por sua finalidade" como *bens imóveis,* ou seja, bens alocados ao serviço (do homem) e à exploração (pelo homem). Portanto, o Código Civil francês está agora em harmonia com o Código Penal e com o Código Rural que já reconheciam os animais, de maneira explícita ou implícita, como seres vivos e sensíveis.

Além disso, existem dispositivos nos Códigos Penal e Rural franceses destinados a protegê-los. Dois de seus artigos dizem respeito a atentados voluntários e involuntários contra a vida de um animal ou sua integridade física, um terceiro condena os maus-tratos, e outro pune as sevícias graves e os atos de crueldade.[48]

Quanto ao Código Rural, ele reconhece de maneira explícita o animal como ser sensível, e o artigo L214 da lei de 10 de julho de 1976 especifica: "Sendo todo animal um ser sensível, deve ser colocado por seu proprietário em condições compatíveis com os imperativos biológicos de sua espécie".

Os animais silvestres em liberdade não pertencem a ninguém. São considerados *res nullius,* ou seja, "coisa de ninguém".

As contradições antes existentes entre esses três códigos prejudicavam a implantação de uma política coerente. Não obstante, ainda persiste uma imensa falta de consonância entre os textos existentes (notadamente o artigo L214) e a respectiva aplicação.

No âmbito europeu, se o Tratado de Roma (1957) enxergava os animais apenas como "bens e produtos agrícolas", o Tratado sobre o Funcionamento da União Europeia (1992) afirma, por sua vez, que: "A União e os Estados membros devem ter plenamente em conta as exigências em matéria de bem-estar dos animais, enquanto seres sensíveis". Uma diretiva de 2010, relativa à utilização dos animais para fins científicos, estipula que "O bem-estar dos animais é um dos valores da União Europeia", acrescentando: "Os animais têm um valor intrínseco que deve ser respeitado e [...] deverão ser sempre tratados como criaturas scientes". Essa legislação é aplicada com base no critério do *sofrimento,* já que a diretiva europeia reconhece que o sofrimento dos animais foi comprovado cientificamente.

A Alemanha foi o primeiro país da União Europeia a incluir os direitos animais em sua Constituição, em 2002. Em seguida, vários países fizeram o mesmo, incluindo em suas cartas magnas a proteção dos animais e assim tornando-a um dever do Estado. Os legisladores alemães aprovaram por maioria de dois terços que na cláusula constitucional que obriga o Estado a respeitar e a proteger a dignidade humana fossem também acrescentadas as palavras "e dos animais". De acordo com suas respectivas Constituições, a Suíça, Luxemburgo, Índia e Brasil protegem *todos os animais* sem distinção. O Reino Unido aprovou em 2006 uma lei intitulada Animal Welfare Act [Lei sobre o bem-estar animal] conferindo uma situação jurídica a todos os animais sob a responsabilidade do homem e introduzindo a noção de *dever de "assegurar o bem-estar"*. A legislação finlandesa vai ainda mais longe, pois reconhece capacidades intelectuais no animal. Na Suíça, desde 2003, o Código Civil menciona claramente: "Os animais não são coisas".

As leis da Áustria são as mais avançadas nessa questão, e sua lei específica sobre os animais de fato dispõe que "o Estado protege a vida e o bem-estar dos animais, como coabitantes com os humanos". Segundo essa lei, é proibido matar um animal sem razão válida, manter ou utilizar animais em circo (com exceção de animais domésticos), mesmo que sem fins lucrativos. Essa mesma lei dispõe que cada província deve remunerar advogados especialistas em direito animal, habilitados a intervir em todo processo que diga respeito à proteção dos animais. Quanto à lei sobre experimentação animal, esta proíbe realizar experiências em grandes primatas, salvo se feitas no interesse dos primatas que delas participem.[49]

Segundo o advogado suíço Antoine Goetschel, se o animal tem seu lugar na Constituição de um país, torna-se fácil harmonizar todos os códigos legais, pois a Constituição prevalece sobre todos eles. Além disso, se o Estado se ocupa do que acontece aos animais, em caso de maus-tratos, é suficiente recorrer à representação estatal, sem necessidade de a cada vez alertar a opinião pública sobre os maus-tratos de que estejam sendo vítimas os animais.[50] Além do poder público, as empresas também podem estabelecer normas concernentes a seu compromisso voluntário de tratar os animais de modo adequado.

A despeito de todas essas leis, em muitos países a situação ainda está longe de ser luminosa. Nos Estados Unidos, os setores de produção de carne e de laticínios, por exemplo, conseguiram convencer um número suficiente de congressistas a criar exceções que lhes permitem escapar das leis de proteção dos animais.

Jean-Pierre Marguénaud considera que "outorgar ao animal a qualidade de sujeito de direito apenas acarreta a implantação de uma técnica jurídica adaptada, num dado momento, à proteção do interesse de determinados animais, conforme considerada necessária". E ele acrescenta que isso não conduz, de forma alguma, à banalização dos direitos humanos, pois a noção de "personalidade jurídica" não se confunde com a de "sujeito de direito", sendo assim insuficiente para eliminar a fronteira entre seres humanos e animais.[51] Ao comentar sobre essa questão, Élisabeth de Fontenay escreve: "Assim como a pessoa moral, o animal tem personalidade jurídica sem, todavia, ser um sujeito de direito; e é essa realidade jurídica que é preciso colocar em evidência para os debates deixarem de ser absurdos".[52]

O hiato entre as leis e as práticas

De acordo com muitos juristas e ecologistas, essa alteração constitucional, por mais louvável que seja, é apenas um passo simbólico. Uma deputada na Assembleia Nacional da França, Laurence Abeille, apresentou várias subemendas questionando as práticas que negam essa "senciência animal", como a pecuária intensiva, as touradas e as rinhas de galo. Elas foram todas rejeitadas, sob o pretexto de não serem "pertinentes". Ao ser questionado sobre o que essa alteração deverá de fato mudar, Jean-Marc Neumann, jurista e vice-presidente da LFDA (La Fondation Droit Animal, Éthique et Sciences), respondeu: "Algumas frases no Código Civil, mas nada, no fundo. [...] No final, mesmo com essa alteração os animais continuarão ainda sujeitos às regras que regem os bens físicos. [...] Então, isso não mudará nosso comportamento com os animais, que continuarão sendo vendidos, alugados, explorados... As práticas mais cruéis, como as touradas, a caça de perseguição, as rinhas de galo, os sacrifícios rituais, ou determinadas formas de pesca ou de criação de animais, não foram nem um pouco afetadas".

E o que podemos então fazer para que os animais tenham efetivamente proteção jurídica contra as diferentes formas de crueldade de que ainda são vítimas? Neumann, na França, preconiza uma lei geral de proteção dos animais que conseguiria harmonizar todos os diferentes códigos ainda em vigor (penal, rural e ambiental). As disparidades existentes entre os diferentes códigos franceses, no que tange à situação dos animais, impede uma aplicação sistemática dessa alteração constitucional. O Código Civil exclui os animais silvestres do seu alcance. Os animais silvestres são abrangidos pela legislação do Código Ambiental, o qual não os reconhece como seres sensíveis. Além disso, conforme explica Neumann, "o Código Penal não reconhece de modo oficial os animais como sensíveis, mas o faz de forma 'implícita'". Como consequência, um crime cometido contra um animal recebe sanção mais leve do que um simples furto de bens, ou nem mesmo é punido. Quanto aos animais de criação, estes são regidos pelo Código Rural, que embora os tenha reconhecido como "animais sensíveis" em 1976, considera o seu sofrimento "como útil, por ser necessário para a alimentação da população", conforme explica esse jurista.[53]

A verdadeira dúvida parece ser de natureza pessoal e civil: "Será que queremos manter a exploração e o sofrimento dos animais, ou estamos prontos a fazer esforços e sacrifícios para evitar isso?". Essa é a pergunta que Neumann faz. As leis são o produto final de uma crescente conscientização que leva a uma vontade de reforma, mas raramente a uma mudança radical. Assim, a legislação se assenta no lento processo de mudanças de atitudes coletivas. Por ser impossível transformar totalmente nossos estilos de vida e hábitos alimentares por decreto e da noite para o dia, somente podemos avançar por etapas, adotando medidas que impeçam as práticas mais cruéis contra os animais. Cada um de nós é responsável e faz parte integrante desse processo evolutivo da sociedade para atingir a plena proteção dos animais. Cada um de nós pode começar a se questionar: "Devo ou não comer meus amigos? Devo continuar me divertindo com a dor deles? Quero continuar a me distrair tirando-os da água e deixando-os sufocar até que morram?".

Conclusão. Um apelo à razão e à bondade humanas

No início de 2014, encontrei-me com o então presidente da Islândia, Ólafur Ragnar Grímsson, por ocasião do fórum de líderes Espírito da Humanidade, realizado naquele país. Ele nos explicou que não havia mais nenhum soldado na Islândia, desde o fechamento da base dos Estados Unidos em 2006. Ele também citou que a taxa anual de mortalidade por arma de fogo era de apenas 0,6 por 100 mil habitantes, afirmando que "A Islândia é um país onde as pessoas confiam umas nas outras, e onde todos são bem-vindos". De fato, vimos que não havia nenhum controle de segurança na entrada da residência presidencial, onde se entra como numa casa comum. Eis aí uma lição que poderia inspirar os que pregam o livre comércio de armas de fogo, e que defendem com intransigência, como nos Estados Unidos, que quanto mais a população estiver armada, melhores serão as condições de segurança.[1] Ao trocar algumas palavras com o presidente, cheguei a lhe dizer que a Islândia era sem dúvida um bom exemplo para o restante do mundo, mas que a imagem desse porto de paz seria ainda mais perfeito se o povo da Islândia desistisse da matança de centenas de baleias a cada ano. E esse é mesmo um estranho paradoxo: no avião que me levou para lá, vi um documentário que apresentava a Islândia como um dos melhores lugares do mundo para a observação de baleias, como um país que favorece o turismo ecológico. Ao mesmo tempo, não longe das áreas de observação dos cetáceos, os funcionários da empresa baleeira Hvalur realizam a cada verão um massacre em grande escala, exatamente desses animais.[2] O presidente murmurou algumas palavras polidas, desviou os olhos e se virou para o próximo convidado.

Uma semana mais tarde, eu me encontrava no Chile, onde visitei a Escola Francisco Varela, assim denominada em honra do renomado neurocientista chileno, saudoso amigo meu, que fundou o Instituto Mind and Life do qual faço parte. Após visitar as salas de aula, fiz uma palestra para os 300 alunos da escola, reunidos num salão. Um deles me perguntou: "Você come carne?". Após responder-lhe que não, perguntei às crianças:

– As vacas são amigas de vocês?

– Sim, são!

– Os peixes são amigos de vocês?

– Sim, são!

– Os pássaros são amigos de vocês?

– Sim, são!

Eles pareciam todos muito entusiasmados. Eu então perguntei a eles:

– E vocês querem comer seus amigos?

Ouviu-se um sonoro "Não!" em uníssono no salão. Para os alunos desse estabelecimento que tem por vocação ser uma "escola da felicidade", o respeito pela vida animal parecia ser óbvio. Não obstante, a maioria dos alunos não era de vegetarianos, principalmente porque o Chile, assim como seu vizinho a Argentina, é um dos países do mundo onde a carne é mais presente na alimentação.

Essas duas histórias demonstram a incoerência entre nossos pensamentos, nossos sentimentos profundos e nossos comportamentos. A maioria de nós ama os animais, mas nossa compaixão termina na beirada de nossas mesas. Em contrapartida, sofremos as consequências de nossas condutas egoístas: como vimos, a pecuária industrial é uma das causas importantes das mudanças climáticas, e o consumo regular de carne é prejudicial à saúde humana. Assim, além de ser questionável do ponto de vista ético, essa situação também é absurda sob todos os pontos de vista.

Ela também reflete uma falta de respeito para com outras formas de vida, uma falta de respeito por ignorância, orgulho, egoísmo ou ideologia. Em relação aos animais, o desrespeito por ignorância consiste, especificamente, em não reconhecer suas emoções, nem o fato de que eles também sentem dor. Trata-se ainda de ignorar o *continuum* que liga todas as espécies animais. Quando já existem conhecimentos científicos suficientes e optamos por ignorá-los, esse comportamento representa uma negação da realidade.

O desrespeito por orgulho significa imaginar que nossa superioridade em determinadas áreas nos dê o direito de vida e de morte sobre os animais. O desrespeito por egoísmo se manifesta ao usar os animais como se fossem meros instrumentos de satisfação de nossos desejos ou de promoção de nossos interesses financeiros. Por fim, o desrespeito por ideologia consiste em justificar a instrumentalização dos animais com base em dogmas religiosos, teorias filosóficas ou tradições culturais.

Nosso comportamento em relação aos animais torna questionável e fragiliza o conjunto da nossa ética. A ética rege a forma como nos comportamos uns com os outros. Ela exige a concessão de um valor intrínseco e a consideração ao outro, levando também em conta as legítimas aspirações do outro. Ao excluirmos todos os seres não humanos de nosso sistema ético, ele se torna banal. É isso que afirma Milan Kundera, com grande clareza:

> O verdadeiro teste moral da humanidade (e o mais radical, pois situado a um patamar que escapa à nossa visão) diz respeito às relações que mantemos com aqueles que estão à nossa mercê: os animais. É nesse ponto que ocorre o mais grave desvio do homem, a falência fundamental da qual decorrem todas as demais.[3]

Como já frisamos na introdução deste livro, não se trata, de forma alguma, de querer animalizar o homem, nem de querer humanizar o animal. Trata-se de conferir a cada um o respeito que lhe é devido, por seu próprio valor, seja ele qual for. Parece que se nos contentássemos em estender aos animais a regra de ouro que de modo habitual reservamos aos humanos – "Não faça aos outros o que não quer que lhe façam" –,⁴ todos se beneficiariam. Com efeito, preocupar-se com o que ocorre aos animais não diminui nem um pouco a necessidade de se preocupar com os humanos. Muito pelo contrário, já que essas duas preocupações decorrem do altruísmo e, em geral, exceto em alguns casos específicos, não estão em concorrência direta.

Há campo para melhorarmos muitíssimo o nosso comportamento. O verdadeiro altruísmo e a verdadeira compaixão não deveriam conhecer barreiras. Isto não é mera "recompensa" atribuída em função de bons comportamentos ou do valor que escolhemos designar ao outro. A compaixão, em particular, destina-se a todos os sofrimentos e a todos os que sofrem. Quem estiver imbuído da verdadeira compaixão não pode causar sofrimento a outros seres sencientes, conforme ressalta Schopenhauer em *O fundamento da moral*:

> Uma compaixão sem limites que nos una com todos os seres vivos, eis aí a garantia mais sólida e segura da moralidade: com ela, não há lugar para o casuísmo. Quem a detiver será incapaz de causar dano ou violência, será incapaz de prejudicar seja lá quem for. Ao contrário, será indulgente com todos, perdoará, prestará auxílio com todas as suas forças, e cada uma de suas ações terá a marca da justiça e da caridade.⁵

Apesar disso, na medida em que alguns de nós não têm compaixão suficiente frente aos animais para renunciar a maltratá-los, é indispensável recorrer ao Direito e promulgar leis que protejam os animais. O direito de viver e de não sofrer não pode ser privilégio exclusivo dos seres humanos. Quando o homem tenta justificar a exploração dos animais, só perpetua o direito do mais forte, um direito que é moralmente questionável: "Não há nenhuma razão objetiva", diz Bertrand Russell, "para considerar que os interesses dos seres humanos sejam mais importantes do que os interesses dos animais. Podemos destruir os animais com mais facilidade do que eles podem nos destruir: essa é a única base sólida para nossa pretensão de superioridade".⁶

Os adversários dos defensores dos animais têm um prazer maldoso em apresentá-los como idealistas utópicos, zoólatras que fariam melhor em se preocupar com o sofrimento de incontáveis seres humanos, almas sensíveis demais que passam o tempo todo lamentando o sofrimento de seus cães e gatos, ou até mesmo como fanáticos tão ignorantes quanto perigosos, beirando as raias do terrorismo.⁷

Martin Gibert descreveu esse estereótipo: "E daí, então, o que vão querer? Não dá mesmo para virar vegano! Afinal, não somos extremistas. [...] Você já olhou direito a cara deles? Com a imitação de carne que comem e seus casacos de couro sintético, eles não passam de ingênuos fanáticos, e nos piores casos são uns moralistas estraga-prazeres e inimigos do gênero humano. Sim, os veganos são sectários. Não será um bando de hippies, de descolados ou de burgueses sonhadores que vão nos ditar o que comer. Eles não gostam de *bacon*? Então que pastem alfafa!".⁸

O onívoro tenta, dessa forma, ridicularizar os veganos ou vegetarianos, principalmente se a escolha for feita por razões morais (não seriam recriminados se obedecessem a ordens médicas). Dois sociólogos ingleses estudaram a forma com que os meios de comunicação britânicos apresentavam os veganos: 5% de forma positiva, 20% de modo neutro e 75% negativamente. Segundo eles, essa visão negativa "permite tranquilizar os leitores onívoros quanto à normalidade de sua escolha ética e, por associação, sua normalidade enquanto pessoa em contraste com a estranheza dos veganos".[9] Esse ponto foi confirmado por uma pesquisa nos Estados Unidos, segundo a qual quase a metade dos carnívoros associariam os vegetarianos a termos negativos: malucos, esquisitos, extremistas, rígidos, teimosos, radicais, mandões, moralistas.[10] Essa maneira de difamação é explicada em grande parte pela "ameaça da reprovação moral prevista". Para Martin Gibert: "A pessoa que critica não tem medo do vegetarianismo, ela tem medo de ser julgada. Se ela ataca o vegetariano é porque ele a faz lembrar de sua própria dissonância cognitiva. Sem sequer abrir a boca, o vegetariano força o onívoro a admitir que consumir animais é uma escolha". [11]

A maioria de nós relutaria em matar um animal a cada dia com as próprias mãos. No entanto, concordamos em tolerar a morte dos animais, os maus-tratos que sofrem e o desastre ecológico causado pela pecuária e pesca, já que "é isso que todo mundo faz". Nas palavras de Renan Larue: "A unanimidade da violência afasta de certa forma a responsabilidade individual e evita que tenhamos de refletir a respeito. A mera presença de um vegetariano rompe, em geral, esse acordo inconsciente e tácito. [...] Até então, não era bom nem ruim comer carne, e isso ficava fora do campo da moral. Diante de um vegetariano, o carnívoro é forçado a constatar que existe uma alternativa e que ele pode escolher entre matar ou poupar os animais, destruir ou preservar a natureza".[12]

Durante o primeiro desfile do *Veggie Pride* [Orgulho vegetariano ou vegano] da história, ocorrido em 2001 em Paris, foi distribuído um folheto que informava: "O vegetarianismo desafia a legitimidade do confinamento e do abate de bilhões de animais. Apenas por existir, ele rompe o pacto de silêncio. [...] A preocupação com as galinhas e as vacas é descrita como ridícula. O ridículo reprime sem argumentos as ideias perturbadoras".[13] Os participantes nessas manifestações reclamam "o direito de se alimentar corretamente nos refeitórios, tanto no trabalho como nas escolas ou em qualquer outro local coletivo".

As invectivas contra os vegetarianos, e até mesmo a maneira como alguns os descrevem, parecem algo saído de outros tempos. Para citar apenas alguns exemplos, se forem reconhecidos os direitos dos animais, "a moral desaparece".[14] A proteção dos animais não é apenas "totalmente piegas", uma "histeria animal" defendida por "alguns vegetarianos do tipo maluco beleza", mas também uma "negação do humano" e "um pensamento fascista".[15] Quanto à ética animal, ela seria "não só ignóbil, mas também profundamente regressiva".[16]

Se alguns chegam a se alarmar com as galinhas poedeiras e leitoas confinadas ao longo de toda sua vida em gaiolas tão estreitas que nem mesmo podem se virar de lado, vamos tranquilizá-los: "Esses animais jamais foram tão bem tratados e alimentados".[17] Além disso, ao privá-los da liberdade, temos a bondade de protegê-los dos predadores.[18] "O sofrimento dos animais torna-se muitas vezes uma projeção, algo meramente imaginário para os humanos. Sim, as galinhas poedeiras ficam presas nas gaiolas de enormes galpões avícolas, mas será que elas sofrem? [...] Vamos parar de choramingar por causa de uma criação de galinhas, isso é puro antropomorfismo."[19] Em resumo, "Acusar a criação intensiva moderna de maltratar os animais é um exagero e uma mentira".

Para ir direto ao ponto, uma Terra sem abatedouros seria um verdadeiro "apocalipse", e o abandono da carne e de todos os produtos de origem animal seria o prenúncio do "fim da humanidade".[20] Em suma, como afirma Renan Larue, se os filósofos humanistas querem salvar os abatedouros "não o fazem para conservar a possibilidade de comer *andouillettes* ou *ris de veau** como se poderia acreditar, mas para impedir o declínio da civilização".[21]

Diante de tais preconceitos, como é possível adotar uma atitude realista que tenha a mínima chance de mudar as coisas? Eis o que pensa James Serpell, professor de Ética Animal:

> Também seria irrealista, a meu ver, imaginar que pudéssemos ter o mundo inteiro vegetariano ou o fim definitivo do uso econômico de animais e do meio ambiente. O paraíso nesse sentido não pode ser recuperado, porque ele de fato nunca existiu. No entanto, é claro que não podemos continuar tratando o mundo e tudo que nele existe como um gigantesco supermercado. As ideologias que promovem a exploração desenfreada do mundo são perigosas. Elas ameaçam a nossa sobrevivência, não só pelos danos irreparáveis que causam, como também por suprimir, reprimir ou corromper nossos sentimentos e nossa moralidade. Felizmente, e em grande parte como resultado de nossos excessos no passado, os argumentos éticos fundados nos princípios de empatia e altruísmo, bem como os objetivos econômicos baseados em interesses humanos de longo prazo, estão afinal começando a convergir. Podemos esperar que dessa união surja uma síntese ponderada e responsável.[22]

De que modo ocorreram as grandes mudanças de comportamento na sociedade, mesmo que à primeira vista parecessem improváveis ou irrealistas? De que modo aquilo que antes era considerado completamente normal se tornou inaceitável? Logo no início, alguns poucos indivíduos tomam consciência de que uma determinada situação é moralmente indefensável. Eles adquirem a convicção de que o *status quo* não pode ser mantido sem sacrificar os valores éticos que respeitam. No princípio isolados e ignorados, esses pioneiros acabam por unir esforços para se tornar ativistas que revolucionam as ideias e afetam os hábitos. Nesse ponto, eles em geral são ridicularizados ou até agredidos. Pouco a pouco, porém, outras pessoas que antes

---

*. *Andouillettes*: tipo de linguiça francesa, feita com elementos do trato digestivo do porco e/ou do intestino delgado do bezerro; *ris de veu*: moleja (glândula timo que se forma na parte inferior do pescoço de animais novos) de vitela. [N. da R.]

hesitavam em segui-los entendem que eles têm razão e passam a simpatizar com a causa que defendem. Quando o número de defensores de uma nova abordagem atinge uma massa crítica, a opinião pública pende nessa direção. Gandhi assim resumia essa evolução: "Primeiro eles ignoram você, depois riem de você, depois brigam com você, e então você vence". Relembremos a abolição da escravatura, a defesa dos direitos humanos, o direito a voto das mulheres e muitas outras evoluções.

Vários fatores facilitam essa mudança e contribuem para a evolução das culturas. O primeiro fator é a força das ideias (*satyagraha*, o princípio da resistência não violenta promovido por Gandhi, que significa "a força da verdade" ou "a persistência na verdade"). O segundo fator é o instinto de imitação. A maior parte dos seres humanos tende efetivamente a seguir comportamentos, hábitos, crenças e valores dominantes. A conformidade às normas morais é encorajada pela comunidade, enquanto a não conformidade acarreta a reprovação. O terceiro fator é o constrangimento e a sensação de vergonha quando a pessoa persiste na defesa de uma posição moral que seja desaprovada pela maior parte da sociedade. As culturas evoluem. Geração após geração, os indivíduos e as culturas sofrem influências mútuas e contínuas. Os indivíduos que crescem em um novo meio são diferentes por adquirirem novos padrões de comportamento que, por sua vez, transformam o seu modo de ser. Eles mesmos contribuem para a evolução continuada de sua cultura, e assim por diante.

A abolição da escravatura na Inglaterra é um exemplo notável desse tipo de reviravolta. Como explica o historiador e escritor Adam Hochschild: "Se [em Londres, em 1787] você falasse, numa esquina qualquer, que a escravidão era moralmente condenável e que deveria ser proibida, nove entre dez pessoas dariam gargalhadas e considerariam você um doido desmiolado. A décima pessoa talvez concordasse com você, em princípio, mas iria lhe garantir que acabar com a escravidão era impossível. Era um país onde a grande maioria das pessoas, desde os camponeses até os bispos, aceitavam a escravidão como algo totalmente normal".[23] Também estavam em jogo interesses econômicos muito significativos. Não obstante, um grupo minoritário de abolicionistas conseguiu deixar a seu favor, em poucos anos, uma opinião pública que era a princípio indiferente, e muitas vezes hostil, à ideia de abolição da escravatura.

Segundo Olivier Grenouilleau, autor de numerosas obras sobre a escravidão,[24] quatro elementos principais permitem definir essa prática: 1) o escravo é um "outro"; 2) o escravo é um homem que pertence a outro; 3) o escravo é sempre "útil" a seu senhor; 4) o escravo é um homem cuja própria vida foi suspensa. Se substituirmos a palavra "homem" por "animal de criação", não fica difícil fazer a aproximação, sem todavia "ofender o gênero humano". Com efeito, o animal que é instrumentalizado por sua força de trabalho, sua carne, sua pele ou seu couro, seus ossos e outras partes do corpo, é uma "outra" espécie. Ele também é mantido por um proprietário (o qual, nos dias de hoje, não passa de um sistema industrial com múltiplas faces anônimas). Ele deve continuar "útil", senão é "reformado" (eufemismo para designar sua execução), e sua própria vida está em suspenso, não no aguardo de uma libertação, mas de uma morte prematura e programada.

Segundo o filósofo da ciência Thomas Lepeltier, o primeiro trabalho dos abolicionistas foi conscientizar os britânicos sobre o que existia nos bastidores do açúcar que ingeriam, do tabaco que fumavam, do café que bebiam. Todavia, antes que a população em geral chegasse ao ponto de opor-se à escravidão de forma ativa, foi preciso que eles começassem a sentir que esse sistema atentava contra a imagem que faziam de si mesmos. Foi apenas no momento em que adquiriram consciência de serem implicitamente cúmplices de um sistema que julgavam vergonhoso que os britânicos começaram de fato a se opor a tal sistema.

Nos dias de hoje, pelo menos no Ocidente, não apenas a escravidão, como também o racismo, o sexismo e a homofobia, ainda que persistam de forma endêmica em nossas sociedades, são teoricamente reprovados pela maioria das pessoas. Em breve, isso também poderá acontecer, assim esperamos, com nosso comportamento em relação aos animais. "A ideia de que é odioso", escreve Lepeltier em seu livro *La révolution végétarienne* [A revolução vegetariana], "enxergar uma leitoa não como um ser, mas como um mero monte de carne para linguiça ainda não infiltrou todas as consciências, e muito menos influenciou os comportamentos alimentares de uma grande parte da população. Ainda são muito numerosos os que têm dificuldade em fazer a conexão 'entre o próximo e o longínquo', ou seja, entre os prazeres da mesa e o sofrimento do animal, ainda que, em princípio, ninguém ou quase ninguém mais aceite a ideia de que seja possível causar sofrimento aos animais apenas para seus prazeres culinários. Há ainda, portanto, um caminho a trilhar antes que consigamos atingir a abolição dos abatedouros".

Somos todos a favor da moral, da justiça e da benevolência. Assim, cada um de nós pode trilhar o caminho que nos leve a uma maior coerência ética, pondo fim às acrobacias de dissonâncias cognitivas que nos assolam constantemente quando tentamos conciliar nossos princípios morais com nossos comportamentos. Isso só depende de nós, como deixam claro as palavras do filósofo Martin Gibert: "Gosto de carne. [...] Também gosto do toque do couro e das peles. No entanto, eu não coloco mais produtos de origem animal no meu prato nem sobre meus ombros. Eu não sou mais cúmplice do sofrimento animal. Sou vegano. Não é que eu goste dos animais de uma forma especial. [...] Em meu contato com os animais, sou uma pessoa normal. Só que também sou sensível aos argumentos e às razões morais. E hoje, essas razões – em ética animal e ambiental – tornaram-se demasiado sérias para ignorarmos o veganismo com um dar de ombros ou um outro gesto qualquer. [...] O veganismo não é uma dieta alimentar. [...] É um movimento de resistência à opressão de que são vítimas os animais que exploramos para ter sua carne, seu leite ou seu couro. [...] O argumento básico é simples. Se é possível viver sem infligir sofrimento desnecessário aos animais, então devemos viver assim".[25]

De acordo com uma pesquisa australiana, as razões dadas para continuar a comer carne, apesar de todos esses argumentos, são o prazer gustativo (78%) – eu gosto disso, ponto final...; a relutância em mudar de hábito (58%); a ideia de que os seres humanos são feitos para comer carne (44%); o fato de que sua família come carne (43%), e a falta de informação sobre dietas vegetarianas e veganas (42%).[26]

Exceto quanto às populações que sobrevivem apenas graças à caça ou à pesca, me parece impossível oferecer uma razão válida com base na moral, na justiça, na benevolência ou na necessidade – e não em gulodice, costumes, dogmas, ideologias, conformismo, lucro ou falta de informação –, que justifique o fato de alimentar-se, vestir-se ou divertir-se à custa do sofrimento e da morte de outros seres sencientes. Deste modo, é claro que a alimentação e o uso de produtos obtidos à base de sofrimento dos animais são contrários aos valores defendidos por uma sociedade na qual elogiamos sem cessar os avanços nas áreas de direitos humanos, direitos das mulheres, das crianças, das minorias e dos oprimidos. "Como se reconhecer", continua Lepeltier, "na igualdade, na fraternidade e na liberdade quando subjugamos, exploramos, aprisionamos e massacramos o nosso próximo, quer ele seja uma pessoa de uma outra cor de pele, um ser com quatro patas, ou coberto de pelos, quer viva na água ou tenha outras características que não temos?".

Já é tempo de ampliarmos a noção de "próximo" para outras formas de vida. Se pudéssemos compreender e sentir com toda consciência que somos todos, na verdade, "concidadãos do mundo", em lugar de considerar os animais como uma categoria inferior de seres vivos, não mais concordaríamos em tratá-los da forma que o fazemos. Émile Zola já escrevia, no raiar do século XX: "Será que não poderíamos começar a concordar sobre o amor que é devido aos animais? [...] E isso, simplesmente pelo sofrimento, para eliminar o sofrimento, o abominável sofrimento em que vive a natureza e que a humanidade deveria se esforçar em reduzir o mais possível, em uma luta contínua, a única luta na qual seria sensato insistir".[27]

Mas há também notícias boas. Nos últimos trinta anos, a mobilização em favor dos animais não para de crescer. Ela não é obra de alguns poucos "animalistas" fanáticos, mas de pessoas sensatas, cuja empatia e compaixão voltaram-se para os animais. Torna-se cada vez mais difícil fingir que ignoramos a relação entre o sofrimento do bezerro e a costeleta de vitela que comemos. A simpatia pela proteção dos animais não para de crescer na opinião pública.

O número de vegetarianos é sempre cada vez maior no mundo todo (meio bilhão até agora), em particular entre os jovens. Existem hoje tantos vegetarianos e veganos na França (entre 1 e 2 milhões) quantos caçadores (cerca de 1,2 milhão), e o número de caçadores diminui a cada ano no mundo. A porcentagem de caçadores na população francesa caiu de 4,5% para 1,5%[28] entre 1970 e 2014. Essa porcentagem diminui muito especialmente entre os jovens. Ocorre o mesmo nos Estados Unidos, onde a porcentagem de residências onde exista um caçador caiu de 32% para 19% entre 1977 e 2006.[29]

Em abril de 2014, foi aprovada uma emenda no Código Civil francês e os animais são agora reconhecidos como "seres sensíveis" pelo conjunto do sistema jurídico francês. A marcha lógica da História faz com que a matança generalizada dos animais seja cada vez mais indigna de consideração. Nossa esperança é que um dia seja promulgada a Convenção Internacional sobre o Zoocídio, quando então se tornará realidade a visão de H.G. Wells:

> Não há carne em nenhum ponto do planeta da Utopia. Antes, havia. Mas agora não conseguimos mais aceitar a ideia da existência de matadouros... [...] Até hoje me lembro da alegria que senti, ainda criança, quando fechou o último matadouro.[30]

Um número crescente dentre nós não mais se contenta com uma ética restrita ao comportamento humano perante seus semelhantes, e acredita que a benevolência para com todos os seres não é uma inclusão facultativa, mas um componente essencial dessa ética. Cabe a todos nós continuar a favorecer o surgimento da justiça e da compaixão imparciais para com todos os seres sencientes.[31] A bondade não é uma obrigação: ela é a mais nobre expressão da natureza humana.

Thegchog Chöling, Paro, Butão, 21 de maio de 2014

NOTAS

Introdução

1. Ricard, M. (2016) *A revolução do altruísmo*. São Paulo: Palas Athena Editora.
2. Mace, G. *et al.* (2005). *Biodiversity in Ecosystems and Human Wellbeing: Current State and Trends* (Hassan, H.; Scholes, R. e Ash, N., Eds.). Island Press, p. 79-115, e Díaz, S. *et al.*, *ibid.*, p. 297-329.

1. Uma breve história da relação entre os seres humanos e os animais

1. Fry, D. P. (2007). *Beyond War: The Human Potential for Peace*. Oxford University Press, USA; Sponsel, L. E. (1996). "The Natural History of Peace: A Positive View of Human Nature and its Potential." *A Natural History of Peace*, 908–12.
2. Lord Alfred Tennyson (1809-1892), *In Memoriam A.H.H.*, 1850.
3. Strum, S. C. (2001). *Almost Human: A Journey into the World of Baboons*. University of Chicago Press.
4. Clutton-Brock, J. (1981). *Domesticated Animals from Early Times,* Heineman. British Museum of National History, p. 34 e seguintes. Davis, S. (1982)."The Taming of the Few." *New Scientist*, 95 (1322), p. 697-700. Citado por Serpell, J. (1986). *In the Company of Animals: A Study of Human-Animal Relationships*. B. Blackwell, p. 4.
5. Fry, D. P., *Beyond War, op. cit.* Fry, D. P. e Söderberg, P. (2013). "Lethal Aggression in Mobile Forager Bands and Implications for the Origins of War." *Science,* 341 (6143), p. 270-273. Segundo o antropólogo Jonathan Haas: "Para épocas anteriores a dez mil anos, as provas arqueológicas de uma forma qualquer de guerra no planeta são insignificantes". Haas, J. (1999). *The Origins of War and Ethnic Violence. Ancient Warfare: Archaeological Perspectives*. Sutton Publishing.
6. Conforme dados do Census Bureau dos Estados Unidos. http://www.census.gov/population/international/data/worldpop/table_history.php
7. Em 2011, metade das florestas da Terra foram destruídas, a maior parte nos últimos 50 anos, e desde 1990 metade das florestas tropicais desapareceram (sendo possível que desapareçam inteiramente nos próximos 40 anos). Elli, E. C.; Klein Goldewijk, K.; Siebert, S.; Lightman, D. e Ramankutty, N. (2010). "Anthropogenic Transformation of the Biomes." 1700 to 2000, *Global Ecology and Biogeography*, 19 (5), p. 589-606.
8. Rockström, J.; Steffen, W.; Noone, K.; Persson, Å.; Chapin, F. S.; Lambin, E. F., e Schellnhuber, H. J. (2009). "A Safe Operating Space for Humanity." *Nature*, 461(7263), p. 472-475.
9. Díaz, S. *et al.* (2005). *Biodiversity Regulation of Ecosystem Services in Ecosystems and Human Well-Being: Current State and Trends.* (Hassan, H.; Scholes, R., & Ash, N., eds.). Island Press, p. 297-329.
10. Corbey, R. & Lanjouw, A. (Eds.). (2013). *The Politics of Species* (1ª. edição). Cambridge University Press.
11. Serpell, J., *op. cit.*, p. 142. Citando Levine, M., "Prehistoric Art and Ideology", em Cohen, Y. A. (1971). *Man in Adaptation: The Institutional Framework* (vol. 3). Aldine Transaction, p. 426-427.
12. Segundo Lestel, D. (2010). *L'animal est l'avenir de l'homme*, Fayard. Kindle, 1111.
13. Campbell, J. (1994). *The Way of Animal Powers: Historical Atlas of World Mythology* (vol. 1), Times Books Limited, p. 81-122.
14. Ingold, T. (1980). *Hunters, Pastoralists, and Ranchers: Reindeer Economies and their Transformations*. Cambridge University Press, p. 282. Citado por Serpell, J., *op. cit.*, p. 144.
15. Fortes, M. (1966). "Totem and Taboo." *Proceedings of the Royal Anthropological Institute of Great Britain and Ireland*, p. 5-22. Citado por Serpell, J., *op. cit.*, p. 144.

16. Thomas, K (1983). *Man and the Natural World: A History of the Modern Sensibility*. Pantheon Books, p. 25-30. Citado por Serpell, J., *op. cit.*, p. 137. [*O homem e o mundo natural*. São Paulo: Companhia de Bolso, 2010.]
17. Darwin, C. (1838). *Notebook B*. van Wyhe (ed.). Traduzido para o francês e citado por Chauvet, D. (2014). *Contre la mentaphobie*. Éditions l'Âge d'Homme, p. 13.
18. Serpell, J., *op. cit.*, p. 138.
19. Beck, A. M. e Katcher, A. H. (1986). *Between Pets and People: The Importance of Animal Companionship*. Putnam, p. 60. Berryman, J. C.; Howells, K. e Lloyd-Evans, M. (1985). "Pet Owner Attitudes to Pets and People: A Psychological Study", *Veterinary Record*, 117 (25-26), p. 659-661. Citado por Serpell, J., *op. cit.*, p. 63.
20. Porcher, J. (2011). *Vivre avec les animaux: Une utopie pour le XXIe siècle*. La Découverte, p. 99.
21. Virgil Butler, "Inside the Mind of a Killer", 31 de agosto de 2003, *The Cyberactivist*, http://www.cyberactivist.blogspot.com/. Traduzido do inglês [para o francês] por David Olivier e publicado em *Les Cahiers antispécistes*, n° 23, dezembro de 2003.
22. Elizabeth Fisher (1979). *Women's Creation: Sexual Evolution and the Shaping of Society*. New York: Doubleday, 190, 197. Citado em Patterson, C. (2008). *Un éternel Treblinka*. Calmann-Lévy, p. 32-33.
23. Patterson, *Ibid.*, p. 33.
24. *Gênesis*, 1, 25-26.
25. Patterson, C., *op. cit.*, p. 36.
26. Livro dos Piedosos, *Sefer Hassidim*. Citado em Richard Schwartz "Tsa'ar Ba'alei, Chayim-Judaism and Compassion for Animals", em Roberta Kalechofsky (dir.), (1992). *Judaism and Animal Rights: Classical and Contemporary Responses*. Marblehead (MA), Micah Publications, p. 61.
27. *Avodah Zorah* 18b (Talmude).
28. Como o rabino Bonnie Koppel, que declarou: "Não há dúvida alguma de que o ideal segundo a Torá seria o vegetarianismo". Essa também é a ideia de Rami Shapiro e de Yitzhak Halevi Herzog, antigo grão-rabino de Israel. Ver *The Vegetarian Mitzvah* em http://www.brook.com/jveg/. Ver ainda Fontenay, É. de (1998). *Le silence des bêtes, la philosophie à l'épreuve de l'animalité*. Fayard.
29. Aristóteles (1970). *La Politique*. J. Vrin, p. 16.
30. Cícero, traduzido para o francês por Plinval, G. de (1968). *Traité des lois*. Les Belles Lettres, I, 25.
31. Porfírio é o autor dos tratados *Traité contre les chrétiens* e *Traité de l'abstincence*, longa e erudita apologia do vegetarianismo, na tradução para o francês do abade de Burigny, em 1747. Em 1761, o abade enviou um exemplar da tradução a Voltaire, o qual se tornou, no final da vida, um ardente defensor da causa animal. Voltaire (2014). *Pensées végétariennes*. Edição com notas e posfácio de Renan Larue. Fayard/Mille et une nuits.
32. Kundera, M. (1989). *L'insoutenable légèreté de l'être*. Gallimard, p. 361-366. [*A insustentável leveza do ser*. São Paulo: Companhia de Bolso, 2008]
33. Levítico (XIX, 18)
34. Larue, R. (2015). *Le végétarisme et ses ennemis*. Presses Universitaires de France – PUF, Capítulo 2.
35. *Evangelho essênio da paz,* segundo o texto aramaico. Citado por Al-Hafiz Basheer Ahmad Masri (2014). *Op. cit.*, p. 112.
36. Marcos, V, 11-13. O mesmo episódio é contado também nos evangelhos de Mateus e Lucas.
37. João, XXI, 1-13.
38. Santo Agostinho (1949). *Des mœurs de l'Église catholique*. *Œuvres*, "La morale chrétienne". Desclée de Brouwer, II, XVII, 59.
39. Patterson, C., *op. cit.*, p. 43.
40. São Tomás de Aquino, *Somme théologique*, Le Cerf, 1984-1990, II-II, q. 25, a. 3. Citado por Larue, R., *op. cit.*, p. 104-105.
41. Bondolfi, A (1995). *L'homme et l'animal: Dimensions éthiques de leur relation*. Éditions Saint-Paul, p. 94.
42. Segundo Boris Cyrulnik em Cyrulnik, B; Fontenay, É. de; Singer, P; Matignon, K. L. e Rosane, D. (2013). *Les animaux aussi ont des droits*. Le Seuil. Kindle, 3315.
43. Segundo a apresentação de Michel Baussier, presidente da Ordem dos Veterinários, no colóquio "Le droit de l'animal", organizado por Ecolo-Ethik no Senado francês em 7 de fevereiro de 2014.

44. Agradeço muito a Renan Larue pelos esclarecimentos.
45. Descartes, R. (1987). *Discours de la méthode* (5ª parte). Vrin. [*Discurso do Método*. Porto Alegre: L&PM Editores, 2013.]
46. Fontaine, N., (1970) *Mémoires pour servir à l'histoire de Port-Royal* (vol. 2), "Aux dépens de la Compagnie", 1736, p. 52-53, Réed. Slatkine. Original em francês, conforme a tradução para o inglês citada em Rosenfield, L. C. (1940). *From Beast-machine to Man-machine. The Theme of Animal Souls in French Letters from Descartes to La Mettrie*. Oxford University Press. Citado por Singer, P. (1993). *La libération animale*. Grasset, p. 306. [*Libertaçao animal: o clássico definitivo sobre o movimento pelos direitos dos animais*. São Paulo: Martins Fontes, 2010.]
47. Voltaire, *Dictionnaire philosophique*, artigo "Bêtes", em *Œuvres complètes*, Arvensa Éditions. Kindle, 74852-74861.
48. Kant, E. (1997). *Leçons d'éthique*. Le Livre de poche, p. 391.
49. Jean-Paul Sartre (1983). *Cahiers pour une morale*. Gallimard. Citado por Rouget, P. (2014). *La Violence de l'humanisme: Pourquoi nous faut-il persécuter les animaux?* Calmann-Lévy. Kindle: 493-494.
50. Meyer, J.-M. (2007). *Nous sommes des animaux mais on n'est pas des bêtes*. Entretiens avec Patrice de Plunkett. Presses de la Renaissance.
51. Spinoza, B. (2013). *Éthique*. Éditions Vassade. Kindle, 3991.
52. Serpell, J., *op. cit.*, p. 134-135.
53. Philostrate (1972). *Apollonius de Tyane. Sa vie, ses voyages, ses prodiges*. Les Belles Lettres, II, 9.
54. Larue, R. (2015). *Le végétarisme et ses ennemis*. Presses Universitaires de France – PUF, Capítulo 1 "La querelle des anciens".
55. Larue, R., *op cit.*, p 23-24.
56. Ovídio, *Métamorphoses*, Chant XV, em *Nourriture pour l'Esprit*, em francês, traduzido do inglês. Éditions Padmakara.
57. Plutarco (1844). *Sur l'usage des viandes*, em *Traités de morale de Plutarque*, traduzido do grego para o francês por Dominique Ricard. Lefèvre Éditeur, , vol. IV, p. 563.
58. *Ibid.*, p. 566.
59. Plutarco (1992), *De esu carnium*, *Trois traités pour les animaux*, POL, p. 110-111.
60. Meslier, J. (1970-1972). *Mémoire des pensées et sentiments de Jean Meslier* [1719-1729], preuve 3, in *Œuvres complètes*. Éditions Anthropos, tomo. I, p. 210-218. Citado por Jeangène Vilmer, J.-B. (dir.) (2011). *Anthologie d'éthique animale: apologies des bêtes*. PUF, p. 51.
61. Agradeço a Renan Larue por este esclarecimento.
62. Linzey, A. e Cohn-Sherbok, D. (1997). *After Noah*. Monbray, p. 10. Citado por Jean Nakos, em *Les Cahiers antispécistes*, n° 30-31, dezembro de 2008.
63. Primatt, H. (1992). *A Dissertation on the Duty of Mercy and Sin of Cruelty to Brute* [1776]. Centaur. Citado por Ryder, R. , p. 66 da edição de 1989, em Jeangène Vilmer, J.-B. (2011). *L'éthique animale*. PUF, p. 32.
64. Primatt, H., *op. cit.*, p. 8-12, trad. E. Utria. Citado por Jeangène Vilmer, J.-B. (dir.), *op. cit.*, p. 88.
65. Linzey, A. e Barry Clarke, P. (1976). "Animal Rights." *Dictionary of Ethics, Theology and Society*. Citado por Jeangène Vilmer, J.-B., *op. cit.*, p. 110.
66. Linzey, A. (1998). *Animal Gospel: Christian Faith as if Animals Mattered*. Hodder and Stoughton. Tradução de Estiva Reus [para o francês], publicada em *Les Cahiers antispécistes* n° 28 (maio de 2007).
67. Linzey, A., *op. cit.*, cap. III.
68. Runcie, R., "Address at the Global Forum of Spiritual and Parliamentary Leaders on Human Survival." 11 de abril de 1988, p. 13-14.
69. Baratay, É. (1996). *L'Église et l'Animal*. Le Cerf, p. 289.
70. Papa Francisco, *Encíclica Laudato si'* (Louvado sejas) sobre o cuidado com a casa comum, 24 de maio de 2015, parágrafos 92 e 130.

71. Ver Larue, R., *op. cit.*, p. 89
72. Rabino David Rosen, em *La Gazette de Londres*, Suplemento, p. 23-31 (dezembro de 2009). David Rosen é também presidente internacional da World Conference of Religions for Peace (Conferência Mundial das Religiões pela Paz).
73. Dresner, S. e Siegel, S. (1980). *Jewish Dietary Laws*. United Synagogue Book Service.
74. *Terriens*, versão francesa do documentário *Earthlings* [Terráqueos], de Shaun Monson. Disponível em www.earthlings.com.
75. Al-Hafiz Basheer Ahmad Masri (2014). *Les animaux en Islam*, trad. Sébastien Sarméjeanne, prefácio e releitura científica de Malek Chebel. Éditions Droits des Animaux.
76. Masri (2014). *Op.cit.*, p. 51.
77. Para as múltiplas fontes dessas palavras, ver Al-Hafiz Basheer Ahmad Masri, (2014). *Op. cit.* p. 59-60 e 75-77.
78. Conforme me foi relatado por Carisse e Gérard Busquet. VerIkhwan al-Safa & Goodman, L. E. (trad.) (1978). *The Case of the Animals versus Man Before the King of the Jinn: A Tenth-century Ecological Fable of the Pure Brethren of Basra*. Twayne Publishers, p. 5-6. Citado por Richard C. Foltz em *Studies in Contemporary Islam* 3, 2001.
79. Citado por Malek Chebel em seu prefácio para Al-Hafiz Basheer Ahmad Masri (2014). *Op. cit.*, p. 8.
80. Relatório CGAAER nº 11167, requerido pelo Ministro da Agricultura francês, Bruno Le Maire, ao Conselho Geral de Alimentação, Agricultura e Espaços Rurais. Citado por Franz-Olivier Giesbert em Giesbert, F.-O. (2014). *L'animal est une personne: Pour nos soeurs et frères les bêtes*. Paris: Fayard, p. 139.
81. Jean-Luc Daub e Fréderic Freund, comunicação pessoal.
82. Ganguli, K. M. (1970). *The Mahâbhârata of Krishna-Dwaipayana Vyasa* (12 vols). Munshiram Manohar Lal Publishing House.
83. Leis de Manu, 5.33. Conforme citado em Doniger,W. (2009). *The Hindus: An Alternative History*. Penguin/Viking.
84. *Ibid.*, p. 48-50.
85. Trechos do *Tirukkural*, poema didático escrito há cerca de 2.200 anos no Tamil Nadu, no sul da Índia, pelo sábio hindu Thiruvalluvar. Conforme Carisse e Gérard Busquet no artigo "Tirukkural" da Wikipedia.
86. Caron, A. (2013). *No steak*. Fayard. Kindle, 4524-4554.
87. Gandhi, M. K. (1982). *Autobiographie ou Mes expériences de vérité*, Stock, p. 230. [*Autobiografia – Minha vida e minhas experiências com a verdade*. São Paulo: Palas Athena Editora, 2005.]
88. Busquet, G. (2013). *À l'écoute de l'Inde: des mangroves du Bengale aux oasis du Karakoram*. Transboréal, p. 243-250.
89. Trecho de Shabkar (2005). *Les larmes du bodhisattva: Enseignements bouddhistes sur la consommation de chair animale*. Éditions Padmakara, p. 68.
90. Para uma descrição detalhada, ver a introdução de Wulstan Fletcher em Shabkar, *op. cit.*
91. Shantideva (2008). *Bodhicaryâvatâra: La Marche vers l'Éveil*. Padmakara, cap. VIII, versículos 95-96. [*O caminho do bodisatva: Bodhicharyāvatāra*. Porto Alegre: Makara Editora, 2013.]
92. Dalai Lama, Gyatso, T. (1992). *Comme un éclair déchire la nuit*. Albin Michel.
93. O hormônio de crescimento da planta, a auxina, se concentra do lado do caule que estiver na sombra. Esse lado cresce mais do que o lado recebendo sol, fazendo o caule se curvar. O fenômeno é ainda acentuado pelo peso da flor. Em contraste, como ressaltou o filósofo Hans Jonas, o animal é capaz de se deslocar e também de perceber à distância, com capacidade de reações diferentes, mesmo em situações externas similares. Ver Jonas, H. (2000). *The Phenomenon of Life: Toward a Philosophical Biology*. Northwestern University Press. [*O princípio da vida: fundamentos para uma biologia filosófica*. São Paulo: Vozes, 2006.] Segundo Lestel, D (2001). *Les origines animales de la culture*. Flammarion, coll. "Champs essais", p. 275. [*As origens animais da cultura*. Portugal: Edições Piaget, 2016.]
94. Citado em Shabkar, *op. cit.*, p. 68.

95. Entre os mestres espirituais conhecidos por terem se tornado vegetarianos estão muitos dos mestres Kadampas, começando com Atisha, seguido de mestres de todas as escolas do budismo tibetano, como Milarepa, Drigoung Kyobpa, Takloung Thangpa, Phagmo Droupa, Thogmé Sanpgo, Droukpa Kunleg etc., até épocas mais recentes, com Jigme Lingpa, Nyagla Pema Dudul, Patrul Rinpoche e, nos tempos atuais, Kangyur Rinpoche, bem como seus filhos Pema Wangyal Rinpoche e Jigme Khyentse Rinpoche, além de Chatral Rinpoche hoje com 102 anos, e ainda, no Oriente, Khenpo Tsultrim Lodrö, responsável pela libertação a cada ano de vários milhões de animais originalmente destinados ao consumo humano.

96. Atualmente, no Tibete, é bem mais fácil obter cereais, legumes e frutas frescas, que são transportados pela estrada da China.

97. Flavius (1709). *Vita Apollonii*. Ed. Olearius, G., Lipsiae . Citado por Stuart, T. (2012). *The Bloodless Revolution: Radical Vegetarians and the Discovery of India*. Harper Press. Kindle, 1133-1139.

98. Stuart, T., *op. cit*. Kindle, 1176.

99. Busquet, G., *Vaches sacrées et chiens maudits* (manuscrito em preparação).

100. Tryon, T., *Philotheos Physiologus: A Dialogue Between an East-Indian Brackmanny or Heathen-Philosopher, and a French Gentleman, in The Way to Health, Long Life and Happiness*. Andrew Sowle. Kindle, 1683.

101. Tryon, T. (1703). *The Knowledge of a Man's Self: Or the Second Part of the Way to Long Life*. T. Bennet, p. 36. Citado por Stuart, T., *op. cit*. Kindle, 1706-1707.

102. Marana, G. P. (2009). *L'espion dans les cours des princes chrétiens, ou, Lettres & mémoires d'un envoyé secret de la porte dans les cours de l'Europe où l'on voit les découvertes qu'il a faites dans toutes les cours où il s'est trouvé, avec une dissertation curieuse de leurs forces, politique & religion*; mais conhecido como *L'espion turc*. Coda. Citado em Stuart, T., *op. cit.*, Kindle, 2725. Esse romance inspirou as *Lettres persanes* de Montesquieu.

103. Buffon (1766). *Histoire naturelle, IV*, p. 164-194. Citado por Stuart, T., *op. cit.* Kindle, 4267.

104. Stuart, T., *op. cit*. Kindle, 2311.

105. Voltaire (1877). "Il faut prendre un parti", em *Œuvres complètes*, Garnier, tomo 28, p. 534-535.

106. Schopenhauer, A. (1978). *Le Fondement de la morale*, trad. Burdeau, A. Aubier Montaigne, p.153-154 e 158.

107. Shelley, P. B. (1965). *The Complete Works of Percy Bysshe Shelley*. Editado por Roger Ingpen e Walter E. Peck, Gordian Press. Citado por Stuart, T., *op. cit*. Kindle, 8342.

108. Segundo Élisabeth de Fontenay, em Cyrulnik, B. *et al., op. cit.,* Kindle, 1849.

109. Tudge, C. (2004). *So Shall We Reap: What's Gone Wrong with the World's Food and How to Fix it*. Penguin UK.

110. Darwin, C. (1871). *The Descent of Man and Selection in Relation to Sex*. John Murray, p. 193. Edição francesa: Darwin,C. (1891). *La descendance de l'homme et la sélection sexuelle*, Reinwald, Libraire-éditeur. [*A origem do homem e a seleção sexual*. Belo Horizonte: Itatiaia, 2004; *A origem do homem e a selecção sexual*. Portugal: Relógio D'Água, 2009]

111. Anotações de Darwin sobre a transmutação das espécies. Parte II. Segundo livro de anotações [C] (fevereiro a julho de 1838). *Bulletin of the British Museum (Natural History)*. Historical Series 2, No. 3 (May): 75-118. Beer, Gavin ed. 1960, p. 196.

112. Darwin, C. (1871). *The Descent of Man and Selection in Relation to Sex*. Op. cit., p. 101.

113. Para uma explicação mais detalhada, consultar Jeangène Vilmer, J.-B. (2008). *Éthique animale*. PUF, p. 35.

114. Ryder, R. (2010)."Speciesism Again: The Original Leaflet." *Critical Society*, 2, p. 1-2.

115. Singer, P. (2009). *Animal Liberation: The Definitive Classic of the Animal Movement*. Harper Perennial Modern Classics. Primeira edição em 1975.

116. Mensagem pessoal.

117. WWF – World Wildlife Fund; EIA – Environmental Investigation Agency.

2. O que os olhos não veem o coração não sente

1. Estudo realizado por Alina Pavlakos em famílias de classe média, em Crain, W., "Animal Suffering: Learning Not to Care and Not to Know." *Encounter*, Summer 2009, vol. 22, issue 2, p. 2.
2. Burgat, F. (2015). *La cause des animaux*. Buchet Chastel, p. 15.
3. Segundo Élisabeth de Fontenay, em Cyrulnik, B. *et al.*, *Les animaux aussi ont des droits*, *op. cit.* Kindle, 2009.
4. Ricard, M., *A revolução do altruísmo*, *op. cit.*, cap. 29.
5. *Le Bestiaire spirituel de Paul Claudel*, Lausanne, Mermod, 1949, p. 16-131 e *Figures et paraboles*, Gallimard. Citado por Jeangène Vilmer, J.-B., (dir.) (2011). *Anthologie d'éthique animale*, *op. cit.*, p. 275.
6. Entre as exceções, ressaltamos na França um documentário de Yann Arthus-Bertrand, transmitido no canal France 2, e outros documentários como *L'adieu au steak*, transmitido pelo canal Arte, em 27 de março de 2012.
7. *Earthlings*, *op. cit.*; *Food, Inc.* (Documentário, Kenner, R., 2010); *LoveMEATender* (Documentário, Coeman, M., 2012): http://festivalalimenterre.be/love-meat-tender/.
8. O comercial recusado pela NBC pode ser visto no site da associação PETA http://www.peta.org/b/thepetafiles/archive/2009/11/23/NBC-Nixes-FamilyFriendly-Thanksgiving-Day-Parade-Ad.aspx A associação People for the Ethical Treatment of Animals – PETA (Pessoas pelo Tratamento Ético dos Animais) é uma associação sem fins lucrativos que defende os direitos dos animais, tem mais de dois milhões de associados e simpatizantes e concentra seus esforços em quatro temas essenciais: a criação industrial, a criação de animais com rações, as experiências com animais e os espetáculos com animais. Outras questões também são atacadas pela PETA, como a pesca, o massacre de animais considerados nocivos, o uso abusivo de correntes em cães, as rinhas de galo, as touradas e o consumo de carne.
9. Caron, A., *No steak*, *op. cit.* Kindle, 1753.
10. Fontenay, É. de (2008). *Sans offenser le genre humain: Réflexions sur la cause animale*. Albin Michel, p. 205.
11. Segundo Singer, P., *La Libération animale*, *op. cit.*, p. 328.
12. Porcher, J., "Élevage/industriel: penser l'impensable?", *Travailler*, n° 14, 2005, p. 9-20. Porcher, J., *Vivre avec les animaux*, *op. cit.*, cap. 3.
13. Foer, J. S. (2012). *Faut-il manger les animaux?* Le Seuil, coll. "Points", p. 88 e p. 233. [*Comer animais*. São Paulo: Rocco, 2010.]
14. *The Washington Times*, 22 de outubro de 1987. Citado por Singer, P., *op. cit.*, p. 173.
15. "Frank, are you telling the truth about your chickens?", *The New York Times*, 20 de outubro de 1989.
16. Nordmann, J.-F., "Des limites et des illusions des éthiques animales", em Jeangène Vilmer, J.-B., (dir.), *op. cit.*, p. 399-404.
17. Burgat, F. (2015). *Op. cit.*, p. 43.
18. Joy, M. (2010). *Why We Love Dogs, Eat Pigs and Wear Cows*. Conari Press, p. 11. [*Por que amamos cachorros, comemos porcos e vestimos vacas: uma introdução ao carnismo*. São Paulo: Cultrix, 2014.]
19. One Voice, "Le commerce de la viande de chien en Chine: une vérité choquante qui n'honore pas les hôtes des prochains Jeux olympiques." janeiro de 2008. Citado por Caron, A., *No steak*, *op. cit.*
20. Bandura, A.; Barbaranelli, C.; Caprara, G. V. e Pastorelli, C. (1996). "Mechanisms of Moral Disengagement in the Exercise of Moral Agency." *Journal of Personality and Social Psychology*, 71(2).
21. Gibert, M. (2015). *Voir son steak comme un animal mort: Véganisme et psychologie morale*. Lux Éditeur, p. 13-14.
22. Cyrulnik, B. *et al.*, *op. cit.* Kindle, 1641.
23. Porcher, J., *op. cit.*, p. 82.
24. Segundo Heim, A. (1971). *Intelligence and Personality*. Pelican, p. 150. Citado por Singer, P., *op. cit.*, p. 94.
25. Midgley, M. (1994). *Animals and Why they Matter*. University of Georgia Press, p. 4.

26. Joan Dunayer, autora de *Speciesism* (Ryce Publishers, 2004), em entrevista transmitida pela BBC no programa de Victor Schonfeld: *One Planet*, "Animals & Us", 31 de dezembro de 2009.
27. Chapouthier, G. (1992). *Les droits de l'animal*. PUF, p. 68-71.
28. Luke, B., "Justice, Caring and Animal Liberation." *The Feminist Care Tradition in Animal Ethics*, p. 125-152, em Donovan, J. e Adams, C. J. (1996). *Beyond Animal Rights: A Feminist Caring Ethic for the Treatment of Animals*. Continuum. Citado por Jeangène Vilmer, J.-B. (2008). *Éthique animale*, op. cit., p. 95.
29. Bailly, J.-C. (2007). *Le versant animal*. Bayard.
30. Dois meses após ter sido colocado na internet, o vídeo já tinha mais de 3 milhões de visualizações em sua versão original em português. No Brasil, onde uma porcentagem muito reduzida da população é vegetariana, o vídeo suscitou debates animados sobre o vegetarianismo e a forma como tratamos os animais em geral.

3. Todos perdem: Os efeitos da pecuária industrial e da alimentação carnívora sobre a pobreza, o meio ambiente e a saúde

1. Este capítulo é uma versão ampliada e atualizada do capítulo 34, "Um efeito rebote: consequências da criação de animais e da alimentação com carne sobre a pobreza, o meio ambiente e a saúde", de Ricard, M., *A revolução do altruísmo, op. cit.*
2. Segundo um estudo realizado em 70 países, publicado pela Organização Internacional do Trabalho sob a égide da Organização das Nações Unidas, a desigualdade de renda em termos mundiais continuou a aumentar, desde o início dos anos 1900, na maior parte das regiões do mundo.
3. IPCC – Intergovernmental Panel on Climate Change (Painel intergovernamental sobre mudanças climáticas); FAO – Food and Agriculture Organization (Organização das Nações Unidas para a Alimentação e a Agricultura).
4. Trata-se de emissões ligadas à construção civil (recursos naturais e consumo de energia) e à utilização (eletricidade, aquecimento etc.) das edificações públicas, industriais e particulares.
5. Ensminger, M. E. (1990). *Animal Science*. Prentice Hall.
6. Diamond, J. (2009). *Effondrement: Comment les sociétés décident de leur disparition ou de leur survie*. Gallimard, coll. "Folio Essais". [*Colapso: como as sociedades escolhem o fracasso ou o sucesso*. Rio de Janeiro: Record, 2005.]
7. Rockström, J.; Steffen, W.; Noone, K.; Persson, Å.; Chapin, F. S.; Lambin, E. F.; Schellnhuber, H. J. *et al* (2009). "A Safe Operating Space for Humanity", *Nature*, 461 (7263), p. 472-475. Esses pesquisadores identificaram "limites" planetários no que tange às mudanças climáticas: a diminuição da camada de ozônio; a utilização dos solos (agricultura, pecuária, exploração das florestas); a utilização da água doce; a perda da biodiversidade; a acidificação dos oceanos; os ingressos de nitrogênio e de fósforo na biosfera e nos oceanos; a atmosfera e os aerossóis, e a poluição química.
8. Segundo uma avaliação do Millenium Ecosystem Assesment (MEA), sob a égide das Nações Unidas.
9. Pavan Sukhdev, prefácio para a obra de Wijkman, A. e Rockström, J. (2013). *Bankrupting Nature: Denying Our Planetary Boundaries*. Routledge. Sukhdev é o fundador da Corporation 2020, uma organização voltada para a economia ambientalmente responsável.
10. Segundo o Worldwatch Institute.
11. *Amazon Cattle Footprint*, Greenpeace, 2009. Mais de 200 milhões de hectares dessas florestas foram destruídos a partir de 1950, principalmente para dar lugar a pastagens ou fazendas de gado. Kaimowitz, D. (1996). *Livestock and Deforestation in Central America in the 1980s and 1990s: A Policy Perspective*. Kaimowitz, D.; Mertens, B.; Wunder, S. e Pacheco, P. (2004). "Hamburger Connection Fuels Amazon Destruction", Center for International Forest Research (CIFOR), Bogor Indonésia.
12. Rifkin, J. (2012). *La troisième révolution industrielle*. Éditions Les Liens qui Libèrent. [*A terceira revoluçao industrial*. Rio de Janeiro: Bertrand Brasil, 2014.] Em *Sans viande et sans regrets*, Frances Moore Lappé ressalta que um acre de cereais fornece 5 vezes mais proteínas que a mesma área utilizada para a produção de carne; um acre de leguminosas fornece 10 vezes mais proteínas, e um acre de legumes folhosos fornece 15 vezes mais proteínas. Moore Lappé, F. (1971). *Diet for a Small Planet*, Ballantine, p. 4-11. [*Dieta para um pequeno planeta*. São Paulo: Ground, 1985.] Vide igualmente Doyle, J. (1985). *Altered Harvest: Agriculture, Genetics and the Fate of the World's Food Supply*. Viking Press. Assim como Robin, M.-M. (2012). *Les moissons du futur: Comment l'agroécologie peut nourrir le monde*. La Découverte.

13. Parmentier, B. (2009). *Nourrir l'humanité: Les grands problèmes de l'agriculture mondiale au XXIe siècle*. La Découverte, p. 38. Citado por Caron, A., *No steak, op. cit.* Kindle, 5168. O rendimento seria ainda pior se a mesma área fosse destinada à produção de carne vermelha.
14. Foer, J. S., *Faut-il manger les animaux?, op. cit.*, p. 265 e nota 105. Cálculo baseado em dados de fontes governamentais e de universidades dos Estados Unidos. Conforme informado por Aymeric Caron, são necessárias entre 3 e 4 calorias vegetais para produzir 1 caloria de carne de frango, entre 5 e 7 calorias vegetais para 1 caloria de carne de porco, e entre 9 e 11 calorias vegetais para 1 caloria de carne de boi ou de carneiro. Caron, A., *No steak, op. cit.* Kindle, 558.
15. Moore Lappé, F., *op. cit.*, p. 4-11.
16. Segundo o Worldwatch Institute, uma organização de pesquisa fundamental com sede nos Estados Unidos. Um de seus projetos atuais é uma análise comparativa das inovações agrícolas ecologicamente sustentáveis para reduzir a pobreza e a fome. Mais de 90% dos 225 milhões de toneladas de soja colhidas no mundo servem também para alimentar os animais de criação. Se todos os cereais destinados ao gado dos Estados Unidos fossem consumidos diretamente, poderiam alimentar 800 milhões de seres humanos. Pimentel, D.; Williamson, S.; Alexander, C. E.; Gonzalez-Pagan, O.; Kontak, C. e Mulkey, S. E. (2008). "Reducing Energy Inputs in the US Food System", *Human Ecology*, 36 (4), p. 459-471.
17. Compassion in World Farming. Citado por Marjolaine Jolicoeur – AHIMSA, 2004.
18. Segundo o Ministério de Agricultura dos Estados Unidos – Foreign Agricultural Service, USDA-FAS, (1991).
19. Ação contra a Fome. Segundo a FAO, o total de pessoas subalimentadas no mundo em 2010 atingiu 925 milhões, significando um aumento de quase 9% em relação à média de 2006-2008. O Programa Alimentar Mundial (PAM) informa o mesmo total. Citado por Caron, A., *op. cit.*, p. 494 e Kindle 5151-5153.
20. Jocelyne Porcher, do INRA – Institut National de Recherche Agronomique [Instituto nacional de pesquisas agronômicas da França], em http://www.agrobiosciences.org/sciences-et-societe/Les-entretiens/Jocelyne-Porcher-Agriculture-et ou http://www.agrobiosciences.org/?page=imprime&id_article=1096 setembro de 2004. Citado por Caron (A.), *op. cit.*, 543.
21. Relação entre consumo de carne (em kg por ano e por habitante) e a riqueza (PNB).

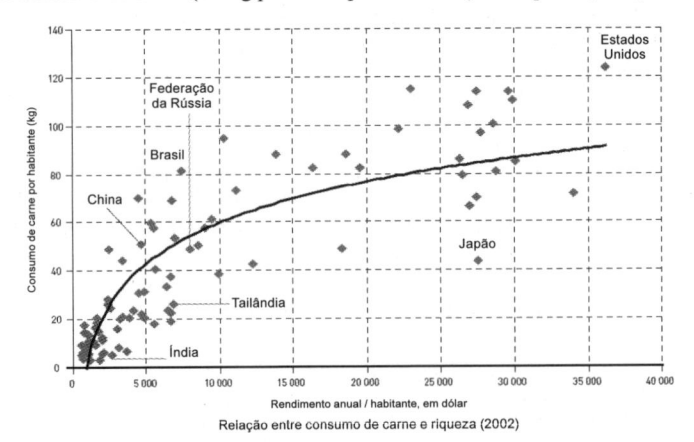

Relação entre consumo de carne e riqueza (2002)

22. McMichael, A. J.; Powles, J. W.; Butler, C. D. e Uauy, R. (2007). "Food, Livestock Production, Energy, Climate Change, and Health." *The Lancet*, 370 (9594).
23. FAO, *L'ombre portée de l'élevage. Impacts environnementaux et options pour atténuation* [A longa sombra do gado de corte: impactos ambientais e opções para sua atenuação], Roma, 2006; FAO, *Comment nourrir le monde en 2050* [Como alimentar o mundo em 2050], 2009.
24. Herzog, H. (2010). *Some We Love, Some We Hate, Some We Eat: Why It's So Hard to Think Straight About Animals*. Harper Collins, , p. 192. Citado por Caron, A., *op. cit.* Kindle 5140.
25. Ray, Daryll E., [do Instituto de Agricultura da Universidade do Tennessee] "China's meat consumption and production trends" [Tendências da China para produção e consumo de carne]. Citado por Caron, A., *op. cit.* Kindle 5144.

26. FAO (2006), *op. cit.*, e World Agriculture Towards 2015-2030 (2003).
27. Lambin, É. (2009). *Une écologie du bonheur*. Le Pommier, p. 70.
28. Moore Lappé, F., *op. cit.*, p. 11-12 e 21.
29. FAO (2006), *op. cit.*
30. Dompka, M. V.; Krchnak, K. M. e Thorne, N. (2002). "Summary of Experts' Meeting on Human Population and Freshwater Resources", em Karen Krchnak (ed.), *Human Population and Freshwater Resources: U.S. Cases and International Perspective*, Yale University.
31. Borgström, G. (1973). *Harvesting the Earth*, Abelard-Schuman, p. 64-65. Segundo outras estimativas fornecidas pela CNRS, é preciso 1 tonelada de água para obter 1 kg de cereais. Levando-se em conta a água necessária para produzir o que é utilizado para alimentar os animais, a água que eles bebem e a água necessária para manutenção e processamento, 1 quilo de frango corresponde a 4 toneladas de água, 1 quilo de porco a 6 toneladas, 1 quilo de carneiro a 9 toneladas e 1 quilo de bovino a 15,5 toneladas. CNRS http://www.cnrs.fr/cw/dossiers/doseau/decouv/usages/consoDom.html. Citado por Caron, A., *op. cit.* Kindle 5178-5180.
32. The Browning of America, *Newsweek*, 22 de fevereiro de 1981, p. 26. Citado por Robbins, J. (1991). *Se nourrir sans faire souffrir*. Alain Stanke, p. 420. Com relação às publicações científicas a respeito, consultar Hoekstra, A. Y. e Hung, P. Q. (2002). "Virtual Water Trade: A Quantification of Virtual Water Flows between Nations in Relation to International Crop Trade." *Value of Water Research Report Series*, 11, p. 166. Chapagain, A. K. e Hoekstra, A. Y. (2003). *Virtual Water Flows Between Nations in Relation to Trade in Livestock and Livestock Products*. UNESCO-IHE Delft, The Netherlands. Zimmer, D. e Renault, D. (2003). "Virtual Water in Food Production and Global Trade: Review of Methodological Issues and Preliminary Results", em *Proceedings of the International Expert Meeting on Virtual Water Trade, Value of Water-Research Rapport Series*, p. 93-109. Oki, T., Sato; M., Kawamura; A., Miyake; M., Kanae, S. e Musiake, K. (2003). "Virtual Water Trade to Japan and in the World", em Hoekstra, A.Y. *Virtual Water Trade: Proceedings of the International Expert Meeting on Virtual Water Trade, Value of Water Research Report Series*.
33. Caron, A., *op. cit.*, p. 633.
34. Rosegrant, M. W. e Meijer, S. (2002). "Appropriate Food Policies and Investments Could Reduce Child Malnutrition by 43% in 2020." *The Journal of Nutrition*, 132(11), 3437S-3440S.
35. Conforme o Banco Mundial e o McKinsey Global Institute (2011), *Natural Resources*. http://www.mckinsey.com/insights/mgi/research/natural_resources.
36. International Food Policy Research Institute e Comissão Mundial sobre Meio Ambiente e Desenvolvimento da Organização das Nações Unidas.
37. Jancovici, J.-M. (2005). *L'avenir climatique: Quel temps ferons-nous?* Le Seuil.
38. Essa porcentagem consta da avaliação da FAO em seu relatório *Tackling Climate Change Through Livestock*, FAO, outubro de 2013. Esse relatório era o mais completo produzido até então sobre as emissões de gás de efeito estufa ligadas à pecuária. Os bovinos contribuem com dois terços dessas emissões. A porcentagem de 14,5% foi calculada com base numa análise que incluiu o ciclo de vida completo do processo, ou seja, inclui as emissões de CO_2 associadas ao desmatamento ligado à pecuária, a produção e embalagem das rações para os animais etc. Não foi aplicado o mesmo método para o transporte. Um outro estudo, realizado por pesquisadores da Universidade de Cambridge, da Universidade Nacional da Austrália e outros, afirma que essa porcentagem estaria por volta de 17% (McMichael, A. J. *et al.*, *op. cit.*). Para refutar essa porcentagem há os que propõem o total de 4% apresentado pelo IPCC (Painel intergovernamental sobre mudanças climáticas), mas trata-se aí de emissões diretas e não do ciclo de vida completo. É importante considerar a integralidade do ciclo de vida porque as emissões indiretas provenientes do gado constituem uma parcela significativa das emissões.
39. http://www.conservation-nature.fr/article2.php?id=105
40. Desjardins, R.; Worth, D.; Vergé, X.; Maxime, D.; Dyer, J. e Cerkowniak, D. (2012). "Carbon Footprint of Beef Cattle." *Sustainability*, 4(12), 3279-3301.
41. FAO (2006), *op. cit.*, p. 125.
42. Peter Scarborough *et al.* (2014). "Dietary Greenhouse Gas Emissions of Meat-Eaters, Fish-Eaters, Vegetarians and Vegans in the UK." Climatic Change, vol. 125, n°2, p. 179-192. Citado por Gibert, M. (2015). *Voir son steak comme un animal mort...*, *op. cit.*, p. 85.

43. Hedenus, F.; Wirsenius, S. e Johansson, D. J. A (2014). "The Importance of Reduced Meat and Dairy Consumption for Meeting Stringent Climate Change Targets." *Climatic Change*.
44. Segundo o Worldwatch Institute.
45. Agência de Proteção Ambiental (EPA) e Government Accountability Office (GAO) dos Estados Unidos. Citado por Foer, J. S., *op. cit.*
46. Essas quantidades podem variar de 200 a 1.000 kg de nitrogênio por hectare e por ano. Steinfeld, H.; De Haan, C. e Blackburn, H. (1997). "Livestock-Environment Interactions." *Issues and Options. Report of the Commission Directorate General for Development*, Fressingfield, UK, WREN Media.
47. Narrod, C. A.; Reynnells, R. D. e Wells, H. (1993). "Potential Options for Poultry Waste Utilization: A Focus on the Delmarva Peninsula." Agência de Proteção Ambiental (EPA) dos Estados Unidos.
48. Vide dados e relatórios fornecidos pela associação BLOOM http://www.bloomassociation.org/
49. Pauly, D.; Belhabib, D.; Blomeyer, R.; Cheung, W. W. W. L.; Cisneros-Montemayor, A. M.; Copeland, D. e Zeller, D. (2013). "China's Distant-Water Fisheries in the 21st Century." *Fish and Fisheries*.
50. Segundo a FAO.
51. Foer, J. S., *op. cit.*, p. 66. Environmental Justice Foundation Charitable Trust, *Squandering the Seas: How Shrimp Trawling Is Threatening Ecological Integrity and Food Security Around the World*, London: Environmental Justice Foundation, 2003.
52. EPIC – European Prospective Investigation into Cancer and Nutrition [Investigação Prospectiva Europeia sobre Câncer e Nutrição]. Relatório sob a direção de Elio Riboli (2005). Um outro estudo publicado nos *Archives of Internal Medicine*, realizado com 500 mil pessoas, mostra que poderiam ser evitados 11% dos óbitos entre os homens e 16% dos óbitos entre as mulheres, com a simples redução do consumo de carne vermelha. Sinha, R.; Cross, A. J.; Graubard, B. I.; Leitzmann, M. F. e Schatzkin, A. (2009). "Meat Intake and Mortality: A Prospective Study of Over Half a Million People." *Archives of Internal Medicine*, 169 (6), p. 562.
53. Lambin, É., *op. cit.*, p. 78.
54. Pan, A.; Sun, Q.; Bernstein, A. M.; Schulze, M. B.; Manson, J. E.; Stampfer, M. J. e Hu, F. B. (2012). "Red Meat Consumption and Mortality: Results from 2 Prospective Cohort Studies." *Archives of Internal Medicine*, 172(7), p. 555. Essas análises levam em conta os fatores de risco de doenças crônicas, idade, índice de massa corporal, atividade física, antecedentes familiares de doenças cardíacas ou cânceres principais.
55. Haque, R.; Kearney, P. C. e Freed, V. H. (1977). "Dynamics of Pesticides in Aquatic Environments", em *Pesticides in Aquatic Environments*, Springer US, p. 39-52. Ellgehausen, H.; Guth, J. A. e Esser, H. O. (1980). "Factors Determining the Bioaccumulation Potential of Pesticides in the Individual Compartments of Aquatic Food Chains." *Ecotoxicology and Environmental Safety*, 4(2), p. 134-157.
56. Lambin, É., *op. cit.*, p. 80.
57. Peter Scarborough *et al.* (2014). "Dietary Greenhouse Gas Emissions of Meat-Eaters, Fish-Eaters, Vegetarians and Vegans in the UK", *Climatic Change*, vol. 125, n° 2, p. 179-192. Citado por Gibert, M. (2015), *op. cit.*, p. 85.
58. www.ncbi.nlm.nih.gov/pmc/articles/PMC3662288/ Citado por Gibert, M., 2015, *op. cit.*, p. 126.
59. Segundo Caron, A., *op. cit.*
60. Avaliação da Associação Vegetariana da França, datada de outubro de 2011.
61. FAO, http://www.fao.org/docrep/004/y1669f/y1669f09.htm . Citado por Caron, A., *op. cit.*, p. 205.
62. The Hindu-CNN-IBN State of Nation Survey, 2006.
63. Segundo uma reportagem da BBC, "Belgian city plans *veggie* days", 12 de maio de 2009.
64. Lévi-Strauss, C. (2001). "La leçon de sagesse des vaches folles." *Études rurales* http://etudesrurales.revues.org
65. http://phys.org/news/2011-01-climate-tax-meat-results-greenhouse.html. Citado por Caron, A., *op. cit.* Kindle 5180.
66. Entrevista no *The Telegraph,* 7 de setembro de 2008.
67. Vide igualmente Hedenus, F., *et al.*, *op. cit.*

4. A verdadeira face da criação industrial de animais

1. Este capítulo é uma versão ampliada e atualizada do capítulo 33, "A instrumentalização dos animais: uma aberração moral", de Ricard, M., *A revolução do altruísmo, op. cit.*
2. Jane Goodall, numa conversa com o autor em junho de 2011, em Brisbane, Austrália.
3. Sinclair, U. (2011). *La Jungle*, Le Livre de Poche, p. 65-68.
4. Conforme a Divisão de Estatística da FAO: faostat.fao.org
5. Joy, M., *Why We Love Dogs...*, *op. cit.*, p. 27. Joy cita o trajeto de 4 vezes de ida e volta entre a Terra e a Lua, o que corresponde a 80 vezes a volta ao redor da Terra.
6. Jussiau, R.; Montméas, L. e Parot, J.-C. (1999). *L'Élevage en France: 10 000 ans d'histoire*. Éducagri Éditions. Citado por Nicolino, F. (2009). *Bidoche: L'industrie de la viande menace le monde*. Les Liens qui Libèrent.
7. *National Hog Farmer*, março de 1978, p. 27. Citado por Singer, P., *La libération animale, op. cit.*, p. 199.
8. *Poultry Tribune*, novembro de 1986. Citado por Singer, P., *op. cit.*, p. 174.
9. A expectativa de vida de uma vaca ou de um porco é de 20 anos. As vitelas são abatidas com 3 anos, as vacas leiteiras são "reformadas" (o que significa abatidas) com cerca de 6 anos e os porcos com 6 meses. A expectativa de vida de um frango é de 7 anos sob condições de vida normal, mas ele é abatido com 6 semanas. Isso envolve 1 bilhão de animais na França.
10. Sinclair, U., *op. cit.*, p. 62-63.
11. David Cantor, Responsible Policies for Animals http://www.rpaforall.org . Citado por Patterson, C., *Un éternel Treblinka, op. cit.*, p. 114.
12. Foer, J. S., *Faut-il manger les animaux?, op. cit.*
13. *Ibid.*, p. 82.
14. Patterson, C., *op. cit.*, p. 166.
15. Eisnitz, G. A. (1997). *Slaughterhouse: The Shocking Story of Greed. Neglect, and Inhumane Treatment inside the US Meat Industry*. Prometheus, p. 181. Citado por Patterson, C., *op. cit.*, p. 166.
16. *Ibid.*, p. 174.
17. Segundo Singer, P., *op. cit., p. 163*.
18. Foer, J. S., *Faut-ilmanger les animaux?, op. cit.*, p. 240.
19. Fontenay, É. de, *Sans offenser le genre humain, op. cit.*, p. 206. Bem como Burgat, F. (1998). *L'animal dans les pratiques de consommation*. PUF.
20. Daub, J.-L. (2009). *Ces bêtes qu'on abat: Journal d'un enquêteur dans les abattoirs français*. L'Harmattan, p. 28.
21. Coe, S. (1996). *Dead Meat*. Four Walls Eight Windows. As citações são um resumo da versão original em inglês, p. 111-133, com tradução [para o francês] a nossos cuidados, com extratos da versão oferecida por Patterson, C., *op. cit.*, p. 106-108.
22. Eisnitz, G. A., *op. cit.*, p. 182.
23. Coe, S., *op. cit.*, p. 120.
24. Carpenter, G. *et al.* (1986). "Effect of Internal Air Filtration on the Performance of Broilers and the Aerial Concentrations of Dust and Bacteria." *British Poultry Journal*, 27, p. 471-480. Citado por Singer, P., *op. cit.*, p. 172.
25. Bedichek, R. (1961). *Adventures With a Texas Naturalist*. University of Texas Press. Citado por Harrison, R. (2013). *Animal Machines: The New Factory Farming Industry*. CABI Publishing. Primeira edição, 1964, p. 154.
26. Breward, J. e Gentle, M. (1985). "Neuroma Formation and Abnormal Afferent Nerve Discharges After Partial Beak Amputation (Beak Trimming) in Poultry." *Experienta*, 41(9), p. 1132-1134.
27. *National Geographic Magazine*, fevereiro de 1970, citado por Singer, P., *op. cit.*, p. 177.
28. Foer, J. S., *op. cit.*, p. 176.
29. *Ibid.*, p. 65.

30. "Dehorning, Castrating, Branding, Vaccinating Cattle", publicação nº 384 do Mississippi State University Extension Service, em colaboração com a USDA. Ver também "Beef Cattle: Dehorning, Castrating, Branding and Marking", USDA, *Farmers' Bulletin* nº 2141, setembro de 1972, em Singer, P., *op. cit.*, p. 225.

31. Porcher, J. (2004). "Histoire contemporaine d'un cochon sans histoire." *Revue du M.A.U.S.S.*, (1), p. 397-407.

32. Foer, J. S., *op. cit.*, p. 239. M. Anthes & E. Verheyen, *Gequält, totgeschlagen und weggeworfen – das Leid in Deutschlands Ferkelfabriken*, Report Mainz. Exclusiv im Ersten vom 14.07.2014. (Foi conferido aos autores um prêmio pelo documentário, pela Deutschen Akademie für Fernsehen 2014). Pode ser visto no YouTube no original em alemão.

33. Foer, J. S., *op. cit.*, p. 285.

34. *Ibid.*, p. 231-233, 284-289.

35. Dr J. Turner, L. Garcés e W. Smith (2005). *The Welfare Of Broiler Chickens In The European Union.* Compassion in World Farming Trust.

36. Virgil Butler, "Inside the Mind of a Killer", 31 de agosto de 2003, no site *The Cyberactivist* http://www.cyberactivist.blogspot.com/, traduzido do inglês [para o francês] por David Olivier e publicado em *Les Cahiers antispécistes*, nº 23, dezembro de 2003.

37. Ver o Capítulo 29, "A repugnância natural em matar" em Ricard, M., *A revolução do altruísmo*, *op. cit.*, p. 349-359.

38. Avi Solomon, "Working Undercover in a Slaughterhouse: an Interview with Timothy Pachirat", *Boingboing.net*, 8 de março de 2012. http://boingboing.net/?s=Working+Undercover+in+a+Slaughterhouse%3A+an+Interview+with+Timothy+Pachirat Citado por Gibert, M., *Voir son steak comme un animal mort...*, *op.cit.*, p. 195.

39. Pachirat, T. (2011). *Every Twelve Seconds: Industrialized Slaughter and the Politics of Sight.* Yale University Press.

40. *Les Cahiers antispécistes*, nº 21, fevereiro de 2002. Citado em Cyrulnik, B. *et al.*, *Les animaux aussi ont des droits*, *op. cit.* Kindle 3135-39.

41. Documentário de Mark Rissi sob o patrocínio de *Swiss Animals Protection/EAST International* (Mark Rissi), que pode ser visto no site da associação PETA http://www.peta.org/issues/animals-used-for-clothing/chinese-fur-industry.aspx

42. Números citados por Caron, A., *No stea*k, *op. cit.* Kindle 1392.

43. Daub, J.-L., *op. cit.*, p. 27.

44. *Ibid.*, p. 23.

45. Mood, A. & Brooke, P., *Estimating the Number of Fish Caught in Global Fishing Each Year*, julho de 2010. Os autores usaram os dados estatísticos publicados pela FAO sobre a quantidade em toneladas das pescas anuais para cada espécie e calcularam a quantidade de peixes, conforme estimativa de peso médio das espécies analisadas.

46. Foer, J. S., *op. cit.*, p. 245.

47. Notadamente, a tese sustentada por Porcher, J. (2011). *Vivre avec les animau*x, *op. cit.*

48. Lepeltier, T. (2013). *La révolution végétarienne.* Éditions Sciences Humaines, p. 74-75.

49. Porcher, J., *op. cit.*, p. 116.

50. Burgat, F. (2015). *Op. cit.* p. 30.

51. *Ibid.* p. 31

52. Chauvet, D. *La volonté des animaux.* Droits des animaux, versão revisada e anotada pelo autor, publicada em *Les Cahiers antispécistes*, nº 30-31, dezembro de 2008.

53. Ver sites das associações PETA, One Voice, L214, e outras, bem como o documentário *Earthlings*, que citamos.

54. Cazes-Valette, G., *Le rapport à la viande chez le mangeur français contemporain*, grupo ESC-Toulouse/CCIT, outubro 2003-novembro 2004, p. 345. Pode ser consultado em http://www.esc-toulouse.fr , citado por Estiva Reus e Antoine Comiti, *Les Cahiers antispécistes*, nº 29, février 2008.

55. Elie Wiesel, no discurso ao receber o Prêmio Nobel da Paz, 10 de dezembro de 1986.

5. Desculpas ruins

1. Rousseau, J. J. (1973). *Discours sur l'origine et les fondements de l'inégalité parmi les hommes.* Aubier Montaigne, p. 59. [*Dircurso sobre a origem e os fundamentos da desigualdade entre os homens.* Lisboa: Didáctica Editora, 1998.; Porto Alegre: LP&M Editores, 2008.; São Paulo: Edipro, 2015.]
2. Sidgwick, H. [1879]. "The Establishment of Ethical First Principles." *Mind*, (13), p. 106-111.
3. Shantideva (2008). *Bodhicaryâvatâra: La Marche vers l'Éveil.* Padmakara.
4. Tom Regan, "The Burden of Complicity", prefácio para Coe, S., *Dead Meat, op. cit.* Tom Regan é professor de Filosofia Moral na Universidade do Estado da Carolina do Norte em Raleigh (Estados Unidos).
5. Singer, P., *La libération animale, op. cit.*, p. 39.
6. Bentham, J. *An Introduction to the Principles of Morals and Legislation.* Clarendon Press., XVII, § I, IV, nota 1, p. 311.
7. Lautard, H. (1909). *Zoophilie ou sympathie envers les animaux: Psychologie du chien, du chat, du cheval.* Société française d'imprimerie et de librairie, p. 7-10. Citado por Jeangène Vilmer, J.-B. (dir.) *Anthologie d'éthique animale, op. cit.*, p. 234.
8. Luc Ferry. *Le Figaro.* 6 de novembro de 2014.
9. Fontenay, É de (1992). "Le droit du plus fort", prefácio para Plutarco, *Trois traités pour les animaux*, POL, p. 44-45.
10. Massimo Filippi *et al.* (2010). "The Brain Functional Networks Associated to Human and Animal Suffering Differ among Omnivores, Vegetarians and Vegans." *PLoS ONE*, vol. 5, n° 5. Citado por Gibert, M. (2015). *Voir son steak comme un animal mort..., op.cit.*, p. 181-182.
11. Brooke Preylo e Hiroko Arikawa (2008). "Comparison of Vegetarians and Non-Vegetarians on Pet Attitude and Empathy." *Anthrozoos*, vol. 21, n° 4, p. 387-395; Tania Signal e Nicola Taylor (2005). "Empathy and Attitudes to Animals." *Anthrozoos*, vol. 18, n° 1, p. 18-27. Citado por Gibert, M. (2015). *Op.cit.*, p. 181-182.
12. Burgat, F. e Marguénaud, J.-P. "Les animaux ont-ils des droits?", *Le Monde.fr*, 15 juillet 2010.
13. Daub, J.-L., *Ces bêtes qu'on abat..., op. cit.*, p. 30-31.
14. Singer, P., *op. cit.*, p. 333.
15. Ver www.karuna-shechen.org
16. Lepeltier, T., *La révolution végétarienne..., op. cit.*, p. 156.
17. Mandeville, B. de (1740). *The Fable of The Bees: or, Private Vices, Public Benefits.* [A Fábula das Abelhas: ou, Vícios privados, benefícios públicos] *La fable des abeilles, ou les fripons devenus honnêtes gens*, tradução da sexta edição, "Aux dépens de la compagnie", p. 203-223. Citado por Jeangène Vilmer, J.-B., *L'éthique animale, op. cit.*, p. 49-50.
18. Taine, H. (1911). *La Fontaine et ses Fables.* Hachette, p. 166 e 107.
19. Darwin, C. [1874]. *The Descent of Man.* Wiley Online Library, cap. 3, p. 193.
20. Jean-Henri Fabre. Citado por Géraud, A. (1939). *Déclaration des droits de l'animal.* Bibliothèque A. Géraud, p. 29, em Jeangène Vilmer, J.-B., (dir.), *op. cit.*, p. 244.
21. Voltaire, *Œuvres complètes*, Arvensa Éditions. Kindle, 74852-74861.
22. Rollin, B. E. (1989). *The Unheeded Cry: Animal Consciousness, Animal Pain and Science.* Oxford University Press, p. 154-156.
23. Rollin, B. E., *op. cit.*, p. 118.
24. Cyrulnik, B. *et al.*, *Les animaux aussi ont des droits, op. cit.* Kindle, 3243-3245.
25. Jeangène Vilmer, J.-B. (2010). "Le critère de la souffrance dans l'éthique animale anglo-saxonne." em Guichet, J.-L., *Douleur animale, douleur humaine: Données scientifiques, perspectives anthropologiques, questions éthiques*, Quae, p. 191-199.
26. Morton, D. B. e Griffiths, P. H., "Guidelines on the Recognition of Pain, Distress and Discomfort in Experimental Animals and an Hypothesis for Assessment", *Veterinary Record*, 116(16), 1985, p. 431-436. Citado em Rollin, B. E., *op. cit.*, p. 194.

27. A Organização Mundial de Saúde Animal (Organisation for Animal Health, OIE) reforçou a responsabilidade ética para melhorar a forma como são tratados os peixes. OIE (2008) Aquatic Animal Health Code. Appendix 3.4.1. "Introduction to Guidelines for the Welfare of Farmed Fish". Disponível em: http://www.oie.int/doc/ged/D6442.PDF

28. Chandroo, K. P.; Duncan, I. J. e Moccia, R. D. (2004). "Can Fish Suffer? Perspectives on Sentience, Pain, Fear and Stress." *Applied Animal Behaviour Science*, 86(3), p. 225-250. Ver também Sneddon, L. U.; Braithwaite, V. A. e Gentle, M. J. (2003). "Do Fishes Have Nociceptors? Evidence for the Evolution of a Vertebrate Sensory System." *Proceedings of the Royal Society of London, Series B: Biological Sciences*, 270(1520), p. 1115-1121. Sneddon, L. U. (2006). "Ethics and Welfare: Pain Perception in Fish." *Bulletin-European Association of Fish Pathologists*, 26(1), p. 6. "AHAW, Scientific Opinion of the Panel on Animal Health and Welfare on a Request from European Commission on General Approach to Fish Welfare and to the Concept of Sentience in Fish", *The EFSA Journal*, 954, 2009, p. 1-26. Nordgreen, J.; Garner, J. P.; Janczak, A. M.; Ranheim, B.; Muir, W. M. e Horsberg, T. E. (2009). "Thermonociception in Fish: Effects of Two Different Doses of Morphine on Thermal Threshold and Post-Test Behaviour in Goldfish (*Carassius auratus*)." *Applied Animal Behaviour Science*, 119 (1), p. 101-107.

29. Observações feitas sobre os peixes *Astatotilapia burtoni* do lago Tanganica, na Tanzânia, ver Grosenick, L.; Clement, T. S. e Fernald, R. D. (2007). "Fish Can Infer Social Rank by Observation Alone", *Nature*, 445(7126), p. 429-432. Num treinamento de peixes arco-íris, eles localizaram um furo na rede para escapar; constatou-se que aprendem igualmente em 5 tentativas, e que 11 meses mais tarde conseguem fazê-lo na primeira tentativa. Ver Brown, C. (2001). "Familiarity with the Test Environment Improves Escape Responses in the Crimson Spotted Rainbowfish (*Melanotaenia duboulayi*)." *Animal Cognition*, 4(2), p. 109-113.

30. Anderson, R. O. e LeRoy Heman, M. (1969). "Angling as a Factor Influencing Catchability of Largemouth Bass", *Transactions of the American Fisheries Society*, 98(2), p. 317-320.

31. Elwood, R. W. e Appel, M. (2009). "Pain Experience in Hermit Crabs?", *Animal Behaviour*, 77(5), p. 1243-1246.

32. Baker, J. R. (1955). "Experiments on the Humane Killing of Crabs." *Journal of the Marine Biological Association of the United Kingdom*, 34 (01), p. 15-24.

33. Devienne, P. (2008). *Les animaux souffrent-ils?* Le Pommier.

34. Civard-Racinais, A (2010). *Dictionnaire horrifié de la souffrance animale*. Fayard.

35. Segundo Cyrulnik, B. *et al.*, *op. cit.* Kindle, 3534.

36. Citado por Waal, F. De (2010). *L'âge de l'empathie: Leçons de nature pour une société plus apaisée*, Les Liens qui Libèrent, p. 198-199. [*A era da empatia: lições da natureza para uma sociedade mais gentil*. São Paulo: Companhia das Letras, 2010.]

37. Goodall, J., (2011). *Through a Window: Thirty Years with the Chimpanzees of Gombe*. Phoenix, p. 190. (Foto de Flint prostrado, p. 213.)

38. Citado por Singer, P., *op. cit.*, p. 315, n. 43.

39. *Ibid.*, p. 315, n. 44.

40. Sabemos, por exemplo, que mais de 500 espécies de bactérias colonizam os dentes e as mucosas bucais humanas, oferecendo um potencial evidente para a cooperação e para a concorrência. Foi demonstrado que é a cooperação entre essas bactérias que lhes permite sobreviver num ambiente onde uma espécie sozinha seria incapaz de proliferar. Ver Kolenbrander, P. E. (2001). "Mutualism Versus Independence: Strategies of Mixed-Species Oral Biofilms in Vitro Using Saliva as the Sole Nutrient Source." *Infect. Immun.* 69. Com respeito às bactérias, consultar igualmente Koschwanez, J. H.; Foster, K. R. e Murray, A. W. (2011). "Sucrose Utilization in Budding Yeast as a Model for the Origin of Undifferentiated Multicellularity." *PLoS biology*, 9 (8).

41. Darwin, C. (2004). *The Descent of Man and Selection in Relation to Sex*. Em Moore, J. e Desmond, A. (eds.), Penguin, p. 130.

42. Plutarco, *Sur l'usage des viandes*, *op. cit.*, p. 565.

43. Jeangène Vilmer, J.-B., *op. cit.*, p. 126.

44. *Ibid.*, p. 130.

45. Gibert, M. (2015). *Op.cit.*, p. 148.

46. http://www.bloomassociation.org/

47. Caron, A., *No steak, op. cit.* Kindle, 2936.
48. Ver o artigo de síntese: Nespolo, M. (2014). "Protéines: table rase sur les mythes." *Alternative Végétariennes*, 119, Edição de primavera, 2015, p. 18-27.
49. Protein and amino acid requirement in human nutrition. Relatório conjunto de grupos técnicos OMS/FAO/UNU [OMS – Organização Mundial da Saúde (WHO – World Health Organization); FAO – Organização das Nações Unidas para Alimentação e Agricultura; UNU – Universidade das Nações Unidas]. WHO technical report series nº 935. Ver em http://apps.who.int/iris/bitstream/10665/43411/1/WHO_TRS_935_eng.pdf
50. Souci, F.; Fachmann, W e Kraut, H. (2008). *La Composition Des Aliments. Tableaux Des Valeurs Nutritives*, 7ª edição, revisada e completada. Citado por Nespolo, M. (2014), *op. cit.* p. 20.
51. Levine, M. E.; Suarez, J. A.; Brandhorst, S.; Balasubramanian, P.; Cheng, C.-W.; Madia, F. e Longo, V. D. (2014). "Low Protein Intake Is Associated with a Major Reduction in IGF-1, Cancer, and Overall Mortality in the 65 and Younger but Not Older Population." *Cell Metabolism*, 19(3), p. 407-417. Em contrapartida, a taxa elevada de proteínas é associada a uma ligeira diminuição dos cânceres e da mortalidade após os 65 anos, mas com uma multiplicação por cinco da mortalidade devida ao diabetes, em todas as idades. Um consumo fraco de proteínas animais durante os anos maduros, acompanhado de um consumo moderado durante a velhice, parece assim melhorar a saúde e a longevidade.
52. Resumo segundo Caron, A., *op. cit.* Kindle, 2939-2964.
53. Ver especialmente: http://www.inpes.sante.fr/CFESBases/catalogue/pdf/1178.pdf
54. Ver prefácio de Carl Lewis em Bennett, J. e Lewis, C., *Very Vegetarian*, Thomas Nelson, 2001.
55. Shabkar, *Les larmes du bodhisattva...*, *op. cit.*, p. 61 e 64.
56. Burns, J. F., "Stoning of Afghan Adulterers: Some Go to Take Part, Others Just to Watch." *International Herald Tribune*, 3 de novembro de 1996.
57. Gibert, M. (2015). *Voir son steak comme un animal mort..., op. cit.*, p. 27.
58. Ver a campanha de L214: www.stopgavage.com
59. Conforme dados publicados pela Cifog, ou seja, pelo setor de produção de *foie gras*. Relatório econômico do ano 2002, citado por Civard-Racinais, A., *op. cit.* Kindle, 873.
60. Citado em Nicolino, F., *Bidoche..., op. cit.*, p. 299.
61. Conforme citado por Alexandrine Civard-Racinais: "Anualmente, no mundo, 43 milhões de palmípedes recebem alimentação forçada, com 36 milhões na França, sobretudo no Sudoeste e na Alsácia, e isso apesar da diretiva europeia de 20 de julho de 1998 sobre a proteção dos animais nos locais de criação. A diretiva estipula: 'Nenhum animal receberá alimento ou bebida de forma que acarrete sofrimentos ou danos inúteis' (artigo 14). Em consonância com essa diretiva, numerosos países da União Europeia proibiram a alimentação forçada". Civard-Racinais, A., *op. cit.* Kindle, 871.

6. O *continuum* do vivo

1. Darwin, C. (1891). *La descendance de l'homme et la sélection sexuelle*. Reinwald, Libraire-éditeur, p. 68.
2. Darwin, C. (1877). *L'expression des émotions chez l'homme et les animaux*. Reinwald, Libraire-éditeur. [*A expressão das emoções no homem e nos animais*. São Paulo: Companhia de Bolso, 2009.]
3. La Mettrie, J. J. Offray de (1747). *L'homme machine*. Frédéric Henry, p. 159.
4. Pronunciamentos no colóquio "Le droit de l'animal", organizado por Ecolo-Ethik no Senado francês, em 7 de fevereiro de 2014.
5. Scally, A.; Dutheil, J. Y.; Hillier, L. W.; Jordan, G. E.; Goodhead, I.; Herrero, J. *et al.* (2012). Insights into hominid evolution from the gorilla genome sequence. *Nature*, *483* (7388), 169-175.
6. Nagel, T. (1989). *The View from Nowhere*. Oxford University Press (USA).
7. Darwin, C., *La descendance de l'homme et la sélection sexuelle, op. cit.*, p. 68.
8. Buffon, *Œuvres complètes*, t. 1, p. 34, 1828. Citado por Chauvet, D., *La volonté des animaux, op. cit.*, p. 19.
9. Lestel, D., *Les origines animales de la culture, op. cit.*, p. 19.

10. Griffin, R. D. (1976). *The Question of Animal Awareness: Evolutionary Continuity of Mental Expérience*. Rockefeller University Press, p. 85.
11. *Ibid.*, p. 74.
12. Stich, S. P. (1979). "Do Animals Have Beliefs?", *Australian Journal of Philosophy,* vol. LVII, n° 1, p. 18.
13. Citado por Élisabeth de Fontenay em Cyrulnik, B. *et al.*, *Les animaux aussi ont des droits, op. cit.* Kindle, 1567.
14. Segundo Cyrulnik, B. *et al., op. cit.* Kindle, 3273.
15. Diderot, D. (2012). *Le Rêve de D'Alembert* [1769]. Youscribe Publica. Kindle, 1361.
16. Wise, S. M. (2002). *Drawing the Line*. Perseus Books, p. 104.
17. "An Interview with Alex, the African Grey Parrot." *Scientific American* (sciam.com), 12 de setembro de 2007.
18. "Science's Best Known Parrot Died on September 6th, aged 31." *The Economist*, 20 de setembro de 2007.
19. Herrnstein, R. J. e Loveland, D. H. (1964). "Complex Visual Concept in the Pigeon." *Science*, 146(3643), p. 549, e Herrnstein, R. J.; Loveland, D. H. e Cable, C. (1976). "Natural Concepts in Pigeons." *Journal of Experimental Psychology: Animal Behavior Processes*, 2(4), p. 285.
20. Watanabe, S.; Sakamoto, J., e Wakita, M. (1995). "Pigeons' Discrimination of Paintings by Monet and Picasso." *Journal of the Experimental Analysis of Behavior*, 63 (2), p. 165. Watanabe, S. (1997). "Visual Discrimination of Real Objects and Pictures in Pigeons." *Learning & Behavior*, 25(2), p. 185-192.
21. Matsuzawa, T. (1985). "Use of Numbers by a Chimpanzee." *Nature*, 315 (6014), p. 57-59.
22. Brown, C. (2001). "Familiarity with the Test Environment Improves Escape Responses in the Crimson Spotted Rainbowfish (*Melanotaenia duboulayi*)." *Animal Cognition*, 4.
23. Helft, M. "Pig Video Arcades Critique Life in the Pen." *Wired*, junho de 1997.
24. Duchene, L. "Are Pigs Smarter Than Dogs?" Penn State University, Probing questions.
25. Held, S.; Mendl, M.; Devereux, C. e Byrne, R. W.(2001). "Behaviour of Domestic Pigs in a Visual Perspective Taking Task." *Behaviour*, 138(11-12), 1337-1354.
26. Helfer, R. (1990). *The Beauty of the Beasts*. Jeremy P. Tarcher, p. 82-83.
27. Essa cena pode ser vista na página http://www.dailymotion.com/video/x4xukx_hippopotame-sauve-impala-du-crocodi_animals
28. Regan, T. *Les droits des animaux, op. cit.*, p. 21.
29. Consta uma exposição budista sobre essas questões no prefácio de Wulstan Fletcher para Shabkar, *Les larmes du bodhisattva..., op. cit.*
30. Ryder, R. (2010). "Speciesism Again: The Original Leaflet." *Critical Society*, 2.
31. Ryder, R., (1971). "Experiments on Animals." *Animals, Men and Morals*, p. 41-82.
32. Singer, P., *La libération animale, op. cit.*, p. 36.
33. Dunayer, J. (2013). "The rights of sentient beings. Moving beyond old and new speciesism.", em Corbey, R. e Lanjouw, A. (Eds.). (2013). *The Politics of Species, op. cit.*, p. 27-39.
34. Gibert, M. (2015). *Voir son steak comme un animal mort..., op.cit.*, p. 168.
35. Jeangène Vilmer, J.-B. (2008). *Éthique animale*. PUF, p. 47.
36. Joy, M., *Why We Love Dogs..., op. cit.*, p. 24-27.
37. Caron, A., *No steak, op. cit.* Kindle, 879 e 927.
38. Bekoff, M. (2013). "Who lives, who dies and why.", em Corbey, R. e Lanjouw, A. (Eds.). (2013). *Op. cit.* p. 15-26.
39. Wolff, F. (2010). *Notre humanité: d'Aristote aux neurosciences*. Fayard, p. 337. [*Nossa humanidade: de Aristóteles às Neurociências*. São Paulo: UNESP, 2012.]
40. *Ibid.*, p. 336.
41. Chauvet, D., *op. cit.*

42. Coetzee, J. M. (2006). *Elizabeth Costello*. Le Seuil, p. 104. [*Elizabeth Costello*. São Paulo: Companhia das Letras, 2004.]
43. Gibert, M. (2015), *op.cit.*, p. 42. Ver igualmente Tatjana Višak (2013). *Killing Happy Animals: Explorations in Utilitarian Ethics*. Palgrave MacMillan.
44. Segundo Martha Nussbaum, também merece respeito a possibilidade de que os animais cumpram os objetivos variados que buscam em seu ambiente natural, a capacidade de se relacionar com outras espécies e, por fim, o jogo. Nussbaum, M. (2006). *Frontiers of Justice: Disability, Nationality, Species Membership*. Harvard University Press, p. 351 e 392-400. [*Fronteiras da justiça: deficiência, nacionalidade, pertencimento à espécie*. São Paulo: Martins Fontes – WMF, 2013.] Para uma apresentação detalhada desses pontos, ver Jeangène Vilmer, J.-B., *op. cit.*, p. 97-98.
45. Frans de Waal em conferência com Martha Nussbaum, http://www.youtube.com/
46. Se os comportamentos animais podem ser descritos e previstos "como se" os animais vivenciassem conscientemente a dor, tivessem acesso à abstração etc., a hipótese mais simples é que, até prova em contrário, eles sentem dor. Eles têm até mesmo acesso à abstração e a outras faculdades que nós, seres humanos, também temos. Além disso, partilhamos com eles uma mesma cadeia evolutiva, possuímos os mesmos órgãos sensoriais e apresentamos, na maior parte dos casos, respostas neurológicas – e, para alguns, cerebrais – comparáveis. Argumentos detalhados sobre esses pontos são apresentados por Rollin, B. E., *The Unheeded Cry...*, *op. cit.*, cap. 6.
47. Hebb, D. O. (1946). "Emotion in Man and Animal." *Psychological Review*, vol. LIII, n° 2, p. 88. Citado em Matthews, G. B., "Animals and the Unity of Psychology", *Philosophy*, vol. LIII, n° 206, outubro 1978, p. 440.
48. Darwin, C., *La descendance de l'homme et la sélection sexuelle*, *op. cit.*, p. 74.
49. Griffin, R. D. (1992). *Animal Minds: Beyond Cognition To Consciousness*. University of Chicago Press, p. 34. Citado por Chauvet, D., *Contre la mentaphobie*, *op. cit.*, p. 55.
50. Chauvet, D., *op. cit.*, p. 50.
51. Frans de Waal cunhou o termo *anthropodenial* em inglês [antroponegação na tradução para o português], para designar a negação, comumente observada na comunidade científica e entre o público em geral, de qualquer semelhança entre estados mentais e emoções dos seres humanos e dos animais.
52. Waal, F. de, *L'âge de l'empathie*, *op. cit.*, p. 196.
53. Taine, H., *La Fontaine et ses fables*, *op. cit.*, p. 163.
54. Élisabeth de Fontenay, em participação no colóquio "Le droit de l'animal", organizado no Senado francês por Ecolo-Ethik, em 7 de fevereiro de 2014.
55. Fontenay, É. de, *op. cit.*, p. 33.
56. Rollin, B. E., *op. cit.*, p. 23.
57. The Cambridge Declaration on Consciousness. http://fcmconference.org/img/CambridgeDeclaration OnConsciousness.pdf
58. Lestel, D., *Les origines animales de la culture*, *op. cit.*, p. 8.
59. Kroeber, A. L. (1928). "Sub-Human Culture Beginnings." *The Quarterly Review of Biology*, 3(3), p. 325-342. Kroeber, A. L. e Kluckhohn, C., (1952). "Culture: A Critical Review of Concepts and Definitions." *Papers of the Peabody Museum of Archaeology & Ethnology*, Harvard University. Citados em Lestel, D., *op. cit.*, p. 108-110.
60. Whiten, A.; Goodall, J.; McGrew, W. C.; Nishida, T.; Reynolds, V.; Sugiyama, Y. e Boesch, C. (1999). "Cultures in Chimpanzees." *Nature*, 399(6737), p. 682-685. Citado por Lestel, D., *op. cit.*, p. 118.
61. Lestel, D., Des cultures animales, *Sciences et Avenir*, Hors-série, n° 152, out-nov. 2007, p. 26-29. Ver também Lestel, D., *op. cit.*, e a obra de referência de McGrew, W. C. (2004). *The Cultured Chimpanzee: Reflections on Cultural Primatology*. Cambridge University Press.
62. Goodall, J. (1964). "Tool-Using and Aimed Throwing in a Community of Free-Living Chimpanzees." *Nature*, 201, 1264.
63. Boesch, C. e Boesch, H. (1984). "Mental Map in Wild Chimpanzees: An Analysis of Hammer Transports for Nut Cracking". *Primates*, 25 (2), p. 160-170. Matsuzawa, T. (1994). "Field Experiments on Use of Stone Tools by Chimpanzees in the Wild." *Chimpanzee Cultures*, p. 351-370. Citado por Lestel, D., *op. cit.*, p. 130-131.

64. Lestel, D., *op. cit.*, p. 69.
65. Essa chimpanzé tentou alcançar o mel, primeiro com um pedaço de pau, mas o tesouro se mostrou fora de seu alcance. Em seguida, atacou a borda da colmeia com um grande cinzel, e continuou depois com outro de ponta mais fina. Por fim, ela conseguiu furar a colmeia com um cinzel fino e afiado, para deliciar-se com o mel que escorria das paredes. McGrew, W. C. (1994). "The Intelligent Use of Tools: Twenty Propositions", em Gibson, K. R. e Ingold, T. *Tools, Language and Cognition in Human Evolution*, Cambridge University Press, p. 151-170. Citado por Lestel, D., *op. cit.*, p. 86.
66. Shumaker, R. W.; Walkup, K. R. e Beck, B. B. (2011). *Animal Tool Behavior: The Use and Manufacture of Tools by Animals*. JHU Press.
67. Lestel, D., *op. cit.*, p. 62.
68. Hunt, G. R. (1996). "Manufacture and Use of Hook-Tools by New Caledonian Crows." *Nature*, 379(6562), p. 249-251. Citado por Lestel, D., *op. cit.*, p. 130.
69. Sumita, K.; Kitahara-Frisch, J. e Norikoshi, K. (1985). "The Acquisition of Stone-Tool Use in Captive Chimpanzees." *Primates*, 26 (2), p. 168-181. Também foram observados comportamentos de aprendizado em cetáceos e outras espécies: ver Lestel, D., *op. cit.*, p. 155.
70. Goodall, J. (1996). *The Chimpanzees of Gombe: Patterns of Behavior*, Harvard University Press.
71. Masataka, N.; Koda, H.; Urasopon, N. e Watanabe, K. (2009). "Free-Ranging Macaque Mothers Exaggerate Tool-Using Behavior When Observed by Offspring." *PloS One*, 4(3).
72. Frisch, K. von (2011). *Vie et mœurs des abeilles*. Albin Michel.
73. Payne, R. S. e McVay, S. (1971). "Songs of Humpback Whales." *Science*, 173(3997), p. 585-597.
74. Payne, R (1983). *Communication and Behavior of Whales*. Westview Press. Clark, C. W. (1990). "Acoustic Behavior of Mysticete Whales", em Thomas, J. A. e Kastelein, R. A., *Sensory Abilities of Cetaceans: Laboratory and Field Evidence*, vol. 196. Springer US, p. 571-583. Citados por Lestel, D., *op. cit.* p. 134.
75. Rensch, B. (1957). "The Intelligence of Elephants." *Scientific American*, vol. 196, p. 44-49.
76. Boesch, C. (1991). "Symbolic Communication in Wild Chimpanzees?" *Human Evolution*, 6(1), p. 81-89. Citado por Lestel, D., *op. cit.*, p. 182.
77. Rensch, B. (1973). "Play and Art in Apes and Monkeys.", em Menzel, E. W., *Precultural Primate Behavior*. Karger Publishers. Citado por Lestel, D., *op. cit.*, p. 228.
78. Marshall, A. J. (1954). *Bower-Birds: Their Displays and Breeding Cycles: A Preliminary Statement*. Clarendon Press Oxford. Ver também: http://www.scienceshumaines.com/l-art-de-seduire-des-oiseaux-aux-humains_fr_25706.html
79. Diamond, J. e Bond, A. B. (1998). *Kea, Bird of Paradox: The Evolution and Behavior of a New Zealand Parrot*. University of California Press. Citado por Lestel, D., *op. cit.*, p. 200.
80. Mech, L. D. e Boitani, L. (2003). *Wolves: Behavior, Ecology, and Conservation*. University of Chicago Press, p. 388. Citado por Lestel, D. *op. cit.*, p. 202.
81. Goodall, J. (1971). *Les chimpanzés et moi*. Stock, p. 65-66.
82. Flores, G., "When I See an Elephant... Paint?", *The Scientist*, 1 de junho de 2007.
83. Morris, D. (1962). *The Biology of Art: A Study of the Picture-Making Behaviour of the Great Apes and its Relationship to Human Art*. Methuen & Co. [*A biologia da arte*. São Paulo: Europa-América, 1962.] Citado por Lestel, D., *op. cit.*, p. 229.
84. Lestel, D., *op. cit.*, p. 162.
85. Lévi-Strauss, C. (2003). *Anthropologie structurale*. Pocket. [*Antropologia estrutural*. São Paulo: Cosac Naif, 2008.]
86. Rouget, P. (2014). *La Violence de l'humanisme: Pourquoi nous faut-il persécuter les animaux?* Calmann-Lévy. Edition Kindle, 348.
87. Wolff, F., *Notre humanité: d'Aristote aux neurosciences*, *op. cit.*, p. 357.
88. Matsuzawa, T. (2006). "Sociocognitive Development in Chimpanzees: A Synthesis of Laboratory Work and Fieldwork", *in* Matsuzawa, T.; Tomonaga, M. e Tanaka, M. *Cognitive Development in Chimpanzees*. Springer Tokyo, p. 3-33. Ver também Spinney, L. (2006). "When Chimps Outsmart Humans." *New Scientist*, 190, p. 48-49.

89. Ver especialmente Waal, F. de (2013). *Le bonobo, Dieu et nous*. Les Liens qui Libèrent.
90. Wolff, F., *op. cit.*, p. 358.
91. Yamamoto, S.; Humle, T. e Tanaka, M. (2012). "Chimpanzees' Flexible Targeted Helping Based on an Understanding of Conspecifics' Goals." *Proceedings of the National Academy of Sciences of the United States of America*.
92. Bugnyar, T. e Heinrich, B. (2005). "Ravens, Corvus Corax, Differentiate Between Knowledgeable and Ignorant Competitors." *Proceedings of the Royal Society: Biological Sciences*, 272(1573).
93. *Ibid.*
94. *Ibid.* 949.
95. Para detalhamento desse ponto, ver Gibert, M. (2015), *op cit.*, p. 170.

7. A matança generalizada dos animais: genocídio *versus* zoocídio

1. Agradeço a Jacques Sémelin por sugerir que eu usasse, ou mesmo criasse, uma palavra específica para a matança generalizada dos animais. Sugiro, assim, o termo "zoocídio" [*zoocide* em francês] – para evitar qualquer confusão com o genocídio, que diz respeito, por definição, aos seres humanos. Em grego, a palavra *zoon* "ser vivo" designa na origem todas as espécies vivas, com exclusão das plantas. Portanto, inclui também o homem. Todavia, no uso corrente e aceito, a palavra designa especificamente os animais. *Zoologie* [zoologia], por exemplo, é definida no dicionário Grand Robert como "ramo das ciências naturais que tem por objeto o estudo dos animais" e *zoolatrie* [zoolatria] como "adoração dos animais divinizados e, por extensão, a apreciação excessiva dos animais". Parece-nos, portanto, que a palavra *zoocide* [zoocídio] pode ser proposta para designar, de maneira específica, a matança em grande escala e voluntária dos animais.
2. Patterson, C., *Un éternel Treblinka*, *op. cit.*, p. 214.
3. Singer, I. B., *Le pénitent*, Stock, 1984. [*O penitente*. Porto Alegre: L&PM Editores, 1998.]
4. Singer, I. B., *Collected Stories: Gimpel the Fool to The Letter Writer*, Library of America, 2004.
5. Os 67 sobreviventes faziam parte de um grupo que se revoltou e conseguiu fugir do campo. A maior parte deles foram recapturados e mortos, mas alguns conseguiram escapar. Em janeiro de 2014, somente Samuel Willenberg, nascido em 1923, ainda estava vivo, em Israel.
6. Derrida, J. (2006). *L'animal que donc je suis*. Galilée, p. 46.
7. Conforme a nota no *La France agricole* de 8 de fevereiro de 2011: "Em princípio, os animais devem ser mortos e em seguida enterrados em buracos de 4 a 5 metros de profundidade, forrados com duas camadas de plástico resistente. Mas essa norma nem sempre é obedecida, pela enorme quantidade de cadáveres a serem enterrados".
8. Ver Porcher, J., *Vivre avec les animaux: Une utopie pour le XXIe siècle*, *op. cit.*, p. 90, citando Gaignard, L. e Charon, A. (2005). "Gestion de crise et traumatisme: les effets collatéraux de la 'vache folle'. De l'angoisse singulière à l'embarras collectif." *Travailler*, (2), 57-71, p. 66.
9. Emissão televisiva *Eurêka* de 2 de dezembro de 1970, intitulada "Sauver le boeuf...", com comentários de Guy Seligman e Paul Ceuzin. Os arquivos do INA podem ser consultados no endereço http://www.ina.fr/video/CPF06020231/sauver-le-boeuf.fr.html
10. Porcher, J., *op. cit.*, p. 92.
11. Convenção para a prevenção e a repressão do crime de genocídio da Organização das Nações Unidas, de 9 de dezembro de 1948, artigo 2°.
12. Sémelin, J. (2005). *Purifier et détruire: Usages politiques des massacres et génocides*. Le Seuil, p. 391. [*Purificar e destruir: usos políticos dos massacres e dos genocídios*. Rio de Janeiro: Difel, 2009.]
13. Sémelin, J. (2002). "Du massacre au processus génocidaire." *Revue internationale des sciences sociales*, p. 4.
14. Jacques Sémelin, intervenção no lançamento do site www.massviolence.org, 3 de abril de 2008, no Institut d'études politiques – Sciences Po de Paris.
15. Chicago, J. e Woodman, D. (1993). *Holocaust Project: From Darkness Into Light*. Viking, p. 58.
16. Coetzee, J. M. (2006). *Elizabeth Costello*. Le Seuil, p. 50.

17. Ver especialmente Breitman, R. (1992). *The Architect of Genocide: Himmler and the Final Solution.* Grafton, p. 249-250. Weiss, J. (1996). *Ideology of Death: Why the Holocaust Happened in Germany,* Ivan R. Dee, p. 272. Höss, R. (1960). *Commandant of Auschwitz: Autobiography.* World Publishing Company. Citados em Patterson, C., *op. cit.,* p. 180-181.

18. Monroe, K. R. (1996). *The Heart of Altruism: Perceptions of a Common Humanity.* Cambridge University Press, p. 101-102.

19. Dominick LaCapra, em entrevista transmitida na BBC durante um programa dirigido por Victor Schonfeld: *One Planet,* "Animals & Us", 31 de dezembro de 2009 e 3 de janeiro de 2010.

20. Porcher, J., *op. cit.,* p. 93.

8. Pequena digressão na esfera dos juízos morais

1. Kant, E. (2000). *Sur un prétendu droit de mentir par humanité.* Vrin, p. 68.
2. Varela, F. J. (1999). *Ethical Know-How: Action, Wisdom, and Cognition.* Stanford University Press.
3. Taylor, C. (1989). "Sources of the Self: The Making of the Modern Identity." Harvard University Press.
4. Platão (1940). *Gorgias,* em *Œuvres complètes.* Gallimard, "Bibliothèque de la Pléiade".
5. Greene, J. D. (2013). *Moral Tribes: Emotion, Reason and the Gap Between Us and Them.* Atlantic Books. Greene, J. e Haidt, J. (2002). "How (and Where) Does Moral Judgment Work?", *Trends in Cognitive Sciences,* 6(12), p. 517-523. Greene, J. D.; Nystrom, L. E.; Engell, A. D.; Darley, J. M. e Cohen, J. D. (2004). "The Neural Bases of Cognitive Conflict and Control in Moral Judgment." *Neuron,* 44(2), p. 389-400.
6. Haidt, J. (2012). *The Righteous Mind: Why Good People are Divided by Politics and Religion.* Allen Lane.
7. Segundo Élisabeth de Fontenay, em Cyrulnik, B. *et al., Les animaux aussi ont des droits, op. cit.,* Kindle, 1674.
8. Francione, G. e Charlton, A. (2013). *Eat Like You Care: An Examination of the Morality of Eating Animals.* Exempla Press. [*Coma com consciência: Uma análise sobre a moralidade do consumo de animais.* Exempla Press, 2014-2015. Ebook Kindle]

9. O dilema dos experimentos com animais

1. http://www.understandinganimalresearch.org.uk/the-animals/numbers-of-animals
2. Animal Experimentation_French_tcm46-28244
3. Marguénaud, J.-P. (2011). *L'expérimentation animale: entre droit et liberté.* Quae. Kindle, p. 198-202.
4. *Ibid.,* p. 156.
5. Lestel, D., *Les origines animales de la culture, op. cit.* Kindle, 311.
6. Mao declarou: "Se somarmos todos os proprietários rurais, camponeses ricos, contrarrevolucionários, maus elementos e reacionários, teríamos um total aproximado de 30 milhões. Em nossa população de 600 milhões de pessoas, esses 30 milhões são apenas um a cada vinte. Não há nada a temer, porque temos uma população tão grande. Podemos nos permitir perder alguns. Que diferença isso faria?". Li Zhuisi e Thurston, A. F. (1994). *La vie privée du président Mao.* Omnibus. Mao também afirmava: "Os mortos têm suas vantagens. Eles fertilizam a terra". Chang, J. e Halliday, J. (2007). *Mao: The Unknown Story,* Vintage, p. 457. Direta ou indiretamente, Mao foi responsável por ter causado a morte de 50 milhões de pessoas.
7. "The Price of Knowledge", programa transmitido em 12 de dezembro de 1974 no canal WNET/13. Citado por Singer, P., *op. cit.,* p. 126 e nota 2, p. 155.
8. Midgley, M., *Animals and Why they Matter..., op. cit.,* p. 13.
9. Rollin, B. E., *The Unheeded Cry..., op. cit.,* p. 114.
10. Lista citada pelo Comitê de Pesquisas e Questões Éticas da International Association for the Study of Pain – IASP [Associação Internacional para o Estudo da Dor]. "Ethical guidelines for the investigation of experimental pain in conscious animals", *Pain,* 16, 1983, p. 109-110. Rollin, B. E., *op. cit.,* p. 188.
11. Singer, P., *La libération animale, op. cit.,* p. 112.

12. Vom Saal, F. S. e Hughes, C. (2005). "An extensive New Literature Concerning Low-Dose Effects of Bisphenol a Shows the Need for a New Risk Assessment." *Environmental Health Perspectives*, 113 (8), 926.
13. Singer, P., *op. cit.*, p. 101 e nota 57.
14. Citado por Singer, P., *op. cit.*, p. 102.
15. *Ibid.*, p. 99 e nota 56.
16. Lennox, M. A.; Sibley, W. A. e Zimmerman, H. M. (1954). "Fever and Febrile Convulsions in Kittens: A Clinical, Electroencephalographic, and Histopathologic Study." *The Journal of Pediatrics*, 45 (2), p. 179-190. Citado por Singer, P., *op. cit.*, p. 108.
17. Harlow, H. F.; Dodsworth, R. O. e Harlow, M. K. (1965). "Total Social Isolation in Monkeys." *Proceedings of the National Academy of Sciences of the United States of America*, 54(1), p. 90.
18. Harlow, H. F. (1958). "The Nature of Love." *The American Psychologist*, 13, p. 673-685. Harlow, H. F. (1959). *Love in Infant Monkeys*. WH Freeman. Citado por Singer, P., *op. cit.*, p. 71.
19. *Ibid., in* Singer, P., *op. cit.*, p. 74.
20. Despret, V. e Burgat, F. (2009). *Penser comme un rat*. Quae. Kindle, 1553.
21. Singer, P., *op. cit.*, p. 120 e nota 104.
22. *Ibid.*, p. 133-134, nota 118 e Patterson, C., *Un éternel Treblinka*, *op. cit.*, p. 208.
23. *Earthlings*, *op. cit.*
24. Pinker, S. (2011). *The Better Angels of Our Nature: Why Violence Has Declined*. Viking Adult, p. 455. [*Os anjos bons da nossa natureza: por que a violência diminuiu*. São Paulo: Companhia das Letras, 2013]
25. Jane Goodall, intervenção no Senado francês durante o colóquio "Le droit de l'animal", organizado por Ecolo-Ethik, em 7 de fevereiro de 2014.
26. Ver Civard-Racinais, A., *Dictionnaire horrifié de la souffrance animale*, *op. cit.* Kindle, 638.
27. Rachels, J., (1990). *Created From Animals: The Moral Implications of Darwinism*. Oxford University Press, p. 173-181, trad. F. Couturier. Citado por Jeangène Vilmer, J.-B., *Anthologie d'éthique animale* (dir.), *op. cit.*, p. 315-316.
28. Singer, P., *op. cit.*, p. 117.
29. Zimbardo, P. (2007). *The Lucifer Effect: Understanding How Good People Turn Evil*. Random House.
30. *Ibid.*
31. Dulaurens, H.-J. [1766]. *Le compère Mathieu, ou les bigarrures de l'esprit humain*. Les marchands de nouveautés, tomo III, 1834, p. 11-18. Citado por Jeangène Vilmer, J.-B., *op. cit.*, p. 78.
32. Sobre as mudanças propostas, ver também Turner, A. K. (2009). "Proposed EU Changes in Animal Experimentation Regulations." *Medical Communications*, vol 18(4), p. 238.
33. Diretiva 2010/63/UE do Parlamento europeu e do Conselho, de 22 de setembro de 2010, relativa à proteção dos animais utilizados para fins científicos.
34. Muitos países ainda continuam a utilizar animais para testar produtos cosméticos e domésticos. Em 2003, além disso, a Comissão Europeia aprovou uma proposta de regulamentação dos produtos químicos na União Europeia, denominada REACH (sigla em inglês para Registro, Avaliação, Autorização e Restrição de Produtos Químicos). Essa proposta teria como objetivo testar 3.000 produtos químicos já utilizados e exigiria o uso de 4 a 20 milhões de animais de laboratório, segundo estimativas. Numerosas organizações de proteção dos animais protestaram para que as autoridades nacionais e europeias implantassem métodos que não acarretassem a utilização de animais. O programa de testes REACH foi criticado por peritos, que o julgaram mal elaborado, caro e com reduzida possibilidade de atingir os objetivos visados.
35. 2010/63/UE. Artigo 48. Citado por Marguénaud, J.-P., *op. cit.*, p. 600.
36. 2010/63/UE. Artigos 36, 38, 40 e 44. Citado por Marguénaud, J.-P., *op. cit.*, p. 619.
37. Marguénaud, J.-P., *op. cit.*, p. 659.
38. De acordo com outra pesquisa, realizada em 2007 em nome da GIRCOR, uma associação de instituições públicas de pesquisa biológica ou médica, mas também de empresas farmacêuticas e centros de

pesquisa privados, 56% dos franceses são a favor dos experimentos em animais, se realizados para fins terapêuticos. No entanto, algumas das perguntas parecem ter sido formuladas de modo a obter respostas favoráveis à manutenção dos experimentos em animais, por exemplo: "Se os experimentos em animais não fossem mais permitidos na França, os laboratórios transfeririam as pesquisas para países estrangeiros. O que você acharia disso?". As respostas foram: totalmente aceitável (5%); parcialmente aceitável (13%); parcialmente inaceitável (41%); totalmente inaceitável (38%); não sabe (3%). Nesse questionário, fica evidente que a questão dos experimentos em animais é distorcida pelo aspecto da transferência para o exterior, o que permite afirmar que 41% e 38% dos sujeitos da pesquisa (perfazendo um total de 79%) considerariam a experimentação animal algo legítimo. Para que um questionário seja cientificamente válido, é essencial que as perguntas sejam feitas de forma a não influenciar as respostas. Pesquisa realizada por telefone pela agência Beaufixe e pelo Instituto LH2 para a GIRCOR em 27 e 28 de dezembro de 2007, com uma amostra de 1.003 pessoas, representativa da população francesa com 18 anos ou mais.

39. Para um relatório detalhado da Comissão Europeia sobre esses métodos alternativos, consultar Seidle, T. e Spielmann, H. (2011). "Alternative Testing Strategies Progress Report 2011 and AXLR8-2 Workshop Report on a Roadmap to Innovative Toxicity Testing." *AXLR8 Consortium*.
40. V-Frog 2.0 é proposto pela Tractus Technology. Ver: http://www.tactustech.com/vfrog/. Ver também "Virtual Dissection", *Science*, 22 de fevereiro de 2008.
41. Lalley, J. P.; Piotrowski, P. S.; Battaglia, B.; Brophy, K. e Chugh, K. (2010). "A Comparison of V-Frog To Physical Frog Dissection." *International Journal of Environmental and Science Education*, 5 (2), p. 189-200.
42. Marguénaud, J.-P., *op. cit.*, p. 890.

10. O tráfico de animais silvestres

1. Como as atividades são clandestinas, é muito difícil obter os valores exatos do tráfico. Douglas, L. R. e Alie, K. (2014). "High-value Natural Resources: Linking Wildlife Conservation to International Conflict, Insecurity, and Development Concerns." *Biological Conservation*, 171, p. 270-277. A rede WWF também avalia que o mercado do tráfico de animais silvestres possa atingir 15 bilhões de euros ao ano. Outras fontes citam cifras ainda mais elevadas. Ver também Roe, D. (2002). *Making a Killing or Making a Living: Wildlife Trade, Trade Controls, and Rural Livelihoods*. IIED.
2. Foi o caso, por exemplo, da extinção do dugongo-de-steller ou vaca-marinha-de-steller. Conforme Wikipedia, artigo «Trafic d'animaux». Consultar também os relatórios da ONG Renctas: www.renctas.org.br
3. CITES é a abreviatura em inglês para "Convention on International Trade in Endangered Species of Wild Fauna and Flora". Lista de algumas das demais organizações importantes na defesa de espécies em risco e no combate ao tráfico de animais:
   – TRAFFIC, uma rede de monitoramento de comércio ilegal de fauna e flora silvestres financiada pela WWF e pela UICN. A UICN (União Internacional para a Conservação da Natureza) foi fundada em 1948 na Suíça e reúne 83 países, 114 agências governamentais, 11 mil cientistas voluntários em mais de 160 países, e mais de mil ONGs;
   – FREELAND, que coordena duas alianças: Liberty Alliance, que luta contra a escravidão e o tráfico de pessoas, e a ARREST – Asia's Regional Response to Endangered Species Trafficking [Combate Regional da Ásia ao Tráfico de Espécies Ameaçadas de Extinção], que luta contra o tráfico de animais;
   – Environmental Investigation Agency (EIA);
   – Greenpeace, que combate, entre outras coisas, a chamada "caça científica" de cetáceos;
   – Species Survival Network (SSN), uma coalizão internacional de mais de 80 ONGs que trabalham pela implementação do tratado de CITES;
   – One Voice, Elephant Action League (EAL), Wildlife at Risk, Saving Vietnam's Wildlife e muitas outras organizações.
4. Auffret, A. e Queré, S. (2012). *La peau de l'ours: Le livre noir du trafic d'animaux*. Nouveau Monde éditions. Kindle, 253-260.
5. Reportagem de Jean-Jacques Fontaine, "Ouvrez la cage aux oiseaux", *La Liberté*, 4 de maio de 2009.
6. http://defenseanimale.com/ours-tortures-pour-leur-bile-en-chine/
   https://www.animalsasia.org/intl/our-work/end-bear-bile-farming/
   http://www.endangeredspecieshandbook.org/trade_traditional_bears.php
7. China Wildlife Conservation Association, e o Sichuan Forestry.
8. Brown, R., "Sense of Release", *Sydney Morning Herald*, 19 de julho de 2009.

9. Auffret, A. e Queré, S., *op. cit.* Kindle, 2696-2703.
10. Bériot, L. (2013). *Ces animaux qu'on assassine: Trafics, mafias, massacres.* Le Cherche Midi, p. 15-16.
11. *Ibid.,* p. 17.
12. *Ibid.,* p. 88.
13. *Ibid.,* p. 25.
14. Citado por Bériot, L., *op. cit.,* p. 24.
15. *Ibid.,* p. 27. Citando Andy Fisher.
16. Segundo a ONG Wildlife Aid, e Bériot, L., *op. cit.,* p. 243.
17. Center for Biodiversity and Conservation, American Museum of Natural History.
18. IFAW: International Fund for Animal Welfare.
19. Richard, A. "Les États se mobilisent contre le trafic d'animaux sauvages." *La Recherche,* n° 486, 1° de abril de 2014.
20. Douglas, L. R. e Alie, K. (2014). *Op. cit.* Ver também o relatório sobre essa publicação em *Natura Science,* http://www.natura-sciences.com/biodiversite/especes-menacees/braconnage654.html
21. Segundo Valérie Galarneau e Johanne Gravel do Biodôme de Montreal, 2014.
22. Auffret, A. e Queré, S., *op. cit.* Kindle, 1387-1390.
23. Segundo o documentário de Adam Schmedes (2012). *Madagascar: Land of the Chameleons.*
24. Auffret, A. e Queré, S., *op. cit.* Kindle, 97-98.
25. Citado por Bériot, L., *op. cit.,* p. 55 e 256.
26. http://www.one-voice.fr/loisirs-et-compagnie-sans-violence/sauvegarder-les-animaux-sauvages-dans-leur-milieu-naturel-0/
27. Richard, A., *op. cit.*

11. Os animais como objeto de diversão

1. Serpell, J., *In the Company of Animals...,* *op. cit.,* p. 142.
2. Burkert, W. (1983). *Homos Necans,* trad. P. Bing, University of California Press. Citado por Serpell, J., *op. cit.,* p. 175.
3. Yi-Fu, T. (1984). *The Making of Pets.* Yale University Press, p. 74. Citado por Serpell, J., *op. cit.,* p. 176.
4. Construído no século VI a.C., perto de Roma, sob o reinado de Tarquínio Prisco, foi ampliado muitas vezes, principalmente sob Júlio César, e tinha capacidade para 250 mil espectadores. Destruído por vários incêndios, foi reconstruído com pedras em 64 e abandonado em 549 após uma última corrida de bigas, para depois cair em ruínas.
5. Toynbee, J. M. C. (1973). *Animals in Roman Life and Art.* Thames e Hudson, p. 21-23. Goodenough, S. (1979). *Citizens of Rome.* Hamlyn, p. 108-110. Citado por Serpell, J., *op. cit.,* p. 176.
6. Tuchman, B. W. (1991). *Distant Mirror: The Calamitous Fourteenth Century.* Ballantine Books Inc., p. 135. [*Um espelho distante: o terrível século XIV.* Rio de Janeiro: José Olympio Editora, 1991.] Citado em Pinker, S., *The Better Angels of Our Nature...,* *op. cit.,* p. 67.
7. Clemenceau, G. (1896). *Le Grand Pan.* Bibliothèque Charpentier, p. 148-354. Citado por Jeangène Vilmer, J.-B., *L'Éthique animale, op. cit.,* p. 204-205.
8. Wolff, F. (2010). *50 raisons de défendre la corrida.* Fayard/Mille et une nuits. Kindle, 111. Agradeço muitíssimo a Francis Wolff por ter cordialmente concordado em me receber e em participar de um diálogo comigo.
9. Plínio, *Panegírico* XXXI. Citado em Wistrand, M. (1992). "Entertainment and Violence in Ancient Rome: the Attitudes of Roman Writers of the First Century A.D." *Acta Universitatis Gothoburgensis,* p. 69.
10. Wistrand, M., *op. cit.,* p. 15. Wiedemann, T. (1992). *Emperors and Gladiators.* Routledge, p. 38.
11. Wolff, F., *op. cit.,* p. 750.
12. *Ibid.,* p. 351.
13. Guillaume Billaut, em reação ao diálogo entre Francis Wolff e André Viard, "Noces de sang", publicado no n° 16 de *Philosophie Magazine,* em janeiro de 2008.

14. Wolff, F (2010). *Notre Humanité, op. cit.,* p. 313.
15. *Ibid.,* p. 477.
16. *Ibid.,* p. 489.
17. Baratay, É. (2012). *Point de vue animal: Une autre version de l'histoire.* Le Seuil, coleção "L'Univers historique". Kindle, 3784.
18. Baratay, É. e Hardouin-Fugier, É. (1995). *La corrida.* PUF, coleção "Que sais-je?", n° 568, p. 106.
19. Hardouin-Fugier, É. (2005). *Histoire de la corrida en Europe du XVIIIe au XXIe siècle.* Connaissances et Savoirs, p. 233. Até 2010, em mais de 200 anos, de José Candido Esposito morto em 1771 até Pepe Cáceres morto em 1987, 57 toureiros foram mortos pelo touro que enfrentavam. Também morreram 73 picadores e 159 bandarilheiros. De acordo com a "Nomenclature en hommage aux victimes du toreo", de André Lopez Lorente, publicada em setembro de 2007 pela Associação Taurina "La Muleta" de Arles. Citação da Wikipedia.
20. Baratay, É. e Hardouin-Fugier, É., *op. cit.,* p. 105.
21. *Ibid.*
22. Wolff, F., *op. cit.,* p. 313.
23. Voltaire (1877-1885). *Le Marseillais et le Lion.* Garnier (édition Louis Moland), tomo II, p. 143-144. Citado por Larue, R., *op. cit.,* p. 167.
24. *Ibid.,* 460. Segundo Hardouin-Fugier, É., *op. cit.,* p. 233: em 2005, apenas na Espanha, foram mortos 5.532 touros.
25. Michel Onfray, *Bulletin de l'Alliance Anticorrida,* n° 26, abril de 2007.
26. Wolff, F., *op. cit.,* p. 375.
27. Wolff, F., "Corrida: vers un triomphe des valeurs humanistes ? " *Le Figaro,* 16 de agosto de 2010.
28. Courteline, G. (2000). *La philosophie de Georges Courteline.* L'Âge d'Homme, p. 24-25. Citado por Jeangène Vilmer, J.-B., *op. cit.,* p. 242.
29. "Le cerveau reptilien de l'aficionado", La chronique mensuelle de Michel Onfray, n° 89, outubro de 2012.
30. Wolff, F., *op. cit.,* p. 123.
31. *Ibid.*
32. *Ibid.,* p. 133.
33. A neurocientista Tania Singer, diretora do Departamento de Neurociências Cognitivas do Instituto Max Planck de Leipzig, define a compaixão como a motivação altruísta de intervir em favor daquele que sofre ou precisa de ajuda. Trata-se, assim, de uma profunda tomada de consciência do sofrimento do outro, conjugada com o desejo de confortar e de fazer algo pelo bem do outro. A compaixão implica, portanto, em um sentimento caloroso e sincero de solicitude ao outro, mas sem exigir que seja sentido o seu sofrimento, como seria no caso da empatia. Singer, T. e Steinbeis, N. (2009). "Differential Roles of Fairness-and Compassion-Based Motivations for Cooperation, Defection, and Punishment." *Annals of the New York Academy of Sciences,* 1167 (1), p. 41-50; Singer, T. (2012). "The Past, Present and Future of Social Neuroscience: A European Perspective." *Neuroimage,* 61 (2), p. 437-449. Olga Klimecki, então pesquisadora no laboratório de Tania Singer, resume assim o ponto de vista dos pesquisadores: "na dimensão afetiva, eu tenho um sentimento a seu respeito; na dimensão cognitiva eu o compreendo, e na dimensão motivacional eu quero ajudá-lo". Ver Klimecki, O.; Ricard, M. e Singer, T., "Empathy Versus Compassion – Lessons From 1st and 3rd person Methods", em Singer, T. e Bolz, M. (2013). *Compassion: Bridging Practice and Science – A Multimedia Book.* [E-book]. Para uma exposição detalhada sobre os diversos aspectos do altruísmo, da compaixão e da empatia, ver igualmente Ricard, M., *A revolução do altruísmo, op. cit.*
34. Aliocha, "Corrida: les contresens de Michel Onfray.", *Marianne,* 9 de outubro de 2012.
35. Hardouin-Fugier, É., *op. cit.,* p. 154-155.
36. Marc Roumengou, resumo das conclusões de Juan Carlos Illera, no site *www.torofstf.com* da Federação de Associações Taurinas da França, e "Quand la science se penche sur la souffrance des toros", *Libération.fr,* 22 de fevereiro de 2007. Citações na Wikipedia, no artigo "Opposition à la corrida".

37. Kemp, T. A. V. der; Nouët, J.-C. *et al.* (2008). *Homme et animal: De la douleur à la cruauté.* L'Harmattan, p. 40-42.
38. José Enrique Zaldívar Laguía, "Rapport technique vétérinaire sur les corridas: Pourquoi il est indéniable que le taureau souffre", no site www.flac-anticorrida.org, p. 4-5.
39. Citado por Civard-Racinais, A., *Dictionnaire horrifié de la souffrance animale, op. cit.*, Kindle 1097.
40. Wikipedia.fr, artigo "L'estocade".
41. José Enrique Zaldívar Laguía, "Rapport technique vétérinaire sur les corridas...", art. cit., p. 1.
42. Citado por Civard-Racinais, A., *op. cit.*, Kindle 1335.
43. Wolff, F., "Corrida: vers un triomphe des valeurs humanistes ?", *Le Figaro*, 16 de agosto de 2010.
44. Wolff, F, "La vaine rhétorique des avocats des taureaux.", *Libération*, 7 de setembro de 2010.
45. Hemingway, E. (1966). *Mort dans l'après-midi*, em *Œuvres romanesques,* vol. 1, Gallimard, "Bibliothèque de La Pléiade", p. 1138.
46. Leiris, M. (1938). *Miroir de la tauromachie.* Éditions GLM.
47. Hardouin-Fugier cita especificamente o eminente jurista Roger Nerson, o qual declarou, num artigo sobre "A condição animal frente ao Direito", que "existem hipócritas monstruosos entre os defensores dos animais, considerando que os nazistas proibiram a alimentação forçada dos gansos para produção do *foie gras* durante o Terceiro Reich e proibiram os experimentos em animais no mesmo campo de concentração de Auschwitz, onde seres humanos foram usados como cobaias!". Com tal declaração, Nerson postula com veemência a existência de uma relação intrínseca entre dois fatores que não são ligados de forma causal. Ele também acusa Luc Ferry de ter caído na mesma armadilha em seu livro *Le nouvel ordre écologique: l'arbre, l'animal et l'homme* (Grasset, 1992) [*A nova ordem ecológica: a árvore, o animal e o homem.* Portugal: Asa Portugal, 1993; Rio de Janeiro: Difel, 2009.], onde escreveu: "Deve-se questionar o que pode existir de inquietante na aliança da zoofilia mais sincera (que não permanece em palavras, mas está encarnada na realidade) com o ódio mais feroz dos homens que jamais se viu na História" (p. 184). Hardouin-Fugier, É. (2009)."La vivisection est supprimée en Allemagne:Recyclage et exploitation d'une désinformation récurrente (1933-2009)." *Revue semestrielle de droit animalier*, 1, p. 207-214.
48. Wolff, F., "La vaine rhétorique des avocats des taureaux", *Libération*, 7 de setembro de 2010. Bem como Wolff, F., *op. cit.*, p. 655.
49. Código Penal da França, parágrafo 3º do artigo 521-1.
50. Pesquisa Ifop, maio de 2010.
51. Ver nosso artigo, "L'interdiction de la corrida: un pas vers la civilisation", *Le Figaro,* 4 de agosto de 2010.
52. Renaut, A. (1992). "L'esprit de la corrida." *La Règle du jeu*, 7, p. 94.
53. Wolff, F., *op. cit.*, p. 546-551.
54. A Convenção Internacional sobre os Direitos da Criança – a Convenção dos Direitos Humanos mais ratificada do mundo – garante o direito de todas as crianças menores de 18 anos (meninos e meninas) a um nível de vida favorável a seu desenvolvimento físico, psicológico, moral e social, bem como a obrigação dos Estados Partes de adotar as medidas que assegurem essa proteção da criança.
55. Wolff, F., *op. cit.*, p. 408.
56. Antonio Zozaya (1859-1943), em Sociedad Protectora De Animales, *Por los seres indefensos (¡Pobres animales!). Antología Zoofila*, 1910, tradução para o francês da condessa de San Jorge em 1925, *En faveur des êtres sans défense. Pauvres Bêtes! Anthologie zoophile espagnole*, Imprimerie du Courrier, Bayonne, sem data, p. 25-31. Citado em Jeangène Vilmer, J.-B., *op. cit.*, p. 236-237.
57. No documentário *Earthlings, op. cit.*
58. Entrevista do domador Vladimir Deriabkine realizada por Vladimir Kojemiakine, *Courrier International*, nº 641, 13 de março de 2003.
59. Conforme Civard-Racinais, A., *op. cit.*, Kindle, 1041.
60. Baratay, É. (2012)."Belles captives: une histoire des zoos du côté des bêtes", capítulo em Héran, E., *Beauté animale: Catalogue de l'exposition.* Grand Palais, Galeries nationales, 21 de março-16 de julho de 2012. RMN, 2012. Ver igualmente Baratay, É. e Hardouin-Fugier, É. (2013). *Zoos*, La Découverte.

61. "Le drame animal", *Le Figaro*, de 28 de agosto a 2 de setembro de 1974.
62. "Prisons dans un jardin", *Le Figaro*, 11 de junho de 1974.
63. Agradeço muitíssimo a Norin Chaï pelos esclarecimentos e pela releitura das páginas consagradas aos zoológicos.
64. Notadamente, na França, a lei de 25 de março de 2004. http://www.legifrance.gouv.fr/affichTexte.do?cidTexte=JORFTEXT000020735788
65. http://www.defra.gov.uk/ahvla-en/imports-exports/balai-directive/
66. Deem, S. L. (2007). "Role of the Zoo Veterinarian in the Conservation of Captive and Free-Ranging Wildlife." *International Zoo Yearbook*, 41 (1), p. 3-11. O website da Associação de Zoológicos e Aquários do Mundo – www.waza.org – é uma fonte preciosa para numerosos projetos patrocinados pelos zoológicos no mundo inteiro.
67. É possível citar a síndrome do nariz branco que causou a morte de milhões de morcegos devido a um fungo (*Geomyces destructans*) na América do Norte, a febre do Nilo Ocidental em numerosas espécies aviárias (corvídeos, por exemplo) e a chitridiomicose (*Batrachochytrium dendrobatidis*) que causou o declínio de populações de anfíbios. (Comunicação pessoal, Norin Chaï). Sobre Galápagos, ver Parker, P. G.; Whiteman, N. K. e Miller, R. E. (2006). "Conservation Medicine on the Galápagos Islands: Partnerships Among Behavioral, Population, and Veterinary Scientists." *The Auk*, 123(3), p. 625-638. Parker, P. G. e Deem, S.L. (2012). "Wildlife Health Monitoring and Disease Management: Protecting the Biodiversity of Galápagos", em Wolff, M. e Gardener, M. *The Role of Science for Conservation*, Routledge.
68. Uma abordagem multidisciplinar (One Health/Conservation Medicine programs) estuda a interconexão entre a saúde da fauna silvestre, de animais domésticos, dos seres humanos e de seus ecossistemas. Deem, S. L. (2011). "Disease Risk Analysis in Wildlife Health Field Studies", em Fowler, M. E. e Miller, R. E., *Zoo and Wild Animal Medicine: Current Therapy*, Elsevier Health Sciences, p. 2-7.
69. Baratay, É. e Hardouin-Fugier, É. (1998). *Zoos: Histoire des jardins zoologiques en occident*. La Découverte.
70. Numerosas ONGs, como a One Voice, contribuem para a criação e o desenvolvimento de tais refúgios.
71. O vídeo do chimpanzé com Jane Goodall pode ser visto no site do Instituto: http://janegoodall.fr/. O Instituto Jane Goodall (JGI) criou em 2006 o refúgio Chimp Eden em sua magnífica reserva natural Umhloti, de mil hectares. É o primeiro e, até o momento, o único santuário de chimpanzés na África do Sul. A equipe da Fundação se dedica à reabilitação de jovens chimpanzés órfãos. A associação Help Congo tem um programa similar no Congo.
72. Animals Asia Foundation.
73. Farrachi, A., "Le zoo de Vincennes ouvre: ça ne change rien, c'est toujours une prison pour les animaux.", *lenouvelobservateur.fr*, 12 de abril de 2014.
74. Ver "Euthanasié, dépecé et jeté aux fauves: le sort d'un girafon bouleverse le web", *Le Nouvel Observateur*, 10 de fevereiro de 2014.
75. http://www.slate.fr/life/83453/girafes-zoos
76 "Après Marius le girafon, le zoo de Copenhague tue 4 lions." *LeNouvel Observateur*, 25 de março de 2014.
77. Comunicado do zoológico de Copenhague, 25 de março de 2014.
78. Divulgado na França em *Arte*, 29 de junho de 2014.
79. Ver os arquivos disponíveis no site OneVoice.fr: "Saison en enfer pour les dauphins" e "Dauphins captifs en état de choc".
80. *The Cove* [*The Cove – A baía da vergonha*] é um documentário americano, premiado com o Oscar de melhor filme documentário de 2010, que questiona a caça de mais de 23 mil golfinhos numa pequena baía da cidade de Taiji, na província de Wakayama, no Japão. O documentário já havia também recebido o prêmio do público no 25º Festival Sundance de Cinema nos Estados Unidos, em janeiro de 2009.
81. http://france-sans-chasse.org/chasse-france/les-chasseurs
82. Citado em *Le Nouvel Observateur*, hors-série "Le Bonheur", 1988, p. 35. Idem para as citações seguintes de W. Churchill e P. Closterman.
83. Citado por David Chauvet em "Chasse et écologie: le grand greenwashing", *Agora Vox*, 7 de outubro de 2009.

84. "La chasse, nécessité écologique ou simple divertissement", *Libre Belgique,* 13 de outubro de 2013.

85. Verhttp://www.one-voice.fr/loisirs-et-compagnie-sans-violence/les-chasseurs-gestionnaires-de-la-faune-ou-comment-l-ecologie-t-elle-ete-detournee/

86. Luke, B., *The Feminist Care Tradition in Animal Ethics, op. cit.* Citado em Jeangène Vilmer, J.-B., *op. cit.* p. 129. Ver igualmente Luke, B. (2007). *Brutal: Manhood and the Exploitation of Animals.* University of Illinois Press.

87. ONCFS, 1998-1999 e 2001-2002, *Le Chasseur français*, junho de 1999.

88. Chauvet, D., *La volonté des animaux, op. cit.*

89. Giraud, M. (2014), *op. cit.,* p. 164.

90. Nakos, J., "Théodore Monod et les protestants français défenseurs des animaux", *Les Cahiers antispécistes*, n° 30-31, dezembro de 2008. Citado por Caron, A., *No steak*, Kindle, 2510.

91. Armand Farrachi, responsável pelo movimento que busca a abolição da caça de perseguição (Collectif pour l'abolition de la chasse à courre) em *Libération,* 10 de novembro de 2008. Citado em Civard-Racinais, A., *op. cit.*

92. Civard-Racinais, A., *op. cit.*, Kindle, 1402.

93. *Ibid.,* Kindle, 1405.

94. "Vénerie dans une société moderne à l'heure d'aujourd'hui: Art suranné ou Antiquité anachronique?", artigo de Foulques Jubert, 26p. http://www.thedogmuseum.com/images/TPE/Venerie-final.pdf

95. Gordon-Cumming, R. (2013). *Five Years of a Hunter's Life in the Far Interior of South Africa: With Notices of the Native Tribes, and Anecdotes of the Chase of the Lion, Elephant* [1850]. Nabu Press. Citado por Midgley, M., *Animals and Why They Matter..., op. cit.,* p. 14-15.

96. Monod, W. (1938). *Après la journée, souvenirs et visions, 1867-1937.* Grasset, p. 36. Citado por Nakos, J., "Théodore Monod et les protestants français défenseurs des animaux", *Les Cahiers antispécistes*, n° 30-31, dezembro de 2008.

97. Patterson, C., *Un éternel Treblinka, op. cit.*, p. 207.

12. Direitos animais, deveres humanos

1. Burgat, F. (2011). *Une autre existence: La condition animale*, Albin Michel. Kindle, 287.

2. Salt, H. S. [1894]. *Animals' Rights – Considered in Relation to Social Progress.* Ed. Society for Animal Rights. Inc. Salt, H. S. (1983). "Les droits de l'animal considérés dans leur rapport avec le progrès social.", tradução de L. Hotelin, *Le Débat* (27), p. 143-151. Primeira edição, H. Welter, 1900.

3. De George, R. T. (1981). "The Environment, Rights, and Future Generations." *Responsibilities to Future Generations*, p. 157-165. Ex-professor no Oberlin College em Ohio, Norman Care sustenta que não é possível estabelecer laços amorosos com seres futuros, nem mesmo se preocupar com eles, e que "os interesses deles não podem ser os nossos interesses". Care, N. S. (2008). "Future Generations, Public Policy, and the Motivation Problem." *Environmental Ethics*, 4(3), p. 195-213.

4. Midgley, M., *Animals and Why They Matter..., op. cit.*, p. 8.

5. Singer, P., *La libération animale, op. cit.*, p. 10, 31, 34 e 35.

6. *Ibid.*, p. 39.

7. *Ibid.*, p. 38.

8. De acordo com Regan, o princípio formal da justiça estipula que a cada indivíduo deve ser dado o que lhe é devido. Sobre esse ponto não há controvérsia. A controvérsia tem início quando buscamos definir o que seria devido. As respostas a essa pergunta oferecem interpretações normativas ou teorias da justiça. Três dessas interpretações foram consideradas: 1) o perfeccionismo afirma que o devido aos indivíduos é função do grau de determinadas virtudes de que sejam dotados (por exemplo, capacidades intelectuais); 2) o utilitarismo entende que o devido aos indivíduos é a consideração equivalente a seus interesses (ou prazeres etc.); 3) a teoria da igualdade dos indivíduos sustenta ser devido igual respeito, por seu igual valor intrínseco. Regan, T. (1991). *La philosophie des droits des animaux*, trad. D. Olivier, Françoise Blanchon Éditeur, p. 510. Essa obra é uma versão simplificada do grande clássico do mesmo autor, Regan, T. (2013). *Les droits des animaux*, trad. E. Utria, Hermann, publicado em 1983 com o título original de *The Case of Animal Rights.*

9. Regan, T.,1991, *op. cit.* Citado por Jeangène Vilmer, J.-B., *Anthologie d'éthique animale, op. cit.*, p. 312.

10. *Ibid.*, p. 23.
11. Uma explicação detalhada pode ser vista em Regan, T., *op. cit.*, p. 328 e seguintes.
12. Jeangène Vilmer, J.-B., *op. cit.*, p. 19-20.
13. Regan, T., *op. cit.*, p. 487, 497, 537.
14. Waal, F. de (2013). *The Bonobo and the Atheist: In Search of Humanism among the Primates.* WW Norton & Co, p. 4 e 17. Tradução para o francês: *Le bonobo, Dieu et nous.* Les Liens qui Libèrent, 2013.
15. Von Rohr, C. R. *et al.* (2012). "Impartial Third-party Interventions in Captive Chimpanzees: A Reflection of Community Concern." PLoS ONE 7: e32494.
16. Brosnan, S. e Waal, F. de (2003). "Monkeys Reject Unequal Pay." *Nature*, 425, p. 297-299.
17. Waal, F. de, *op. cit.*, p. 17.
18. Waal, F. de, *op. cit.*, p. 186. (Bonobo Stories From the Milwaukee County Zoo, Told By the Ape Caretaker Barbara Bell to Jo Sandin and Myself.) Sandin, J. (2007). *Bonobos: Encounters in Empathy.* Milwaukee, WI: Zoological.
19. Waal, F. de, *op. cit.*, p. 311 et 327.
20. Lespine, L., "Les souffrances et les droits des animaux", conferência em Genebra, no Bureau International Humanitaire Zoophile, em 14 de setembro de 1928, editado por The Animal Defence and Anti-Vivisection Society. Citado por Jeangène Vilmer, J.-B., *op. cit.*, p. 248-249.
21. Rousseau, J.-J. (1755). Prefácio ao *Discours sur l'origine et les fondements de l'inégalité parmi les hommes.* Marc-Michel Rey Éditeur.
22. Grotius, H. (1901). *The Rights of War and Peace including the Law of Nature and of Nations*, trad. A.C. Campbell. M. Walter Dunne, Bk I, ch. 1, § 11. Citado por Tristam, Kindle 4186-4202.
23. Lespine, L., *op. cit.*
24. Wolff, F., *Notre Humanité, op. cit.,* p. 328.
25. Wolff, F., *op. cit.*, p. 328-329. Francis Wolff reconhece, porém, que "as formas radicais de produção industrial são moralmente chocantes porque, ao transformar os animais em máquinas de carne, elas rompem o contrato implícito de 'domesticação' (um 'toma lá, dá cá' com contraprestações simultâneas equivalentes), que em geral existiu entre os homens e os animais que lhes servem".
26. Wolff, F., *op. cit.*, p. 329-330.
27. Wolff, F., *op. cit.*, p. 313.
28. Gibert, M. (2015). *Voir son steak comme un animal mort..., op. cit.*, p. 173
29. Wolff, F., *op. cit.* Kindle, 767.
30. Regan, T., *The Philosophy of Animal Rights.*
31. Kant, E. (1997). *Leçons d'éthique*, 1775-1780, Le Livre de poche, p. 391-393. Tradução modificada por Enrique Utria, tradutor de Tom Regan, a partir de Kant (1924), Von den Pflichten gegen Tiere und Geister, em Menzer, P. (ed.), *Eine Vorlesung Kants über Ethik*, Berlin, Rolf Heise. Retomado em Singer, P. e Regan, T. (1976). *Animal Rights and Human Obligations.* Longman Higher Education, cap. 1, n. 2.
32. Janet, P. (1869). *Éléments de morale rédigés conformément aux programmes officiels de 1866.* Ch. Delagrave, cap. XI, § 2, p. 185-192. Citado por Jeangène Vilmer, J.-B., *Anthologie d'éthique animale*, (dir.), *op. cit.*, p. 177.
33. Ver, em especial, o texto do filósofo estadunidense Joel Feinberg (2008), "The Rights of Animals and Unborn Generations" [1971], trad. H.-S. Afeissa em *Philosophie*, 97, p. 66-71. Citado por Jeangène Vilmer, J.-B., (dir.), *op. cit.*, p. 284-285.
34. Regan, T., *The Case for Animal Rights.*
35. Ao fazer, por exemplo, referência ao imperativo categórigo de Kant.
36. Midgley, M., *op. cit.*, p. 6.
37. Moore, J. H. (1906). *The Universal Kinship.* George Bell & Sons, p. 276-279, trad. E. Utria. Citado por Jeangène Vilmer, J.-B., (dir.), *op. cit.*, p. 228-229.

38. Rouget, P. (2014). *Op. cit.* Edição Kindle, 867.
39. *Ibid.* 1090-1094.
40. Segundo Cyrulnik, B. et al., *Les animaux aussi ont des droits, op. cit.* Kindle, 3184.
41. Ver Reus, E., "Quels droits politiques pour les animaux? *Introduction à Zoopolis* de Sue Donaldson e Will Kymlicka", *Cahiers antispécistes,* N° 37, maio de 2015.
42. Donaldson, S. e Kymlicka, W. (2011). *Zoopolis: A Political Theory of Animal Rights.* Oxford University Press.
43. Kymlicka, W. (2003). *Les théories de la justice: Une introduction.* La Découverte. Ver a apresentação detalhada dessa obra em Reus, E. "Quels droits politiques pour les animaux ?*Introduction à Zoopolis* de Sue Donaldson e Will Kymlicka." *Cahiers antispécistes,* N° 37, maio de 2015.
44. Donaldson, S. e Kymlicka, W., *Zoopolis, op. cit.,* p. 98.
45. Donaldson, S. e Kymlicka, W., *Zoopolis, op. cit.,* p. 40. Tradução [para o francês] de Estiva Reus.
46. Citado por Fontenay, É. de. *Sans offenser le genre humain..., op. cit.,* p. 115.
47. Artigos 526 e 524.
48. Trata-se, respectivamente, dos artigos R.653-1, R.655-1, R.654-1 e R.521-1 do Código Penal francês. Essas alterações do Código Penal e do Código Rural foram feitas graças às intervenções do senador Laurent.
49. Para mais detalhes, ver *Les Cahiers antispécistes,* n° 30-31, dezembro de 2008.
50. Antoine Goetschel, apresentação durante o colóquio "Le droit de l'animal", organizado por Ecolo-Ethik no Senado francês, em 7de fevereiro de 2014.
51. Jean-Pierre Marguénaud, no Bulletin Juridique International pour la Protection des Animaux (BJAPA) e Recueil Dalloz, 1998, 20°. caderno, crônica "La personnalité juridique des animaux", p. 205. Citado por Fontenay, É. de, em Cyrulnik, B. *et al., op. cit.* Kindle, 2043.
52. Fontenay, É. de, em Cyrulnik, B. *et al., op. cit.,* Kindle, 2066-2067.
53. Textos coletados por Audrey Garic para o jornal *Le Monde*, "Pourquoi les animaux sont toujours considérés comme des biens", *Le Monde. fr,* 17 de abril de 2014 e "Les animaux reconnus comme 'êtres sensibles', un pas totalement symbolique", *Le Monde. fr,* 16 de abril de 2014.

Conclusão: Um apelo à razão e à bondade humanas

1. Nos Estados Unidos, o total de armas de fogo em circulação atinge 300 milhões, causando aproximadamente 30 mil mortes ao ano, incluindo uma dezena de milhares de assassinatos.
2. Em 2012, 370 baleias foram mortas na Islândia. No caso do Japão, que mata mil baleias a cada ano, a Corte Internacional de Justiça – que recém condenou a "caça com fins científicos" das baleias, supostamente realizada por aquele país – informou que apenas dois artigos científicos sem grande valor foram publicados em 15 anos, o que demonstra claramente tratar-se, na realidade, de caça comercial. Na Islândia, a matança das baleias continua sendo feita por uma única empresa, a Hvalur Whaling, cujo proprietário, Kristjan Loftsson, mantém sua determinação em prosseguir com a caça às baleias apenas pelo princípio, já que agora ela não é nem mesmo rentável em termos comerciais. Segundo um relatório da Comissão Baleeira Internacional (CBI), Hvalur Whaling caçou centenas de exemplares de baleia-comum e de baleia-boreal de talhe muito pequeno e exportou a carne para o Japão. Alguns dos filhos de Loftsson opõem-se atualmente a tal prática; portanto, espera-se que ela desapareça em alguns anos. Além do Japão e da Islândia, somente a Noruega e as Ilhas Feroe continuam a exterminar as baleias.
3. Kundera, M., *L'insoutenable légèreté de l'être, op. cit.,* p. 361-366.
4. A regra de ouro: "Não faça aos outros o que não quer que lhe façam" é encontrada em todas as grandes religiões e culturas. Enquanto nas religiões do Livro ela diz respeito apenas aos seres humanos, não é isso que ocorre em outras religiões e culturas. Desde os séculos IV a II a.C., o *Mahabharata* hindu (5:15:17) já nos dizia: "Esta é a soma do dever: não faça aos outros o que, se feito a você, lhe causaria dor". O budismo (*Udana-Varga* 5:18) faz a pergunta: "Como eu posso fazer aos outros algo que me faria sofrer, se feito a mim?". O jainismo (*Sutrakritanga* 1.11.33) afirma: "Todo homem deve tratar todas as criaturas como ele desejaria também ser tratado". E o confucionismo declara: "O que não desejas para ti, não estendas aos outros". O judaísmo (Torá, Levítico 19:18) ensina: "Não te vingarás nem guardarás ira contra os filhos do teu povo; mas amarás o teu próximo como a ti mesmo",

enquanto que no Evangelho (Mateus 22:36-40) Jesus exorta: "Ame o seu próximo como a si mesmo". Posteriormente, nos séculos VI a VII d.C., Mohammed assegura (Hadith 13 do Imam al-Nawawi): "Nenhum de vós chegará a ser um verdadeiro crente, até que deseje para o seu próximo (irmão) o que deseja para si mesmo". Encontramos essa mesma regra no taoísmo, no zoroastrismo, entre os egípcios, os siques, os índios da América e em inúmeras outras culturas.

5. Schopenhauer, A. (2012). *Le Fondement de la morale.* Le Livre de Poche, p. 97-202.
6. Russell, B. (1975). "If Animals Could Talk", em *Mortals and others: Bertrand Russsel's American Essays 1931-1935*, vol. 1, Allen & Unwin, p. 120-121.
7. Acerca desse ponto, consultar o texto de Lestel, D. (2010). *L'animal est l'avenir de l'homme.* Fayard, p. 139.
8. Gibert, M., *Voir son steak comme un animal mort..., op. cit.,* p 131-132.
9. Matthew Cole e Karen Morgan (2011). "Vegaphobia: derogatory discourses of veganism and the reproduction of speciesism in UK national newspapers." *British Journal of Sociology,* vol. 62, nº. 1, p. 142. Segundo Gibert, M, p. 134-135.
10. Julia Minson e Benoît Monin (2012). "Do-Gooder Derogation Disparaging Morally Motivated Minorities to Defuse Anticipated Reproach." *Social Psychological and Personality Science,* vol. 3, nº2, p. 200-207. Segundo Gibert, M, p. 134-135.
11. Gibert, M., *op. cit.,* p. 134-135.
12. Larue, R., *op. cit.,* p. 255-256.
13. Em francês: http://fr.vegephobie.info/public/livret_v%C3%A9g%C3%A9phobie_pour_lecture.pdf (em inglês: http://fr.vegephobia.info/public/vegephobia-short-booklet/vegephobia-en.pdf) Citado por Gibert, M, p. 135.
14. Chanteur, J. (1993). *Du droit des bêtes à disposer d'elles-mêmes.* Le Seuil, p. 161. Citado por Larue, R., *op. cit.,* p. 261.
15. Konopnicki, G. (1995). *Éloge de la fourrure,* Le Seuil, p. 126, p. 130-131 e 135. Citado por Larue, R., *op. cit.,* p. 263.
16. Ariès, P. (2000). Libération animale ou nouveaux terroristes ? Les saboteurs de l'humanisme. Golias, p. 8. Citado por Larue, R., *op. cit.,* p. 264.
17. Laporte, R., e Mainsant, P. (2012). *La viande voit rouge.* Fayard. Citado por Larue, R, *op. cit.,* p. 265.
18. *Ibid.,* p. 46.
19. Pascal Mainsant, "Arrêtons de pleurnicher devant les élevages", *Terra-femina,* 2012. Citado por Larue, R., *op. cit.,* p. 265.
20. Laporte, R., e Mainsant, P., *op. cit.,* p. 188. Citado por Larue, R., *op. cit.,* p. 274
21. Citado por Larue, R., *op. cit.,* p. 264.
22. Serpell, J., *In the Company of Animals…, op. cit.,* p. 186.
23. Hochschild, A. (2006). *Bury the Chains: Prophets and Rebels in the Fight to Free an Empire's Slaves.* Houghton Mifflin Harcourt. A redação foi composta a partir de trechos desse livro, compilados e traduzidos [do inglês para o francês] por Antoine Comiti (http://abolitionblog.blogspot.co.uk). Agradecemos pela autorização de utilizá-los.
24. Sendo a última obra de Grenouilleau, O. (2014). *Qu'est-ce que l'esclavage?: Une histoire globale.* Gallimard.
25. Gibert, M., *op. cit.,* p. 9-10.
26. Emma Lea e Anthony Worsley (2003). "Benefits and Barriers to the Consumption of a Vegetarian Diet in Australia." *Public Health Nutrition,* vol. 6, nº.5, p. 505-511. Citado por Gibert, M., *op. cit.,* p. 184.
27. Émile Zola, "L'Amour des bêtes", *Le Figaro,* 24 de março de 1896. Citado por Jeangène Vilmer, J.-B., *Anthologie d'éthique animale,* (dir.), *op. cit.,* p. 206.
28. Com cerca de 1,2 milhão de caçadores, a França continua a ocupar o primeiro lugar na Europa, muito embora esse total continue diminuindo a cada ano. A imagem tradicional do caçador típico, ou seja, a do agricultor que vai caçar um coelho para o almoço de domingo, já ficou ultrapassada: o caçador é hoje, cada vez mais, um habitante da cidade, com 55 a 60 anos, com os agricultores representando

no máximo 10% dos caçadores. A caça deixou de atrair os jovens, e a média da faixa etária aumenta sempre. Os motivos declarados pelos caçadores são o contato com a natureza (99%), o convívio com os companheiros (93%) e a manutenção dos territórios (89%). Como enfatizado pela associação Rassemblement pour l'abolition de la chasse [União pela abolição da caça], seria o caso de questionar por que eles precisariam das espingardas... A partir de http://france-sans-chasse.org/chasse-france/les-chasseurs

29. Segundo uma pesquisa da General Social Survey, www.norc.org/GSS+website/ Citado por Pinker, S., *The Better Angels of Our Nature...*, *op. cit.*

30. Wells, H. G. (1907). *Une utopie moderne*. Mercure de France.

31. "L'homme et la souffrance des animaux", extraído do Sermão do 3°. domingo do Advento, 1908 e "La protection des animaux et les philosophes" [1936], *Cahiers de l'association française des Amis d'Albert Schweitzer*, 30, primavera de 1974, p. 3-13. Citado por Jeangène Vilmer, J.-B., (dir.), *op. cit.*, p. 233-234.

BIBLIOGRAFIA

O que segue é uma seleção de obras que permitem aprofundar os assuntos abordados neste livro. O conjunto das referências bibliográficas, em especial dos artigos científicos, encontra-se nas notas no final do livro. Um arquivo com todas essas referências (*Plaidoyer pour les animaux - bibliographiecomplète.pdf*) está disponível no endereço http://www.matthieuricard.org/books/plaidoyer-pour-les-animaux .

Antoine, S. "Le droit de l'animal: Évolution et perspectives." *Recueil Dalloz-Sirey*, 1996, 15e cahier.

Armengaud, F. (2011). *Réflexions sur la condition faite aux animaux*. Kimé.

Ascione, F. R. e Arkow, P. (1999). *Child Abuse, Domestic Violence, and Animal Abuse: Linking the Circles of Compassion for Prevention and Intervention*. Purdue University Press.

Auffret, S. e Quéré, S. (2012). *La peau de l'ours: Le livre noir du trafic d'animaux*. Nouveau Monde éditions.

Bailly, J.-C. (2007). *Le versant animal*. Bayard.

Baratay, É. "Belles captives: Une histoire des zoos du côté des bêtes.", em Héran, E., *Beauté animale: Catalogue de l'exposition*. Grand Palais, Galeries nationales, 21 mars-16 juillet 2012, RMN.

Baratay, É. (1996). *L'Église et l'Animal*. Le Cerf.

Baratay, É. (2012). *Point de vue animal: Une autre version de l'histoire*. Le Seuil, col. "L'Univers historique".

Baratay, É. e Hardouin-Fugier, É. (1995). *La corrida*. PUF.

Baratay, É. e Hardouin-Fugier, É. (1998). *Zoos. Histoire des jardins zoologiques en occident*. La Découverte.

Baratay, É. e Hardouin-Fugier, É. (2013). *Zoos*. La Découverte.

Barr, S.; Laming, P. R.; Dick, J. T. e Elwood, R. W. "Nociception or Pain in a Decapod Crustacean?" *Animal Behaviour*. 75(3), 2008, p. 745-751.

Beck, A. M. e Katcher, A. H. (1986). *Between Pets and People: The Importance of Animal Companionship*. Putnam.

Bekoff, M. e Pierce, J. (2009). *Wild Justice: The Moral Lives of Animals*. University of Chicago Press.

Bekoff, M. (2013). *Les émotions des animaux*. Rivages.

Bekoff, M., Ed. (2013). *Ignoring Nature No More: The Case for Compassionate Conservation*. Chicago: University Of Chicago Press.

Bekoff, M. e Goodall, J. (2008). *The Emotional Lives of Animals: A Leading Scientist Explores Animal Joy, Sorrow, and Empathy – and Why They Matter.* Novato, Calif.: New World Library. [*A vida emocional dos animais.* São Paulo: Cultrix, 2010.]

Bekoff, P. D. M. (2010). *The Animal Manifesto: Six Reasons for Expanding Our Compassion Footprint.* Novato, Calif: New World Library. [*Manifesto dos Animais: Seis razões para mudarmos a forma como tratamos os animais.* Alfragibe, Portugal: Estrela Polar, 2010.]

Bekoff, P. D. M. e Louv, R. (2014). *Rewilding Our Hearts: Building Pathways of Compassion and Coexistence.* Novato, California: New World Library.

Bériot, L. (2013). *Ces animaux qu'on assassine: Trafics, mafias, massacres.* Le Cherche Midi.

Boesch, C. "Symbolic Communication in Wild Chimpanzees?" *Human Evolution*, 6(1), 1991, p. 81-89.

Boesch, C. e Boesch, H. "Mental Map in Wild Chimpanzees: An Analysis of Hammer Transports for Nut Cracking." *Primates*, 25(2), 1984, p. 160-170.

Bondolfi, A. (1995). *L'homme et l'animal: Dimensions éthiques de leur relation.* Saint-Paul Éditions.

Boysen, S. T. e Capaldi, E. J. (2014). *The Development of Numerical Competence: Animal and Human Models.* Psychology Press.

Breuil, P. J. du (1968). *Plaidoyer pour nos amies les bêtes.* Panharmonie.

Burgat, F. (1998). *L'animal dans les pratiques de consommation.* PUF, col. "Que sais-je?".

Burgat, F. (2006). *Liberté et inquiétude de la vie animale.* Kimé.

Burgat, F. (2010). *Penser le comportement animal: Contribution à une critique du réductionnisme.* Quae.

Burgat, F. (2015). *La cause des animaux.* Buchet Chastel.

Burgat, F. (2011). *Une autre existence: La condition animale.* Albin Michel.

Busquet, G. (2013). *À l'écoute de l'Inde: Des mangroves du Bengale aux oasis du Karakoram.* Transboréal.

Butler, V. "Inside the Mind of a Killer.", 31 de agosto de 2003, *The Cyberactivist*.

Cahiers antispécistes, Les, de setembro de 1991 a 2014. http://www.cahiers-antispecistes.org/

Caron, A. (2013). *No steak.* Fayard.

Cavalieri, P. (2003). *The Animal Question: Why Nonhuman Animals Deserve Human Rights.* Oxford University Press.

Chandroo, K. P.; Duncan, I. J. e Moccia, R. D. "Can Fish Suffer?: Perspectives on Sentience, Pain, Fear and Stress." *Applied Animal Behaviour Science*, 86(3), 2004, p. 225-250.

Chapouthier, G (1992). *Les droits de l'animal.* PUF.

Chapouthier, G (1997). *Les droits de l'animal aujourd'hui.* Arléa-Corlet.

Chauvet, D. (2014). *Contre la mentaphobie.* Éditions l'Âge d'Homme.

Chauvet, D., *La volonté des animaux.* Droits des Animaux. Versão revisada e anotada pelo autor, retomada em *Les Cahiers antispécistes*, n° 30-31, dezembro de 2008.

Chicago, J. e Woodman, D. (1993). *Holocaust Project: From Darkness Into Light.* Viking.

Civard-Racinais, A. (2010). *Dictionnaire horrifié de la souffrance animale.* Fayard.

Clutton-Brock, J. (1981). *Domesticated Animals from Early Times.* Heineman, British Museum of National History.

Coe, S. (1996). *Dead Meat*. Four Walls Eight Windows.
Coetzee, J. M., *Elizabeth Costello,* Le Seuil, 2006. [*Elizabeth Costello*. São Paulo: Companhia das Letras, 2004.]
Corbey, R. e Lanjouw, A. (Eds.). (2013). *The Politics of Species* (1a. edição). Cambridge University Press.
Cyrulnik, B.; Fontenay, É. de; Singer, P.; Matignon, K. L. e Rosane, D. (2013). *Les animaux aussi ont des droits.*, Le Seuil.
D'Este, L. (2006). *La condition animale: Plaidoyer pour un statut de l'animal*. Le Sang de la Terre.
Darwin, C. (2001). *L'expression des émotions chez l'homme et les animaux*. C. Reinwald libraire éditeur, 1877. Reedição Rivages. [*A expressão das emoções no homem e nos animais*. São Paulo: Companhia de Bolso, 2009.]
Darwin, C. (1881). *La descendance de l'homme et la sélection sexuelle*. C. Reinwald libraire éditeur. [*A origem do homem e a selecção sexual*. Portugal: Relógio D'água, 2009; *A origem do homem e a seleção sexual*. Belo Horizonte: Itatiaia, 2004]
Darwin, C. (2004). *The Descent of Man and Selection in Relation to Sex*, em Moore, J., Desmond, A., eds., Penguin.
Darwin, C. (2008). *L'origine des espèces: Au moyen de la sélection naturelle ou la préservation des races favorisées dans la lutte pour la vie*. Flammarion. [*A origem das espécies:por meio da seleção natural ou a preservação das raças favorecidas na luta pela vida*. São Paulo: Martin Claret, 2014.]
Daub, J.-L. (2009). *Ces bêtes qu'on abat: Journal d'un enquêteur dans les abattoirs français*. L'Harmattan.
Derrida, J. (2006). *L'animal que donc je suis*. Galilée.
Descartes, R. (1724). *Discours de la méthode pour bien conduire sa raison et chercher la vérité dans les sciences*. Compagnie des Libraires. [*O discurso do método*. São Paulo: Martins Fontes, 2009 ; Porto Alegre: L&PM, 2013.]
Desjardins, R.; Worth, D.; Vergé, X.; Maxime, D.; Dyer, J. e Cerkowniak, D. "Carbon Footprint of Beef Cattle." *Sustainability*, 4(12), 2012, 3279-3301.
Despret, V. e Burgat, F. (2009). *Penser comme un rat*. Quae.
Devienne, P. (2008). *Les animaux souffrent-ils?,* Le Pommier.
Diamond, J. (2009). *Effondrement: Comment les sociétés décident de leur disparition ou de leur survie*. Gallimard, col. "Folio essais". [*Colapso: como as sociedades escolhem o fracasso ou o sucesso*. Rio de Janeiro: Record, 2005.]
Donaldson, S. e Kymlicka, W. (2011). *Zoopolis: A Political Theory of Animal Rights* (1a. edição). OUP Oxford.
Donovan, J. e Adams, C. J. (1996). *Beyond Animal Rights: A Feminist Caring Ethic for the Treatment of Animals*. Continuum.
Douglas, L. R. e Alie, K. "High-Value Natural Resources: Linking Wildlife Conservation to International Conflict, Insecurity, and Development Concerns." *Biological Conservation*, 171, 2014, p. 270-277.
Dresner, S. e Siegel, S. (1980). *Jewish Dietary Laws*. United Synagogue Book Service.

Dunayer, J. (2004). *Speciesism*. Ryce Publishers.

Earthlings, dirigido por Shaun Monson. Disponível em www.earthlings.com

Eisnitz, G. A. (2006). *Slaughterhouse: The Shocking Story of Greed, Neglect and Inhumane Treatment inside the US Meat Industry*. Prometheus.

Elwood, R. W. "Pain and Suffering in Invertebrates?" *ILAR Journal*, 52(2), 2011, p. 175-184.

Ensminger, M. E. (1990). *Animal Science*. Prentice Hall.

Eisemann, C. H.; Jorgensen, W. K.; Merritt, D. J.; Rice, M. J.; Cribb, B. W.; Webb, P. D. e Zalucki, M. P. "Do insects feel pain? – A biological view." *Cellular and Molecular Life Sciences*, 40(2), 1984, 164-167.

FAO (2006). *L'ombre portée de l'élevage: Impacts environnementaux et options pour atténuation*. Rome.

Farrachi, A. (2012). *Les poules préfèrent les cages: Bien-être industriel et dictature technologique*. Yves Michel Éditions.

Feinberg, J. "The Rights of Animals and Unborn Generations." [1971], trad. H.-S. Afeissa, em *Philosophie*, 97, 2008.

Ferry, L. (1992). *Le nouvel ordre écologique: L'arbre, l'animal et l'homme*. Grasset, 1992. [*A nova ordem ecológica: a árvore, o animal e o homem*. Portugal: Asa Portugal, 1993 ; Rio de Janeiro: Difel, 2009.]

Fiorito, G. "Is There *Pain* in Invertebrates?" *Behavioural Processes*, 12(4), 1986, p. 383-388.

Foer, J. S. (2012). *Faut-il manger les animaux?* Le Seuil, coll. "Points". [*Comer animais*. São Paulo: Rocco, 2010.]

Fontenay, É. de (1998). *Le silence des bêtes, la philosophie à l'épreuve de l'animalité*. Fayard.

Fontenay, É. de (2006). *Quand un animal te regarde*. Gallimard Jeunesse, col. "Giboulées".

Fontenay, É. de (2008). *Sans offenser le genre humain: Réflexions sur la cause animale*. Albin Michel.

Francione, G. e Charlton, A. (2013). *Eat Like You Care: An Examination of the Morality of Eating Animals*. Exempla Press. [*Coma com consciência: Uma análise sobre a moralidade do consumo de animais*. Exempla Press, 2014-2015. Ebook Kindle]

Frisch, K. Von (2011). *Vie et mœurs des abeilles*. Albin Michel.

Fry, D. P. (2007). *Beyond War: The Human Potential for Peace*. Oxford University Press, USA.

Gay, P. e Dautheville, A.-F. (2005). *Des zoos pour quoi faire?: Pour une nouvelle philosophie de la conservation*. Delachaux et Niestlé.

Géraud, A. (1939). *Déclaration des droits de l'animal*. Bibliothèque André Géraud.

Gibert, M. (2015). *Voir son steak comme un animal mort*. Lux Éditions.

Giraud, M. (2015). *Comment se promener dans les bois sans se faire tirer dessus*. Paris: Allary Éditions.

Goffi, J.-Y. (1998). *Le philosophe et ses animaux: Du statut éthique de l'animal*. Jacqueline Chambon.

Goodall, J. "Tool-Using and Aimed Throwing in a Community of Free-Living Chimpanzees." *Nature*, 201, 1964, p. 1264.

Goodall, J. (1971). *Les chimpanzés et moi*. Stock.

Goodall, J. (1986). *The Chimpanzees of Gombe: Patterns of Behavior*. Harvard University Press.
Goodall, J. (2011). *Through A Window: Thirty Years with the Chimpanzees of Gombe*. Phoenix.
Goodall, J. (2012). *Ma vie avec les chimpanzés*. L'École des Loisirs.
Goodall, J. e Bekoff, M. (2003). *The Ten Trusts: What We Must Do to Care for The Animals We Love*. New York: HarperOne.
Greene, J. D. (2013). *Moral Tribes: Emotion, Reason and the Gap Between Us and Them*. Atlantic Books.
Grenouilleau, O. (2014). *Qu'est-ce que l'esclavage?: Une histoire globale*. Gallimard.
Griffin, R. D. (1992). *Animal Minds: Beyond Cognition To Consciousness*. University of Chicago Press.
Griffin, R. D. (1976). *The Question of Animal Awareness: Evolutionary Continuity of Mental Expérience*. Rockefeller University Press.
Griffin, D. R. e Speck, G. B. "New evidence of animal consciousness" *Animal Cognition*, 7(1), 2004, 5-18.
Guichet, J.-L. (2010). *Douleur animale, douleur humaine: Données scientifiques, perspectives anthropologiques, questions éthiques*. Quae.
Haidt, J. (2012). *The Righteous Mind: Why Good People are Divided by Politics and Religion*. Allen Lane.
Hardouin-Fugier, É. e Agulhon, M. (2005). *Histoire de la corrida en Europe du XVIIIe au XXIe siècle*. Connaissances et Savoirs.
Harlow, H. F. (1959). *Love in Infant Monkeys*. WH Freeman.
Harrison, R. (2013). *Animal Machines: The New Factory Farming Industry*. CABI. 1a. edição, 1964.
Hedenus, F.; Wirsenius, S. e Johansson, D. J. A. "The Importance of Reduced Meat and Dairy Consumption for Meeting Stringent Climate Change Targets." *Climatic Change*, 2014, p. 1-13.
Heim, A. (1971). *Intelligence and Personality*. Pelican.
Herrnstein, R. J.; Loveland, D. H. e Cable, C. "Natural Concepts in Pigeons." *Journal of Experimental Psychology: Animal Behavior Processes*, 2(4), 1976, p. 285.
Herzog, H. (2011). *Some we Love, Some we Hate, Some we Eat: Why It's So Hard to Think Straight About Animals*, Harper Perennial,.
Ikhwan al-Safa e Goodman, L. E. (1978). *The Case of the Animals Versus Man Before the King of the Jinn: A Tenth-Century Ecological Fable of the Pure Brethren of Basra*. Twayne Publishers.
Ingold, T (1980). *Hunters, Pastoralists, and Ranchers: Reindeer Economies and Their Transformations*. Cambridge University Press.
Jancovici, J.-M. (2005). *L'avenir climatique: Quel temps ferons-nous?* Le Seuil.
Jeangène Vilmer, J.-B. (2008). *Éthique animale*. PUF.
Jeangène Vilmer, J.-B. (2011). *L'éthique animale*. PUF.
Jeangène Vilmer, J.-B. (2011). *Anthologie d'éthique animale: Apologies des bêtes*. PUF.

Jonas, H. (2000). *The Phenomenon of Life: Toward a Philosophical Biology*. Northwestern University Press. [*O princípio da vida: fundamentos para uma biologia filosófica*. São Paulo: Vozes, 2006.]

Jouventin, P.; Chauvet, D. e Utria, E. (2010). *La Raison des plus forts: La conscience déniée aux animaux*. Imho.

Joy, M. (2010). *Why We Love Dogs, Eat Pigs and Wear Cows*. Conari Press. [*Por que amamos cachorros, comemos porcos e vestimos vacas: uma introdução ao carnismo*. São Paulo: Cultrix, 2014.]

Kemp, T. A. V. der; Nouët, J.-C. et al. (2008). *Homme et animal: De la douleur à la cruauté*. L'Harmattan.

King, B. J. (2013). *How Animals Grieve* (Reprint edition.). University Of Chicago Press. [*O que sentem os animais?* Rio de Janeiro: Odisseia Editorial, 2014.]

Kroeber, A. L. e Kluckhohn, C. "Culture: A Critical Review of Concepts and Definitions.", em *Papers of the Peabody Museum of Archaeology & Ethnology*, Harvard University, 1952.

Kundera, M. (1989). *L'insoutenable légèreté de l'être*. Gallimard. [*A insustentável leveza do ser*. São Paulo: Companhia de Bolso, 2017.]

La Mettrie, J. J. Offray de (1747). *L'homme machine*. Frédéric Henry.

Lambin, É. (2009). *Une écologie du bonheur*. Le Pommier.

Larue, R. (2015). *Le végétarisme et ses ennemis*. Presses Universitaires De France – PUF.

Lepeltier, T. (2013). *La révolution végétarienne*. Éditions Sciences humaines.

Lestel, D. (2001). *Les origines animales de la culture*. Flammarion, col. "Champs essais". [*As origens animais da cultura*. Portugal: Edições Piaget, 2016.]

Lestel, D. (2010). *L'animal est l'avenir de l'homme*. Fayard.

Lévi-Strauss, C. (1962). *La pensée sauvage*. Plon. [*O pensamento selvagem*. São Paulo: Papirus, 2005.]

Lévi-Strauss, C. "La leçon de sagesse des vaches folles." *Études rurales*, 2001. http://etudesrurales.revues.org

Lévi-Strauss, C. (2003). *Anthropologie structurale*. Pocket. [*Antropologia estrutural*. São Paulo: Cosac Naif, 2008.]

Levine, M. E.; Suarez, J. A.; Brandhorst, S.; Balasubramanian, P.; Cheng, C.-W.; Madia, F.; Longo, V. D. "Low Protein Intake Is Associated with a Major Reduction in IGF-1, Cancer, and Overall Mortality in the 65 and Younger but Not Older Population." *Cell Metabolism*, 19(3), 2014, p. 407-417.

Linzey, A. (1998). *Animal Gospel: Christian Faith as if Animals Mattered*. Hodder and Stoughton.

Linzey, A. (1998). *The Link between Animal Abuse and Human Violence*. Sussex Academic Press.

Loisy, A. (2015). *Bon appétit !* Paris: Presses de la Cité.

Luke, B. (2007). *Brutal: Manhood and the Exploitation of Animals*. University of Illinois Press.

Luke, B. "Justice, Caring and Animal Liberation." *The Feminist Care Tradition in Animal Ethics*, 2007, p. 125-152.

Mann, J. (2000). *Cetacean societies: field studies of dolphins and whales.* University of Chicago Press.

Marana, G. P. (2009). *L'espion dans les cours des princes chrétiens* ou *L'espion turc.* Coda.

Marguénaud, J.-P. (1992). *L'animal en droit privé.* PUF.

Marguénaud, J.-P. "La personnalité juridique des animaux." *Recueil Dalloz*, 20, 1998, p. 205-211.

Marguénaud, J.-P. (2009). *Animaux et droits européens au-delà de la distinction entre les hommes et les choses.* Éditions A. Pedone.

Marguénaud, J.-P. (2011). *L'expérimentation animale: Entre droit et liberté.* Quae.

Marshall, A. J. (1954). *Bower-birds: Their Displays and Breeding Cycles, a Preliminary Statement.* Clarendon Press Oxford.

Masri, A.-H. B. A. e Chebel, M. (2015). *Les animaux en Islam.* Droits des animaux.

Matignon, K. L. (2012). *À l'écoute du monde sauvage: Pour réinventer notre avenir.* Albin Michel.

Matsuzawa, T. "Use of Numbers by a Chimpanzee." *Nature*, 315(6014), 1985, p. 57-59.

Matsuzawa, T. "Field Experiments on Use of Stone Tools by Chimpanzees in the Wild." *Chimpanzee Cultures*, 1994, p. 351-370.

Matsuzawa, T. (2006). "Sociocognitive Development in Chimpanzees: A Synthesis of Laboratory Work and Fieldwork", em Matsuzawa, T.; Tomonaga, M. e Tanaka, M., (Eds.), *Cognitive Development in Chimpanzees.* Springer Tokyo, p. 3-33. Ver igualmente Spinney, L. "When Chimps Outsmart Humans." *New Scientist* 190, 2006, p. 48-49.

McGrew, W. C. (2004). *The Cultured Chimpanzee: Reflections on Cultural Primatology.* Cambridge University Press.

Midgley, M. (1984). *Animals and Why They Matter.* University of Georgia Press.

Midgley, M. (2002). *Beast and Man: the Roots of Human Nature.* Routledge.

Monod, T. e Estibal, S. (1997). *Terre et ciel: Entretiens avec Sylvain Estibal.* Actes Sud.

Monod, W. (1938). *Après la journée, souvenirs et visions, 1867-1937.* Grasset.

Monroe, K. R. (1996). *The Heart of Altruism: Perceptions of a Common Humanity.* Cambridge University Press.

Mood, A. e Brooke, P., "Estimating the Number of Fish Caught in Global Fishing Each Year", juillet 2010.

Moore Lappé, F. (1971). *Diet for a Small Planet.* Ballantine, p. 4-11. [*Dieta para um pequeno planeta.* São Paulo: Ground, 1985.]

Morris, D. (1962). *The Biology of Art: A Study of the Picture-Making Behaviour of the Great Apes and Its Relationship to Human Art.* Methuen & Co. [*A biologia da arte.* São Paulo: Europa-América, 1962.]

Nakos, J. "Théodore Monod et les protestants français défenseurs des animaux" *Les Cahiers antispécistes*, n° 30-31, décembre 2008.

Nicolino, F. (2009). *Bidoche: L'industrie de la viande menace le monde.* Les Liens qui Libèrent.

Nussbaum, M. (2006). *Frontiers of Justice: Disability, Nationality, Species Membership*. Harvard University Press. [*Fronteiras da justiça: deficiência, nacionalidade, pertencimento à espécie*. São Paulo: Martins Fontes – WMF, 2013.]

Pachirat, T. (2011). *Every Twelve Seconds: Industrialized Slaughter and the Politics of Sight*. Yale University Press.

Pan, A.; Sun, Q.; Bernstein, A. M.; Schulze, M. B.; Manson, J. E.; Stampfer, M. J. e Hu, F. B. "Red Meat Consumption and Mortality: Results from 2 Prospective Cohort Studies." *Archives of Internal Medicine*, 172(7), 2012, p. 555.

Patterson, C. (2008). *Un éternel Treblinka*. Calmann-Lévy.

Payne, R. (1983). *Communication and Behavior of Whales*. Westview Press.

Pepperberg, I. M. e Pepperberg, I. M. (2009). *The Alex studies: cognitive and communicative abilities of grey parrots*. Harvard University Press.

Pinker, S. (2011). *The Better Angels of Our Nature: Why Violence Has Declined*. Viking Adult. [*Os anjos bons da nossa natureza: por que a violência diminuiu*. São Paulo: Companhia das Letras, 2013.]

Plutarco (1844). *Sur l'usage des viandes,* dans *Traités de morale*, traduit du grec par D. Ricard, Lefèvre Éditeur.

Plutarco; Fontenay, É. de (1992). *Trois traités pour les animaux*. Traduzido por Amyot; precedido de "La raison du plus fort". P.O.L.

Porcher, J. "Histoire contemporaine d'un cochon sans histoire." *Revue du M.A.U.S.S.*, n° 1, 2004, p. 397-407.

Porcher, J. "Élevage/industriel: penser l'impensable?" *Travailler*, (2), 2005, p. 9-20.

Porcher, J. (2011). *Vivre avec les animaux: Une utopie pour le xxie siècle*. La Découverte.

Primatt, H. (1992). *The Duty of Mercy and the Sin of Cruelty to Brute Animals*, Centaur. Primeira edição, 1776.

Rachels, J. (1990). *Created from Animals: The Moral Implications of Darwinism*. Oxford University Press.

Regan, T. (1991). *La philosophie des droits des animaux*. Trad. D. Olivier. Françoise Blanchon Éditeur.

Regan, T. (2004). *The Case for Animal Rights*. University of California Press.

Rensch, B. "The Intelligence of Elephants." *Scientific American*, vol. 196, 1957, p. 44-49.

Rensch, B. (1973). "Play and Art in Apes and Monkeys.", em Menzel, E. W., *Precultural Primate Behavior*. Karger Publishers.

Reus, E, "Quels droits politiques pour les animaux ? Introduction à *Zoopolis* de Sue Donaldson et Will Kymlicka", *Cahiers antispécistes,* n° 37, Mai 2015.

Ricard, M. (2016). *A revolução do altruísmo*. Palas Athena Editora.

Richerson, P. J. e Boyd, R. (2004). *Not by Genes Alone: How Culture Transformed Human Evolution*. University of Chicago Press.

Rifkin, J. (2012). *La troisième révolution industrielle*. Les Liens qui Libèrent. [*A terceira revoluçao industrial*. Rio de Janeiro: Bertrand Brasil, 2014.]

Robin, M.-M. (2012). *Les moissons du futur: Comment l'agroécologie peut nourrir le monde*. La Découverte.

Rockström, J.; Steffen, W.; Noone, K.; Persson, Å.; Chapin, F. S.; Lambin, E. F.; Schellnhuber, H. J. et al. "A Safe Operating Space for Humanity." *Nature*, 461 (7263), 2009, p. 472-475.

Roe, D.; Mulliken,T.; Milledge, S.; Mremi, J.; Mosha, S. e Grieg-Gran, M. (2002). *Making a Killing or Making a Living: Wildlife Trade, Trade Controls, and Rural Livelihoods.* IIED.

Rollin, B. E. (1992). *The Unheeded Cry: Animal Consciousness, Animal Pain and Science.* Oxford University Press.

Rollin, B. E. (1992). *Animal rights and human morality.* Prometheus Books.

Rouget, P. (2014). *La Violence de l'humanisme: Pourquoi nous faut-il persécuter les animaux?* Calmann-Lévy.

Rousseau, J.-J. (1973). *Discours sur l'origine et les fondements de l'inégalité parmi les hommes.* Aubier. [*Dircurso sobre a origem e os fundamentos da desigualdade entre os homens.* Lisboa: Didáctica Editora, 1998; Porto Alegre: LP&M Editores, 2008; São Paulo: Edipro, 2015.]

Russel, B. (2009). "If Animals Could Talk.", em *Mortals and Others.* Routledge.

Ryder, R. (1971). "Experiments on Animals." *Animals, Men and Morals*, p. 41-82.

Ryder, R. (1975). *Victims of Science: The Use of Animals in Research.* Davis-Poynter Ltd.

Ryder, R. (2000). *Animal Revolution: Changing Attitudes Towards Speciesism.* Berg.

Ryder, R. "Speciesism Again: The Original Leaflet." *Critical Society*, 2, 2010, p. 1-2.

Salt, H. S. "Animals'Rights-Considered in Relation to Social Progress." [1892] Society for Animal Rights Inc.,1980. Tradução francesa: "Les droits de l'animal considérés dans leur rapport avec le progrès social.", *Le Débat*, 27, 1983, p. 143-151.

Schopenhauer, A. (1978). *Le Fondement de la morale*, trad. A. Burdeau. Aubier Montaigne. [*Sobre o fundamento da moral.* São Paulo: Martins Fontes, 2001.]

Seidle, T. e Spielmann, H. "Alternative Testing Strategies Progress Report 2011 and AXLR8-2 Workshop Report on a Roadmap to Innovative Toxicity Testing." *AXLR8 Consortium*, 2011.

Sémelin, J., "Du massacre au processus génocidaire." *Revue internationale des sciences sociales,* décembre 2002, p. 4.

Sémelin, J. (2005). *Purifier et détruire: Usages politiques des massacres et génocides.* Le Seuil. [*Purificar e destruir: usos políticos dos massacres e dos genocídios.* Rio de Janeiro: Difel, 2009.]

Serpell, J. (1986). *In the Company of Animals: A Study of Human-Animal Relationships.* B. Blackwell.

Shabkar (2005). *Les larmes du bodhisattva: Enseignements bouddhistes sur la consommation de chair animale.* Éditions Padmakara.

Shantideva (2008). *Bodhicaryāvatāra: La Marche vers l'Éveil.* Éditions Padmakara. [*O caminho do bodisatva: Bodhicharyāvatāra.* Porto Alegre: Makara Editora, 2013.]

Shelley, P. B. (1965). *The Complete Works of Percy Bysshe Shelley.* Ed. Roger Ingpen e Walter E. Peck. Gordian Press.

Shumaker, R. W.; Walkup, K. R. e Beck, B. B. (2011). *Animal Tool Behavior: The Use and Manufacture of Tools By Animals.* JHU Press.

Sidgwick, H. "The Establishment of Ethical First Principles." *Mind*, (13), 1879, p. 106-111.

Sinclair, U. (1964). *The Jungle*. Signet Classic, 1964. Edição francesa: *La Jungle*. Le Livre de Poche, 2011.

Singer, I. B. (2012). *The Penitent*. Penguin Classics. [*O penitente*. Porto Alegre: L&PM Editores, 1998.],

Singer, P. (2009). *Animal Liberation: The Definitive Classic of the Animal Movement*. Harper Perennial Modern Classics. [*Libertação animal: o clássico definitivo sobre o movimento pelos direitos dos animais*. São Paulo: Martins Fontes, 2010.]

Singer, P. e Regan, T. (1976). *Animal Rights and Human Obligations*. Longman Higher Education.

Spinney, L. "When Chimps Outsmart Humans." *New Scientist* 190, 2006, p. 48-49.

Stich, S. P. "Do Animals Have Beliefs?" *Australian Journal of Philosophy*, vol. LVII, n° 1, 1979, p. 18.

Stuart, T. (2012). *The Bloodless Revolution: Radical Vegetarians and the Discovery of India*. Harper Press.

Taine, H. (1911). *La Fontaine et ses Fables*. Hachette.

Thomas, K. (1983). *Man and the Natural World: A History of the Modern Sensibility*. Pantheon Books. [*O homem e o mundo natural*. São Paulo: Companhia de Bolso, 2010.]

Toynbee, J. M. C. (1973). Animals in Roman Life and Art. Thames and Hudson.

Traïni, C. (2011). *La cause animale*. PUF.

Tryon, T. (1703). *The Knowledge of a Man's Self*. T. Bennet.

Tuan, Yi-Fu (1984). *The Making of Pets*.Yale University Press.

Tuchman, B. W. (1991). *Distant Mirror: The Calamitous Fourteenth Century*. Ballantine Books. [*Um espelho distante: o terrível século XIV*. Rio de Janeiro: José Olympio Editora, 1991.]

Tudge, C. (2004). *So Shall We Reap: What's Gone Wrong with the World's Food and How To Fix It*. Penguin UK.

Turner, A. K. "Proposed EU Changes in Animal Experimentation Regulations." *Medical Communications*, vol. 18(4), 2009, p. 238.

Twain, M. (2003). *Adventures of Huckleberry Finn*. University of California Press. [*As Aventuras de Huckleberry Finn*. São Paulo: Best Bolso, 2011; São Paulo: Martin Claret, 2013; Porto Alegre: L&PM Editores, 2014.]

Varela, F.-J. (2004). *Quel savoir pour l'éthique?: Action, sagesse et cognition*. La Découverte.

Višak, T. (2013). *Killing Happy Animals: Explorations in Utilitarian Ethics*. Palgrave MacMillan.

Voltaire (2014). *Pensées végétariennes*. Ed. Renan Larue. Fayard/Mille et une nuits.

Waal, F. de (1997). *Le bon singe: Les bases naturelles de la morale*. Bayard.

Waal, F. de (1998). *Bonobos*. Birkhäuser Basel.

Waal, F. de (2010). *L'âge de l'empathie: Leçons de nature pour une société plus apaisée*. Les Liens qui Libèrent. [*A era da Empatia: lições da natureza para uma sociedade mais gentil*. São Paulo: Companhia das Letras, 2010.]

Waal, F. de (2013). *The Bonobo and the Atheist: In Search of Humanism Among the Primates*, W. W. Norton & Company.

Watanabe, S.; Sakamoto, J. e Wakita, M. "Pigeons'Discrimination of Paintings by Monet and Picasso." *Journal of the Experimental Analysis of Behavior*, 63(2), 1995, p. 165.

Weary, D. M.; Niel, L.; Flower, F. C. e Fraser, D. "Identifying and preventing pain in animals." *Applied Animal Behaviour Science*, 100(1), 2006, p. 64-76.

Whiten, A.; Goodall, J.; McGrew, W. C.; Nishida, T.; Reynolds, V.; Sugiyama, Y. e Boesch, C. "Cultures in Chimpanzees." *Nature*, 399(6737), 1999, p. 682-685.

Wijkman, A. e Rockström, J. (2013). *Bankrupting Nature: Denying Our Planetary Boundaries*. Routledge.

Wise, S. M., e Goodall, J. (2001). *Rattling The Cage: Toward Legal Rights For Animals* (1ª edição.). Cambridge, Mass.: Perseus Publishing.

Wise, S. M. (2002). *Drawing the Line*. Perseus Books.

Wistrand, M. (1992). *Entertainment and Violence in Ancient Rome: The Attitudes of Roman Writers of the First Century A.D.* Acta Universitatis Gothoburgensis.

Wolff, F. (2007). *Philosophie de la corrida*. Fayard.

Wolff, F. (2010). *50 raisons de défendre la corrida*. Fayard/Mille et une nuits.

Wolff, F. (2010). *Notre humanité: D'Aristote aux neurosciences*. Fayard. [*Nossa humanidade: de Aristóteles às Neurociências*. São Paulo: UNESP, 2012.]

Wolff, M. e Gardener, M. (2012). *The Role of Science for Conservation*. Routledge.

Wyatt, T. (2013). *Wildlife Trafficking: A Deconstruction of the Crime, the Victims, and the Offenders*. New York, NY: Palgrave Macmillan.

Yourcenar, M. (1982). *Les yeux ouverts: Entretiens avec Matthieu Galey*. Le Livre de Poche. [*De Olhos Abertos*. Entrevistas com Matthieu Galey. Rio de Janeiro: Nova Fronteira, 1983.]

Zola, É., "L'amour des bêtes." *Le Figaro,* 24 de março de 1896.

Agradecimentos

Quero manifestar minha gratidão sem limites, em primeiro lugar, aos mestres espirituais que deram uma direção, um sentido e uma alegria a cada instante da minha existência, aos que me inspiraram o desejo de tornar-me vegetariano – Kangyur Rinpoche e seus filhos, Pema Wangyal Rinpoche e Jigme Khyentse Rinpoche –, bem como aos demais mestres espirituais que me abriram o coração para o altruísmo e a compaixão, Dilgo Khyentse Rinpoche e Sua Santidade o XIV Dalai Lama.

Meu imenso reconhecimento à Fundação Shining Hope, que se dedica às causas humanitárias, animais e ambientais, pelo apoio ao projeto de clínica itinerante que atende 40 mil pacientes ao ano no estado de Bihar, na Índia, sob a égide de nossa associação humanitária Karuna-Shechen. Esse apoio foi essencial para que eu pudesse dedicar meu tempo à redação deste livro, sem que eu precisasse despendê-lo na busca dos recursos financeiros necessários para que este projeto se concretizasse.

Agradeço de todo coração a Carisse Busquet e a Christian Bruyat pelas releituras pacientes e experientes do manuscrito, e igualmente a Raphaële Demandre, Martine Fournier, Caroline Lesire e Ilios Kotsou, que releram com cuidado muitos capítulos e fizeram sugestões preciosas. Os erros e as imperfeições que persistiram são unicamente devidos às minhas próprias limitações.

Sou imensamente grato a Jacques Sémelin, grande especialista em violência de massa, professor no Instituto de Estudos Políticos de Paris, por ter relido em duas ocasiões o capítulo "A matança generalizada dos animais: genocídio *versus* zoocídio", e pelo tempo que me concedeu para um debate longo e incentivador; a Norin Chaï, chefe do departamento veterinário no zoológico do Jardin des Plantes, pela releitura das páginas dedicadas aos zoológicos e pelas informações que generosamente forneceu; a Gérard Busquet, por suas preciosas sugestões e informações sobre a Índia, o hinduísmo e o islamismo, e também a Francis Wolff, professor na Escola Normal Superior de Paris, por me receber e por conversar comigo com espírito aberto e cordial, apesar de nossas visões muito diferentes sobre a questão das relações com o animais e sobre as touradas, em especial.

Agradeço a Jane Goodall por sua inspiração e nossa cumplicidade, e a Jean-Baptiste Jeangène Vilmer pelas trocas de ideias por correspondência e por nosso engajamento comum.

Por fim, não tenho palavras suficientes para expressar minha gratidão aos meus editores Nicole Lattès, amiga e editora de sempre, e Guillaume Allary, que releram atentamente as várias versões do manuscrito e me orientaram com benevolência ao longo do trajeto inteiro deste trabalho, bem como a todos os integrantes da equipe da Allary Éditions que trabalharam na criação e na promoção deste livro. Que este grito *Em defesa dos animais* possa contribuir para a redução dos sofrimentos de todos os seres!

Karuna-Shechen:
Compaixão em ação

Os direitos autorais deste livro são integralmente consagrados aos projetos humanitários empreendidos no Tibete, no Nepal e na Índia pela Karuna-Shechen, uma associação sem fins lucrativos que já concretizou mais de 140 projetos humanitários nesses países, com a firme convicção de que ninguém deve ser privado de serviços educacionais e médicos essenciais por falta de recursos.

Fundada em 2000, a associação Karuna-Shechen desenvolve programas para atender as necessidades e as aspirações das comunidades locais, no respeito de seus respectivos patrimônios culturais únicos, com atenção especial à educação e à melhoria de condição das mulheres.

Atualmente, a Karuna-Shechen cuida de mais de 100 mil pacientes por ano, em 22 clínicas, e é responsável pela educação de 20 mil jovens em 21 escolas. Também construiu pontes e casas para idosos, além de instalações de energia solar e sistemas de coleta de água da chuva em numerosos vilarejos. A associação Karuna-Shechen também colaborou para o renascimento de uma dezena de formas de artesanato tradicional no Tibete, reconstruiu centros de retiro para a prática contemplativa, reproduziu mais de 400 volumes de textos antigos e arquivou mais de 15 mil fotografias sobre a arte himalaia.

Os interessados em apoiar nossas iniciativas podem entrar em contato com a associação Karuna-Shechen, 20 *bis* rue Louis-Philippe, 92200 Neuilly-sur-Seine, França.

www.karuna-shechen.org
europe@karuna-shechen.org